Völkerrechtliche Perspektiven auf die internationale Streitbeilegung

Völkerrecht, Europarecht und Internationales Wirtschaftsrecht

Herausgegeben von Peter Hilpold und August Reinisch

Band 30

PETER LANG

Berlin - Bruxelles - Chennai - Lausanne - New York - Oxford

Hans-Georg Dederer / Christoph Herrmann /
Markus P. Beham / Patrick Abel

Völkerrechtliche Perspektiven auf die internationale Streitbeilegung

Beiträge zum 45. Österreichischen Völkerrechtstag 2022 in Passau

PETER LANG

Berlin - Bruxelles - Chennai - Lausanne - New York - Oxford

Bibliografische Information der Deutschen Nationalbibliothek
Die Deutsche Nationalbibliothek verzeichnet diese Publikation in der Deutschen Nationalbibliografie; detaillierte bibliografische Daten sind im Internet über http://dnb.d-nb.de abrufbar.

ISSN 1862-457
ISBN 978-3-631-91870-8 (Print)
E-ISBN 978-3-631-91871-5 (E-PDF)
E-ISBN 978-3-631-91872-2 (EPUB)
DOI 10.3726/b21813

Verlegt durch:
Peter Lang GmbH, Berlin, Deutschland

info@peterlang.com https://www.peterlang.com/

Inhaltsverzeichnis

Teil V: Berichte aus der völkerrechtlichen Praxis

Autoren- und Herausgeberverzeichnis

Dr. Patrick Abel, MJur (Oxford), Akademischer Rat a.Z. am Lehrstuhl für Staats- und Verwaltungsrecht, Europarecht, Europäisches und Internationales Wirtschaftsrecht, Universität Passau; Max Weber Fellow, European University Institute, Fiesole, Italien.

PD Dr. Dr. Markus P. Beham, LL.M. (Columbia), Akademischer Oberrat a.Z. am Lehrstuhl für Staats- und Verwaltungsrecht, Völkerrecht, Europäisches und Internationales Wirtschaftsrecht, Universität Passau.

Prof. Dr. Hans-Georg Dederer, Inhaber des Lehrstuhls für Staats- und Verwaltungsrecht, Völkerrecht, Europäisches und Internationales Wirtschaftsrecht, Universität Passau.

Dr. Christophe Eick, Völkerrechtsberater und Leiter der Rechtsabteilung, Auswärtiges Amt, Berlin.

Mag. Florian Ettmayer, LL.M., Richter des Bezirksgerichts Baden.

Mag.[a] Alice Sophie Falkner, Universitätsassistentin am Institut für Europarecht und Völkerrecht, Universität Innsbruck.

Mag. Sara Mansour Fallah, LL.M., Externe Lehrbeauftragte am Institut für Europarecht, Internationales Recht und Rechtsvergleichung, Universität Wien.

Prof. Dr. Christoph Herrmann, LL.M. European Law (London), Wirtschaftsjurist (Univ. Bayreuth), Inhaber des Lehrstuhls für Staats- und Verwaltungsrecht, Europarecht, Europäisches und Internationales Wirtschaftsrecht, Universität Passau.

Mag. Dr. Ralph Janik, LL.M., wissenschaftlicher Mitarbeiter, Sigmund Freud PrivatUniversität

Dr. Judith Knieper, Rechtsreferentin und Sekretärin Arbeitsgruppe II, Abteilung internationales Handelsrecht, Bereich Rechtsangelegenheiten.

Assoz.-Prof. Dr. Gabriel M. Lentner, assoziierter Professor für Internationales Recht und Schiedsgerichtsbarkeit am Department für Rechtswissenschaften und Internationale Beziehungen, Universität für Weiterbildung Krems; TTLF Fellow, Stanford Law School.

Univ.-Ass. Dr.in Andrijana Mišović, M.A., LL.M. (Harvard), Universitätsassistentin (prae doc) am Institut für Europarecht, Internationales Recht und Rechtsvergleichung, Universität Wien.

Mag. Dominik Jordi Ornig, B.A. (Econ), LL.M. (Columbia), Research Fellow, Max Planck Institute Luxembourg for International, European and Regulatory Procedural Law.

Univ.-Ass. Mag. Koloman Roiger-Simek, B.A., B.A, Universitätsassistent (prae doc), am Institut für Europarecht, Internationales Recht und Rechtsvergleichung, Universität Wien.

Prof. Dr. Martin Selmayr, Leiter der Vertretung der Europäischen Kommission in Österreich 2019–2024, Wien, seit September 2024 Botschafter der Europäischen Union in Rom I Früherer Generalsekretär der Europäischen Kommission, Brüssel I Honorarprofessor für Europäisches Wirtschafts- und Finanzrecht an der Universität des Saarlandes, Saarbrücken I Ehrenamtlicher Wissenschaftlicher Direktor des Centrums für Europarecht an der Universität Passau I Lehrbeauftragter für Europarecht an der Universität Wien und an der Donau-Universität Krems.

Dr.in Judith Sild, Fachexpertin Stabsstelle für Finanzplatzinnovation und Digitalisierung, Regierung Fürstentum Liechtenstein, Vaduz.

Mag. Lukas Stifter, Referent, Abteilung 1 – Handels- und Investitionspolitik, Sektion V – EU und internationale Marktstrategien, Bundesministerium für Arbeit und Wirtschaft, Wien; Vorsitzender der Verhandlungen zur Modernisierung des Energiechartavertrags, Modernisation Group, Energy Charter Conference, Brüssel.

Univ.-Prof. Botschafter Dr. Helmut Tichy, Leiter der Sektion I Völkerrechtsbüro und Amtssitz, Bundesministerium für europäische und internationale Angelegenheiten, Wien; Praxisprofessor, Institut für Völkerrecht und Internationale Beziehungen, Universität Graz.

Univ.-Ass. Dr. Johannes Tropper, B.A., Universitätsassistent (post doc) am Institut für Europarecht, Internationales Recht und Rechtsvergleichung, Universität Wien.

Dr. Paul Weismann, LL.M., assoziierter Professor am Fachbereich Völkerrecht, Europarecht und Grundlagen des Rechts sowie am Salzburg Centre of European Union Studies (SCEUS), Universität Salzburg.

Abkürzungsverzeichnis

ABl.	Amtsblatt
Abs.	Absatz
AEUV	Vertrag über die Arbeitsweise der Europäischen Union
AJIL	American Journal of International Law
ARSIWA	Articles on Responsibility of States for Internationally Wrongful Acts, Artikel über die Verantwortlichkeit von Staaten für völkerrechtswidrige Handlungen
Art.	Artikel
ATCA	US-Alien Tort Claims Act
AWZ	Ausschließliche Wirtschaftszone
B-VG	Bundes-Verfassungsgesetz
Bd.	Band
BGBl.	Bundesgesetzblatt
BGH	(deutscher) Bundesgerichtshof
BIT	Bilateral Investment Treaty
BIZ	Bank für Internationalen Zahlungsausgleich
BLEU	Belgium–Luxembourg Economic Union
BMEIA	Bundesministerium für europäische und internationale Angelegenheiten
BMZ	Bundesministeriums für wirtschaftliche Zusammenarbeit und Entwicklung
BVerfG	(deutsches) Bundesverfassungsgericht
BVerfGE	Entscheidungen des (deutschen) Bundesverfassungsgerichts
bzw.	beziehungsweise
CETA	Comprehensive Economic and Trade Agreement, Umfassendes Wirtschafts- und Handelsabkommen
cf.	confer, vergleiche
CIDS	Center for International Dispute Settlement
d.h.	das heißt
Doc.	Document
e.g.	exempli gratia, zum Beispiel
ECCHR	European Center for Constitutional and Human Rights
ECLI	European Case Law Identifier
ECT	Energy Charter Treaty, Energiecharta-Vertrag
ECV	Energiecharta-Vertrag

EDV	Elektronische Datenverarbeitung
EGAS	Egyptian Gas Holding Company
EGMR	Europäischer Gerichtshof für Menschenrechte
EJIL	European Journal of International Law
EM	Energy Materials and Products
EMRK	Europäische Menschenrechtskonvention
et al.	et alii/et aliae, und andere
EU	Europäische Union
EuGH	Gerichtshof der Europäischen Union
EUR	Euro
EURATOM	Europäische Atomgemeinschaft
EUROJUST	Agentur der Europäischen Union für justizielle Zusammenarbeit in Strafsachen
EUV	Vertrag über die Europäische Union
f., ff.	der, die folgende(n)
FAST-Initiative	Finance against modern slavery and human trafficking
FAO	Food and Agriculture Organization, Ernährungs- und Landwirtschaftsorganisation (der Vereinten Nationen)
Fn.	Fußnote(n)
FSB	Financial Stability Board
G20	Gruppe der 20
G7	Gruppe der 7
GA	General Assembly, Generalversammlung (der Vereinten Nationen)
GASP	Gemeinsame Außen- und Sicherheitspolitik (der EU)
gem.	gemäß
GK	Große Kammer
GRC	(Europäische) Grundrechtecharta
GV	Generalversammlung (der Vereinten Nationen)
Hrsg.	Herausgeber*in(nen)
i.d.F.	in der Fassung
i.d.g.F.	in der geltenden Fassung
i.e.	id est, das heißt
i.S.d.	im Sinner des/der
i.V.m.	in Verbindung mit
i.Z.m.	im Zusammenhang mit
ibid.	ibidem, ebenda
ICAO	International Civil Aviation Organization, Internationale Zivilluftfahrtorganisation

ICC	International Criminal Court, Internationaler Strafgerichtshof
ICJ	International Court of Justice, Internationaler Gerichtshof
ICSID	International Centre for Settlement of Investment Disputes, Internationales Zentrum zur Beilegung von Investitionsstreitigkeiten
ICTR	International Criminal Tribunal for Rwanda, Internationaler Strafgerichtshof für Ruanda
ICTY	International Criminal Tribunal for the Former Yugoslavia, Internationales Strafgericht für das ehemalige Jugoslawien
IFI	international financial institutions, internationale Finanzinstitutionen
IGH	Internationaler Gerichtshof
IIA	International Investment Agreement
IKRK	Internationales Komitee des Roten Kreuzes
ILC	International Law Commission, Völkerrechtskommission
IMO	International Maritime Organization, Internationale Seeschifffahrts-Organisation
IP	intellectual property
IPBPR	Internationaler Pakt über bürgerliche und politische Rechte
IPR	internationales Privatrecht
ISDS	investor-state dispute settlement, Investor-Staat-Streitbeilegung
IStGH	Internationaler Strafgerichtshof
ITLOS	International Tribunal for the Law of the Sea
IUSCT	Iran-United States Claims Tribunal
IWF	Internationale Währungsfonds
KMU	Klein- und Mittelunternehmen
LCIA	London Court of International Arbitration
LG	Landesgericht
lit.	litera(e)
LkSG	(deutsches) Lieferkettensorgfaltspflichtengesetz
LNTS	League of Nations Treaty Series
m.w.N.	mit weiteren Nachweisen
MPEPIL	Max Planck Encyclopedia of Public International Law
NATO	North Atlantic Treaty Organization, Nordatlantische Vertragsorganisation
NGO	non-governmental organization, Nichtregierungsorganisation
No.	Number(s), Nummer(n)
Nr.	Nummer(n)

OECD	Organisation for Economic Co-operation and Development, Organisation für wirtschaftliche Zusammenarbeit und Entwicklung
OFID	OPEC-Fonds für internationale Entwicklung
OSZE	Organisation für Sicherheit und Zusammenarbeit in Europa
PCA	Permanent Court of Arbitration, Ständiger Schiedshof
PCIJ	Permanent Court of International Justice, Ständiger Internationaler Gerichtshof
REIO	Regional Economic Integration Organisation
Rep.	Reports
RGBl.	Reichsgesetzblatt
Rn.	Randnummer(n)
RPE	Rules of Procedure and Evidence
Rs.	Rechtssache
S.	Seite(n)
SCA	Suez Canal Authority
SCC	Stockholm Chamber of Commerce Arbitration
Slg.	Sammlung
SOF	State Ownership Fund
SR	Special Rapporteur, Sonderberichterstatter
SRÜ	Seerechtsübereinkommen (der Vereinten Nationen)
StIGH	Ständiger Internationaler Gerichtshofs
STL	Special Tribunal for Lebanon, Sondertribunal für den Libanon
SWIFT	Society for Worldwide Interbank Financial Telecommunication
TAY	Turkmenavtoyollary
TIP	Treaty with Investment Provision
TÜV	Technischer Überwachungsverein
u.a.	unter anderem
UN	United Nations, Vereinte Nationen
UNCITRAL	United Nations Commission on International Trade Law, Kommission der Vereinten Nationen für internationales Handelsrecht
UNCTAD	United Nations Conference on Trade and Development, Konferenz der Vereinten Nationen für Handel und Entwicklung
UNFCCC	United Nations Framework Convention on Climate Change, Rahmenübereinkommen der Vereinten Nationen über Klimaänderungen
UNTS	United Nations Treaty Series

USA	United States of America
U.S.	United States of America / United States Reports
u.s.w.	und so weiter
u.U.	unter Umständen
v.	versus
VbVG	Verbandsverantwortlichkeitsgesetz
VN	Vereinte Nationen
Vol.	Volume
WAPDA	Pakistan Water and Power Development Authority
WDK	Wiener Übereinkommen über diplomatische Beziehungen
WHO	World Health Organization, Weltgesundheitsorganisation
WVK	Wiener Vertragsrechtskonvention
WTO	World Trade Organization, Welthandelsorganisation
YBILC	Yearbook of the International Law Commission
Z.	Ziffer(n)
z.B.	zum Beispiel
z.T.	zum Teil

Vorwort

Dieser Band versammelt die wissenschaftlich ausgearbeiteten Vorträge der Referentinnen und Referenten, die auf dem 45. Österreichischen Völkerrechtstag in Passau vom 9.–11. Juni 2022 vorgetragen hatten, ebenso wie die Eingangsstatements der Teilnehmerinnen und Teilnehmer der beiden die Veranstaltung beschließenden Praktikerpanels.

Der Titel der Tagung wurde für diesen Sammelband beibehalten: „Völkerrechtliche Perspektiven auf die internationale Streitbeilegung". Unumgänglich stand der Völkerrechtstag aber freilich auch unter dem Eindruck der infamsten Verletzung des Aggressionsverbots und des schamlosesten Zivilisationsbruchs inmitten Europas seit dem Überfall Deutschlands auf Polen 1939: des Überfalls Russlands auf die Ukraine am 24. Februar 2022. Bei der inhaltlichen Planung der Konferenz im Herbst 2021 lag ein derart brutal geführter Angriffskrieg noch jenseits aller Vorstellungen.

War damit das Thema der internationalen Streitbeilegung erledigt? Hatte nicht die Methode der friedlichen Streitbeilegung, zumal die Diplomatie versagt? Sollte nicht das Minsker Abkommen von 2015 den von Russland angezettelten Territorialstreit um die sog. „Volksrepubliken" Luhansk und Donezk friedlich bereinigen?

Seit dem von Russland gegen die Ukraine geführten Krieg werden in zahllosen Foren Debatten um die Zukunft des Völkerrechts geführt. Ist die Herrschaft des Rechts, die „rule of law", an ihr Ende gekommen? Gehört die Vorstellung einer wertebasierten Völkerrechtsordnung endgültig in das Reich Utopia? Brechen sich Erscheinungen einer immer weiteren Erosion des Völkerrechts freie Bahn? Wo bleibt dann aber der eigentliche Endzweck allen Rechts, auch und gerade des Völkerrechts: Friede durch Schutz der Schwachen?

Fragen aus Anlass des Ukraine-Kriegs standen daher am Anfang der Tagung, mit einer Keynote von Prof. Dr. Martin Selmayr, und am Schluss der Tagung, mit dem Panel der Leiter der Völkerrechtsbüros Österreichs (Dr. Helmut Tichy), der Schweiz (Corinne Cicéron Bühler) und Deutschlands (Dr. Christophe Eick).

Das eigentliche Thema, die völkerrechtlichen Perspektiven auf die internationale Streitbeilegung, hat sich aber mit dem Ukrainekrieg mitnichten erledigt. Das Völkerrecht wird sich bewähren und mit ihm eine elementare Methode der Rechtsdurchsetzung: die friedliche Streitbeilegung in allen ihren Formen, wie sie in Artikel 33 der UN-Charta zusammengefasst werden.

Die Vorträge zum eigentlichen Kernthema des 45. Österreichischen Völkerrechtstages, zu den völkerrechtlichen Perspektiven auf die internationale Streitbeilegung, boten denn auch eine außerordentliche Vielfalt prozessrechtlicher Fragestellungen, diese wiederum eingebettet in aktuelle politische, wirtschaftliche und rechtliche Entwicklungen.

Wir, die Veranstalter des 45. Österreichischen Völkerrechtstages und Herausgeber, danken allen Vortragenden, den Autorinnen und Autoren, für ihren Einsatz und ihren hervorragenden Beitrag zum Gelingen dieses Tagungsbandes. Ferner geht unser Dank auch an die Sponsoren der Tagung: an die Stiftung Passauer Neue Presse, den Verein der Freunde und Förderer der Rechtswissenschaft an der Universität Passau, den Verein der Freunde und Förderer der Universität Passau sowie die Kanzleien Noerr, Wilmer Hale, Cleary Gottlieb Steen & Hamilton und Clifford Chance. Ganz besonderer Dank gilt aber nicht zuletzt dem Österreichischen Bundesministerium für europäische und auswärtige Angelegenheiten (BMEIA) für die großzügige Unterstützung.

An den beiden austragenden Lehrstühlen haben sich sämtliche Mitarbeiterinnen und Mitarbeiter um den reibungslosen Ablauf des 45. Österreichischen Völkerrechtstags verdient gemacht. Besonders hervorheben möchten wir dabei die großartige Organisationsleitung im Vorfeld und vor Ort durch Ramona Maier und Stephanie Smolik. Bei der Durchsicht der Beiträge dieses Tagungsbands haben uns schließlich Emil Balbierz, Ursula Dillig, Cecilie Reckhorn, Cassandra Weichenrieder und Florian Zeller unterstützt.

Passau, im Juli 2023

Hans-Georg Dederer
Christoph Herrmann
Markus P. Beham
Patrick Abel

Martin Selmayr[1]

Nach Putins Krieg: Lernt Europa jetzt die Sprache der Macht?

A. Vorbemerkung

Es ist für mich eine besondere Freude, auf dem Österreichischen Völkerrechtstag zu sprechen. Denn vor genau 26 Jahren nahm mich mein akademischer Lehrer Professor Dr. Michael Schweitzer zum ersten Mal auf einen Österreichischen Völkerrechtstag mit. Ich war gerade junger Assistent hier an der Universität Passau geworden. Einige Assistenten durften damals beim Völkerrechtstag zuhören, und jedenfalls für mich war diese Veranstaltung ein wahres Highlight meiner noch ganz in den Anfängen steckenden wissenschaftlichen Karriere. Denn zum ersten Mal sah ich all die berühmten Namen, die vorne auf den großen Völkerrechtslehrbüchern standen, nun in Person, wie zum Beispiel Ignaz Seidl-Hohenveldern. Das war damals für jemanden, der wie ich das Völkerrecht liebt, ein ganz besonderer Moment. Wenn ich mich heute hier im Saal umsehe, freue ich mich, viele bekannte Gesichter von damals wiederzusehen, die alle jünger geworden sind, was sicherlich der immer inspirierenden und erfrischenden Atmosphäre des Österreichischen Völkerrechtstags zu verdanken ist. Zwei Jahre nach dieser Einführung in den Österreichischen Völkerrechtstag durfte ich dann meinen allerersten wissenschaftlichen Vortrag auf einem Österreichischen Völkerrechtstag halten – und ich war damals genauso aufgeregt wie heute. Sehen Sie es mir also bitte nach, dass mich dieses Auditorium immer noch mit großer Ehrfurcht erfüllt. In jedem Fall freue mich ganz besonders darüber, dass ich gerade auf einem Österreichischen Völkerrechtstag in Passau sprechen darf. Denn die Universität Passau war und ist meine wissenschaftliche Heimat – und auch die Heimat meines Herzens.

1 Die Vortragsform wurde weitgehend beibehalten. Der Referent leitete von November 2019 bis Januar 2024 die Vertretung der Europäischen Kommission in Österreich und war 2014-2018 Kabinettchef des Präsidenten sowie 2018/2019 Generalsekretär der Europäischen Kommission. Er ist heute EU-Botschafter in Rom. Die Ausführungen stellen die persönliche Auffassung des Referenten dar und spiegeln nicht notwendig die offizielle Auffassung der Europäischen Union wider. Sie geben den Sachstand am 9. Juni 2022 wieder.

B. Europa und die Sprache der Macht

Nach Putins Krieg: Lernt Europa jetzt die Sprache der Macht? Das ist das Thema, das ich an den Anfang dieses Völkerrechtstages stellen möchte.

In der Europäischen Union gibt es ein wichtiges Zitat, das ich in den Titel meines Vortrages eingewoben habe. Es stammt von Kommissionspräsidentin Ursula von der Leyen aus dem November 2019. Damals hielt sie eine vielbeachtete Rede vor der Konrad-Adenauer-Stiftung in Berlin, in der sie als Motto ihrer gerade beginnenden Amtszeit als Kommissionspräsidentin das Ziel formulierte, dass Europa jetzt die Sprache der Macht lernen müsse.[2] Sie nannte deshalb auch die von ihr geführte Europäische Kommission eine „geopolitische Kommission". Ich glaube, sie konnte damals nicht in vollem Umfang ahnen, wie aktuell und wichtig diese Äußerung bald werden sollte, und wie rasch sie auf den Prüfstand gestellt werden würde.

Was ist eigentlich damit gemeint, dass Europa die Sprache der Macht lernen soll?

Die Sprache der Macht – wollen wir das überhaupt? Ist das nicht etwas Schlechtes, etwas Brutales? Die Grundlage für ein Verständnis der Sprache der Macht im europäischen Sinne finden wir in den europäischen Verträgen, in Artikel 21 des Vertrags über die Europäische Union (EUV). Er zeigt, was das Ziel – das geopolitische Ziel – der Europäischen Union in unserem Verhältnis zum Rest der Welt ist. Wir wollen, heißt es da – und ich finde, es ist eine bemerkenswerte Formulierung –, den Grundsätzen, die die Entstehung, Entwicklung und Erweiterung der Europäischen Union geprägt haben, auch nach außen stärker Geltung verschaffen.

Insoweit steht für die EU-Außenpolitik nicht an erster Stelle die „Macht", sondern es stehen dort unsere Werte, Rechtsstaatlichkeit, Demokratie, Friedensbewahrung, das Schaffen von Frieden und die Integration von Staaten in die Weltwirtschaft. Auch der Grundsatz der nachhaltigen Entwicklung ist in Artikel 21 EUV thematisiert, und sogar eine verantwortungsvolle „Weltordnungspolitik" wird dort ausdrücklich als außenpolitisches Ziel genannt.

Eine EU, die die Sprache der Macht sprechen will, ist also auf diese Grundsätze verpflichtet. Die EU will nicht Macht um der Macht Willen. Sie will vielmehr den Interessen und Werten ihrer Bürgerinnen und Bürger auch nach

2 Europa-Rede der gewählten Kommissionspräsidentin Ursula von der Leyen, 8. November 2019, abrufbar unter: https://www.kas.de/documents/252038/4521287/Europa-Rede+von+Dr.+Ursula+von+der+Leyen.pdf/c4e63d1e-be66-1711-63ca-13a4f0c33f6c?version=1.2&t=1573230051869 (letzter Zugriff: 16.5.2023).

außen Geltung verschaffen. Die EU möchte in der Welt Politik mitgestalten. Sie möchte nicht Objekt, sondern Subjekt der Weltpolitik sein. Sie möchte, wie der frühere Kommissionspräsident Jean-Claude Juncker es einmal formuliert hat, *weltpolitikfähig* sein, also nicht nur ein passiver Beobachter, sondern ein relevanter Akteur des Weltgeschehens. Weltpolitikfähigkeit ist ein Auftrag für die EU, der von ihr einiges fordert. Er fordert, dass man sich selbst im Inneren organisiert, um nach außen handlungsfähig zu sein. Ob man das nun als „strategische Autonomie" bezeichnet oder als „europäische Souveränität", wie der französische Staatspräsident Emmanuel Macron es nennt, meint im Wesentlichen dasselbe. Wir wollen nach außen handlungsfähig sein und die Weltpolitik im Sinne der europäischen Werte mitgestalten.

C. Europas Bewährungsprobe

Seit dem 24. Februar 2022 stehen nun diese außenpolitischen Ziele der EU und die konkrete Forderung nach einer „geopolitischen Kommission" auf dem Prüfstand. Ich möchte anhand von drei Punkten analysieren, ob Europa dabei ist – wir ziehen ja naturgemäß erst eine Zwischenbilanz –, diese Bewährungsprobe zu bestehen.

I. Verurteilung des völkerrechtswidrigen Angriffskriegs Russlands

Das erste, was nach meiner Einschätzung auffällt, ist, dass die Europäische Union vom ersten Tag des Angriffs Russlands auf die Ukraine rechtlich wie politisch eindeutig Stellung bezogen hat.

Sofort am 24. Februar kam es zu einer einstimmig beschlossenen gemeinsamen Bewertung durch die 27 Staats- und Regierungschefs und die EU-Organe, welche die Ereignisse eindeutig einordnete: Es handelt sich, so formulierten es die EU-Spitzen am 22. Februar, um einen brutalen, unprovozierten und durch nichts zu rechtfertigenden Angriffskrieg Russlands gegen die Ukraine. Das ist nicht irgendeine Auseinandersetzung oder irgendein Konflikt, nicht etwa eine Rauferei auf dem Schulhof. Am 24. Februar 2022 hat eine Partei im gemeinsamen europäischen Haus einem Mitbewohner gewaltsam die Tür eingetreten und mordet, vergewaltigt und zerstört jetzt in der Wohnung eines anderen Bewohners.

Das ist durch nichts zu rechtfertigen. Der russische Angriffskrieg ist ein ebenso eindeutiger wie massiver Verstoß gegen das völkerrechtliche Gewaltverbot, niedergelegt in Artikel 2 Nr. 4 der Charta der Vereinten Nationen.[3] Der

---

3 Art. 2 Nr. 4 Satzung der Vereinten Nationen: „Alle Mitglieder unterlassen in ihren internationalen Beziehungen jede gegen die territoriale Unversehrtheit oder die

russische Diktator Vladimir Putin selbst hat mehrfach versucht, seine Invasion der Ukraine dennoch zu rechtfertigen. Er bedient sich dabei sogar Rechtsfiguren des Völkerrechts, was zeigt, dass das Völkerrecht offensichtlich nicht abgeschafft ist, sonst würde er sich nicht darauf beziehen. Er sagt, es finde ein Genozid in der Ukraine statt, doch das ist eine bloße Behauptung. Der Internationale Gerichtshof hatte darüber bereits Mitte März zu entscheiden und hat dafür keinerlei Anhaltspunkte gefunden. Für einen Genozid müsste ja die angreifende Partei Beweise vorbringen. Deshalb hat der Internationale Gerichtshof Russland aufgefordert, seine völkerrechtswidrigen Handlungen unverzüglich einzustellen.[4]

Ebenfalls keine Rechtfertigung für den russischen Angriffskrieg ist eine weitere Behauptung, die leider nach wie vor durch einige Medien gerade im deutschsprachigen Raum geistert: dass sich die NATO in den letzten Jahrzehnten in aggressiver Weise erweitert habe. Zwar ist es richtig, dass die NATO – das transatlantische Verteidigungsbündnis – nach Ende des Kalten Krieges zahlreiche neue Mitglieder gewonnen und sich nach Osten ausgedehnt hat. Das war jedoch kein imperialer Expansionsprozess, sondern die NATO hat sich als Verteidigungsbündnis aufgrund freier Entscheidungen der Staaten erweitert, die der NATO beigetreten sind. Die NATO tat dies mit Kenntnis – und man kann sagen: mit dem Anerkenntnis – Russlands. Das sieht man am allerbesten – und man könnte hier viele Dokumente anführen – an der NATO-Russland-Grundakte vom Mai 1997,[5] ein Dokument, das in der öffentlichen Debatte derzeit nicht ausreichend gewürdigt wird.

Häufig heißt es doch, man habe nicht genug mit Russland gesprochen. „Wie konnte man Russland so in die Enge treiben?“, so hört man regelmäßig von den sogenannten Russland-Verstehern in Deutschland und in Österreich. Tatsächlich gibt es mit der NATO-Russland-Grundakte eine völkerrechtliche Absichtserklärung zwischen der NATO und Russland, in der man sich auf ein gemeinsames Grundverständnis geeinigt hat. Ob die NATO-Russland-Grundakte

---

politische Unabhängigkeit eines Staates gerichtete oder sonst mit den Zielen der Vereinten Nationen unvereinbare Androhung oder Anwendung von Gewalt.“

4 Eilentscheidung des Internationalen Gerichtshofs vom 16. März 2022, abrufbar unter: https://www.icj-cij.org/public/files/case-related/182/182-20220316-ORD-01-00-EN.pdf (letzter Zugriff: 16.5.2023).

5 Grundakte über Gegenseitige Beziehungen, Zusammenarbeit und Sicherheit zwischen der Nordatlantikvertrags-Organisation und der Russischen Föderation vom 27. Mai 1997, abrufbar unter: https://www.nato.int/cps/en/natohq/official_texts_25468.htm?selectedLocale=de (letzter Zugriff: 16.5.2023).

bindend ist oder nur eine Konkretisierung der Charta von Paris und der Helsinki-Schlussakte darstellt, das könnte man juristisch ausführlich diskutieren. In jedem Fall kommt in diesem Dokument das Grundverständnis beider Seiten zum Ausdruck, dass sich die NATO ausdehnen darf, wenn Staaten ihr freiwillig beitreten, wenn sie also von ihrem Recht Gebrauch machen, das auch in der Charta von Paris niedergelegt ist, nämlich die Mittel zur Gewährleistung ihrer eigenen Sicherheit selbst zu wählen, also auch selbst zu bestimmen, welchem Bündnis sie angehören wollen. Explizit ist in der Grundakte an mehreren Stellen von der NATO und ihren neuen Mitgliedern die Rede. Die NATO verpflichtet sich zugleich dazu, den Beitritt neuer Mitglieder nicht dazu zu nutzen, um im Hoheitsgebiet der neuen Mitglieder Nuklearwaffen zu stationieren oder zusätzlich *substantielle* Kampftruppen *dauerhaft* zu stationieren. Russland, so heißt es in der NATO-Russland-Grundakte ferner, wird sich selbst auf dem Weg der Demokratisierung, der Marktwirtschaft und der Öffnung weiterentwickeln, weshalb es, so die Annahme der Grundakte, zwischen NATO und Russland zu überhaupt keinem Konflikt kommen kann. Vielmehr sollen, so die Vorstellung beider Seiten, die friedlich und demokratisch erweiterte NATO und das demokratisierte, marktwirtschaftlich reformierte Russland auf diesem Kontinent in einer fortgeschrittenen friedlichen Koexistenz zusammenleben.

Eine Konkretisierung institutioneller Art der NATO-Russland-Grundakte ist die Schaffung des Ständigen Gemeinsamen NATO-Russland-Rates, in dem es in den Jahren vor den Auseinandersetzungen zwischen Russland und der Ukraine, vor der Annexion der Krim, teilweise monatliche Treffen zwischen Russland und der NATO gab. Russland war der einzige Staat außerhalb der NATO, der ein solches institutionalisiertes Verhältnis zur NATO hatte, an den Sitzungen einmal im Monat bei Bedarf teilnehmen konnte und deshalb eine ganz besonders enge Beziehung zur NATO hatte, ja quasi assoziiertes Mitglied der NATO war. Putin sagte sogar einmal, man könne ja auch NATO-Mitglied werden. Das war seitens der NATO jedenfalls nicht ausgeschlossen.

Aber die Grundakte, in der Russland die Erweiterung der NATO anerkannt hatte, wurde seitens Putins bewusst verdrängt und zur Seite geschoben. Putin wollte, wie er es in seinem Ultimatum an die NATO und die USA Ende 2021 explizit gesagt hat, wieder in die Zeit vor dem Mai 1997 zurück, also alles, was in der NATO-Russland-Grundakte festgelegt war, rückgängig machen: die NATO-Osterweiterung, aber auch sonst alles, was dort an kooperativen Verständigungsformen festgelegt war. Dass weder die USA noch die NATO bereit waren, die Grundlagen der mit Russland vereinbarten Friedens- und Sicherheitsordnung auf dem europäischen Kontinent im Nachhinein zum Schlechteren zu korrigieren, entgegen dem Willen der mittel- und osteuropäischen

Staaten, erscheint angesichts der NATO-Russland-Grundakte konsequent und folgerichtig.

Es gibt also keinerlei Rechtfertigung für den russischen Angriffskrieg. Es gibt viele Zeitzeugen der letzten 30 Jahre, die heute auftreten und sagen: „Ich war Botschafter da", „Ich hab' dies und jenes gesagt". Als Botschafter hört man viel, sagt auch einiges. Daraus lässt sich aber sicherlich kein völkerrechtlich anerkannter Grund ableiten, der einen Angriffskrieg rechtfertigen könnte.

Deshalb befinden wir uns jetzt in einer Situation, in der sich die Ukraine rechtmäßig, völkerrechtmäßig verteidigt. Die Ukraine macht heute von ihrem Selbstverteidigungsrecht nach Artikel 51 der Charta der Vereinten Nationen[6] Gebrauch. Und jeder, der die Ukraine dabei unterstützt, verhält sich völkerrechtskonform, auch wenn er, unter Wahrung der Verhältnismäßigkeit, der Ukraine direkt militärisch zur Hilfe käme – was zurzeit niemand macht. Aber auch ein militärisches Eingreifen auf Seiten der Ukraine wäre gemäß Artikel 51 denkbar und völkerrechtmäßig; das muss ich vor diesem Publikum nicht weiter erörtern.

Also: Europa spricht die Sprache der Macht, jedenfalls als Werteunion – das ist der erste Punkt, auf den ich Wert legen möchte –, indem es den russischen Angriffskrieg als solchen bezeichnet, ihn klar verurteilt und eindeutig dagegen Stellung auf der Basis des Völkerrechts bezieht.

II. Wirtschaftliche Sanktionen gegen Russland

Das zweite, was Europa erzeit macht, ist jenes Machtinstrument einzusetzen, bei dem Europa unbestritten am stärksten ist: seine Wirtschaftsmacht. Europa ist der größte Wirtschaftsraum der Welt, der größte Binnenmarkt, auch beim Pro-Kopf-Einkommen der wohlhabendste Kontinent. Und es ist handelspolitisch mit dem Rest der Welt so eng verknüpft, wie kein anderer Kontinent.

Die Europäische Union kann deshalb im externen Wirtschaftsverkehr restriktive Maßnahmen auf sehr schmerzhafte Weise gegenüber

6 Art. 51 Satzung der Vereinten Nationen: „Diese Charta beeinträchtigt im Falle eines bewaffneten Angriffs gegen ein Mitglied der Vereinten Nationen keineswegs das naturgegebene Recht zur individuellen oder kollektiven Selbstverteidigung, bis der Sicherheitsrat die zur Wahrung des Weltfriedens und der internationalen Sicherheit erforderlichen Maßnahmen getroffen hat. Maßnahmen, die ein Mitglied in Ausübung dieses Selbstverteidigungsrechts trifft, sind dem Sicherheitsrat sofort anzuzeigen; sie berühren in keiner Weise dessen auf dieser Charta beruhende Befugnis und Pflicht, jederzeit die Maßnahmen zu treffen, die er zur Wahrung oder Wiederherstellung des Weltfriedens und der internationalen Sicherheit für erforderlich hält."

Völkerrechtsverletzungen einsetzen. Die bislang von der EU beschlossenen Sanktionspakete unterscheiden sich deutlich von allen Sanktionspaketen, die die Europäische Union in der Vergangenheit erlassen hat. Jene waren teilweise symbolischer Natur, teilweise waren sie auf wenige Personen und Unternehmen beschränkt, und teilweise konnte man sie relativ leicht umgehen. Jetzt hat die EU gegenüber Russland in kurzer Folge innerhalb von drei Monaten sechs umfangreiche Sanktionspakete beschlossen. Ich möchte nur ein paar Punkte herausgreifen, um verständlich zu machen, was wir hier gemeinsam mit unseren Alliierten, den G7, aber auch darüber hinaus mit den meisten G20-Staaten, tun.

Die wichtigste und weitreichendste Entscheidung war es, die russische Zentralbank mit Sanktionen zu belegen, genauer: das Auslandsdevisenvermögen der russischen Zentralbank dem Zugriff des russischen Staates für die Zeit dieses Konfliktes zu entziehen. Es geht dabei um etwa 300 Milliarden Euro. Russland kann einen Großteil seiner Devisenreserven also nicht mehr einsetzen, um auf dem Weltmarkt einzukaufen, jedenfalls nicht mehr im großen Stil, solange es nicht durch Lieferung seiner Rohstoffe an andere Staaten an Devisen kommt. Russland ist dadurch weitgehend vom weltweiten Finanzsystem abgeschnitten. Dies führt auch dazu, dass Russland aktuell seine Staatsanleihen nicht mehr durchgehend bedienen kann, weil es einfach nicht mehr genügend Dollar und Euro hat. Es gibt bereits jetzt einen teilweisen technischen Staatsbankrott, was natürlich wiederum weitere wirtschaftliche und finanzielle Folgen für Russland hat.

Die zweite wichtige Sanktion der EU und unserer Alliierten ist der Ausschluss des russischen Bankensystems vom SWIFT-Zahlungssystem. SWIFT ist das elektronische Zahlungssystem, durch das die gesamten Weltfinanzströme über eine recht komplizierte rechtliche Konstruktion fließen. Aber wenn sich Europa, in dem SWIFT in Belgien bei La Hulpe seinen Hauptsitz hat, und die USA als Inhaber der wichtigsten Währung noch vor dem Euro gemeinsam darauf verständigen, dass eine Bank keinen Zugang mehr zum internationalen Zahlungssystem hat, dann kann diese Bank zwar immer noch Transaktionen vornehmen, aber eben nicht mehr in derselben Geschwindigkeit und Leichtigkeit wie bisher und außerdem nur noch mit einem erheblichen Risiko für alle anderen Teilnehmer des Finanzverkehrs. Mittlerweile sind die größten russischen Banken von diesem System ausgeschlossen.

Die dritte Sanktion, die Russland empfindlich trifft, ist die Kappung des Zugangs zu westlicher Technologie. Das betrifft etwa Speicherchips. So hört man mittlerweile, dass viele russische Panzer nur noch dadurch funktionieren können, dass man ihnen für Waschmaschinen gebaute Chips einsetzt. Das wirkt vielleicht nicht von einem Tag auf den anderen, lähmt aber bereits jetzt die russische Technologiewirtschaft und hat erhebliche Auswirkungen auf die russische Rüstungsindustrie. Denn ohne Chips – das wissen Sie alle – kann man heute noch nicht mal mehr ein Telefon bedienen.

Der vierte Sanktion, mit der wir Russland zu treffen versuchen – immer mit der Maßgabe, dass wir dabei nicht die Europäische Union stärker schädigen als den völkerrechtswidrig handelnden Angreifer –, das sind Exportverbote für russische Energieträger, angefangen von der russischen Kohle (da gibt es bereits ein Exportverbot), und bis hin zum russischen Öl, wo ein solches Embargo gerade von der EU beschlossen worden ist. Es wird bis Ende dieses Jahres 90 % der russischen Ölimporte in die Europäische Union betreffen. Ich weiß, eigentlich hat man auf hundert Prozent gehofft, aber 90 % ist nicht, wie ich manchmal in den Medien lese, nur ein Teilembargo – wenn überhaupt, dann ein doch sehr weitreichendes Teilembargo. Die verbleibenden 10 % sind vor allem das pipelinegestützte Öl, das teilweise noch nach Ungarn und in die Slowakei, allerdings unter strengen Vorkehrungen, fließen darf. Es hat 26 Tage gedauert, bis man sich auf dieses Öl-Embargo geeinigt hatte. Das war nicht einfach, weil natürlich einige Staaten eine hohe Abhängigkeit von russischem Öl aufweisen. Ich glaube aber, 26 Tage lang zu diskutieren und dann eine einstimmige Entscheidung unter 27 EU-Staaten zu treffen, ist nicht ganz so schlecht, wie das in den Medien beschrieben wird. Ich kenne kaum ein deutsches oder österreichisches Gesetz, das in nur 26 Tagen beschlossen worden wäre. Die EU hat sich hier trotz vieler unterschiedlicher Interessen relativ schnell geeinigt. Das Öl-Embargo wird zu weiteren empfindlichen Einbußen Russlands bei der Beschaffung von Devisen führen. Und deshalb trifft es die Kriegsmaschinerie Russlands in diesem Krieg empfindlich. Nicht von einem Tag auf den anderen – Sanktionen wirken nie von einem Tag auf den anderen, sondern entfalten ihre Wirkungen meist erst auf mittlere Sicht. Diese Sanktionspakete zusammengenommen geben uns aber doch berechtigte Hoffnung, dass wir die russische Militärmaschine jedenfalls deutlich schwächen werden. Deshalb findet augenblicklich ein Wettlauf mit der Zeit in der Ukraine statt, was Sie täglich an der militärischen Situation in der Ukraine ablesen können.

III. Finanzielle Unterstützung der Ukraine, insbesondere Waffenlieferungen

Die Europäische Union hat sich nicht nur auf Sanktionspakete beschränkt. Sie greift der Ukraine in ihrem Verteidigungskrieg auch wirtschaftlich und finanziell stark unter die Arme gegriffen, gemeinsam mit vielen unserer Alliierten. Bei diesen Finanzhilfen an die Ukraine ist zum ersten Mal etwas dabei, was auf den ersten Blick ungewöhnlich erscheinen mag. Das sind Finanzhilfen für die Beschaffung von Waffen sowie Sachmittel direkt im Bereich der militärischen Ausstattung.

Ist das ein Widerspruch? Wir, die Europäische Union, sind ein Friedensprojekt – und liefern Waffen? Ja, das tun wir in der Tat. Denn die Ukraine verteidigt sich gegen einen völkerrechtswidrigen Angriffskrieg. Das Liefern von Waffen ist rechtmäßig: es sind Waffen zur wirksamen Wahrnehmung des völkerrechtlichen Selbstverteidigungsrecht. Oft wird gerade in Deutschland gefragt: Wie weit kann man dabei gehen? Völkerrechtlich kann man sehr weit gehen. Rein völkerrechtlich gesehen dürften wir die Bundeswehr oder gar das Bundesheer in Bewegung setzen, um an der Seite der Ukraine ukrainisches Territorium gegen den völkerrechtswidrigen russischen Angriff zu verteidigen. Natürlich darf man dabei nicht nur Helme, sondern kann auch Haubitzen schicken. In den letzten Wochen und Monaten sind immer schwerere Waffen geliefert worden, auch Mehrfachraketenwerfer, weil seitens Russlands eben auch sehr schwere Waffen zum Einsatz kommen, wie man an den schrecklichen Bildern aus Mariupol sieht. Wenn auf Seite des Angreifers Mehrfachraketenwerfer stehen, der sich Verteidigende dagegen über keine vergleichbaren Waffen hat, dann muss letzterer sich zurückziehen oder schwere Verluste in Kauf nehmen. Wir versuchen also, mit den von der EU mitfinanzierten Waffenlieferungen zumindest eine Art Gleichgewicht der militärischen Macht herzustellen.

Die Europäische Union finanziert diese Waffenlieferungen über ein Instrument, das 2018 vom nicht gerade für kriegerische Allüren bekannten Kommissionspräsidenten Jean-Claude Juncker vorgeschlagen worden war: die Europäische Friedensfazilität (European Peace Facility[7]). Dieses Instrument ist genau dafür geschaffen worden, dass in militärischen Auseinandersetzungen – wo das Völkerrecht auf der Seite des Angegriffenen steht – die EU zwar nicht selbst und direkt militärisch eingreift, aber immerhin Waffenlieferungen finanziert bzw. die EU-Mitgliedstaaten Waffen selbst liefern. Die Friedensfazilität ist aus rechtlichen Gründen außerhalb des EU-Budgets angesiedelt, wird von den Mitgliedstaaten als Sondervermögen aufgebracht

7 Beschluss (GASP) 2021/509 des Rates vom 22. März 2021 zur Einrichtung einer Europäischen Friedensfazilität und zur Aufhebung des Beschlusses (GASP) 2015/528, EU-Amtsblatt L, 24.3.2021, S. 14.

und ist bereits viermal in Anspruch genommen worden, und zwar zu jeweils 500 Millionen EUR. Aus der Europäischen Friedensfazilität werden also bereits jetzt von der Europäischen Union Waffenlieferungen im Wert von 2 Milliarden EUR finanziert.

Auch die neutralen Staaten der Union beteiligen sich an der Europäischen Friedensfazilität. Die rechtlichen Grundlagen der Friedensfazilität erlauben dabei zum einen, dass die Lieferung von tödlichen Waffen mit der sogenannten konstruktiven Enthaltung beschlossen werden kann. Sie erlauben zum anderen eine innere Lastenverteilung, so dass ein EU-Mitgliedstaat, der sich an der Lieferung von Raketenwerfern und Haubitzen aus politischen oder verfassungsrechtlichen Gründen nicht beteiligen mag, umso stärker die Lieferung von Benzin oder Helmen mitfinanziert. Und genau das geschieht. Auch ein verfassungsrechtlich neutraler Staat wie Österreich nimmt deshalb konstruktiv an der Europäischen Friedensfazilität teil.

Wir können hier also den Willen der Europäischen Union feststellen, gegenüber dem russischen Angriffskrieg gegen die Ukraine tatsächlich die Sprache der Macht zu sprechen, jedenfalls in ersten wichtigen Ansätzen. Wenn man die gesamten Wirtschafts- und Militärhilfen der Europäischen Union, also alle 27 EU-Mitgliedstaaten und die EU-Institutionen, zusammennimmt, dann ergibt sich – bis zum jetzigen Zeitpunkt (9. Juni 202) – ein beachtlicher Betrag von 15,9 Milliarden Euro. Das ist kein kleiner Betrag. Gleichzeitig müssen wir aber auch sehen, was die USA leisten, als Weltmacht Nummer 1, deren Hilfsleistungen militärischer und sonstiger Art bis zum heutigen Tag etwa 42,9 Milliarden EUR betragen, also etwa das Dreifache. Dessen müssen wir uns auch bewusst sein: Europa beginnt die Sprache der Macht zu sprechen, ist aber aktuell nur bei etwa einem Drittel der Leistungen, die die USA für die Ukraine erbringen. Dies zeigt, dass wir noch nicht dort sind, wo wir machtpolitisch sein sollten, vor allem, wenn es um einen Konflikt in der unmittelbaren Nachbarschaft der Europäischen Union geht.

D. Ausblick: Was Europa zur Weltpolitikfähigkeit braucht

Damit komme ich zu meinem perspektivischen Teil: was fehlt eigentlich? Was braucht Europa, wenn es wirklich ein Player der Macht sein will? Nicht nur unter dem Druck eines Konfliktes, wie jetzt des Krieges in der Ukraine, sondern allgemeiner: Was braucht Europa, wenn es tatsächlich die Sprache der Macht sprechen will? Was ich hier darstelle, ist eine Zusammenfassung dessen, was die Europäische Kommission und die Mitgliedstaaten zurzeit versuchen, auf den Weg zu bringen.

I. Strategische Autonomie

An erster Stelle steht eine Stärkung unserer strategischen Autonomie, was bedeutet, dass wir in der Lage sein wollen, als Europäer über unser eigenes Schicksal selbst zu entscheiden.

Das darf man nicht in der Weise missverstehen, als wolle man sich vom Rest der Welt für unabhängig erklären. Manche sagen derzeit: „Alle Halbleiter, die in Europa verwendet werden, müssen wir selbst produzieren." Das ist praktisch nicht vorstellbar. Aber dass wir bei Halbleitern nicht nur von einem Staat oder nur von zwei Staaten der Welt abhängig sein dürfen, das sollte eigentlich selbstverständlich sein. Wenn man weltpolitisch mitbestimmen will, darf man nicht erpressbar sein. Das gilt für Halbleiter nicht anders als zum Beispiel für Lithium. Warum Lithium? Das ist der wichtigste Rohstoff, aus dem Batterien erzeugt werden. Wir können in Europa nicht auf eine grüne Energiewirtschaft umstellen, wenn wir keinen Zugang zu Lithium haben. Der Kontinent, in dem am meisten Lithium gewonnen wird, ist Südamerika. Hier müssen wir in Verträge eintreten. Wir müssen uns strategisch aufstellen und die Batterieproduktion in und für Europa sicherstellen. Einen Grundbestand an Batterien können wir sicher in Europa herstellen, daran arbeitet die von der EU und vielen europäischen Unternehmen 2017 gegründete Europäische Batterieallianz, die bis 2025 70 % unseres Bedarfs an Batterien, vor allem für die Elektromobilität, gewährleisten soll. Im Übrigen müssen wir Lieferketten und Produktion diversifizieren, damit keine Lieferengpässe eintreten. Dazu darf die EU bei zentralen Produkten und Dienstleistungen nicht alle Eier in einen einzigen Korb legen. Denn wenn ein Handelspartner in die Autokratie abgleitet, könnten wir sonst wieder erpressbar sein. Was uns mit Russland passiert ist, das darf nicht nochmal passieren.

Besonders wichtig ist strategische Autonomie natürlich bei der Energieversorgung. Es ist erstaunlich – lassen Sie mich das hier vor einem österreichisch-deutschen Publikum sagen –, wie schwer es ist, dass Deutschland und Österreich zustimmen, dass die EU ein Handelsabkommen mit Kanada oder mit den Mercosur-Staaten in Südamerika abschließt. Wir sind derzeit offenbar politisch kaum in der Lage, solche Abkommen zu ratifizieren. Mit unserem engen Alliierten Justin Trudeau wollen wir keine Verträge, aber 80 % der österreichischen Gasimporte kommen aus Russland? Das ist ein heftiger Wertungswiderspruch. Wir schließen kein EU-Mercosur-Abkommen mit südamerikanischen Demokratien, weil es in Deutschland wie in Österreich umwelt- und landwirtschaftspolitische Bedenken gibt. Aber unser Öl, unser Gas, das importieren wir jahrzehntelang bedenkenlos zu einem Großteil aus dem autokratischen und jetzt sogar einen Angriffskrieg führenden Russland. Ein Kontinent, der die Sprache der Macht sprechen will, darf sich diese Wertungswidersprüche nicht leisten, der muss klar sagen, wo unsere Interessen liegen: bei Justin Trudeau und in Südamerika, oder bei Wladimir Putin?

Strategische Autonomie und Nichterpressbarkeit darf man nicht mit Autarkie verwechseln. Autarkie ist in unserer Welt praktisch kaum möglich, vor allem nicht für einen Kontinent wie Europa, der der am stärksten vernetzte Kontinent der Welt ist. Die Mitgliedstaaten der Europäischen Union sind mehr als 20 % stärker vernetzt mit dem Rest der Welt als die USA. Es gibt keinen so offenen Kontinent wie Europa. Deshalb dürfen wir jetzt nicht ins andere Extrem verfallen. Ja, wir wollen aus Nachhaltigkeitsgründen unser Obst, unser Fleisch am liebsten hier beim Nachbarladen um die Ecke einkaufen. Wir setzten verstärkt auf erneuerbare Energien, ob im Solar- oder Windenergiebereich, weil dies anders als Öl und Gas Energie „Made in Europa“ ist. Wir werden aber nicht alle Technologie, alle anderen Produkte, hier in Europa selbst herstellen können. Wir brauchen als Europäer weiterhin Zusammenarbeit und Handel mit anderen Kontinenten, auch wenn wir uns strategischer aufstellen, diversifizieren und riskante Abhängigkeiten durch verlässliche Partnerschaften ersetzen müssen. Und das so schnell wie möglich.

II. Militärische Handlungsfähigkeit

Wenn Europa wahrhaft eine Macht sein will, die unsere Werte und Interessen im von der Leyenschen Sinn Geltung verschaffen kann, wenn man nicht Objekt, sondern Subjekt der Weltpolitik sein will, dann müssen wir auch militärisch in der Lage sein, uns im Notfall selbst zu verteidigen und erforderlichenfalls auch in Drittstaaten wirksame friedensschaffende oder friedenssichernde Maßnahmen zu ergreifen. Dazu ist die Europäische Union heutzutage noch nicht in der Lage.

Das liegt daran, dass wir ein extrem pazifistischer Kontinent sind. Wir haben in Europa 30 Jahre lang, seit 1989/1990, sehr gut davon gelebt, unsere Sicherheit zu einem großen Teil an die USA „outzusourcen“. Wir sind zugleich der Kontinent, auf dem ein recht intensiver Anti-Amerikanismus gepflegt wird, auch und gerade in Deutschland und Österreich – obwohl Deutschland und Österreich zu den Staaten gehören, die ihre Sicherheit in besonders hohem Maße an die USA „outgesourced“ haben. Deutschland bewusst, Österreich wohl eher unbewusst. Aber wer schützt eigentlich den österreichischen Luftraum, wenn es finster wird?

Für die Zukunft brauchen wir für Europa – verfallen wir jetzt bitte nicht in trügerische Vokabeln wie „europäische Armee" – zumindest eine Verteidigungsfähigkeit, eine Verteidigungskapazität. Und vielleicht ist es dafür ein sehr hilfreicher historischer Zufall, dass die Europäische Kommission gerade jetzt eine ehemalige Verteidigungsministerin als Chefin hat, die sich im militärischen Bereich sehr gut auskennt.

Die Europäische Kommission und der Hohe Beauftragte für Außen- und Sicherheitspolitik hat gerade eine Analyse der sogenannten *defence gaps* vorgelegt,[8] also der bestehenden Lücken im europäischen Verteidigungsbereich. Diese Analyse enthält zum Teil erschreckende Zahlen. Wir geben etwa halb so viel aus wie die USA für Verteidigung, sind aber nur 15 % so effizient wie die Amerikaner. Die Amerikaner leisten sich für eine Armee 30 verschiedene Waffensysteme, wir Europäer für 23 Armeen 160 verschiedene Waffensysteme, die untereinander meist nicht interoperabel sind. Wenn wir in der Europäischen Union militärisches Material vom Helikopter bis zu Funkgeräten beschaffen, geben wir im Jahr 37 Milliarden Euro dafür aus, alle EU-Staaten zusammen, viermal so viel wie Russland für sein ganzes Heer. Und wir scheinen uns dabei besonders wenig europäisch zu verhalten, denn nur 11 % davon vergeben wir in grenzüberschreitender Zusammenarbeit mit unseren Partnern der Europäischen Union. 89 % sind rein nationale Beschaffungen oder Beschaffungen aus Drittstaaten wie der Türkei.

Wir sind also nicht nur in vielen Punkten ineffizient, wir werden auch unserer Verantwortung so nicht gerecht. Das darf so nicht weitergehen, und das ist genau die Analyse, die heute auch ausnahmslos alle Staats- und Regierungschefs in der Europäischen Union teilen. Der Krieg in der Ukraine ist dabei, so tragisch das klingt, auf eine gewisse Weise eine Chance. Denn derzeit liefern die EU-Staaten aus Solidarität mit der Ukraine zunehmend Waffen, Munition, Haubitzen und Panzer aus unseren Beständen. Diese Bestände müssen gerade jetzt zügig wieder aufgefüllt werden. Da wäre es doch sehr sinnvoll, wenn wir in der EU diese Nachlieferungen so weit wie möglich gemeinsam beschaffen. Wir haben einen Europäischen Verteidigungsfonds im Rahmen des neuen mehrjährigen Finanzrahmens, der 2020 begonnen hat. Darin stehen bereits acht

---

8 Joint Communication on the Defence Investment Gaps Analysis and Way Forward, JOIN(2022) 24 final, 18.5.2022, abrufbar unter: https://commission.europa.eu/publications/defence-investment-gaps-and-measures-address-them_de (letzter Zugriff: 16.5.2023).

Milliarden EUR zur Verfügung, der für erste europäische Beschaffungsvorhaben eingesetzt werden könnte.

Die politische Konstellation für eine gemeinsame europäische Verteidigungspolitik ist aktuell günstiger denn je. Denn die Konvergenz zwischen der NATO und der Europäischen Union wird jeden Tag stärker. Schweden und Finnland haben den Antrag auf NATO-Mitgliedschaft gestellt. Der wird sicherlich früher oder später positiv beschieden werden, wahrscheinlich in wenigen Tagen beim Gipfel der NATO in Mailand. Und ich bin zuversichtlich, dass auch die Ratifizierung trotz der türkischen Haltung bis Mitte 2023 gelingen kann. Interessant ist auch die Entwicklung in Dänemark, Dort hat am 1. Juni ein Referendum stattgefunden, das die dänische Opt-out-Regelung im Verteidigungsbereich betraf. Dänemark ist NATO-Mitglied, hat aber bisher aufgrund der seinerzeit beim Maastricht-Vertrag abgegebenen Protokollerklärung an der EU-Verteidigungs- und Sicherheitspolitik nicht mitgewirkt. Nun ist mit 66,8 % der dänischen Bevölkerung dieses Verteidigungs-Opt-out abgeschafft worden. Dänemark kann somit ab sofort mit allen Rechten und Pflichten an der gemeinsamen europäischen Verteidigung teilnehmen.

Gemeinsame europäische Verteidigung wird aus meiner Sicht immer eine Verteidigung sein, die auf die NATO angewiesen ist. Denn in der NATO sind die Verteidigungskräfte von jetzt bald 23 der 27 EU-Staaten gemeinsam organisiert und arbeiten dort militärisch-operativ zusammen. Ich weiß, dass man das vielleicht in Österreich nicht so gerne hört, aber es wird auf absehbare Zeit keine europäische Armee geben, sofern damit eine Armee neben oder gar anstelle der NATO gemeint ist. Warum wird es keine solche europäische Armee geben? Eine europäische Armee war einmal geplant, 1954 im Vertrag über die europäische, politische und Verteidigungsgemeinschaft. Sie ist damals in der französischen Assemblée Nationale aus Souveränitätsbedenken gescheitert. Später hat sich auch das Bundesverfassungsgericht zum Vertrag von Lissabon in einer Weise geäußert, die nach meiner Lesart eine Mitwirkung Deutschlands an einer europäischen Armee äußerst erschweren würde. Die EU-Mitgliedstaaten haben übrigens in die europäischen Verträge explizit hineingeschrieben, dass es keine europäische Armee geben wird. Wir vergessen ja leider oft, was wir in Europa untereinander vertraglich vereinbart haben. Nachdem Irland den Vertrag von Lissabon im Juni 2008 in einem Referendum abgelehnt hatte, wurde der Vertrag im Oktober 2009 den Iren ein zweites Mal zur Abstimmung vorgelegt diesmal mit vertragsrechtlichen Garantien für die Sorgen der irischen Bevölkerung. Eine der irischen Sorgen war es gerade, dass mit dem Vertrag von Lissabon eine europäische Armee geschaffen werden könnte. Die Staats- und Regierungschefs traten damals zusammen und einigten sich in einem Beschluss des Europäischen

Rates vom Juni 2009 auf einen Satz, der wie folgt lautet: „Der Vertrag von Lissabon sieht weder die Schaffung einer europäischen Armee noch die Einberufung zu irgendeinem militärischen Verband vor.“ Dieser Satz ist von seiner Rechtsqualität her nicht nur irgendeine Erklärung. Vielmehr wurde damals vereinbart, dass dieser Text beim nächsten Beitritt eines neuen Mitgliedstaats zur Europäischen Union durch eine vereinfachte Vertragsänderung in die Verträge eingefügt wird, und das ist beim Beitritt Kroatiens 2013 geschehen. Damit hat die Absage an eine europäische Armee primärrechtliche Natur, nachzulesen heute im EU-Amtsblatt[9] und in den neueren Vertragsfassungen, in denen dieses Protokoll zu den Anliegen der irischen Bevölkerung inzwischen aufgenommen worden ist. Es bedürfte also einer großen Vertragsänderung, die alle 27 EU-Mitgliedstaaten ratifizieren müssten, um eine europäische Armee anstelle oder neben der NATO einzuführen, was politisch wenig aussichtsreich ist und angesichts der zunehmenden Konvergenz zwischen NATO und EU auch wenig sinnvoll wäre.

Ich habe aber den Eindruck, wenn ich die Debatte gerade in Österreich mitverfolge: dass man auf eine europäische Armee hofft, weil man die NATO nicht mag. Die einzigen Staaten, die künftig EU-Mitglieder, aber nicht in der NATO sind, sind Österreich, Irland, Malta und Zypern. Das würde nur eine sehr kleine europäische Armee ergeben. Stärken wir also lieber nachdrücklich die europäische Säule in der NATO, auch vor dem Hintergrund, dass wir uns natürlich nicht darauf verlassen können, dass die Amerikaner weiterhin die europäische Verteidigung so stark finanzieren können und wollen wie in der Vergangenheit. Ein Europa, das die Sprache der Macht im Sinne unserer Werte spricht, muss also nicht nur militärisches Material stärker gemeinsam und insgesamt effizienter beschaffen können, sondern durch eigene europäische Anstrengungen die NATO verstärkt zum soliden Grundpfeiler unserer europäischen Verteidigungspolitik machen.

III. Frieden schaffen

Das Dritte, was wir gemeinsam erreichen müssen, um als Europäer in Zukunft weltpolitikfähig zu werden – und das bringt uns direkt zum Thema dieses Völkerrechtstags –: Wir müssen auch in der Lage sein, Frieden zu schaffen, Frieden nach einem Krieg herbeizuführen. Und das ist in diesen Tagen eine ganz besondere Herausforderung. Wenn die EU-Spitzen über die aktuelle Lage im Europäischen Rat sprechen, dann merken wir, dass wir in der Europäischen

9 Protokoll zu den Anliegen der irischen Bevölkerung bezüglich des Vertrags von Lissabon, EU-Amtsblatt L 60, 2.3.2013, S. 131.

Union derzeit bemerkenswert geeint sind. Aber diese Einigkeit aufrechtzuerhalten, wird von Tag zu Tag schwieriger – weil es unterschiedliche Interessen gibt, weil man sich sorgt, dass die Wirtschaft in einigen Mitgliedstaaten eher als in anderen in eine Rezession geraten könnte. Das wird sie aller Voraussicht nach nicht. Wir sind nach wie vor in einer recht guten Konjunkturphase und der Arbeitsmarkt ist fast überall in Europa in sehr guter Verfassung. Aber jeder Politiker macht sich natürlich auch Sorgen, was an den Zapfsäulen passiert, und so besteht die Gefahr, dass unser Einigkeit irgendwann zu bröckeln beginnt.

In der öffentlichen Debatte lassen sich derzeit zwei Schulen unterscheiden: die „Friedensschule" und die „Gerechtigkeitsschule". Die „Friedensschule" sagt: „Das ist ja furchtbar. Dieser Krieg muss sofort aufhören, denn er schadet uns. Ich möchte diese Bilder im Fernsehen nicht mehr sehen. Außerdem möchte ich, dass es der Wirtschaft wieder gut geht. Es ist doch früher so gut gelaufen, mit dem Gas aus Russland. Das wird doch furchtbar kompliziert, wenn wir das jetzt alles abstellen müssen. Hört doch auf zu kämpfen, ihr Ukrainer." Das ist kurz und etwas polemisch zusammengefasst die Auffassung der „Friedensschule", auch wenn dahinter nicht viel wirklicher Pazifismus steckt.

Die „Gerechtigkeitsschule" sagt dagegen: „Was gibt es da zu diskutieren? Es ist ein völkerrechtswidriger Krieg. Russland hat ihn angefangen. Das heißt, man kann überhaupt nicht miteinander sprechen, bevor nicht alle Truppen vom ukrainischen Territorium abgezogen sind, einschließlich der Krim, denn sie ist völkerrechtlich Teil der Ukraine."

Und schauen Sie, wie unterschiedlich die Formulierungen in den europäischen Hauptstädten über die außenpolitische Zielsetzung angesichts des Krieges sind. Einige sagen: „Russland darf diesen Krieg nicht gewinnen." Andere sagen: „Die Ukraine muss diesen Krieg gewinnen." Das sind zwei völlig verschiedene Aussagen. Ich hoffe, wir merken alle diesen Unterschied, der nicht nur ein sprachlicher Unterschied ist.

Was sicherlich der falsche Weg ist, wenn man als EU die Sprache der Macht sprechen will, das wäre, wenn jeder Staats- und Regierungschef und jeder Außenminister, der morgens aufwacht und eine Idee hat, sofort in Moskau anruft und all diese Unterschiede gegenüber Putin offenlegt. Das wäre in hohem Maße kontraproduktiv. Das wäre für jede Verhandlung – sogar über die Bedingungen einer Vereinssatzung oder eines Mietvertrags – kontraproduktiv. Man sollte gerade in schwierigen Verhandlungen nur einen oder maximal zwei Verhandlungsführer haben. Denn in Wirklichkeit reden ja aller Wahrscheinlichkeit die vielen Anrufenden nicht nur alle auf Putin ein und sagen: „Hör auf zu kämpfen“, sondern fragen, die einen leiser, die anderen lauter: „Wo bleibt mein Gas; bekomme ich das weiterhin?“

Seien wir nicht naiv! Man sollte als Kontinent, der die Sprache der Macht sprechen will, hier klar und vor allem unzweideutig auftreten, sowohl in der Form als auch mit dem Inhalt der Botschaft. Präsident Biden ruft derzeit nicht in Moskau an. Der hat gewiss Leute, die sich dort erkundigen. Aber eine Weltmacht ruft in einer solchen Situation nicht an. Sie versucht vielmehr, über Dritte Bedingungen zu formulieren, die Anreize für eine Beendigung des Angriffskriegs enthalten. Und weitere Sanktionen androhen, wenn der Angriffskrieg fortgesetzt wird.

Wenn die Europäische Union über unsere Sanktionen und unsere aktive Unterstützung der Ukraine hinaus politisch auf ein Ende des Angriffskriegs hinwirken will, dann sollte auf jeden Fall nur einer oder ein sehr gut abgestimmtes Team im Namen der EU Gespräche führen. Das Minsker Abkommen ist dadurch zustande gekommen, dass damals Merkel und Hollande und später Merkel und Macron verhandelt haben. Es war sicherlich kein perfektes Abkommen, aber ich würde nicht sagen, es ist völlig gescheitert. Man muss immer versuchen zu verhandeln, wenn die Bedingungen und die Parameter klar sind und wenn man dabei eine Gleichberechtigung der Vertragsparteien auf der Basis des Völkerrechts herstellt.

Wer darauf hinwirken will, dass der Frieden wiederhergestellt wird, der muss dafür zugleich klare Parameter auf der Basis des Völkerrechts setzen. Es kann natürlich nicht sein, dass es Vorbedingung für Friedensverhandlungen ist, dass die Ukraine Territorium abgibt. Auch das liest man in diesen Tagen. Es wäre nun wirklich einigermaßen absurd, wenn man einen Angriffskrieg auch noch mit zusätzlichem Gebiet honorieren würde. Einige sagen jetzt, man müsse Putin helfen, sein Gesicht zu wahren. Wer wahrt aber dann das Gesicht der Menschen in der Ukraine, auf deren Boden, in deren Häusern, in deren Wohnungen derzeit von Russen gekämpft und gemordet wird? „Wir dürfen Putin nicht erniedrigen“, sagen manche. Aber Putin darf andere erniedrigen? Diese Formulierungen sollten wir uns in Europa wirklich abschminken. Putin sieht darin ohnehin nur ein Zeichen von Schwäche, nicht von Macht.

Wir sollten vielmehr sagen: „Es muss auf der Basis des Völkerrechts wieder Recht hergestellt werden, und nur auf dieser Grundlage kann dann über die Zukunft verhandelt werden.“ Wir sollten außerdem sagen: „Die Ukraine muss in solchen Verhandlungen gleichberechtigt mit Russland mit am Tisch sitzen. Und wir werden darauf achten, dass diese Gleichberechtigung gewahrt bleibt.“

Und natürlich ist all das auch eine Frage, die wir auf der Zeitschiene sehen müssen: In welchem Zeitpunkt ist der richtige Moment für erste Gespräche? Zurzeit haben wir ein nur noch langsames, sehr langsames Fortschreiten der Truppen Russlands in der Ostukraine. Ansonsten wird die Ukraine, auch mit unserer Hilfe, jeden Tag stärker, Russland dagegen schwächer, wirtschaftlich, in der militärischen Ausrüstung und in der Moral seiner Truppen. Wer sein Land verteidigt, ist moralisch immer in einer stärkeren Situation als ein Soldat, dem gesagt wird, dass er nur an einer „speziellen Sonderoperation" teilnehme und angeblich die Ukraine „befreien" würde, obwohl er täglich mit eigenen Augen sieht, dass die Ukrainer ihn in keiner Weise als Befreier willkommen heißen, sondern als Besatzer mit all ihrer Kraft bekämpfen.

Ist jetzt daher nicht eher der Zeitpunkt, in dem die Ukraine die Gelegenheit erhalten sollte, Territorium militärisch wieder zurückzuerobern? Hilft nicht die Forderung nach einem Waffenstillstand zum jetzigen Zeitpunkt dem russischen Angreifer, der damit seine militärische Position auf dem Gebiet der Ukraine konsolidieren könnte? All das muss man bedenken, so sehr man sich auch nach Frieden sehnen mag. Ein Frieden zum falschen Zeitpunkt oder zu falschen Bedingungen wird von Putin aller Voraussicht nach nur als Ermutigung verstanden, künftig weitere Angriffskriege zu führen.

Es ist ohne Zweifel sehr schlimm für die Ernährung der Weltbevölkerung, wenn Getreidelieferungen nicht aus der Ukraine und nicht aus Russland herauskommen. Aus Russland könnten sie übrigens ohne weiteres herauskommen, denn unsere EU-Sanktionen nehmen ausdrücklich Nahrungsmittel aus. Natürlich könnte Russland liefern, tut es aber nicht, um Druck auf uns und die Staaten des Globalen Südens auszuüben. Die Ukraine könnte wieder Getreide liefern, wenn sie die Einfahrt des Hafens von Odessa von Minen befreien würde. Aber warum liegen Minen im Hafen von Odessa? Damit Russland diesen nicht mit amphibischen Landefahrzeugen angreifen kann. Wollen Sie der Ukraine ernsthaft sagen, dass sie diese Minen bitte wegräumen und darauf vertrauen soll, dass Putin dann nichts machen werde? Das mochte man vielleicht bis zum 24. Februar glauben, aber jetzt dürfen wir das nicht mehr. Dafür braucht es Garantien, und zwar internationale.

Am Ende werden Maßnahmen, die mittelfristig wieder zum Frieden führen können, nur Aussicht auf Erfolg haben, wenn zentrale Mitglieder der Staatengemeinschaft bereit sind, das, was Russland und die Ukraine zum Beispiel demnächst hoffentlich zu Getreidelieferungen oder eines Tages in Waffenstillstandsvereinbarungen vereinbaren, militärisch und sicherheitspolitisch garantieren. Und da wird die Ukraine zu Recht sehr anspruchsvoll sein und besonders starke Garantien einfordern. Denn die Ukraine hat sich nach ihrer Unabhängigkeit im sogenannten Budapester Memorandum vom 5. Dezember 1994[10] schon einmal auf Sicherheitsgarantien für ihr Territorium verlassen. Das Budapester Memorandum sah vor, dass alle Nuklearwaffen, die auf ukrainischem Territorium aus Sowjetzeiten stationiert waren, aus der Ukraine weggeschafft werden, dass die Ukraine also darauf verzichtet, eine Nuklearmacht zu sein. Im Gegenzug wurde ihr von Russland, den USA und Großbritannien – also von drei Mitgliedern des Sicherheitsrats der Vereinten Nationen – garantiert, dass ihre Grenzen und ihre territoriale Integrität in Zukunft nicht angetastet werden; China und Frankreich unterstützten das Memorandum jeweils durch unilaterale Erklärungen. Die Sicherheitsgarantien des Budapester Memorandums waren offenkundig nicht ausreichend, wie sowohl die völkerrechtswidrige Annexion der Krim durch Russland 2014 als auch die russische Invasion vom 24. Februar 2022 zeigen. Sollte sich die Ukraine also eines Tages auf eine neue Vereinbarung einlassen, werden die Sicherheitsgarantien deutlich stärker und von mehr Staaten getragen sein müssen. Perspektivisch gehört dazu sicherlich – ja, das muss man in aller Ehrlichkeit sagen, wenn man Frieden dauerhaft absichern will – auch die Mitgliedschaft der Ukraine in der EU und in der NATO. Was im Einzelnen dafür erforderlich ist, das kann und darf am Ende nur die Ukraine selbst entscheiden. Denn es geht um ihr Land, ihre Souveränität und die Sicherheit und das Leben ihrer Bevölkerung.

Wenn Europa also eine Macht sein will, die geopolitisch wirksam handeln und auf Frieden hinwirken kann, dann müssen wir Europäer in den kommenden Monaten genau darauf achten, welche Präzedenzfälle wir mit unserem Handeln schaffen. Wer als Europäer machtpolitisch denkt, der darf jetzt keinesfalls naiv sein. Putin darf weder ermutigt werden, noch falsche Anreize erhalten, sein völkerrechtswidriges Verhalten heute oder in ein paar Jahren fortzusetzen. Er muss zuallererst gestoppt werden. Das ist und bleibt in diesen Tagen die vordringlichste Aufgabe eines Europas, das die Sprache der Macht sprechen will. Denn nur auf diese Weise können wir mittelfristig auf einen gerechten, nachhaltigen Frieden hinwirken. Im Interesse der Menschen in der Ukraine. Und

10 Memorandum on security assurances in connection with Ukraine's accession to the Treaty on the Non-Proliferation of Nuclear Weapons, 5.12.1994, abrufbar unter: https://treaties.un.org/Pages/showDetails.aspx?objid=0800000280401fbb (letzter Zugriff: 16.5.2023).

im Interesse einer künftigen Sicherheits- und Friedensordnung Europas, für deren Stabilität die EU selbst eine zentrale Rolle wird spielen müssen.

E. Schlussbemerkung

Wir sind alle augenblicklich auf den Konflikt in der Ukraine fixiert, auf den völkerrechtswidrigen Angriffskrieg Russlands. Es gibt auf der Welt aber gleichzeitig viele Angriffskriege. Das Völkerrecht wird nicht nur auf europäischem Boden in Frage gestellt. Es wird auf allen Kontinenten in Frage gestellt und ist immer wieder in Frage gestellt worden. Wenn Sie Ihren Blick in Richtung Indopazifik wenden – von dem wir wirtschaftlich besonders stark abhängig sind, weil mehr als die Hälfte aller Handelsströme durch das Südchinesische Meer verlaufen –, dann ist unser heutiger Wohlstand nicht vorstellbar ohne freien Seeverkehr im Indopazifik. Wer sieht, welche territorialen Konflikte sich dort anbahnen, von den Kurilen über Taiwan bis hin zu der angespannten Situation in mehreren Teilen des Südchinesischen Meer, der muss sorgsam darauf achten, dass wir jetzt, durch unser Verhalten gegenüber dem russischen Angriffskrieg, nicht andere Autokraten ermutigen, die Regeln des Völkerrechts mit Füßen zu treten. Denn sonst wachen wir möglicherweise demnächst in einer ganz anderen Welt auf.

Zurecht wird der 24. Februar 2022 als „Zeitenwende" bezeichnet. Es ist unsere gemeinsame europäische Verantwortung, dafür zu sorgen, dass diese Zeitenwende weder in Europa noch weltweit eine Zeitenwende ins Schlechtere wird, in der das Völkerrecht nicht mehr zählt. Ich würde mich freuen, wenn wir darüber auf diesem Völkerrechtstag streitig diskutieren und viele unterschiedliche Gesichtspunkte und Auffassungen zu Wort kommen lassen könnten. Denn das ist – davon bin ich überzeugt – die Stärke des Österreichischen Völkerrechtstages, dass wir miteinander diskutieren, dass wir einander zuhören, dass keiner dem anderen über den Mund fährt, dass wir die Meinung des anderen und gute Argumente gelten lassen.

Meinungsfreiheit und Pluralismus machen die besondere Stärke der Demokratie aus. Putin glaubt offenbar, dass die Demokratie am Ende ist, dass die Meinungsfreiheit zu Dekadenz führt, dass wir Europäer durch Corona geschwächt sind und dass wir mehr Angst haben um unsere Benzinrechnung als um das Schicksal der Ukraine. Er scheint anzunehmen, dass er nur noch eine Weile mit seinem Krieg weitermachen muss, bis wir gegenüber den schrecklichen Bildern auf den Fernsehbildschirmen abgestumpft und von „Ukraine-Fatigue" befallen schließlich von Sanktionen und Waffenlieferungen ablassen und ihm die Ukraine überlassen werden.

Wir sollten ihn durch unsere entschlossene Haltung und unsere Solidarität mit der Ukraine eines Besseren belehren. Es ist unsere gemeinsame Verantwortung als Europäer, als Völkerrechtler, und als Demokraten, dass sich Putin mit dieser Auffassung nicht durchsetzt, sondern dass am Ende das gilt, was Europa ausmacht und hoffentlich immer ausmachen wird: nicht das Recht des Stärkeren, sondern die Stärke des Rechts.

Teil I: Kernfragen des allgemeinen Völkerrechts vor internationalen Gerichten und Schiedsgerichten

Alice Falkner

Die territoriale Zuständigkeit von Investitionsschiedsgerichten – Der Begriff „territory" in Investitionsschutzabkommen auf dem Prüfstand

A. Einleitung

Die territoriale Zuständigkeit („territorial jurisdiction"/„jurisdiction *ratione loci*") von Investitionsschiedsgerichten (nachfolgend: Schiedsgerichte) betrifft die Frage des räumlichen Anwendungsbereiches[1] von internationalen Investitionsschutzabkommen (International Investment Agreements, IIAs[2]).

Während das ICSID-Übereinkommen[3] eine Zuständigkeit *ratione loci* nicht vorauszusetzen scheint,[4] finden sich in der Praxis vielerlei IIAs, die genau dieses Kriterium durch sogenannte „made in the territory of the host State"-Klauseln

---

1 Der räumliche Anwendungsbereich wird im Englischen als „territorial scope of application" bezeichnet (cf. e.g. die deutsche mit der englischen Übersetzung bzw. Sprachfassung des Art. 29 WVK oder des Art. 52 EUV). Im Englischen werden überdies auch manchmal die Bezeichnungen „geographical scope of application" oder „spatial scope of application" verwendet. Cf. e.g. Art. 1.3 CETA (Umfassendes Wirtschafts- und Handelsabkommen zwischen Kanada einerseits und der Europäischen Union und ihren Mitgliedstaaten andererseits, unterzeichnet am 30. Oktober 2016, ABl. L 11/23) oder Greenwood, Christopher: „Oceans and Space: Some New Frontiers for International Investment Law". *Journal of World Investment & Trade* 19(5-6) 2018, S. 777-78.

2 Der Begriff IIA umfasst sowohl bilaterale Investitionsschutzabkommen (Bilateral Investment Treaties, BITs) als auch andere Abkommen zwischen Staaten, die Investitionsbestimmungen zum Inhalt haben (Treaties with Investment Provisions, TIPs). Cf. zur Terminologie auch UNCTAD: *Investment Policy Hub. International Investment Agreements Navigator*, retrieved 15.7.2024, from https://investmentpolicy.unctad.org/international-investment-agreements.

3 Übereinkommen zur Beilegung von Investitionsstreitigkeiten zwischen Staaten und Angehörigen anderer Staaten (ICSID-Übereinkommen) vom 18.3.1965, 575 UNTS 159, BGBl. Nr. 357/1971 i.d.F. BGBl. I 2/2008.

4 Nach dem Report of the Executive Directors of the International Bank for Reconstruction and Development on the ICSID-Convention vom 18.3.1965 Rn. 12, scheint dem ICSID-Übereinkommen ein territoriales Element jedoch inhärent zu sein.

festsetzen.[5] Dabei wird der Schutz der Investition an das Hoheitsgebiet („territory“[6]) des Gaststaates gebunden. Was jedoch genau unter „territory“ verstanden wird, hängt vom jeweiligen IIA ab.

Zumeist legen Vertragsparteien, die sich solcher Klauseln bedienen, im IIA eine Definition des Hoheitsgebietes fest. Wie im Folgenden aufgezeigt wird, geben diese Definitionen aber oftmals kein deutliches Bild über den räumlichen Anwendungsbereich, sondern stellen Schiedsgerichte erst recht vor die Frage, was eigentlich die Bedeutung des Begriffes „Hoheitsgebiet“ im jeweiligen IIA ist.[7]

Diese Frage ist insbesondere dann von Bedeutung, wenn es um den Schutz von Investitionen in Gebieten geht, in denen der Gaststaat nur *de facto*-Kontrolle ausübt. Die Investitionsstreitigkeiten auf der Krim auf Grundlage des Russia-Ukraine BIT[8] sind diesbezüglich derzeit[9] das prominenteste Beispiel dafür, wie die Auslegung des Begriffes „Hoheitsgebiet“ zum *sine-qua-non*-Kriterium für die Zuständigkeit *ratione loci* der Schiedsgerichtsbarkeit wird.

Der vorliegende Beitrag zielt darauf ab, der Bedeutung des Begriffes „Hoheitsgebiet“ speziell in bilateralen Investitionsschutzabkommen (Bilateral Investment Treaties, BITs) auf den Grund zu gehen. Zunächst widmet sich der Beitrag in Kapitel B. einer Analyse verschiedener Klauseln zum räumlichen Anwendungsbereich von BITs und stellt dabei unterschiedliche Typen von Definitionen zum Hoheitsgebiet vor. Sodann wird in Kapitel C. der Begriff „Hoheitsgebiet“ analysiert. Dazu wird gleich zu Beginn die Frage nach dem anwendbaren Recht gestellt. Anschließend wird der Begriff „Hoheitsgebiet“

Schreuer, Christoph H. et al.: *The ICSID Convention. A Commentary.* Cambridge University Press: Cambridge 2022, Art. 25, Rn. 415.

5 Cf. e.g. Art. 1 Abs. 6 Austrian Model BIT (replaced); Art. 1 Abs. 5 French Model BIT 2006; Art. 1 Abs. 4 German Model BIT 2008; Art. 2 UK Model BIT 2008; Art. 1 US Model BIT 2012.

6 Cf. die deutsche Übersetzung von „territory“ in Art. 29 WVK („[...] bindet ein Vertrag jede Vertragspartei hinsichtlich ihres gesamten Hoheitsgebiets.“)

7 „Interpretation is always required“ und „it is not superfluous only because the relevant words in their natural and ordinary meaning seem to make sense in their context“. Dörr, Oliver: „Article 31“. In: Dörr, Oliver / Schmalenbach, Kirsten (Hrsg.): *Vienna Convention on the Law of Treaties. A Commentary.* Springer: Berlin 2018^2, Rn. 14.

8 Russia–Ukraine BIT 1998.

9 Seit 2015 sind Schiedsgerichte in verschiedenen Verfahren mit dem Russia–Ukraine BIT beschäftigt, die zum Teil noch anhängig sind (Stand Juli 2024). Für eine Auflistung der Verfahren cf. Fn. 66-67.

aus dem Blickwinkel der Wiener Vertragsrechtskonvention (WVK)[10] und der Interpretationsregeln nach Art. 31 WVK beleuchtet. Dazu werden die Schiedssprüche der Krim-Investitionsstreitigkeiten einfließen und der Analyse gegenübergestellt.

B. Ausgestaltung des räumlichen Anwendungsbereichs von BITs

I. Datengrundlage

Für die Zwecke dieses Beitrages wurden 60 verschiedene BITs untersucht. Vor dem Hintergrund, dass der „International Investment Agreements Navigator" der Konferenz der Vereinten Nationen für Handel und Entwicklung (United Nations Conference on Trade and Development, UNCTAD) fast 3.000 verschiedene BITs auflistet, mag die Zahl eher gering erscheinen.[11] Um ein möglichst repräsentatives Bild jüngst unterzeichneter BITs[12] zu zeichnen, wurden im gegenständlichen Beitrag BITs der 20 führenden Handelsnationen weltweit (Waren und Dienstleistungen) zwischen 2008 und 2018[13] sowie BITs ausgewählter Entwicklungsländer[14] und der am wenigsten entwickelten Volkswirtschaften und Länder berücksichtigt.[15] Um überdies geographische Aspekte miteinfließen zu lassen, wurden BITs

10 Wiener Übereinkommen über das Recht der Verträge (Wiener Vertragsrechtskonvention, WVK) vom 23.5.1969, 1155 UNTS 331, BGBl. Nr. 40/1980 i.d.F. BGBl. III 194/201.

11 Stand Juli 2024, cf. UNCTAD: *Investment Policy Hub. International Investment Agreements Navigator*, retrieved 25.7.2024, from https://investmentpolicy.unctad.org/international-investment-agreements.

12 Berücksichtigt wurden dabei überwiegend jene BITs, die auf dem Stand vom 31.12.2019 bereits in Kraft getreten sind UNCTAD: *Investment Policy Hub. International Investment Agreements Navigator*, retrieved 15.7.2024, from https://investmentpolicy.unctad.org/international-investment-agreements.

13 Belgien, China, Deutschland, Frankreich, Hong Kong, Indien, Irland, Italien, Japan, Kanada, Mexiko, Niederlande, Russland, Schweiz, Singapur, Spanien, Südkorea, Taiwan, Vereinigte Staaten und Vereinigtes Königreich (cf. WTO: *World Trade Statistical Review 2019*, S. 11, retrieved 15.7.2024, from https://www.wto.org/english/res_e/statis_e/wts2019_e/wts19_toc_e.htm).

14 Bahrain, Brasilien, Macao, Nigeria, Panama, Philippinen, Qatar, Südafrika, Thailand, Türkei, Ukraine, Vereinigte Arabischen Emirate und Vietnam (cf. WTO, S. 12).

15 Afghanistan, Angola, Bangladesch, Jemen, Kambodscha, Kongo, Myanmar, Sambia, Sudan, Tansania und Tschad (cf. WTO, S. 13).

der zehn flächenmäßig größten Staaten[16] untersucht sowie BITs weiterer Küstenstaaten, die in keiner dieser Kategorien enthalten sind.[17] Außerdem wurden BITs von aktuellem politischem Interesse, wie das Russland-Ukraine BIT 1998, in die Analyse einbezogen. Schließlich berücksichtigte die Verfasserin die jüngsten BITs ihres Heimatlandes Österreich und seiner Nachbarstaaten.[18] Die Analyse umfasst damit 81 verschiedene Staaten und deckt in geographischer Hinsicht rund 78 % der globalen Landfläche ab.[19]

Übersicht der Staaten (dunkelgrau), deren BITs für die vorliegende Analyse verwendet wurden (erstellt auf https://m.maploco.com/).

16 Algerien, Argentinien, Australien and Kasachstan (abgesehen von Brasilien, China, Indien, Kanada, Russland und den Vereinigten Staaten, die bereits in den oberen Kategorien berücksichtigt wurden).

17 Chile, Dänemark, Indonesien, Island, Madagaskar, Neuseeland, Norwegen, Peru, Polen and Portugal.

18 Slowakei, Slowenien, Tschechien und Ungarn, abgesehen von den anderen Nachbarstaaten, die bereits in den oberen Kategorien berücksichtigt wurden. Liechtenstein hat mit Stand 15.7.2024 kein BIT mit anderen Staaten abgeschlossen.

19 Lexas: *LaenderDaten*, retrieved 15.7.2024, from https://www.laenderdaten.de/geographie/flaeche.aspx. Die Landfläche versteht sich exklusive der Fläche des Küstenmeers bei Küstenstaaten. Bei der Flächenberechnung wurden überdies umstrittene Gebiete (e.g. Kosovo und Westsahara) und Überseegebiete nicht miteinbezogen. Zur Frage der Anwendbarkeit von BITs in umstrittenen Gebieten, cf. Beham, Markus P.: „The Concept of 'Territory' in BITs of Disputing Sovereigns." In: Ackermann, Tobias / Wuschka, Sebstian (Hrsg.): *Investments in Conflict Zones. The Role of International Investment Law in Armed Conflicts, Disputed Territories, and "Frozen Conflicts"*. Brill Nijhoff: Leiden, Bosten 2021, S. 139-175.

II. Analyse

Die Analyse der BITs hat gezeigt, dass der räumliche Anwendungsbereich in der Regel durch eine Definition des Begriffes „Hoheitsgebiet" im jeweiligen BIT näher erläutert wird. Jene BITs, die einen territorialen Bezug zum Gaststaat voraussetzen, aber keine spezifische Auslegung des Begriffes „Hoheitsgebiet" vorgeben, sind stark in der Unterzahl und bilden somit die Ausnahme; von 60 untersuchten BITs haben lediglich drei[20] keine eigene Definition zum Hoheitsgebiet (5 %).

Die Klauseln in BITs, die das Hoheitsgebiet definieren, unterscheiden sich in vielerlei Hinsicht. Es lassen sich jedoch verschiedene Kategorien von Definitionen erkennen und unterscheiden:

Zunächst lässt sich feststellen, dass die Definitionen zum Hoheitsgebiet üblicherweise in zwei Teile gegliedert sind: Ein Teil befasst sich mit der Definition des Hoheitsgebietes an sich, während der andere Teil festlegt, inwieweit maritime Gebiete jenseits des Küstenmeeres vom räumlichen Anwendungsbereich des jeweiligen BITs umfasst sind.

Was den ersten Teil betrifft, lassen sich wiederum drei Arten von Definitionen (im Folgenden Typ 1, 2 und 3) unterscheiden. Definitionen des Typs 1 erläutern den Begriff „Hoheitsgebiet" nicht weiter, sondern beziehen sich lediglich auf das Hoheitsgebiet der Vertragsparteien. Definitionen des Typs 2 sind präziser ausgestaltet – sie beziehen sich auf das Landgebiet und die inneren Gewässer innerhalb der Staatsgrenzen der Vertragsparteien, den darüber liegenden Luftraum sowie das Küstenmeer und spiegeln somit die Definition des Hoheitsgebiets im Völkergewohnheitsrecht wider. Fn Definitionen des Typs 3 hingegen verweisen auf das Gebiet, über das die Vertragsparteien Souveränität, souveräne Rechte und Hoheitsgewalt ausüben.[21]

Darüber hinaus ist den Klauseln gemein, dass diese zumeist eine Zusatzbestimmung hinsichtlich der Übereinstimmung mit dem Völkerrecht, einen sogenannten „qualifier", enthalten:[22] „[...] with respect to which that Contracting Party exercises sovereign rights or jurisdiction in accordance with international law."

---

20 Afghanistan–Germany BIT 2005, Angola–Brazil BIT 2015 und Chad–Italy BIT 1969.

21 Cf. in diesem Zusammenhang überdies Beham, in dessen Artikel er ebenso eine Typisierung der Klauseln zum räumlichen Anwendungsbereich von BITs vornimmt.

22 Für die Verwendung des Begriffs „qualifier" und des Verbs „to qualify" in diesem Zusammenhang cf. e.g. Beham, S. 153 und Dumberry, Patrick: „Requiem for Crimea: Why Tribunals should have Declined Jurisdiction over the Claims of Ukrainian Investors against Russian under the Ukraine–Russia BIT". *Journal of International Dispute Settlement* 9 (3) 2018, S. 524.

Im Folgenden werden diese verschiedenen Definitionen näher vorgestellt und im Hinblick auf ihre Merkmale und rechtlichen Auswirkungen analysiert. Eine Analyse des zweiten Teils der Klauseln, d.h. der Bestimmungen über den räumlichen Anwendungsbereich in maritimen Gebieten jenseits des Küstenmeeres, würde den Rahmen dieses Beitrages sprengen, weshalb der räumliche Anwendungsbereich in diesen Gebieten nicht beleuchtet wird.

a) Typ 1

Definitionen des Typs 1, d.h. Klauseln, die keine Erläuterung des Begriffes „Hoheitsgebiet" enthalten, sind neben Definitionen des Typs 2 die größte Gruppe und in der Regel folgendermaßen aufgebaut:

Art. 1 lit. g Armenia-Japan BIT:[23]

> [T]he term "Territory" means, with respect to a Contracting Party, the territory of that Contracting Party, and the exclusive economic zone and the continental shelf with respect to which that Contracting Party exercises sovereign rights or jurisdiction in accordance with international law;[...].

Nachdem diese Art von Definition tautologisch aufgebaut ist, bleibt der Begriff „Hoheitsgebiet" in diesen BITs im Grunde undefiniert. Es stellt sich also die Frage, was genau das Hoheitsgebiet der Vertragsparteien ist und nach welchen Regeln bzw. welchem Rechtssystem dieses zu bestimmen ist.

b) Typ 2

Definitionen des Typs 2 bilden die zweite große Gruppe der Definitionen zum Hoheitsgebiet. Diese Definitionen gehen im Gegensatz zu Typ 1 näher auf den Begriff „Hoheitsgebiet" ein, indem sie sich ausdrücklich auf das Landgebiet, die inneren Gewässer, das Küstenmeer und den Luftraum darüber beziehen. Definitionen des Typs 2 sind zum Beispiel wie folgt aufgebaut:

Art. 1 Abs. 4 Finland-Nigeria BIT:[24]

---

23 Armenia–Japan BIT 2018.

24 Finland–Nigeria BIT 2005.

> The term "territory" means the land territory, internal waters and territorial sea of the Contracting Party and the airspace above them, as well as the maritime zones beyond the territorial sea, including the seabed and subsoil, over which that Contracting Party exercises sovereign rights or jurisdiction in accordance with its national laws in force and international law, for the purpose of exploration and exploitation of the natural resources of such areas.

Definitionen dieser Art entsprechen damit der gewohnheitsrechtlich verankerten Auffassung des Begriffes „Hoheitsgebiet".

c) *Typ 3*

Eine kleinere Gruppe von BITs bezieht sich in der Definition zum Hoheitsgebiet explizit auf die Ausübung von Souveränität, souveränen Rechten oder Hoheitsgewalt. Sie tun dies, indem sie auf das Gebiet unter der Souveränität einer Vertragspartei verweisen oder indem sie auf das Gebiet, seinen Luftraum und die Hoheitsgewässer unter der Souveränität der Vertragspartei verweisen. Definitionen dieser Art sind wie folgt aufgebaut:

Art. 1 Abs. 4 Austria-Philippines BIT:[25]

> [T]he term "territory" means in respect of each Contracting Party the territory under its sovereignty as well as its exclusive economic zone and continental shelf over which each Contracting Party exercises sovereign rights or jurisdiction in accordance with its national law and international law.

Art. 1 Abs. 4 Jordan-Hungary BIT:[26]

> The term "territory" shall mean: a) in the case of the Republic of Hungary, the territory over which the Republic of Hungary exercises, in conformity with international law, sovereignty, sovereign rights or jurisdiction; [...].

Bemerkenswerterweise wird bei dieser Art von Definitionen ein weiterer allgemeiner Begriff verwendet, um das Wort Hoheitsgebiet zu spezifizieren - es wird auf das Hoheitsgebiet, das der Souveränität einer Vertragspartei unterliegt, Bezug genommen. Dabei stellt sich die Frage: Was ist Souveränität? Das Gleiche gilt für Gebiete, über die eine Vertragspartei souveräne Rechte und Hoheitsgewalt ausüben kann. Was ist der Unterschied zwischen Souveränität,

---

25 Austria–Philippines BIT 2002.

26 Jordan–Hungary BIT 2007.

souveränen Rechten und Hoheitsgewalt? Und in welchem Verhältnis stehen sie zum Hoheitsgebiet?

d) *Fazit*

Zusammengefasst ergeben sich aus diesen Klauseln damit folgende Fragen:

> Was ist unter dem Hoheitsgebiet genau zu verstehen? Wie steht der Begriff Hoheitsgebiet im Verhältnis zu Souveränität, souveränen Rechten und der Ausübung von Hoheitsgewalt? Nach welchem Recht sind diese Begriffe zu interpretieren: ausschließlich im Sinne des Völkerrechts und damit nach den Regeln der Art. 31 ff. WVK oder kann innerstaatliches Recht Einfluss auf die Interpretation dieser Begriffe haben?

C. Bedeutung des Begriffes „Hoheitsgebiet“ in BITs

I. Anwendbares Recht zur Interpretation

Um die Bedeutung des Begriffes „Hoheitsgebiet“ in BITs zu bestimmen, in denen dieser Begriff nicht oder nicht ausreichend bestimmt definiert ist, stellt sich zunächst die Frage, nach welchen Normen oder welchem Rechtssystem der Begriff auszulegen ist. Vor dem Hintergrund, dass BITs Verträge zwischen Staaten sind, scheint es auf den ersten Blick naheliegend, die Bedeutung des Begriffes „Hoheitsgebiet“ im Lichte des Völkerrechts und damit der WVK und deren Bestimmungen zur Interpretation von Verträgen (Art. 31 ff.) zu analysieren.

Es soll an dieser Stelle jedoch zunächst dem Umstand Rechnung getragen werden, dass IIAs mitunter[27] Vereinbarungen über das anzuwendende Recht im Falle von Streitigkeiten beinhalten. Damit geht die Frage einher, ob derartige Klauseln überhaupt Einfluss auf die Interpretation des Begriffes „Hoheitsgebiet“ haben können.

Sowohl das ICSID-Übereinkommen als auch die UNCITRAL-Arbitration Rules[28] geben Hinweise darauf, wie bei der Ermittlung der für die Auslegung eines IIA anwendbaren Regeln vorzugehen ist.

---

27 Die Analyse der untersuchten BITs hat ergeben, dass knapp zwei Drittel der untersuchten BITs eine Klausel über das anzuwendende Recht enthalten.

28 General Assembly, Resolution A/RES/76/108, UNCITRAL Arbitration Rules (with article 1, paragraph 4, as adopted in 2013 and article 1, paragraph 5, as adopted in 2021) 9.12.2021.

Gem. Art. 42 Abs. 1 ICSID-Übereinkommen

> entscheidet [das Gericht] die Streitigkeit gemäß den von den Parteien vereinbarten Rechtsvorschriften. Liegt eine solche Vereinbarung nicht vor, so wendet das Gericht das Recht des Vertragsstaats, der Streitpartei ist – einschließlich seines internationalen Privatrechts –, sowie die einschlägigen Regeln des Völkerrechts an.

Art. 35 Abs. 1 UNCITRAL Arbitration Rules sieht ebenfalls vor, dass

> [t]he arbitral tribunal shall apply the rules of law designated by the parties as applicable to the substance of the dispute. Failing such designation by the parties, the arbitral tribunal shall apply the law which it determines to be appropriate.

Beide Schiedssysteme ermöglichen den Streitparteien also, das anwendbare Recht frei zu wählen (Art. 42 Abs. 1 ICSID-Übereinkommen, erster Satz; Art. 35 Abs. 1 UNCITRAL Arbitration Rules, erster Satz). Darüber hinaus sehen beide Bestimmungen eine Auffangregelung für den Fall vor, dass keine Vereinbarung über das anwendbare Recht getroffen wird. Während Art. 42 Abs. 1 ICSID-Übereinkommen, zweiter Satz, ausdrücklich auf das Recht der Vertragsparteien und die Regeln des Völkerrechts verweist, spricht Art. 35 Abs. 1 UNCITRAL Arbitration Rules, zweiter Satz, nur von dem Recht, welches das Schiedsgericht für angemessen hält.

Ist eine Vereinbarung über das anzuwendende Recht enthalten, muss in einem ersten Schritt geklärt werden, ob und inwiefern dies Auswirkungen auf die Auslegung des räumlichen Anwendungsbereichs von BITs haben könnte. Die freie Wahl des anwendbaren Rechts ist nämlich auf materielle Rechtsfragen beschränkt und gilt nicht für verfahrensrechtliche Fragen und Fragen im Zusammenhang mit der Zuständigkeit eines Schiedsgerichts.[29] Entscheidend ist daher, ob die Auslegung des Begrifffes „Hoheitsgebiet“ eine substantielle Rechtsfrage darstellt oder aber die Zuständigkeit eines Schiedsgerichts betrifft.

Nachdem die Auslegung des Begriffes „Hoheitsgebiet“ für die Bestimmung des räumlichen Anwendungsbereiches des Vertrags notwendig ist, scheint es plausibel, die Frage im Zusammenhang mit der Zuständigkeit *ratione loci* eines Schiedsgerichtes zu prüfen. Dem scheint wohl auch nicht entgegenzustehen, dass Schiedsordnungen, wie bspw. das ICSID-Übereinkommen, eine Zuständigkeit *ratione loci* nicht explizit voraussetzen (cf. Art. 25 ICSID-Übereinkommen),[30]

---

29 Schreuer, Art. 42, Rn. 3.

30 Cf. dazu Fn. 4.

da überdies genauso die Bestimmungen von IIAs bei der Entscheidung über die Zuständigkeit eines Schiedsgerichtes zu berücksichtigen sind.[31]

Beinhaltet ein IIA also eine „made in the territory of the host State"-Klausel, muss ein Schiedsgericht die Voraussetzungen darüber bereits bei der Entscheidung über die Zuständigkeit prüfen. Dementsprechend ist die Frage über die Auslegung des Begriffes „Hoheitsgebiet" wohl keine materielle Rechtsfrage was Dies hat zur Folge, dass der Begriff „Hoheitsgebiet" unabhängig von einer allfälligen Klausel über die Rechtswahl im Sinne des Völkerrechts zu interpretieren ist.

II. Das „Hoheitsgebiet" im Lichte der WVK

Die Frage nach der Bedeutung des Begriffes „Hoheitsgebiet" in BITs bringt konsequenterweise die WVK als Instrument zur Interpretation von Verträgen (Art. 31 ff.) zwischen Staaten ins Spiel. Die Anwendung der WVK setzt freilich voraus, dass die Vertragsparteien des jeweiligen BITs auch Vertragsstaaten der WVK sind. Nachdem die Interpretationsregeln aber ohnehin auch auf Gewohnheitsrecht beruhen,[32] geht eine Bindungswirkung auch für Nicht-Vertragsstaaten aus.

Zunächst wird i.S.d. Art. 31 Abs. 1 WVK der Begriff „Hoheitsgebiet" im Sinne seiner gewöhnlichen Bedeutung ausgelegt. Dazu wird konkret das Konzept des Hoheitsgebietes an sich untersucht und dessen Zusammenhänge mit Souveränität und der Ausübung von Hoheitsgewalt. In diesem Schritt wird auch geprüft, inwieweit eine allfällige „besondere Bedeutung" des Begriffes „Hoheitsgebietes" i.S.v. Art. 31 Abs. 4 WVK eine Rolle bei der Interpretation spielen kann. Sodann wird i.S. einer systematischen Auslegung nach Art. 31 Abs. 3 lit. c WVK geprüft, ob Art. 29 WVK[33] als zwischen den Vertragsparteien anwendbarer einschlägiger Völkerrechtssatz Aufschluss über den Begriff Hoheitsgebiet geben kann. Genauso wird das Seerechtsübereinkommen (SRÜ)[34] i.S.v. Art. 31 Abs. 3 lit. c WVK mit seinen unterschiedlichen Bestimmungen über Souveränität und souveräne Rechte zur Interpretation herangezogen. Des

---

31 Schreuer, Art. 42, Rn. 13 f.

32 Dörr, Rn. 6.

33 Art. 29 beruht ebenso auf Gewohnheitsrecht. Von der Decken, Kerstin: „Article 29". In: Dörr, Oliver / Schmalenbach, Kirsten (Hrsg.): *Vienna Convention on the Law of Treaties. A Commentary.* Springer: Berlin 2018², Rn. 3.

34 Seerechtsübereinkommen der Vereinten Nationen (SRÜ) vom 10.12.1982, 1833 UNTS 3, BGBl. Nr. 885/1995 i.d.F. BGBl. III 218/2019.

Weiteren wird i.S. einer teleologischen Auslegung gem. Art. 31 Abs. 1 WVK nach Ziel und Zweck von BITs gefragt und deren Auswirkungen auf den räumlichen Anwendungsbereich analysiert. Schließlich wird die Frage aufgeworfen, ob und welche Implikationen die Zusatzbestimmung „in conformity with international law", die sich beinahe in allen Klauseln zum räumlichen Anwendungsbereich findet, für die Interpretation des räumlichen Anwendungsbereiches in BITs haben kann.

a) *Gewöhnliche und besondere Bedeutung nach Art. 31 Abs. 1 und 4 WVK*

Um die gewöhnliche Bedeutung des Begriffes „Hoheitsgebiet" im Sinne von Art. 31 Abs. 1 WVK zu identifizieren, wird üblicherweise darauf abgestellt, welche Bedeutung eine sachkundige Person einer Bestimmung allgemein zumisst.

Nach *Crawford*[35] ist die territoriale Souveränität einer der vier Regimetypen des Völkerrechts (neben *res nullius, res communis* und Mandatsgebieten). Die territoriale Souveränität umfasst das staatseigene Festland, das Küstenmeer, dessen Meeresboden und Meeresuntergrund. Auch der Luftraum über diesen Gebieten unterliegt der territorialen Souveränität. Die geographische Festlegung der Staatsgrenzen, woran sich die territoriale Souveränität orientiert, ergibt sich aus den nationalen Verfassungen im Einklang mit dem Völkerrecht.[36]

Die Souveränität ist die Befugnis von Staaten, über ihr eigenes Staatsgebiet zu bestimmen,[37] und Voraussetzung für die Ausübung von Hoheitsgewalt im eigenen Hoheitsgebiet.[38] Die beiden Begriffe Souveränität und Hoheitsgewalt sind somit nicht deckungsgleich; die Hoheitsgewalt eines Staates wird als ein Aspekt der Souveränität verstanden und umfasst die Hoheitsgewalt über alle drei Staatsgewalten, nämlich die „jurisdiction to prescribe", „to enforce" und „to adjudicate".[39]

---

35 Crawford, James: *Brownlie's Principles of Public International Law.* Oxford University Press: Oxford 2019⁹, S. 191.

36 Schmalenbach, Kirsten: „Art. 52". In Calliess Christian / Ruffert Matthias (Hrsg.): *EUV/AEUV. Kommentar.* C.H. Beck: München 2022⁶, Rn. 4.

37 Cf. Arbitrator Huber, *Island of Palmas case (Netherlands, USA).* RIAA 1928 II, 829 (838).

38 S. 432 und 440.

39 Ibid., S. 431 und 440; Mann, Frederick A.: *The Doctrine of Jurisdiction in International Law.* (Collected Courses of the Hague Academy of International Law 111). Springer: Heidelberg 1964, S. 30.

Es stellt sich nun die Frage, inwieweit die Ausübung von Hoheitsgewalt an das Hoheitsgebiet an sich gebunden ist oder ob diese auch unabhängig von territorialer Souveränität bestehen kann. In der Tat eröffnen einige Regeln einem Staat die Möglichkeit, seine Hoheitsgewalt im Einzelfall extraterritorial auszuüben, also auf Sachverhalte außerhalb seines Staatsgebietes zu erstrecken:[40] das Personalitätsprinzip, das Schutzprinzip, das Universalitätsprinzip oder auch (in Grenzen) das Wirkungsprinzip.[41] Das Völkerrecht kennt also sehr wohl den Umstand, dass Hoheitsgewalt nicht zwangsläufig auf das eigene Hoheitsgebiet begrenzt sein muss.[42]

Insoweit sind die Begriffe Souveränität und Hoheitsgewalt also nicht als identisch zu betrachten. Deshalb scheint die Annahme, das Hoheitsgebiet umfasse gemeinhin alle Gebiete, in denen ein Staat Hoheitsgewalt ausübt, auf den ersten Blick zu weit gegriffen. Diese Auffassung beruht auf der Grundidee, dass das Hoheitsgebiet die Grundlage für die Ausübung von Hoheitsgewalt ist und diese demnach immer an das Staatsgebiet gekoppelt ist.[43] Es ist deshalb davon auszugehen, dass der Begriff „Hoheitsgebiet“ seiner gewöhnlichen Bedeutung nach nur Gebiete innerhalb territorialer Souveränität umfasst.[44]

---

40 Simma, Bruno / Müller, Andreas Th.: „Exercise and Limits of Jurisdiction“. In: Crawford James / Koskenniemi Martti (Hrsg.): *The Cambridge Companion to International Law.* Cambridge University Press: Cambridge 2012, S. 141.

41 Ibid., 137-146.; Kamminga, Menno T.: „Extraterritoriality“. *MPEPIL*, September 2020, Rn. 6-16, retrieved 15.7.2024, from https://opil.ouplaw.com/view/10.1093/law:epil/9780199231690/law-9780199231690-e1040?rskey=bgfIR4&result=1&prd=OPIL; Klabbers, Jan: „*International Law*“. Cambridge University Press: Cambridge 2017[2], S. 99-105.

42 Unabhängig davon können Staaten freilich der Ausübung fremder Hoheitsgewalt auf ihrem Staatsgebiet zustimmen. Cf. Simma/Müller, S. 136.

43 Mann, S. 30. Ob diese Grundidee auch im 21. Jahrhundert, das durch die zunehmende Globalisierung und den technischen Fortschritt auch den Wirkungsbereich von Staaten erheblich erweitert und verändert hat, weiterhin Geltung beanspruchen kann, ist eine andere Thematik, auf die hier lediglich verwiesen werden soll. Arcuri, Alessandra / Violi, Federica: „Reconfiguring Territoriality in International Economic Law“. In: Kuijer, Martin / Werner, Wouter (Hrsg.): *The Changing Nature of Territoriality in International Law.* (Netherlands Yearbook of International Law 2016, 47). Springer: Berlin 2017, S. 178-82; Buxbaum, Hannah L.: „Territory, Territoriality, and the Resolution of Jurisdictional Conflict“. *The American Journal of Comparative Law* 57 (2), 2009, S. 632.

44 Trevisanut, Seline / Giannopoulus, Nikolaos: „Investment Protection in Offshore Energy Production: Bright Sides of Regime Interaction“. *Journal of World Investment & Trade* 19(5-6) 2018, S. 804.

Freilich gilt diese Annahme unter der Voraussetzung, dass die Vertragsparteien dem Begriff „Hoheitsgebiet" im jeweiligen BIT keine besondere Bedeutung im Sinne von Art. 31 Abs. 4 WVK beimessen wollten, die sich von der gewöhnlichen Bedeutung unterscheiden würde (Parteiwille). Die Beweislast obliegt dabei der Vertragspartei, die sich auf die „besondere Bedeutung" einer Bestimmung beruft.[45] Eine solche besondere Bedeutung wäre allerdings für jedes BIT im Einzelfall zu erörtern, eine allgemeine Analyse ist im gegebenen Rahmen also nicht möglich.

Abgesehen davon kann sich die besondere Bedeutung eines Begriffes natürlich auch aus einer systematischen und teleologischen Interpretation eines BITs ergeben.[46]

b) Systematische Auslegung

Gem. Art. 31 Abs. 1 WVK sind die Bestimmungen eines Vertrags auch in ihrem Zusammenhang auszulegen. Für die Auslegung eines Vertrags bedeutet der Zusammenhang außer dem Vertragswortlaut samt Präambel und Anlage nicht nur jede sich auf den Vertrag beziehende Übereinkunft oder Urkunde (Abs. 2), sondern auch jede spätere Übereinkunft und Übung zwischen den Vertragsparteien über die Auslegung oder Anwendung des Vertrags (Abs. 3 lit. a und b) sowie jeder in den Beziehungen zwischen den Vertragsparteien anwendbare einschlägige Völkerrechtssatz (Abs. 3 lit. c). Im Folgenden werden für die Auslegung des Begriffes „Hoheitsgebiet" Art. 29 WVK und das SRÜ i.S.v. Abs. 3 lit. c als zwischen den Vertragsparteien anwendbare Völkerrechtsnormen herangezogen. An dieser Stelle sei darauf verwiesen, dass eine Analyse der Bestimmungen eines BITs in ihrem Zusammenhang (Abs. 1) in dieser Arbeit nicht vorgenommen wird, weil dies für jedes BIT individuell zu erörtern wäre und eine allgemeine Analyse hier nicht zielführend wäre.[47]

---

45 Dörr, Rn. 110.

46 Ibid., 109.

47 Cf. aber beispielhaft dazu den Schiedsspruch zu *Oschadbank*, der sich für die Auslegung des räumlichen Anwendungsbereiches des Russia–Ukraine BIT mit dessen Bestimmungen in ihrem Zusammenhang auseinandergesetzt hat (PCA, *Oschadbank v. Russia*, Case No. 2016-14, Award, 26.11.2018; cf. Braun, Johanna: „Uncovered: Tribunal in previously-unseen award against Russia upheld jurisdiction over Crimea-related claims, and awarded over 1.3 billion USD compensation". *IA Reporter*, 13.4.2021, retrieved 15.7.2024, from https://www.iareporter.com/articles/uncovered-tribunal-in-previously-unseen-award-against-russia-upheld-jurisdiction-over-crimea-related-claims-and-awarded-over-1-3-billion-usd-in-compensation/). Cf. auch Fn. 72.

1. *Art. 29 WVK*

Gem. Art. 29 WVK bindet ein Vertrag jede Vertragspartei hinsichtlich ihres gesamten Hoheitsgebiets, sofern aus dem Vertrag keine abweichende Absicht hervorgeht. Die Kommentierung des Art. 29 (damals Art. 25) WVK in den Draft Articles der International Law Commission (ILC) hält folgende Definition des Begriffes Hoheitsgebiet bereit:[48] „The term 'the entire territory of each party' is a comprehensive term designed to embrace all the land and appurtenant territorial waters and air space which constitute the territory of the State."

Der Begriff Hoheitsgebiet umfasst demnach das landläufige Staatsgebiet einschließlich der zugehörigen territorialen Gewässer und des Luftraumes. Die territorialen Gewässer werden nicht näher definiert; es wird jedoch davon ausgegangen, dass mit territorialen Gewässern – abgesehen von inneren Gewässern – nur das angrenzende Küstenmeer gemeint war.[49] Nachdem das SRÜ erst einige Zeit später unterzeichnet wurde (10.12.1982), könne nicht davon ausgegangen werden, dass die Draft Articles bereits auch die Ausschließliche Wirtschaftszone (AWZ) darunter subsumieren wollten.[50]

Diffiziler wird die Frage, wenn es darum geht, ob das „entire territory" darüber hinaus Gebiete umfasst, über die ein Staat Hoheitsgewalt ausübt, ohne dazu berechtigt zu sein. So haben Schiedsgerichte, die sich mit Investitionsstreitigkeiten auf Grundlage des Russia-Ukraine BIT auseinandersetzten,[51] die Anwendung des Art. 29 WVK für die Krim bejaht. Dies wurde zum einen damit begründet, dass Art. 29 WVK gemeinhin alle Gebiete umfasse, in denen Staaten „responsibility for international relations" ausüben.[52] Zum anderen stützten sich Schiedsgerichte[53] auf die „moving treaty frontiers rule",[54] wonach

48 ILC, Draft Articles on the Law of Treaties with commentaries, Yearbook of the ILC 1966 II, S. 187.

49 Tzeng, Peter: „Investment Protection in Disputed Maritime Areas". *Journal of World Investment & Trade* 19 (5-9) 2018, S. 835-36.

50 Von der Decken, Rn. 23.

51 Mehr dazu im Kapitel C.II.c.

52 PCA, *Privatbank and Finilon v. Russia*, Case No. 2015-21, Interim Award, 27.3.2017, Rn. 186.

53 Bei Ukrnafta und Stabil bekannt (PCA, Ukrnafta v. Russia, Case No. 2015-34, Award on Jurisdiction, 26.6.2017; Stabil and others v. Russia, Case No. 2015-35, Award on Jurisdiction, 26.6.2017). Cf. Braun, „Uncovered" 13.4.2021 und die Urteile des Schweizer Bundesgerichts, 4A_396/2017 und 4A_398/2017, 16.10.2018, Rn. 4.3.2.

54 Von der Decken, Rn. 28.

sich der räumliche Anwendungsbereich eines Vertrags an geographische Veränderungen anpasst.

Die Begründung, wonach sich Art. 29 auf alle Gebiete beziehe, in denen Staaten „international responsibility" ausüben, erscheint nicht nachvollziehbar.[55] Diese Formulierung geht zurück auf den Bericht des Special Rapporteur (SR) *Waldock*, wonach „[a] Treaty applies with respect to all the territory or territories for which the parties are internationally responsible [...]"[56] und wurde gewählt, um eine „colonial clause" zu vermeiden.[57] In der Tat beabsichtigte SR *Waldock* aber, dass nicht nur das souveräne Staatsgebiet, sondern auch Kolonien einer Vertragspartei vom räumlichen Anwendungsbereich eines Vertrags umfasst sein sollten, sofern nichts anderes vereinbart wurde. Der Ausdruck „internationally responsible" wurde also von SR *Waldock* konkret im Zusammenhang mit Kolonien verwendet und kann wohl nicht mit einer gegenwärtigen Situation völkerrechtswidriger *de facto*-Kontrolle gleichgesetzt werden. Im Gegenteil hält *Waldock* in seinem Bericht fest, dass „a treaty is to be presumed to apply with respect to all the territories under the sovereignty of the contracting parties".[58]

Auch die Anwendung der „moving treaty frontiers rule" scheint in diesem Zusammenhang nicht passend. Diese Regel bezieht sich auf einen „change of sovereignty" im Zusammenhang mit Fällen von Staatennachfolge[59] und regelt gerade nicht einen Wechsel von Hoheitsgewalt in Folge völkerrechtswidriger Annexion.[60]

Dies führt zum Ergebnis, dass Art. 29 WVK nur Gebiete umfasst, über die ein Staat territoriale Souveränität ausübt.[61] Eine Anwendung auf Gebiete außerhalb territorialer Souveränität, in denen ein Staat nur Hoheitsgewalt ausübt, kann somit aus Art. 29 WVK nicht herausgelesen werden.[62]

55 So auch Dumberry, S. 515 m.w.N.

56 ILC: „Third Report on the law of treaties, by Sir Humphrey Waldock, Special Rapporteur". *Yearbook of the ILC*, 1964, Vol. II, A/CN.4/167 and Add. 1-3, Article 58.

57 ILC: „Draft Articles on the Law of Treaties with commentaries". *Yearbook of the ILC*, 1966, Vol. II., Article 25, S. 213.

58 ILC, Third Report, S. 13.

59 Von der Decken, Rn. 26.

60 So auch *Privatbank*, Rn. 171. Zur Völkerrechtswidrigkeit der Annexion siehe z.B. UNGA Res 68/262, Territorial Integrity of Ukraine, 27 März 2014.

61 Von der Decken, Rn. 21.

62 Ibid., Rn. 22.; Dumberry, S. 515. Cf. auch EuGH, Rs. C-104/16 P, *Rat/Front Polisario*, Rn. 95, ECLI: EU: C:2016:973.

2. *SRÜ*

Das SRÜ führt ein differenziertes Regime hinsichtlich der territorialen Souveränität von Küstenstaaten ein, indem es die angrenzenden Meeresgebiete von Küstenstaaten in verschiedene Meereszonen unterteilt. Während dem Küstenstaat im Küstenmeer, vorbehaltlich des Rechts auf friedliche Durchfahrt (Art. 17 SRÜ), die volle Souveränität über das Küstenmeer, den Luftraum darüber, den Meeresuntergrund und Meeresboden zusteht (Art. 2 Abs. 1 und 2 SRÜ), hat dieser in der AWZ (Art. 56 Abs. 1 SRÜ) und am Festlandsockel (Art. 77 Abs. 1 SRÜ) nur noch souveräne Rechte und Hoheitsbefugnisse. Das SRÜ setzt den Begriff „souveräne Rechte" nicht mit dem Begriff „Souveränität" gleich, weil der Küstenstaat in der AWZ und am Festlandsockel beispielsweise den Überflug oder das Recht, Rohrleitungen zu verlegen, gerade nicht beschränken darf (Art. 58, Art. 78 und 79 SRÜ); er hat also außerhalb des Küstenmeeres weniger Rechte. Es kann daher davon ausgegangen werden, dass auch im Sinne des SRÜ das Hoheitsgebiet der Küstenstaaten nicht über die Grenzen des Küstenmeeres und Luftraumes hinausgeht.

c) *Teleologische Auslegung*

Eine erweiterte Lesart des Begriffes Hoheitsgebiet könnte allerdings mit einer teleologischen Auslegung begründet werden. Die Auslegung eines BITs nach dessen Ziel und Zweck könnte ergeben, dass der Begriff Hoheitsgebiet sehr wohl auch Situationen miteinschließt, in denen ein Staat außerhalb seines souveränen Hoheitsgebietes Hoheitsgewalt ausübt. Eine derartige Lesart ist dem Völkerrecht freilich nichts Neues: „[...] in a treaty or statute the term 'territory' may connote jurisdiction. Moreover, courts are very ready to equate 'territory' with the actual and effective exercise of jurisdiction even when it is clear that the state exercising jurisdiction has not been the beneficiary of any lawful and definitive act of disposition."[63] Vor allem im Menschenrechtsbereich ist die Diskussion darüber bekannt.[64] So stellen Gerichte bei der Frage des räumlichen Anwendungsbereiches von Menschenrechtsverträgen zum Teil auf die effektive

---

63 Brownlie, Ian: *Principles of Public International Law.* Clarendon Press: Oxford 1990^{4}, S. 115.

64 Bantekas, Ilias / Oette, Lutz: *International Human Rights.* Cambridge University Press: Cambridge 2020^{2}, S. 313; Wenzel, Nicola: „Human Rights, Treaties, Extraterritorial Application and Effects". *MPEPIL*, Mai 2008, Rn. 2-20, retrieved 15.7.2024, from https://opil.ouplaw.com/view/10.1093/law:epil/9780199231690/law-9780199231690-e819.

Kontrolle des Staates über ein Gebiet oder über einzelne Personen ab, unabhängig davon, ob die Hoheitsgewalt darüber in Übereinstimmung mit dem Völkerrecht ausgeübt wird oder völkerrechtswidrig ist.[65]

Auch im Investitionsschutzrecht finden sich inzwischen bedingt durch den Krim-Konflikt eine Reihe von Schiedsverfahren,[66] die sich mit der Frage auseinandersetzen müssen, ob Investitionen ukrainischer Investoren in der von Russland annektierten Krim unter den räumlichen Anwendungsbereich des Russia-Ukraine BIT fallen. Die Krux liegt dabei in der Frage, ob die Krim Teil des russischen Hoheitsgebiets im Sinne des BITs ist. Art. 1 Abs. 4 des BIT definiert das Hoheitsgebiet als „[…] the territory of the Russian Federation or the territory of the Ukraine and also their respective exclusive economic zone and the continental shelf as defined in conformity with the international law." Die Schiedsgerichte, die bereits eine Entscheidung über die Zuständigkeit *ratione loci* gefällt haben,[67] legten den Begriff „Hoheitsgebiet" dahingehend aus, dass dieser auch Gebiete miteinschließt, in denen die Vertragsparteien *de facto*-Kontrolle ausüben, unabhängig davon, ob diese Hoheitsgewalt nach

65 Freilich gilt hier zu berücksichtigen, dass die Bestimmungen zum räumlichen Anwendungsbereich bspw. der EMRK oder des IPBPR vom Wortlaut her eine Anwendung außerhalb des Hoheitsgebietes nicht ausschließen (Art. 1 EMRK spricht von „allen ihrer Jurisdiktion unterstehenden Personen" und Art. 2 Abs. 1 IPBPR spricht von „allen in seinem Gebiet befindlichen und seiner Jurisdiktion unterstehenden Personen") (Übersetzung aus dem österr. Bundesgesetzblatt). Trotzdem wird davon ausgegangen, dass der räumliche Anwendungsbereich prinzipiell „territorial" ist, und eine extraterritoriale Anwendung nur ausnahmsweise in Frage kommt. Moeckli, Daniel / Shah, Sangeeta / Sivakumaran, Sandesh: *International Human Rights Law.* Oxford University Press: Oxford 2018[3], S. 122 und 124-25; EGMR (GK) 7.7.2011, 55721/07 (Al-Skeini and Others/United Kingdom), Rn. 133-138; IGH, *Legal Consequences of the Construction of a Wall in the Occupied Palestinian Territory,* Advisory Opinion. ICJ Reports 2004, 136 Rn. 109-111.

66 Bereits abgeschlossen sind die Verfahren: PCA, *Everest and others* v. Russia, Case No. 2015–36, *Ukrnafta, Stabil, Oschadbank*, PCA, *Naftogaz and others v. Russia*, Case No. 2017–16, *Lugzor and others v. Russia*, Case No. 2015–29, *DTEK v. Russia*, Case No. 2018–41. Noch anhängig sind die Verfahren: *Privatbank*, PCA, *Aeroport Belbek and Kolomoisky v. Russia*, Case No. 2015-07, Ukrenergo v. Russia (Schiedsinstitution nicht bekannt), SCM v. Russia (Schiedsinstitution nicht bekannt).

67 *Everest, Aeroport Belbek, Privatbank, Ukrnafta, Stabil, Oschadbank, Lugzor und DTEK*, cf. UNCTAD: *Investment Policy Hub. Investment Dispute Settlement Navigator*, retrieved 15.7.2024, from https://investmentpolicy.unctad.org/investment-dispute-settlement/country/219/ukraine/investor und Dumberry, S. 520.

völkerrechtlichen Grundsätzen oder völkerrechtswidrig ausgeübt wird.[68] Für die Zwecke des BITs wurde die Krim somit i.S.v. Art. 1 Abs. 4 BIT als Teil des Hoheitsgebietes Russlands betrachtet und der räumliche Anwendungsbereich des BIT bejaht. Da die Schiedssprüche der Öffentlichkeit (mit Ausnahme eines Schiedsspruches)[69] nicht zugänglich sind, ist der genaue Wortlaut der Entscheidungsgründe nur beschränkt bekannt. Aus sekundären Quellen[70] geht jedoch hervor, dass dieses Ergebnis mitunter[71] durch eine teleologische Auslegung i.S.v. Art. 31 WVK hergeleitet wurde. So wären im Sinne der Präambel und Art. 2 Russia-Ukraine BIT Ziel und Zweck des Abkommens, ausländische Investments zu fördern und zu schützen. Dies spreche für eine räumliche Anwendung des BITs auf die Krim.[72]

Eine teleologische Interpretation des räumlichen Anwendungsbereiches des Russia–Ukraine BIT, sowie von BITs im Allgemeinen, scheint nachvollziehbar. Es würde wohl völlig gegen Ziel und Zweck eines BIT sprechen, wenn ausländische Investitionen nicht mehr unter den Schutzmantel eines BITs fallen, weil jener Staat, in dessen *de facto*-Kontrolle sich die Investition nunmehr befindet, völkerrechtlich nicht zur Ausübung der Hoheitsgewalt legitimiert ist.[73] Dies

---

68 Cf. die Urteile des Schweizer Bundesgerichts (Fn. 54).

69 Zum Zeitpunkt des Verfassens des Beitrages (Stand 28.11.2022) war nur der Schiedsspruch Privatbank (retrieved 15.7.2024, from https://pca-cpa.org/en/cases/130) öffentlich zugänglich. Mit Stand 15.7.2024 sind mittlerweile zwei weitere Schiedssprüche veröffentlicht worden (Naftogaz, retrieved 15.7.2024, from https://investmentpolicy.unctad.org/investment-dispute-settlement/cases/762/naftogaz-and-others-v-russia und *DTEK*, retrieved 15.7.2024, from https://investmentpolicy.unctad.org/investment-dispute-settlement/cases/1022/dtek-v-russia). Diese Schiedssprüche konnten in diesem Beitrag somit nicht mehr berücksichtigt werden.

70 Braun, „Uncovered" 13.4.2021; Soldatenko, Mykhailo: „Ongoing Territorial Challenges in Crimea Cases. Putting Everest v. Russia in Context". *Kluwer Arbitration Blog*, 5.11.2018, retrieved 15.7.2024, from http://arbitrationblog.kluwerarbitration.com/2018/11/05/territorial-challenges-expected-in-crimea-cases-putting-everest-v-russia-in-context/.

71 Schiedsgerichte sind auch über eine wörtliche und systematische Interpretation (dazu bereits supra Kapitel C.II.b.) zu dem Ergebnis gekommen, dass die *de facto*-Kontrolle über ein Gebiet vom Begriff „Hoheitsgebiet" gedeckt ist. Das „good faith"-Prinzip wurde ebenso angewandt. Cf. Soldatenko, „Ongoing Territorial Challenges" 5.11.2018; Braun, „Uncovered" 13.4.2021.

72 Braun, „Uncovered" 13.4.2021.

73 Cf. Dumberry, S. 517; Happ und Wuschka sprechen von einem „legal vacuum" für Investoren (Happ, Richard / Wuschka: „Horror Vacui: Or Why Investment Treaties

würde dazu führen, dass jedes BIT im Zusammenhang mit Investitionen in einem Gebiet, über das der Souverän keine Kontrolle mehr hat, unanwendbar würde.[74] Dieses Ergebnis kann unmöglich mit Sinn und Zweck eines BITs vereinbar sein.

d) *„In conformity with international law"* als Bedingung?

Wie bereits in der Analyse angedeutet, beinhaltet beinahe jede Definition zum Hoheitsgebiet einen sogenannten „qualifier", wonach die Ausübung von Souveränität, souveränen Rechten und Hoheitsgewalt im Einklang mit dem Völkerrecht erfolgen muss.

Ob und welche Auswirkungen dieser „qualifier" auf die Bedeutung des Hoheitsgebietes haben kann, hängt davon ab, auf welchen Teil der Definition sich diese Formulierung bezieht. Bei einigen BITs ist nicht klar, ob sich das „in conformity with international law"-Element auf den ersten Teil (der Definition über das Hoheitsgebiet) und zweiten Teil der Definition (Einbeziehung bestimmter maritimer Gebiete) gleichermaßen bezieht, oder ob diese Zusatzbestimmung ausschließlich die Ausübung souveräner Rechte und Hoheitsgewalt in der AWZ und dem Festlandsockel regeln will.

Folgende Beispiele zeigen die unterschiedliche Verwendung des „in conformity with international law"-Elements:

Article 1(4)(b) BLEU-Qatar BIT:[75]

> The Term "Territory" shall apply to: the territory of the State of Qatar: means the State of Qatar's Lands, internal and territorial waters including its bed and subsoil, the air space over them, the exclusive economic zone and the continental shelf, over which the State of Qatar exercises its sovereignty and its sovereign rights in accordance with the provisions of international law and Qatar's internal laws and regulations.

Article 1(c) Armenia-Korea BIT[76]:

> "[T]erritory" means the territory of the Republic of Korea or the territory of the Republic of Armenia, respectively, as well as those maritime areas, including the seabed and subsoil adjacent to the outer limit of the territorial sea over which the State concerned

Should Apply to Illegally Annexed Territories". *Journal of International Arbitration* 33(3) 2016, S. 255).

74 Ibid.

75 BLEU (Belgium–Luxembourg Economic Union)–Qatar BIT 2007.

76 Armenia–Korea BIT 2018.

exercises, in accordance with international law, sovereign rights or jurisdiction for the purpose of the exploration and exploitation of the natural resources of such areas.

Während im ersten Beispiel nicht ausgeschlossen ist, dass sich das „*in conformity with international law*"-Element (in diesem Fall „in accordance with international law") auf beide Teile der Definition bezieht, scheint es sich im zweiten Beispiel offenkundig nur auf den zweiten Teil zu beziehen. Diese Annahme ergibt sich aus dem Umstand, dass der „qualifier" im zweiten Beispiel in die Definition über den räumlichen Anwendungsbereich in maritimen Gebieten eingebettet ist: „sovereign rights or jurisdiction for the purpose of the exploration and exploitation of natural resources of such areas [maritime areas]".

Die Analyse zeigt, dass BITs, in denen sich das „in conformity with international law"-Element auf beide Teile der Definition beziehen könnte, ebenso häufig sind wie solche, in denen der „qualifier" konkret nur auf die räumliche Anwendung des BIT auf maritime Gebiete jenseits des Küstenmeeres anknüpft.

Für jene BITs, in denen der „qualifier" nicht offenkundig nur die räumliche Anwendung des BITs auf maritimen Gebieten jenseits des Küstenmeeres regelt, muss daher erläutert werden, welche Implikationen dies allgemein für den räumlichen Anwendungsbereich auf dem Hoheitsgebiet haben könnte. Diese Frage stellt sich vor allem dann, wenn die Ausübung von Hoheitsgewalt über ein Gebiet nicht im Einklang mit dem Völkerrecht steht. Derartige Situationen ergeben sich mitunter dann, wenn der räumliche Anwendungsbereich eines BITs im Sinne einer teleologischen Auslegung Gebiete miteinschließt, über die die Vertragspartei zwar keine Souveränität hat, aber *de facto*-Kontrolle ausübt. Es drängt sich hier also die Frage auf, ob eine Klausel mit einem „in conformity with international law"-Element nicht einer erweiterten Lesart des Begriffes „Hoheitsgebiet" entgegensteht.

Wiederum bietet sich dazu ein Blick in die Krim-Schiedspraxis an, ohne allerdings dogmatische Lehren daraus ziehen zu können: Die Schiedsgerichte haben sich entweder nicht mit dem „qualifier" befasst,[77] oder haben diesen so interpretiert, dass dieser sich auf den räumlichen Anwendungsbereich in maritimen Gebieten bezieht.[78]

77 *Oschadbank*; cf. Braun, „Uncovered" 13.4.2021; *Everest*, cf. Hepburn, Jarrod: „Investigation: full jurisdictional reasoning comes to light in Crimea-related BIT arbitration vs. Russia". *IA Reporter*, 9.11.2017, retrieved. 15.7.2024, from https://www.iareporter.com/articles/full-jurisdictional-reasoning-comes-to-light-in-crimea-related-arbitration-everest-estate-v-russia/. Für den Wortlaut der Klausel cf. supra Kapitel C.II.c.

78 *Ukrnafta* und *Stabil*, cf. Braun, „Uncovered" 13.4.2021; *Privatbank*, Rn. 185.

Die Verwendung des „in conformity with international law"-Elements in Bezug auf das Hoheitsgebiet steht wohl einer teleologischen Auslegung nicht diametral entgegen. Aus meiner Sicht bekräftigt der „qualifier" schlichtweg die gewöhnliche Bedeutung, die dem Begriff Hoheitsgebiet im Sinne einer wörtlichen Auslegung und im Zusammenhang mit Art. 29 WVK ohnehin zukommt – und zwar, dass sich der Begriff Hoheitsgebiet im Völkerrecht auf das Gebiet bezieht, worüber ein Staat Souveränität ausübt. Das „in conformity with international law"-Element ist sozusagen dem Begriff „Hoheitsgebiet" immanent. Insoweit könnte man also in Frage stellen, ob es sich dabei tatsächlich um einen „qualifier" handelt, weil mit dieser Formulierung wohl keine zusätzliche Bedingung geschaffen wird.

D. Conclusio

Die Analyse der Klauseln über den räumlichen Anwendungsbereich von 60 BITs ergibt, dass die Begriffsdefinitionen zum Hoheitsgebiet der Vertragsparteien bei weitem kein deutliches Bild über den räumlichen Anwendungsbereich eines BIT bieten. Begriffe wie Hoheitsgebiet, Souveränität und Hoheitsgewalt und deren Verhältnis zueinander müssen erst interpretiert werden.

Die Definitionen zum Hoheitsgebiet der Vertragsparteien sind dabei im Lichte des Völkerrechts und somit der Bestimmungen zur Interpretation von Verträgen gem. Art. 31 ff WVK auszulegen. Allfällige Vereinbarungen über das anzuwendende Recht in BITs haben auf die Interpretation des Hoheitsgebietes keine Auswirkungen, weil es sich dabei nicht um eine materielle Rechtsfrage, sondern um eine Zuständigkeitsfrage handelt.

Die Interpretation anhand der WVK zeigt, dass je nach Auslegungsmethode ein differenziertes Verständnis des Begriffes „Hoheitsgebiet" vorliegt. Sowohl im Sinn der wörtlichen (Art. 31 Abs. 1) als auch der systematischen Interpretation (Art. 31. Abs. 3 lit. c) sind unter dem Begriff „Hoheitsgebiet" bzw. mit der Formulierung „Hoheitsgebiet unter der Souveränität" das landläufige Staatsgebiet, die Gewässer, das Küstenmeer und der Luftraum darüber zu verstehen. Für die systematische Interpretation i.S.d. Art. 31 Abs. 3 lit. c wurden als einschlägige Völkerrechtssätze Art. 29 WVK und das SRÜ herangezogen. Weder Art. 29 WVK noch das SRÜ lassen darauf schließen, dass mit dem Begriff „Hoheitsgebiet" auch Gebiete außerhalb territorialer Souveränität umfasst sind. Lediglich eine teleologische Auslegung nach Art. 31 Abs. 1 kann zu dem Ergebnis führen, dass der Begriff „Hoheitsgebiet" bzw. die Formulierung „Hoheitsgebiet unter der Souveränität" nicht nur auf das Gebiet innerhalb der Staatsgrenzen (einschließlich Küstenmeer und Luftraum darüber) beschränkt ist, sondern auch Gebiete außerhalb territorialer Souveränität miteinschließt, in denen eine Vertragspartei Hoheitsgewalt ausübt. Dabei macht es keinen Unterschied, ob die Ausübung von Hoheitsgewalt in Übereinstimmung mit dem Völkerrecht erfolgt oder völkerrechtswidrig ist. Freilich ist nicht auszuschließen, dass die Bestimmungen eines BITs in ihrem Zusammenhang gelesen (Art. 31. Abs. 1 WVK) ebenso zu einem breiteren Verständnis des räumlichen Anwendungsbereiches führen können, dies ist allerdings im Einzelfall zu beurteilen.

Im Ergebnis deckt sich diese Interpretation mit der Auffassung der Schiedsgerichte in den Krim-Schiedsverfahren, die ihre Zuständigkeit *ratione loci* über Investitionen in der Krim auf der Grundlage des Russia-Ukraine BIT bejaht haben, wenngleich dieses Ergebnis aus Sicht der Verfasserin nicht über Art. 29 WVK, sondern nur über die teleologische Interpretation erreicht werden kann.

Andrijana Mišović*

Zurechnung des Vertrags in der Investitionsschiedsgerichtsbarkeit

A. Einleitung

Ausländische Investoren schließen häufig Investitionsverträge mit Unternehmen ab, die eng mit dem Gastgeberstaat verbunden sind (nationale Ölgesellschaften, staatliche Unternehmen, nationale Kernkraftwerksgesellschaften u.s.w.). Wenn sich die Beziehungen zwischen den Vertragspartnern verschlechtern und es zu einem Rechtsstreit kommt, stellt sich die Frage, ob solche Investitionsverträge dem Gaststaat zugerechnet werden können. Diese Frage kann sowohl für die Feststellung der Zuständigkeit eines Schiedsgerichts als auch für die Feststellung einer Verletzung der Schirmklausel eines Investitionsschutzvertrags von Bedeutung sein.[1]

Obwohl die Frage der Zurechnung von Verträgen in Investitionsschiedsverfahren häufig auftaucht, ist unklar, welche Regelungen zur Lösung dieser Frage angewandt werden sollten. Zwar wenden viele Schiedsgerichte die Zurechnungsregeln der Staatenverantwortlichkeit (ARSIWA-Regeln) an, dieser Ansatz wurde in der Lehre aber ausführlich kritisiert, weil die

---

* Ich danke Professor Michael Waibel für seine Unterstützung und wertvollen Ratschläge. Besonderer Dank gilt Kilian Wagner für sein sehr detailliertes und äußerst hilfreiches Feedback, das diesen Beitrag wesentlich verbessert hat, ebenso wie Koloman Roiger-Simek für seine gründliche Durchsicht, die vor allem in sprachlicher Hinsicht eine große Hilfe war. Dieser Beitrag beruht auf meiner Doktorarbeit „Attribution to the Host State Contracts Concluded by Entities Other than the Host State" sowie auf dem Artikel „Attributing Investment Contracts: The General Principles Approach", der beim *Journal of International Economic Law* eingereicht wurde.

1 Die Schirmklausel ist eine Klausel in Investitionsschutzverträgen, die in der Regel vorsieht, dass jede Vertragspartei (Staat) alle Verpflichtungen einhält, die sie gegenüber einem Investor der anderen Vertragspartei (Staat) eingegangen ist. Um festzustellen, ob der Staat gegen diese Klausel verstoßen hat, muss das Schiedsgericht zunächst feststellen, ob der Staat die Verpflichtung gegenüber dem Investor überhaupt eingegangen ist. Daher ist es wichtig, festzustellen, ob der Staat tatsächlich Vertragspartei des Investitionsvertrags ist.

ARSIWA-Zurechnungsregeln für einen völlig anderen Zweck konzipiert wurden – nämlich, um die staatliche Verantwortlichkeit für völkerrechtswidrige Handlungen zu definieren.[2]

Einige Schiedsgerichte wendeten bei der Frage der Zurechnung von Investitionsverträgen das innerstaatliche Recht des Gastgeberstaats an, was fast zwangsläufig dazu führte, dass aufgrund der innerstaatlichen Gesetze über die getrennte Rechtspersönlichkeit von staatlichen Unternehmen keine Zurechnung erfolgte. Dies ist problematisch, weil ein Staat in der Praxis sehr stark in den Prozess der Aushandlung und Erfüllung von Investitionsverträgen involviert sein kann. Auf Grundlage seiner eigenen Gesetze ermöglicht dies aber eine rechtliche Distanzierung von diesen Verträgen, was aus Perspektive des Investitionsschutzrechts eindeutig nicht als wünschenswerte Lösung erscheint.

Ein dritter Ansatz, der in diesem Beitrag vorgeschlagen wird, ist die Anwendung allgemeiner Rechtsgrundsätze. Dies wäre eine Kompromisslösung zwischen innerstaatlichem und internationalem Recht, weil allgemeine Rechtsgrundsätze zwar in innerstaatlichen Rechtsordnungen entstehen, aber aufgrund ihrer breiten Akzeptanz auf die internationale Ebene gehoben werden. Insbesondere für die Zwecke der Zurechnung von Investitionsverträgen scheinen die Grundsätze der Anscheinsvollmacht und der konkludenten Zustimmung sehr nützlich zu sein. Schiedsgerichte sollten es daher in Erwägung ziehen, diese als allgemeine Grundsätze auf die Frage der Zurechnung von Verträgen anzuwenden. Damit würden sie sowohl die ARSIWA als auch das innerstaatliche Recht des Aufnahmestaates umgehen, die sich beide als problematisch erwiesen haben. Gleichzeitig würden sie Grundsätze anwenden, die sich speziell mit der Zurechnung von Verträgen befassen, anstatt unpassende Regeln anzuwenden, die für völlig andere Zwecke konzipiert wurden.

B. ARSIWA Regeln zur Zurechnung

Die Mehrheit der Autoren spricht sich gegen die Anwendung der ARSIWA-Regeln hinsichtlich der Frage der Zurechnung von Verträgen aus. Crawford beispielsweise erklärt, dass „the rules of attribution have nothing to do with questions of contractual responsibility" – die Zurechnung sei „an international law doctrine".[3] Ebenso stimmt Olleson zu, dass die Bestimmungen der ARSIWA über die Zurechnung

---

2 ARSIWA – Articles on Responsibility of States for Internationally Wrongful Acts (2001).

3 Crawford, James: „Investment Arbitration and the ILC Articles on State Responsibility". *ICSID Review* 25(1), 2010, S. 134.

nicht auf andere Fragen anwendbar sind als die Frage, ob ein bestimmtes völkerrechtswidriges Verhalten dem Staat zuzurechnen ist.[4] Dies liegt daran, dass die fehlende „privity of contract“ bei Investitionsverträgen (im Gegensatz zur gelockerten „privity of treaty“) nach wie vor eine wichtige Rolle spielt.[5]

Im ARSIWA-Kommentar selbst heißt es, dass die Bestimmungen über die Zurechnung nicht dazu dienen, die Frage zu beantworten, ob ein bestimmtes Organ oder eine bestimmte Einrichtung befugt ist, Verpflichtungen im Namen des Staates einzugehen.[6]

In der Tat ist es schwierig, Autoren zu finden, die sich für die Anwendung der ARSIWA-Zuordnungsregeln auf diese spezielle Frage aussprechen. Ein prominentes Beispiel ist sicherlich Petrochilos.[7]

Interessanterweise haben die meisten Investitionsschiedsgerichte entgegen einer recht eindeutigen Lehrmeinung die ARSIWA-Regeln zur Frage der Zurechnung von Investitionsverträgen angewandt. Die Schiedsgerichte unterscheiden in der Regel nicht zwischen der Zurechnung von einem völkerrechtswidrigen Verhalten und einem Vertrag und wenden daher die ARSIWA auf beide Fragen an.

Genau dies geschah beispielsweise im Fall *Eureko v. Poland.* In diesem Fall schloss der Investor einen Vertrag mit dem Finanzministerium der Republik Polen, vertreten durch den Finanzminister. Es stellte sich die Frage, ob dieser Investitionsvertrag der Republik Polen zugerechnet werden kann. Das Schiedsgericht stützte sich auf die allgemein anerkannte Regel des Völkerrechts, wonach „the *conduct* of any State organ is considered *an act of that State*“.[8] Es kam daher zu dem Schluss, dass Polen aus völkerrechtlicher Sicht für die Handlungen des Finanzministeriums verantwortlich sei.[9] Diese Regel sagt

---

4 Olleson, Simon: „Attribution in Investment Treaty Arbitration“. *ICSID Review* 31(2), 2016, S. 463.

5 Waibel, Michael: „The Principle of Privity“. In: Kritsiotis, Dino / Bowmann, Michael (Hrsg.): *Conceptual and Contextual Perspectives on the Modern Law of Treaties.* Cambridge University Press: Cambridge 2018, S. 221.

6 Draft articles on Responsibility of States for Internationally Wrongful Acts, with commentaries 2001, Commentary to Part One, Chapter II, Rn. 5, S. 39.

7 Petrochilos, Georgios: „Bosh International, Inc and B&P Ltd Foreign Investment Enterprise v Ukraine“. *ICSID Review* 28(2), 2013, S. 271. Siehe auch Caligara, Stéphanie: „Attribution of Lawful Conduct in Investment Treaty Arbitration – The 'It' Problem Solved?“. *Law & Society: International & Comparative Law eJournal*, 2019 (in favour of ARSIWA application).

8 *Eureko B.V. v. Republic of Poland*, Ad Hoc Arbitration, Partial Award, 19. August 2005, para 8 Rn. 126, 127. (Hervorhebungen nur hier).

9 Ibid., Rn. 128, 138.

jedoch nichts über die Zurechnung von Verträgen aus. Die Tatsache, dass ein Staat für die Handlungen seiner Ministerien verantwortlich ist, bedeutet nicht, dass der Staat auch Partei jedes Vertrags wird, den Ministerien abschließen.

In *EnCana v. Ecuador* unterschied das Schiedsgericht ebenfalls nicht zwischen der Zurechnung völkerrechtswidrigen Verhaltens und der Zurechnung eines Vertrages. In diesem Fall schlossen die Investoren Investitionsverträge mit der staatlichen ecuadorianischen Ölgesellschaft ab.[10] Das Schiedsgericht stellte fest, dass der beklagte Staat nicht bestritt, dass das *Verhalten* der staatlichen und staatlich kontrollierten Unternehmen beim *Abschluss solcher Verträge* dem Staat im Sinne des BIT zuzurechnen sei.[11]

In *Noble Ventures v. Romania* schlossen die Investoren einen Vertrag mit dem rumänischen Staatsfonds – State Ownership Fund (SOF). Die Frage war, ob die vertraglichen Verpflichtungen des SOF Rumänien zugerechnet werden können. Der Kläger argumentierte, dass die vertraglichen Verpflichtungen des SOF genauso behandelt werden sollten wie die Handlungen des SOF.[12] Der Staat argumentierte jedoch, dass vertragliche Vereinbarungen (die unter Bezugnahme auf das nationale Recht definiert werden) nicht durch den Grundsatz der Zurechnung umgewandelt werden können.[13] Das Schiedsgericht stellte zu Recht fest, dass es sich hier um zwei verschiedene Fragen handelte. Die erste war, ob die Handlungen des SOF dem Staat zugerechnet werden können. Die zweite Frage war, ob der Staat den betreffenden Vertrag geschlossen hatte, dessen Verletzung einen Verstoß gegen den BIT darstellen würde (Verletzung der Schirmklausel).[14] Das Schiedsgericht kam jedoch auf der Grundlage der einschlägigen ARSIWA-Bestimmungen zu dem Schluss, dass der SOF berechtigt war, den Staat zu vertreten, was er in Bezug auf „all of [its] actions as well as omissions" tat, und bejahte die Zurechnung.[15] Somit unterschied das Schiedsgericht praktisch nicht zwischen Verhalten und Vertrag.

In einigen Fällen stellte sich die Frage der Zurechnung des Vertrags bereits hinsichtlich Zuständigkeit des Schiedsgerichts. Das Verfahren *Toto v. Lebanon*

---

10 *EnCana Corporation v. Republic of Ecuador (LCIA Case No. UN3481, UNCITRAL) (formerly EnCana Corporation v. Government of the Republic of Ecuador)*, Award, 3.2.2006, Rn. 23 *et seq.*

11 Ibid., Rn. 154.

12 *Noble Ventures, Inc. v. Romania (ICSID Case No. ARB/01/11)*, Award, 12.10.2005, Rn. 65.

13 Ibid., Rn. 66.

14 Ibid., Rn. 68.

15 Ibid., Rn. 80.

ist ein Beispiel dafür. In diesem Fall schloss der Investor einen Vertrag mit einer Einrichtung, die dem libanesischen Ministerium für öffentliche Arbeiten unterstellt war. Der Staat erhob Einspruch gegen die Zuständigkeit *ratione personae* des Schiedsgerichts und argumentierte, dass er nicht Vertragspartei sei, weil der Vertrag von einer anderen Einrichtung als dem Staat selbst unterzeichnet worden sei.[16] Das Schiedsgericht stellte fest, dass die staatliche Einrichtung beim Abschluss des Vertrags in Ausübung von Hoheitsgewalt gehandelt habe, dieser sei daher als Handlung des libanesischen Staates anzusehen, weshalb eine Zurechnung nach Art. 5 der ARSIWA erfolge.[17] Da der Staat völkerrechtlich für die Handlungen der betreffenden Einrichtung verantwortlich gemacht werden kann, hielt das Schiedsgericht seine Zuständigkeit *ratione personae* für gegeben.[18] Damit verabsäumte es aber, zwischen der Zurechnung von Verträgen und der Zurechnung von Verhaltensweisen im Bereich der Staatenverantwortlichkeit zu unterscheiden.

Ein sehr bekannter Fall, in dem es um die Zurechnung von Verträgen ging, ist *Deutsche Bank v. Sri Lanka*.[19] In diesem Fall schloss der Investor einen Vertrag mit der staatlichen Erdölgesellschaft ab und es stellte sich die Frage, ob dies Verpflichtungen des Staates begründete.[20] Der Staat machte geltend, dass für die Entscheidung dieser Frage das innerstaatliche Recht (in diesem Fall das englische Recht)[21] und nicht die völkerrechtlichen Regeln der Zurechnung maßgeblich seien.[22] Im Gegensatz zu diesem Vorbringen wandte das Schiedsgericht jedoch die ARSIWA an. Es stellte fest, dass die Regierung eine erhebliche Kontrolle über das Personal, die Finanzen und die Entscheidungsfindung der Erdölgesellschaft ausübte. Daher kam das Schiedsgericht zu dem Schluss, dass diese sowohl bei der Aushandlung als auch bei der Ausführung des Vertrags auf direkte Anweisung des Staates gehandelt habe.[23] Diese Argumentation scheint sehr faktenorientiert zu sein und lässt eine sorgfältige Prüfung der vom Staat vorgebrachten rechtlichen Argumente vermissen.

---

16 *Toto Costruzioni Generali S.p.A. v. The Republic of Lebanon* (ICSID Case No. ARB/07/12), Decision on Jurisdiction, 11.9.2009, Rn. 50.

17 Ibid., Rn. 52.

18 Ibid., Rn. 60.

19 *Deutsche Bank AG v. Democratic Socialist Republic of Sri Lanka* (ICSID Case No. ARB/09/2), Award, 31.10.2012. James Crawford war Anwalt für Sri Lanka.

20 Ibid., Rn. 392.

21 Ibid., Rn. 393, 394.

22 Ibid., Rn. 399.

23 Ibid., Rn. 405.

In ähnlicher Weise schloss der Investor in der Rechtssache *Ampal v. Egypt* einen Vertrag mit dem staatlichen Unternehmen Egyptian Gas Holding Company (EGAS) ab. Auch hier argumentierte der Staat, dass die relevante Frage sei, ob der Staat den Vertrag geschlossen habe, und dass die ARSIWA-Regeln für die Beantwortung dieser Frage irrelevant seien.[24] Das Schiedsgericht verstand dieses Argument irrtümlicherweise als Vorbringen des Staates, dass die ARSIWA-Regeln nicht für die Zurechnung von Vertragsverletzungen anwendbar seien.[25] Darauf wandte es sich der Frage der Vertragskündigung zu und kam zu dem Schluss, diese sei „with the blessing of the highest levels of the government" erfolgt.[26] Es behandelte die Frage des Vertragsabschlusses genauso wie die der Vertragskündigung.

Eine ähnliche Argumentation wurde im Zusammenhang mit der Analyse der Schirmklausel angewandt. In der Rechtssache *Strabag v. Libya*[27] argumentierte der Staat, dass die Schirmklausel nicht anwendbar sei, weil Libyen selbst nicht Vertragspartei der in Frage stehenden Verträge sei. Das Schiedsgericht vertrat die Auffassung, dass die vertragliche Zurechnung auf der Grundlage des Völkerrechts zu entscheiden ist. Es stützte sich auf Art. 5 der ARSIWA und stellte fest, dass öffentliche Einrichtungen, die Investitionsverträge eingehen, mit staatlichen Befugnissen ausgestattet seien.[28] Das Schiedsgericht berücksichtigte auch „their lack of administrative and financial autonomy, the nature of the contracts and their being deeply bound with state interest".[29] Es entschied daher, dass der Staat tatsächlich der Vertragspartner des Investors war.

Obwohl die Anwendung des ARSIWA in der überwiegenden Mehrheit der Fälle zu einer Zurechnung der Verträge führte, waren die Gerichte in einigen Fällen nicht davon überzeugt, dass der Sachverhalt die Anforderungen der ARSIWA erfüllte, und lehnten eine Zurechnung der Verträge zum Staat daher ab. Zwei solche Beispiele sind *Jan de Nul v. Egypt* und *Bosh v. Ukraine*. In *Jan de Nul v. Egypt* schlossen die Investoren einen Vertrag mit der Suez Canal Authority (SCA). Der Staat wandte ein, dass keine Streitigkeit mit einer Vertragspartei vorliege, weil die SCA eine unabhängige Rechtspersönlichkeit nach

24 *Ampal-American Israel Corporation v. Egypt, (ICSID Case No. ARB/12/11), Decision on Liability and Heads of Loss, 21.2.2017*, Rn. 78.

25 Ibid., Rn. 81.

26 Ibid., Rn. 146.

27 *Strabag SE v. Libya* (ICSID Case No. ARB(AF)/15/1), Award, 29.6.2020.

28 Ibid., Rn. 187.

29 Ibid., Rn. 187.

ägyptischem Recht habe.[30] Das Schiedsgericht wandte die ARSIWA an und entschied, dass der Staat nicht für die Handlungen und Unterlassungen der SCA verantwortlich gemacht werden könne.[31] Obwohl das Schiedsgericht es verabsäumte, die Frage der vertraglichen Zurechnung von der Zurechnung der Handlungen und Unterlassungen zu unterscheiden, erfüllten die Umstände in diesem Fall nicht die Anforderungen der ARSIWA.

Das Verfahren *Bosh v. Ukraine* behandelt einen Vertrag zwischen dem Investor und einer staatlichen Universität. Die Analyse des Schiedsgerichts begann mit der Schirmklausel, die den Staat verpflichtet, die von ihm eingegangenen Verpflichtungen in Bezug auf ausländische Investitionen einzuhalten.[32] Um festzustellen, ob der Staat in diesem Fall tatsächlich eine Verpflichtung eingegangen war, wandte das Schiedsgericht die Art. 4, 5 und 8 der ARSIWA an.[33] Ausgehend von der zuvor getroffenen Schlussfolgerung, dass Handlungen und Unterlassungen der Universität dem Staat nicht zurechenbar seien, stellte es fest, dass der Staat auch nicht Vertragspartei des Investitionsvertrags sei.[34] Wie in allen zuvor untersuchten Fällen, in denen die ARSIWA angewandt wurde, kam es also zu einer Verwechslung hinsichtlich der Zurechnung von Handlungen und Unterlassungen und einem Vertrag.

C. Innerstaatliches Recht

Viele Autoren vertreten den Standpunkt, dass das innerstaatliche Recht die Frage der vertraglichen Zurechnung bestimmen sollte. So argumentiert beispielsweise Crawford, „when international investment tribunals deal with questions of contractual liability, those questions are governed by the proper law of the contract".[35] Auch einige Schiedsgerichte schlossen sich dieser Auffassung an.

---

30 *Jan de Nul N.V. and Dredging International N.V. v. Arab Republic of Egypt* (ICSID Case No. ARB/04/13), Decision on Jurisdiction, 16.6.2006, Rn. 83.

31 *Jan de Nul N.V. and Dredging International N.V. v. Arab Republic of Egypt* (ICSID Case No. ARB/04/13), Award, 6.11.2008, Rn. 174.

32 *Bosh International, Inc and B&P Ltd Foreign Investments Enterprise v. Ukraine* (ICSID Case No. ARB/08/11), Award, 25.10.2012, Rn. 243.

33 Ibid., Rn. 246.

34 Ibid., Rn. 246.

35 Crawford, „Investment Arbitration and the ILC Articles on State Responsibility" (2010) 25 ICSID Review S. 134. Siehe auch: Kovács, Csaba: *Attribution in International Investment Law*. Wolters Kluwer: Alphen aan den Rijn 2018, S. 259; Stefano,

In der Rechtssache *William Nagel v. Czech Republic* schlossen die Investoren einen Vertrag mit der Rundfunkgesellschaft der Stadt Prag ab. Das Gericht kam zu dem Schluss, dass der Staat keine Verpflichtungen gegenüber den Investoren aus dem Investitionsvertrag hatte. Das Schiedsgericht stützte sich auf tschechisches Recht und vertrat die Auffassung, dass es sich bei der Rundfunkgesellschaft um eine eigenständige und unabhängige juristische Person handle.[36]

In ähnlicher Weise schloss der Investor in der Rechtssache *Impregilo v. Pakistan* zwei Verträge mit der Pakistan Water and Power Development Authority (WAPDA). Die klagende Partei argumentierte, dass die Verletzung der Verträge durch die Behörde einen Verstoß gegen die Schirmklausel darstelle. Das Schiedsgericht wandte pakistanisches Recht an, um den Status der WAPDA zu bestimmen, und stellte fest, dass die fraglichen Verträge nicht mit dem Staat, sondern mit einer vom Staat getrennten Einrichtung geschlossen worden waren.[37] Hammamoto führte dazu kritisch aus, dass der Staat dadurch seinen Verpflichtungen aus der Schirmklausel entkommen könne, indem er Unternehmen mit eigener Rechtpersönlichkeit errichtet.[38]

In *Amto v. Ukraine* schloss der Investor zahlreiche Verträge mit der staatlichen Kernkraftwerksgesellschaft.[39] Der Staat bestritt, dass Ansprüche auf eine Verletzung der *Schirmklausel* gestützt werden könnten, weil es keine vertragliche Beziehung zwischen dem Investor und dem Staat gebe. Das Gericht stimmte dem Staat zu.[40]

In *EDF v. Romania* schloss der Investor zwei Verträge mit staatlichen Einrichtungen ab.[41] Der Investor berief sich auf einen Verstoß gegen die Schirmklausel, weil der Staat seinen Verpflichtungen aus den Verträgen nicht nachgekommen sei. Das Schiedsgericht entschied, dass keine Verletzung durch den Staat vorlag, weil der Staat keine Partei dieser Verträge war und daher die

---

Carlo de: *Attribution in International Law and Arbitration.* Oxford University Press: Oxford 2020, S. 126.

36 Ibid., Rn. 162.

37 *Impregilo S.p.A. v. Islamic Republic of Pakistan, Decision on Jurisdiction, 22.4.2005*, Rn. 199, 223. Siehe auch: Hamamoto, Shotaro: „Parties to the 'Obligations' in the Obligations Observance ('Umbrella') Clause“. *ICSID Review* 30(2), 2015, S. 449, 458.

38 Hamamoto, S. 459.

39 *Limited Liability Company Amto v. Ukraine (SCC Case No. 080/2005)*, Final Award, 26.3.2008, Rn. 21.

40 Ibid., Rn. 110.

41 *EDF (Services) Limited v. Romania (ICSID Case No. ARB/05/13)*, Award, 8.10.2009, Rn. 46.

vertraglichen Verpflichtungen nicht übernommen hatte.[42] Es bezog sich auf das Rechtsgutachten des Sachverständigen des Staates, Professor Greenwood (das jedoch nicht öffentlich zugänglich ist), und kam zu dem Schluss, „absent a breach of the [investment contracts] under the governing law, there can be no State responsibility under international law for violation of the umbrella clause".[43]

In *Hamester v. Ghana* schloss der Investor einen Vertrag mit dem Ghana Cocoa Board.[44] Das Schiedsgericht führte aus, dass Verträge, die zwischen einem Investor und einer vom Staat getrennten juristischen Person geschlossen werden, nicht in den Anwendungsbereich einer Schirmklausel fallen können.[45] Es stellte fest, dass in einigen Fällen der Geltungsbereich dieser Klausel unter Bezugnahme auf die völkerrechtlichen Grundsätze der Zurechnung auf Verträge ausgedehnt wurde, die von getrennten Einrichtungen geschlossen wurden. Im Ergebnis entschied es sich aber dafür, der Argumentation anderer Schiedsgerichte zu folgen.[46]

In *Tethyan v. Pakistan* schloss der Investor ein Joint-Venture-Abkommen mit der autonomen Provinz Belutschistan. Das Gericht stellte fest, dass der Staat nicht Vertragspartei der in Frage stehenden Vereinbarung war. Es berücksichtigte „the juridical distinction between the Islamic Republic of Pakistan and the Province of Balochistan under Pakistani law".[47]

Das Schiedsgericht vertrat die Auffassung, dass die ARSIWA nicht auf den „non-treaty claim" anwendbar seien. Es ist jedoch anzumerken, dass die Frage der vertraglichen Zurechnung überhaupt keine Frage eines Anspruchs ist. Es handelt sich um eine Vorfrage, die je nach Entscheidung der Gerichte auf der Grundlage verschiedener (nationaler oder internationaler) Vorschriften beantwortet werden kann. Unabhängig von dieser Wahl ist es wichtig, die Frage der vertraglichen Zurechnung als eine separate Frage zu behandeln, die sich von der Frage unterscheidet, welches Recht für eine Verletzung des Vertrags gelten sollte.

In *Gavrilović v. Croatia* ging es ebenfalls um die Frage der Zurechnung eines Vertrags. Über die fünf „Gavrilović"-Unternehmen wurde Konkurs eröffnet,

---

42 Ibid., Rn. 314-317.

43 Ibid., Rn. 319.

44 *Gustav F W Hamester GmbH & Co KG v. Republic of Ghana*, Award, 18.6.2010, Rn. 22.

45 Ibid., Rn. 342-348.

46 Ibid., Rn. 343-347. Referring to: *Impregilo v. Pakistan, William Nagel v. Czech Republic and CMS v. Argentina.*

47 *Tethyan Copper Company Pty Limited v. Islamic Republic of Pakistan* (ICSID Case No. ARB/12/1), Decision on Jurisdiction and Liability, 10.11.2017, Rn. 1421.

und das Konkursgericht genehmigte den Verkauf der Unternehmen im Rahmen einer öffentlichen Ausschreibung. Nachdem das Angebot von Herrn Gavrilović angenommen wurde, schlossen das Konkursgericht, der Konkursverwalter und Herr Gavrilović einen Kaufvertrag, der vom Außenministerium genehmigt wurde.[48] Das Schiedsgericht stellte fest, dass der Staat nicht Vertragspartei eines solchen Abkommens war, die völkerrechtlichen Zurechnungsregeln „do not define the content of primary obligations, the breach of which gives rise to responsibility".[49] Es stützte sich auf das kroatische Recht und stellte fest, „the five companies were the seller".[50]

Die oben analysierten Fälle zeigen deutlich, dass die Anwendung des innerstaatlichen Rechts auf die Frage der Zurechnung von Verträgen fast ausschließlich dazu führte, dass sich die Schiedsgerichte gegen eine Zurechnung entschieden. Eine Ausnahme ist vielleicht *Garanti Koza v. Turkmenistan* (obwohl nicht klar ist, ob tatsächlich innerstaatliches Recht angewendet wurde).[51]

D. Die Kompromisslösung

Die beiden bisher in der Praxis der Investitionsschiedsgerichtsbarkeit angebotenen Lösungen für das Problem der Zurechnung von Verträgen sind stark

---

48 *Georg Gavrilovic and Gavrilovic d.o.o. v. Republic of Croatia* (ICSID Case No. ARB/12/39), Award, 25.7.2018, Rn. 93-104.

49 Ibid., Rn. 856.

50 Ibid., Rn. 853.

51 In diesem Fall schloss der Investor einen Vertrag mit dem staatlichen Konzern „Turkmenavtoyollary" („TAY"). Die Frage der vertraglichen Zurechnung stellte sich im Zusammenhang mit dem angeblichen Verstoß gegen eine Dachklausel. Das Gericht entschied, dass turkmenisches Recht angewendet werden muss, um festzustellen, ob eine bestimmte Verpflichtung durch den Vertrag zwischen Garanti Koza und TAY entstanden ist. Es ist jedoch nicht ganz klar, welches nationale Recht in diesem Zusammenhang tatsächlich angewandt wurde. Interessanterweise kam das Gericht zu dem Schluss, dass „an entity empowered by a State to exercise elements of governmental authority is for that purpose acting as an organ of the State". Dies ist der ähnliche Wortlaut von Art. 5 des ARSIWA, was darauf hindeutet, dass das Gericht die ARSIWA im Hinterkopf hatte, als es diese Frage entschied, obwohl es erklärte, dass die Angelegenheit auf der Grundlage des nationalen Rechts entschieden werden sollte. Obwohl sich das Gericht formal für innerstaatliches Recht entschieden hat, scheint es also in Wirklichkeit den ARSIWA-Standard für die Zurechnung anzuwenden.

kritisiert worden. Die Anwendung des innerstaatlichen Rechts ist aus politischer Sicht eindeutig problematisch (sie lässt den Staaten zu viel Entscheidungsspielraum, um der Zurechnung vertraglicher Verpflichtungen zu entgehen), während die Anwendung des ARSIWA aus dogmatischer Sicht falsch ist.

Um dieser Kritik zu begegnen, könnten die Schiedsgerichte einen neuen Weg einschlagen – die Anwendung allgemeiner Rechtsgrundsätze. Bis heute hat noch kein Schiedsgericht allgemeine Rechtsgrundsätze auf die Frage der Zurechnung von Verträgen angewandt. Auch aus dogmatischer Sicht stellt dies eine neue Lösung dar.

Die allgemeinen Rechtsgrundsätze haben in den letzten Jahren viel Aufmerksamkeit auf sich gezogen.[52] Auch Investitionsschiedsgerichte haben sie in vielen Fällen angewandt.[53] Diese spielten bereits bei frühen Investitionsschiedsverfahren auf Basis von Investitionsverträgen eine sehr wichtige Rolle und sorgten für Stabilität dieser Verträge und den Vorrang des internationalen vor dem nationalen Recht.[54]

Darüber hinaus wandte das Iran-US Claims Tribunal häufig die allgemeinen Rechtsgrundsätze an. Während in einigen Fällen in Investitionsverträgen selbst ausdrücklich auf die allgemeinen Rechtsgrundsätze verwiesen wurde, wurden sie von Schiedsgerichten auch dann angewendet, wenn ein solcher ausdrücklicher Verweis fehlte.[55] Interessanterweise wurden die allgemeinen Rechtsgrundsätze in vielen Fällen auf verschiedene Vertragsfragen angewandt: Vertragsabschluss, Vertragserfüllung, Zustimmungsmängel und

52 Cf. Dumberry, Patrick: „The Emergence of the Concept of ‚General Principle of International Law' in Investment Arbitration Case Law". *Journal of International Dispute Settlement* 11(2), 2020, S. 194, 195. ILC, Report of the ILC, 70th Session, 3433rd meeting, 19.7.2018, UN Doc. A/73/10, Kap. XIII, s A, Rn. 363.

53 Schill, Stephan W.: „General Principles of Law and International Investment Law". In: Gazzini, Tarcisio / Brandabere, Eric De (Hrsg.): *International Investment Law: The Sources of Rights and Obligations*. Martinus Nijhoff Publishers: Boston 2012, S. 137. Referring to *Total S.A. v. Argentine Republic*, ICSID Case No. ARB/04/1, Decision on Liability, 27.12.2010, Rn. 111-134 and *Mobil Corporation, Venezuela Holding et al. v. Bolivarian Republic of Venezuela*, ICSID Case No. ARB/07/27, Decision on Jurisdiction, 19.6.2010, Rn. 169-185.

54 Ibid., S. 205.

55 Besonderer Verweis in *Libyan American Oil Company v. The Government of the Libyan Arab Republic*, Award 12.4.1977; The American Independent Oil Company v. The Government of the State of Kuwait, Ad Hoc Arbitration, Final Award 24.3.1982. Crook, John R.: „Applicable Law in International Arbitration: The Iran-U.S. Claims Tribunal Experience". *American Journal of International Law* 83(2), 1989, S. 286.

Rechtsbehelfe bei Vertragsbruch. In *Pomeroy v. Iran* stellte das Schiedsgericht beispielsweise fest, dass es ein allgemeiner Rechtsgrundsatz ist, dass eine Partei sich nicht auf die Ungültigkeit eines Vertrags berufen kann, nachdem sie diesem zugestimmt hat.[56] In *Harnischfeger v. Ministry of Roads and Transportation* stellte das Schiedsgericht fest, dass der Rücktritt von einem Vertrag aufgrund eines Irrtums (als Mangel der Zustimmung) einen allgemeinen Rechtsgrundsatz darstellt.[57] In *Morrison v. Ministry of Roads & Transportation of Iran* stellte das Schiedsgericht fest, dass die Erstattung von Verlusten, die aufgrund eines Vertragsbruchs entstanden sind, einen allgemeinen Rechtsgrundsatz darstellt.[58]

Für den besonderen Zweck der vertraglichen Zurechnung müssten die Gerichte feststellen, ob es einen Grundsatz aus dem innerstaatlichen Recht gibt, der so weit anerkannt ist, dass er in einem internationalen Investitionsschiedsverfahren als allgemeiner Rechtsgrundsatz angewendet werden kann. Es scheint, dass es mindestens zwei solcher Grundsätze gibt – den Grundsatz der Anscheinsvollmacht (der aus dem Handelsvertreterrecht stammt) und den Grundsatz der konkludenten Zustimmung (der aus dem Vertragsrecht stammt).

Die Lehre von der Anscheinsvollmacht ist in vielen Ländern der Welt anerkannt. Das US-amerikanische Restatement on the Law of Agency definiert die Anscheinsvollmacht als eine Situation, in der „a third party reasonably believes the actor has authority to act on behalf of the principal and that belief is traceable to the principal's manifestations".[59] Diese Auffassung ist in der nationalen Rechtsprechung fest verankert.[60]

In Frankreich wird dieser Grundsatz als „mandat apparent" bezeichnet und stellt eine spezielle Anwendung der allgemeineren Lehre von der „l'apparence" dar, d.h., dass die irrtümliche Wahrnehmung der Realität durch eine Person rechtliche Konsequenzen nach sich zieht (entwickelt von französischen

---

56 *R.N. Pomeroy, K.S. Pomeroy and R.M. Pomeroy v. Government of The Islamic Republic of Iran*, IUSCT Case No. 40, Award (Award No. 50-40-3), 8.6.1983, Rn. 38.

57 *Harnischfeger Corporation v. Ministry of Roads and Transportation, Industrial Development and Renovation Organization of Iran, Machine Sazi Arak And Machine Sazi Pars*, IUSCT Case No. 180, Final Award (Award No. 175-180-3), 26.4.1985, Rn. 50.

58 *Morrison-Knudsen Pacific Limited v. The Ministry of Roads and Transportation and The Islamic Republic of Iran*, IUSCT Case No. 127, Award No. 143-127-3, 13.7.1984, Rn. 79.

59 USA Restatement (Third) of Agency, S. 2.03.

60 *Biggs v. U.S. Fire Ins. Co.*, 611 S.W.2d 624 (Tex. 1981).

Gerichten).[61] Entscheidendes Element ist das berechtigte Vertrauen eines Dritten auf den Umfang (und die Existenz) der Befugnisse des Vertreters.[62]

In ähnlicher Weise wird in Deutschland die Lehre von der Anscheinsvollmacht genannt, deren entscheidendes Element darin besteht, dass aus den Worten und/oder Handlungen des Auftraggebers vernünftigerweise geschlossen werden kann, dass der Beauftragte mit Vollmacht handelte.[63]

In China sieht Art. 49 des Vertragsrechts der Republik China (1999) vor, dass die Vertretungshandlung wirksam ist, wenn der Dritte Grund hatte, darauf zu vertrauen, dass der Handelnde eine Vertretungsbefugnis hatte, auch wenn diese nicht besteht, erloschen ist oder der Vertreter sie überschritten hat.[64]

Der Grundsatz der Anscheinsvollmacht ist in vielen Ländern anerkannt und seine Hauptfunktion besteht darin, die Gutgläubigkeit Dritter zu schützen. Daher sollten Schiedsgerichte es in Erwägung ziehen, diesen Grundsatz als allgemeinen Rechtsgrundsatz anzuwenden.

Im Zusammenhang mit internationalen Investitionsverträgen würde der Grundsatz der Anscheinsvollmacht den Investoren die Möglichkeit geben, zu argumentieren, dass sie durch den Abschluss eines Vertrags mit einer staatlichen Einrichtung (aufgrund der Umstände des Falls) legitimerweise davon ausgingen, dass diese Einrichtung im Namen des Staates und als dessen Vertreter handelte. Folglich könnte der Investitionsvertrag zwischen dem Investor und der staatlichen Stelle auf den Staat selbst ausgedehnt werden, auch wenn dieser nicht ausdrücklich als Unterzeichner auftritt.

Der zweite Grundsatz der vertraglichen Zurechnung, der in diesem Zusammenhang angewandt werden kann, ist der Grundsatz der stillschweigenden Zustimmung. Diese Doktrin hat sich auf internationaler Ebene bereits

61 Saintier, Severine: „Unauthorised agency in French law“. In: Busch, Danny / Macgregor, Laura J. (Hrsg.): *The Unauthorised Agent: Perspectives from European and Comparative Law.* Cambridge University Press: Cambridge 2009, S. 21.

62 Cass Ass Plén 13-12-1962, Banque Canadienne Nationale, D 1963, J 277, note Calais-Auloy. Siehe nach: Saintier, S. 25. Siehe auch: Cass. Civ. 1ère, 29-4-1969, 3ème espèce, JCP G 1969, II, 15972.

63 Baide, Ana / Schmidt-Kessel, Martin: „Unauthorised agency in German law“. In: Busch, Danny / Macgregor, Laura (Hrsg.): *The Unauthorised Agent: Perspectives from European and Comparative Law.* Cambridge University Press: Cambridge 2009, S. 117.

64 Cf. Hanotiau, Bernard: „Non-signatories, Groups of Companies and Groups of Contracts in Selected Asian Countries: A Case Law Analysis“. *Journal of International Arbitration* 32(6), 2015, S. 588.

durchgesetzt und zwar im Zusammenhang mit der internationalen Handelsschiedsgerichtsbarkeit. Schiedsgerichte haben den Grundsatz der stillschweigenden Zustimmung häufig angewandt, wenn sie entschieden haben, ob eine Vereinbarung für bestimmte Nichtunterzeichner verbindlich sein könnte.[65] Es wurde argumentiert, dass diese Doktrin bereits Teil des Völkerrechts ist (auch wenn noch kein spezifisches Argument dafür vorgebracht wurde, dass es sich um einen allgemeinen Rechtsgrundsatz handelt).[66]

In der Praxis haben die Gerichte entschieden, dass der Nichtunterzeichner stillschweigend Vertragspartei wird, wenn er in die Vertragserfüllung eingreift (direkt, wiederholt, ständig, u.s.w.).[67] Auf Investitionsverträge angewandt, würde der Grundsatz der stillschweigenden Zustimmung dem Investor die Möglichkeit geben, zu argumentieren, dass der Aufnahmestaat stillschweigend Partei des Investitionsvertrags geworden ist, wenn er auf eine bestimmte Weise in die Vertragserfüllung eingegriffen hat.

Hier stellt sich zwangsläufig eine praktische Frage: Würde die Anwendung der allgemeinen Rechtsgrundsätze in diesem Zusammenhang zu einem anderen Ergebnis führen als bei der Anwendung der einschlägigen ARSIWA-Bestimmungen? Dies hängt klarerweise von den Umständen des jeweiligen Falles ab. Die ARSIWA-Bestimmungen über die Zurechnung konzentrieren sich auf die Frage, ob die betreffende Einrichtung Elemente staatlicher Autorität ausübte oder ob der Staat eine tatsächliche Kontrolle über ihre Handlungen hatte. Diese Fragen erfordern eine allgemeinere Analyse, die sich nicht unbedingt auf den Investitionsvertrag selbst konzentriert. Bei Anwendung des Grundsatzes der Anscheinsvollmacht oder der stillschweigenden Zustimmung müssten sich die Gerichte viel mehr auf den konkreten

---

65 Park, William: „Non-Signatories and International Contracts: An Arbitrator's Dilemma". In: Macmahon, Belinda (Hrsg.): *Multiple Party Actions in International Arbitration*. Oxford University Press: Oxford 2009, S. 3.

66 Risvas, Michail: „International Law as the Basis for Extending Arbitration Agreements Concluded by States or State Entities to Non-Signatories". *International & Comparative Law Quarterly* 71(1), 2022, S. 183.

67 *A.________, B._______, C._______, v. D.________ and State of Libya*, 4A_636/2018 38, ASA Bull 726 (2020). Société Alcatel Business Systems (ABS), Société Alcatel Micro Electronics (AME) et Société AGF v. Amkor Technology et al. Cass. 1e civ., 27.3.2007, JCP [2007] I 168, No. 11, besprochen von Christophe Seraglini; JCP [2007] II 10118, besprochen von Catherine Golhen. Siehe nach: Mayer, Pierre: „The Extension of The Arbitration Clause to Non-Signatories – The Irreconcilable Positions of French and English Courts". *American University International Law Review* 27(4), 2012, S. 831-832.

Investitionsvertrag und das Verhalten des Staates in Bezug auf diesen Vertrag konzentrieren.

E. Schlussfolgerung

Dieser Beitrag soll die Aufmerksamkeit auf eine besondere Frage lenken, die in Investitionsschiedsverfahren immer wieder auftaucht, aber noch nicht angemessen gelöst wurde: Welche Regeln sind für die Frage der Zurechnung eines Investitionsvertrags zwischen einem ausländischen Investor und einer staatlichen Einrichtung zum Staat anzuwenden? Die Schiedsgerichte haben versucht, diese Frage entweder durch Anwendung der ARSIWA-Regeln oder des innerstaatlichen Rechts des Aufnahmestaats zu bearbeiten, aber keiner dieser beiden Rahmen ist geeignet, diese Frage zu beantworten. Daher wird in diesem Artikel argumentiert, dass bestimmte innerstaatliche Grundsätze in diesem Zusammenhang als allgemeine Rechtsgrundsätze angewandt werden sollten. Vorgeschlagen werden insbesondere zwei dieser Grundsätze: der Grundsatz der Anscheinsvollmacht und der Grundsatz der konkludenten Zustimmung. Beide Grundsätze sind in nationalen Rechtssystemen und der völkerrechtlichen Lehre anerkannt und relativ unumstritten. Durch ihre Anwendung würden Schiedsgerichte einen Verweis auf die ARSIWA vermeiden, in Angelegenheiten für die sie eindeutig nicht bestimmt sind. Gleichzeitig müssten die Schiedsgerichte nicht das innerstaatliche Recht des Aufnahmestaats anwenden, das staatlichen Einrichtungen in der Regel eine eigene Rechtspersönlichkeit zuerkennt und damit verhindert, dass Verträge, die von solchen Einrichtungen geschlossen werden, dem Gastgeberstaat zugerechnet werden, unabhängig von der tatsächlichen Beteiligung des Gastgeberstaates an der Aushandlung und Erfüllung des Vertrags.

Johannes Tropper

Einseitige Versprechen in Verfahren vor internationalen Gerichten und Schiedsgerichten: Eine Analyse ihrer Rechtsnatur und Rechtswirkung

A. Einleitung

Einseitige Versprechen werden immer wieder in Verfahren vor internationalen Gerichten und Schiedsgerichten abgegeben und resultieren in weitaus mehr Schieds- und Gerichtspraxis als Versprechen, die außerhalb von Verfahren abgegeben werden. Dennoch führen sie im Schrifttum ein Schattendasein. Obgleich sie in der neueren Literatur zu einseitigen Rechtsgeschäften und Versprechen immer wieder angeschnitten wurden, blieben eine umfassende Betrachtung bis dato aus und einige Fragen unbeleuchtet. Gerade die neuere Schieds- und Gerichtspraxis jenseits des Internationalen Gerichtshofs wurde nicht aufgearbeitet.

Vor dem Hintergrund des Generalthemas des Völkerrechtstags „Völkerrechtliche Perspektiven auf die internationale Streitbeilegung" setzt sich dieser Beitrag daher zum Ziel, ein wenig Licht auf die unbeachteten Versprechen, die im Zuge von Verfahren getätigt werden, zu werfen und ihre Rechtsnatur und Rechtswirkung zu erörtern. Für die Zwecke dieses Beitrags wird unter Rechtsnatur die rechtliche Klassifizierung von Versprechen in Verfahren verstanden und unter Rechtswirkung die Frage, welche Wirkung ein Versprechen auf ein Verfahren hat, d.h. welche Konsequenzen ein Gericht oder Schiedsgericht daraus zieht. Darüber hinaus soll die Frage der Voraussetzungen für verbindliche Versprechen in Verfahren erläutert werden. Der Fokus dieses Beitrags liegt dabei auf Versprechen von Staaten in Gerichts- und Schiedsverfahren, während Versprechen von Investoren in Schiedsverfahren nur knapp den Versprechen von Staaten gegenüber gestellt und thematisiert werden.

Systematisch wird zunächst der Begriff „einseitiges Versprechen" erklärt (B.). Im Anschluss daran wird die Rechtsnatur behandelt (C.), gefolgt von den Voraussetzungen für verbindliche Versprechen (D.) und schließlich wird die

Rechtswirkung näher betrachtet (E.). Ein Resümee soll den Beitrag abrunden (F.).

B. Einseitiges Versprechen

Einseitig ist ein Versprechen rechtlich gesehen dann, wenn es nicht Teil eines Vertrags ist, in dem ein zweiseitiges Rechtsverhältnis geschaffen wird. Bei einem einseitigen Versprechen entstehen – sofern im Versprechen ein Verpflichtungswille zum Ausdruck kommt (siehe hierzu D.) – nur für den erklärenden Staat völkerrechtliche Pflichten.

Der Begriff des Versprechens wird im Schrifttum grundsätzlich als bestimmtes einseitiges Rechtsgeschäft verstanden, mit welchem sich ein Staat verpflichtet, in Zukunft eine gewisse Handlung zu setzen oder zu unterlassen.[1] Im Gegensatz dazu wird in diesem Beitrag die Auffassung vertreten, dass ein Versprechen zunächst etwas rein Faktisches ist und nicht unbedingt Verbindlichkeit in Form eines einseitigen Rechtsgeschäftes erlangen muss. Es kann etwa ein rein politisches Versprechen oder ein Zeichen des guten Willens ohne Rechtsbindungswille sein. Ob ein Versprechen verbindlich ist oder nicht, ist daher ebenso separat zu prüfen wie die Frage, nach welchen völkerrechtlichen Grundsätzen und Regeln die Verbindlichkeit zu beurteilen ist. Dabei stellt sich die Frage, ob die Grundsätze und Regeln für verbindliche Versprechen in Verfahren dieselben sind wie jene für Versprechen, die außerhalb von Verfahren getätigt werden.

C. Rechtsnatur: Verbindlichkeit des Versprechens

Es gibt unterschiedliche Theorien, wie Versprechen in Verfahren Verbindlichkeit erlangen können bzw. warum diese vom erklärenden Staat befolgt werden müssen. Diese theoretischen Standpunkte werden zunächst erläutert (I.), gefolgt von einer Untersuchung der Gerichts- und Schiedspraxis (II.).

---

1 E.g. Skubiszewski, Krzysztof: „Unilateral Acts of States". In: Bedjaoui, Mohammed (Hrsg.), *International Law: Achievements and Prospects.* Martinus Nijhoff Publishers: Paris, Dordrecht, Boston 1991, S. 221, 229; Degan, Vladimir-Djuro: „Unilateral Act as a Source of Particular International Law". *Finnish Yearbook of International Law* 5, 1994, S. 149, 186; Cassese, Antonio: *International Law.* Oxford University Press: Oxford 2005, S. 185; Eckart, Christian: *Promises of States under International Law.* Hart Publishing: Oxford 2012, S. 28-29.

I. Theorien zur Verbindlichkeit/Pflicht zur Befolgung von Versprechen

Theoretisch ergibt sich die Verbindlichkeit bzw. Pflicht zur Befolgung entweder aus der Rechtsfigur des einseitigen Rechtsgeschäfts (1.); nach dem Grundsatz von Estoppel (2.); gemäß dem Gründungsvertrag oder den Verfahrensregeln des jeweiligen internationalen Gerichts oder Schiedsgerichts (3.); als Teil eines Vertrags, der im Verfahren abgeschlossen wird (4.); oder auf Grundlage eines eigenen allgemeinen Rechtsgrundsatzes, wonach Versprechen in Verfahren verbindlich sind (5.). Diese Konstellationen sollen der Reihe nach vorgestellt werden.

1. Einseitiges Rechtsgeschäft

Im Regelfall ist ein Versprechen, in dem ein Rechtsbindungswille zum Ausdruckt kommt, als einseitiges Rechtsgeschäft verbindlich und erzeugt unter Umständen neue völkerrechtliche Pflichten für den Staat, der das Versprechen abgibt.[2] Im Präzedenzfall dazu – die *Nuclear Tests* Fälle (*Kernwaffenversuchsfälle*) – hielt der Internationale Gerichtshof (IGH) fest:

> It is well recognized that declarations made by way of unilateral acts, concerning legal or factual situations, may have the effect of creating legal obligations [...] When it is the intention of the State making the declaration that it should become bound according to its terms, that intention confers on the declaration the character of a legal undertaking, the State being thenceforth legally required to follow a course of conduct consistent with the declaration.[3]

Die Mehrheitsmeinung im Schrifttum vertritt die Auffassung, dass die Rechtsfigur des einseitigen Rechtsgeschäfts ebenso Anwendung auf Versprechen findet, die im Zuge von Verfahren getätigt werden.[4] Diese Ansicht erscheint

---

2 Nicht immer wird durch ein verbindliches Versprechen, das ein einseitiges Rechtsgeschäft darstellt, auch eine neue völkerrechtliche Pflicht begründet. Manchmal wird nur eine bereits bestehende Pflicht anerkannt und bestätigt. Siehe e.g. *M.C.I. Power Group, L.C. and New Turbine, Inc. v. Republic of Ecuador*, ICSID Case No. ARB/03/6, Schiedsspruch, 31 Juli 2007, Rn. 352; siehe hierzu auch Saganek, Przemyslaw: *Unilateral Acts of States in Public International Law*. Brill Nijhoff: Leiden 2016, S. 420-421.

3 *Nuclear Tests* (*Australien v. Frankreich*), Judgment 20.12.1974. ICJ Rep. 1974, S. 253, Rn. 43; *Nuclear Tests* (*Neuseeland v. Frankreich*), Judgment 20.12.1974. ICJ Rep. 1974, S. 457, Rn. 46.

4 E.g. Eckart, S. 75-77; Kassoti, Eva: *The Juridical Nature of Unilateral Acts of States in International Law*. Brill Nijhoff: Leiden 2015, S. 155-157; Pellet, Alain: „Article 38".

logisch, wurde in der Literatur jedoch nur sehr begrenzt mit Bezugnahme auf Schieds- oder Gerichtspraxis untermauert. Wie sogleich bei Analyse der Praxis näher beleuchtet wird, stützt sich diese zwar selten explizit, aber in der Tat häufig implizit auf die Regeln zu einseitigen Rechtsgeschäften.

2. *Estoppel*

Gemäß dem Grundsatz von Estoppel ist ein Versprechen zu befolgen, weil ein Dritter sein Verhalten im Vertrauen auf das Versprechen zu seinem Nachteil geändert hat.[5] Dabei muss im Versprechen kein Rechtsbindungswille zum Ausdruck kommen, ansonsten wäre die Unterscheidung zwischen einseitigem Rechtsgeschäft und Estoppel hinfällig.[6] Wie sich in der Betrachtung der Praxis zeigen wird, ist allerdings fraglich, wie der Grundsatz von Estoppel auf Versprechen in Verfahren zur Anwendung kommen kann. Die rechtlich begünstigte Partei muss die andere Verfahrenspartei sein, die sich theoretisch auf das Versprechen berufen kann, wenn sich der versprechende Staat nicht daran hält. Diese Partei verlässt sich aber bis zur Entscheidung des Gerichts zumeist nicht auf das Versprechen. Die Ausführungen der Gerichte zeigen außerdem, dass sich die jeweilige Verpflichtung immer im Zeitpunkt der Erklärung ergibt, nicht zu einem späteren Zeitpunkt. Estoppel kann daher unter Umständen nur einen zusätzlichen Grund für die Befolgung von Versprechen in Verfahren bilden, aber nicht den primären.

3. *Gründungsverträge und Verfahrensregeln*

Gelegentlich wird in der Literatur[7] – unter anderem vom Sonderberichterstatter der Völkerrechtskommission zu „Unilateral Acts of States"[8] – die

---

In: Zimmermann, Andreas et al. (Hrsg.), *The Statute of the International Court of Justice*. Oxford University Press: Oxford 2019, S. 819, 857.

5 Rubin, Alfred P.: „The International Legal Effects of Unilateral Declarations". *American Journal of International Law* 71(1), 1977, S. 1. Zu Estoppel, siehe grundsätzlich Bowett, Derek William: „Estoppel before International Tribunals and Its Relation to Acquiescence". *British Yearbook of International Law* 33, 1957, S. 176.

6 *Chagos Marine Protected Area Arbitration* (*Vereinigtes Königreich v. Mauritius*) *Reports of International Arbitral Awards* 31, 2015, S. 359, Rn. 446.

7 Rubin, S. 3; Skubiszewski, S. 223.

8 Rodríguez Cedeño, Víctor: „First Report on Unilateral Acts of States". UN Doc. A/CN.4/486, 1998, Rn. 125:

„In the case of declarations made by agents of a State during the course of judicial proceedings, it might be maintained that, in addition to being binding, they are unilateral from the point of view of their form. However, these declarations do not

Auffassung vertreten, dass die Abgabe eines Versprechens in Gegenwart eines Gerichts einen besonderen Einfluss auf die Verbindlichkeit von Versprechen hat. Die Zuständigkeit des Gerichts vor dem Hintergrund des jeweiligen Gründungsvertrags sowie der Verfahrensregeln führe dazu, dass Versprechen, die in Verfahren abgegeben werden, anders zu bewerten seien als Versprechen, die außerhalb von Verfahren gemacht werden. In der Praxis findet sich aber kein Hinweis, dass (Schieds-)Gerichte sich auf ihre Gründungsverträge oder Verfahrensregeln stützen, um die Verbindlichkeit von Versprechen zu begründen. Es erschließt sich auch nicht, welche Bestimmungen in diesen Verträgen oder Verfahrensregeln relevant sein könnten.[9]

4. *Versprechen als Teil eines unvollständigen Vertrags*

Zuweilen wird auch die Ansicht vertreten, dass Versprechen als einseitige Rechtsgeschäfte rechtlich inexistent sind und nur ein Angebot zur Annahme darstellen, ein Versprechen somit ein noch unvollständiger Vertrag ist.[10] Dies gelte auch für Versprechen, die in Verfahren getätigt werden.[11] Diese Auffassung wird von der Praxis allerdings nicht widergespiegelt. Der Annahme eines Versprechens wird in der Schieds- und Gerichtspraxis mintunter Bedeutung beigemessen, wenn es um die Frage geht, welche Auswirkung das Versprechen auf das Verfahren haben kann.

---

seem to be truly autonomous [...]; rather they should be placed within the context of the treaty which founds the jurisdiction of the tribunal concerned. Moreover, the obligations which a State may assume through such a declaration are related to the claim or legal position of the other State party to the proceedings, which makes it difficult to classify them as autonomous from this point of view."

9 Cf. Eckart, S. 76.

10 E.g. Köck, Heribert Franz: „Die Beendigung einseitiger Rechtsgeschäfte". In: Simma, Bruno / Schulte, Constanze (Hrsg.), *Völker- und Europarecht in der aktuellen Diskussion: Akten des 23. Österreichsischen Völkerrechtstages.* Linde Verlag: Wien 1999, S. 89, 89-93; Thirlway, Hugh: *The Sources of International Law.* Oxford University Press: Oxford 2019, S. 25.

11 Thirlway, Hugh: *The International Court of Justice.* Oxford University Press: Oxford 2016, S. 162, Fn. 54.

5. *Allgemeiner Rechtsgrundsatz zur Verbindlichkeit von Versprechen in Verfahren*

Theoretisch könnte es einen allgemeinen Rechtsgrundsatz[12] geben, wonach Versprechen, die in Verfahren getätigt werden als verbindlich anzusehen sind. Vom Inhalt wäre dieser Rechtsgrundsatz wohl identisch mit der Rechtsfigur des einseitigen Rechtsgeschäfts, allerdings beschränkt auf Versprechen in Verfahren. Ob ein solcher Rechtsgrundsatz auf Grundlage innerstaatlicher Rechtsordnungen etabliert werden kann, soll hier nicht näher untersucht werden. Einen Mehrwert hätte ein solcher Rechtsgrundsatz allenfalls für Versprechen, die von Verfahrensparteien getätigt werden, die keine Völkerrechtssubjekte sind. Dies wäre gegebenenfalls relevant für Versprechen, die von ausländischen Investoren in Schiedsverfahren gegen Staaten getätigt werden und deren völkerrechtliche Verbindlichkeit fraglich ist (siehe E. II. 2.).

II. Gerichts- und Schiedspraxis zur Verbindlichkeit von Versprechen

Internationale Gerichte und Schiedsgerichte klassifizieren Versprechen in Verfahren selten explizit als einseitige Rechtsgeschäfte, obgleich sie die Verbindlichkeit der Versprechen nicht bezweifeln.[13] Insbesondere der IGH hat im Zusammenhang mit Versprechen in Verfahren nie (Stand November 2022) auf seine Judikatur zu Versprechen außerhalb von Verfahren, insbesondere *Nuclear Tests*, verwiesen. Dadurch mag der Eindruck entstehen, dass diese Versprechen unterschiedlichen Regeln unterliegen könnten. Allerdings hat der IGH sehr wohl implizit die Rechtsfigur des einseitigen Rechtsgeschäfts auf Versprechen angewandt. Zum Beispiel hielt der IGH in *Land and Maritime Boundary between Cameroon and Nigeria* bzgl. eines Versprechens des kamerunischen Prozessvertreters („agent")[14] wie folgt fest: „The Court takes note with satisfaction of the commitment thus undertaken in respect of these areas where many Nigerian

12 Siehe hierzu Janig, Philipp: „Allgemeine Rechtsgrundsätze des Völkerrechts (*general principles of international law*): Entwirrung eines enigmatischen Konzepts". In: Reinisch, August / Reisinger Coracini, Astrid (Hrsg.), *Zurück zu den Quellen des Völkerrechts: Beiträge zum 44. Österreichischen Völkerrechtstag 2019 in Rust am Neusiedlersee*. Peter Lang: Wien et al. 2021, S. 211.

13 E.g. *Affaire concernant le filetage à l'intérieur du golfe du Saint-Laurent entre le Canada et la France* (*Kanada v. Frankreich*) *Reports of International Arbitral Awards* 19, 1986, S. 225, 265.

14 *Land and Maritime Boundary between Cameroon and Nigeria (Kamerun v. Nigeria)*, Judgment 10.10.2002. ICJ Rep. 2002, S. 303, Rn. 317: „[...] on 21 March 2002 the Agent

nationals reside."[15] In dieser Formulierung kommt klar zum Ausdruck, dass aus Sicht des IGH im Zeitpunkt, in dem das Versprechen getätigt wurde, auch eine Verpflichtung geschaffen wurde, d.h. ohne die Notwendigkeit einer Annahme, ohne Handeln im Vertrauen auf dieses Versprechen durch die andere Verfahrenspartei und ohne Verweis auf irgendwelche Verfahrensregeln. Vielmehr wurde *de facto* die Existenz eines einseitigen Rechtsgeschäfts angenommen.[16]

Auch andere internationale Gerichte und Schiedsgerichte wenden implizit die Regeln zu einseitigen Rechtsgeschäften an, wobei manche explizit auf das Konzept des einseitigen Rechtsgeschäfts verweisen und auch die *Nuclear Tests*-Fälle heranziehen, um die Verbindlichkeit zu begründen.[17] So verwies etwa ein Schiedsgericht des International Centre for Settlement of Investment Disputes (ICSID) in *Joy Mining v. Egypt* im Zusammenhang mit Versprechen des ägyptischen Rechtsbeistands[18] explizit auf *Nuclear Tests*:

> The Permanent Court of International Justice in the *Eastern Greenland* case, like the International Court of Justice in the *Nuclear Tests* case, has held that formal declarations by States and its officials constitute unilateral acts giving rise to obligations on which third parties may rely to exercise their rights. Similarly, in the *Filetage du Golfe de Saint-Laurent* case, an arbitral tribunal held that the State was to be held under an

---

of Cameroon […] declare[d] that, 'faithful to its traditional policy of hospitality and tolerance, Cameroon will continue to afford protection to Nigerians living in the [Bakassi] Peninsula and in the Lake Chad area'. […]".

15 Ibid.

16 Siehe auch e.g. *Pulp Mills on the River Uruguay* (*Argentinien v. Uruguay*) Order Provisional Measures 13.7.2006. ICJ Rep. 2006, S. 113, Rn. 20; *Maritime Dispute* (*Peru v. Chile*), Judgment 27.1.2014. ICJ Rep. 2014, S. 3, Rn. 178.

17 Siehe e.g. *Ira Samuel Einhorn v. France,* App. No. 71555/01 (EGMR, 16 Oktober 2001) Rn. 30; WTO, *United States - Sections 301-310 of the Trade Act of 1974* (22 Dezember 1999) WT/DS152/R, Rn. 7.114-7.126; *The Enrica Lexie Incident* (*Italien v. Indien*), PCA Case No. 2015-28, Beschluss zu vorläufigen Maßnahmen, 29 April 2016, Rn. 126.

18 *Joy Mining Machinery Limited v. Arab Republic of Egypt*, ICSID Case No. ARB/03/11, Schiedsspruch, 6 August 2004, Rn. 95: „I am solemnly declaring: In the name of the Egyptian Government as well as in the name of IMC that both have never raised and shall never raise in the future any objection against any arbitration that Joy may file against IMC seeking remedies for whatever claims pertaining to or in relation with the contract of 26th April 1998, its amendment or other issues resulting therefrom, including the letters of guarantee. This solemn declaration has to be recorded in the minutes of the meeting and relied upon in any manner the tribunal considers appropriate".

> obligation to observe certain commitments made by counsel and agents in the proceedings. […] As the solemn declaration by Counsel for the Respondent was made on behalf of both the Egyptian State and IMC, the Tribunal also takes note that the Egyptian State is under an international legal obligation to facilitate the enforcement of any award issued in this case to the extent that the intervention of the State is required.[19]

Diese Beispiele verdeutlichen, dass in der Schieds- und Gerichtspraxis kein Zweifel besteht, dass die Regeln zu einseitigen Rechtsgeschäften auch auf Versprechen in Verfahren Anwendung finden. Zweifel könnten mitunter aufkommen, wenn Versprechen nicht *sua sponte*, sondern auf Vorschlag oder Anordnung des Gerichts getätigt werden.[20] Selbst hier sind aber wohl klar die Regeln zu einseitigen Rechtsgeschäften anzuwenden, denn letztlich obliegt es der Entscheidung des Staates, ob er ein verbindliches Versprechen abgibt oder nicht. Der Vorschlag oder die Anordnung beeinflussen nicht den rechtlichen Charakter des Versprechens. So hat auch der Internationale Seegerichtshof (ITLOS) ein angeordnetes Versprechen im „*San Padre Pio*"-Fall quasi als einseitiges Rechtsgeschäft bezeichnet:

> The Tribunal, therefore, decides that Switzerland shall undertake to ensure the return of the Master and the three officers to Nigeria if so required in accordance with the decision of the Annex VII arbitral tribunal, and that, for this purpose, the Parties shall cooperate in good faith in the implementation of such undertaking. […] The Tribunal considers that the undertaking to ensure the return of the Master and the three officers to Nigeria will constitute an obligation binding upon Switzerland under international law.[21]

---

19 Ibid., Rn. 96-98 (Fußnoten ausgelassen).

20 Siehe e.g. *NextEra Energy Global Holdings B.V. and NextEra Energy Spain Holdings B.V. v. Kingdom of Spain*, ICSID Case No. ARB/14/11, Beschluss zur Aussetzung der Vollstreckung des Schiedsspruchs, 6 April 2020, Rn. 102 (a); *Masdar Solar & Wind Cooperatief U.A. v. Kingdom of Spain*, ICSID Case No. ARB/14/1, Beschluss zur Aussetzung der Vollstreckung des Schiedsspruchs, 20 Mai 2020, Rn. 125-126; *Nasib Hasanov v. Georgia*, ICSID Case No. ARB/20/44, 15 April 2021, Beschluss zur Verfahrensordnung No. 3, Rn. 20.

21 *The M/T "San Padre Pio" Case (Schweiz v. Nigeria)*, ITLOS List of Cases No. 27, Beschluss zu vorläufigen Maßnahmen, 6 Juli 2019, Rn. 141. Siehe hierzu noch deutlicher die Sondervoten, die teils explizit auf die Rechtsfigur des einseitigen Rechtsgeschäfts verwiesen: *The M/T "San Padre Pio" Case (Switzerland v. Nigeria)*, Dissenting Opinion Judge Kateka, Rn. 10; *The M/T "San Padre Pio" Case (Switzerland v. Nigeria)*, Separate Opinion Judge *ad hoc* Murphy, Rn. 54; *The M/T "San Padre Pio" Case (Switzerland v. Nigeria)*, Separate Opinion Judge *ad hoc* Petrig, Rn. 13.

D. Voraussetzungen für Verbindlichkeit

Versprechen erlangen in der Form von einseitigen Rechtsgeschäften Verbindlichkeit, wenn in ihnen ein Rechtsbindungswille zum Ausdruck kommt. Ob dies der Fall ist, muss aus Sicht eines redlichen „Versprechensempfängers" beurteilt werden. Es zählt daher weder der subjektive Wille des Erklärenden noch der subjektive Wille des Empfängers, sondern der objektive Erklärungshorizont des Empfängers.[22] Der Rechtsbindungswille ist primär anhand des Wortlauts, der klar und spezifisch sein muss,[23] aber auch anhand der faktischen Umstände zu beurteilen.[24]

Versprechen, die im Rahmen von Verfahren getätigt werden, liegt in der Regel ein sehr klarer Wortlaut zugrunde, mit eindeutigen Signalwörtern, die auf einen Rechtsbindungswille hinweisen, zum Beispiel „solemnly declare",[25] „solemnly assure"[26] oder „solemn undertaking".[27] Ein Rechtsbindungswille-kann aber auch aus Versprechen abgeleitet werden, die keine solchen Signalwörter enthalten. Hierbei wird von manchen Autoren die Auffassung vertreten, dass das Verfahren als faktischer Umstand besondere Beachtung finden müsse und ein Versprechen in Verfahren grundsätzlich als verbindlich zu bewerten sei.[28] Dabei darf jedoch nicht übersehen werden, dass Aussagen in Verfahren zunächst einmal als Parteivorbringen gedacht sind, die einen erfolgreichen Verfahrensausgang bewirken sollen. Es besteht also durchaus ein Risiko, dass

---

22 E.g. Franck, Thomas: „Word Made Law: The Decision of the ICJ in the Nuclear Test Cases". *American Journal of International Law* 69(3), 1975, S. 612, 616-617; Kassoti, S. 148; cf. Eckart, S. 129.

23 *Armed Activities on the Territory of the Congo (New Application: 2002)* (*Demokratische Republik Kongo v. Ruanda*), Judgment 3.2.2006. ICJ Rep. 2006, S. 6, Rn. 50.

24 *Frontier Dispute* (*Burkina Faso v. Mali*), Judgment 22.12.1986. ICJ Rep. 1986, S. 554, Rn. 40.

25 E.g. *Joy Mining Machinery v. Egypt*, Rn. 95; *Tenaris S.A. and Talta – Trading e Marketing Sociedade Unipessoal Lda. v. Bolivarian Republic of Venezuela (II)*, ICSID Case No. ARB/12/23, Beschluss zur Aussetzung der Vollstreckung des Schiedsspruchs, 23 Februar 2018, Rn. 48, 112.

26 E.g. *Land Reclamation in and around the Straits of Johor (Malaysia v. Singapur)* (Protokoll ITLOS/PV.03/05) (27 September 2003) S. 37. Siehe auch *Land Reclamation in and around the Straits of Johor (Malaysia v. Singapur)*, Beschluss zu vorläufigen Maßnahmen, 8.10.2003. ITLOS Rep. 2003, S. 10, Rn. 90.

27 *The Enrica Lexie Incident* (*Italien v. Indien*), PCA Case No. 2015-28, Beschluss zu vorläufigen Maßnahmen, 29 April 2016, Rn. 127-128.

28 Eckart, S. 224; Kassoti, S. 162.

ein rechtliches Argument in ein Versprechen samt Rechtsbindungswillen umgedeutet werden könnte.[29] Wenngleich einige Autoren zu Recht hinweisen, dass das formelle Verfahren ein zentraler Umstand ist, ersetzt dies nicht die Notwendigkeit zunächst primär den Wortlaut zu ergründen. So hielt ein WTO Panel im Zusammenhang mit Versprechen fest, dass ein „sovereign State should normally not find itself legally affected on the international plane [...] by a representation made in the heat of legal argument on a State's behalf."[30]

Darüber hinaus sei angemerkt, dass die Existenz eines formellen Verfahrens eventuell nicht der entscheidende Begleitumstand ist, der für die Existenz eines Rechtsbindungswillens spricht. Vielmehr scheint das Vorliegen eines Rechtsstreits an sich der zentrale faktische Umstand zu sein. Ein Rechtsbindungswille ist auch ohne Signalwörter nicht nur dann anzunehmen, wenn das Versprechen ausdrücklich mündlich oder schriftlich vor dem Gericht abgeben wird, sondern auch bei außergerichtlichen Versprechen, die im Zusammenhang mit einem Rechtsstreit getätigt werden. Dieses erweiterte Verständnis würde auch erklären, weshalb im *Nuclear Tests*-Fall bei Versprechen, die außerhalb eines Verfahrens, aber vor dem Hintergrund des Rechtsstreits abgeben wurden, recht schnell ein Rechtsbindungswille angenommen wurde, obgleich Signalwörter fehlten.[31]

Eine Voraussetzung dafür, dass ein Rechtsbindungswille abgegeben werden kann, ist die Vertretungsbefugnis. Grundsätzlich bedarf es einer Ermächtigung gemäß innerstaatlichen Vorschriften, damit eine Verpflichtung durch Versprechen eingegangen werden kann.[32] Es gilt jedoch eine völkerrechtliche Vermutung, dass bestimmte oberste Staatsorgane – Staatsoberhaupt, Regierungschef, Außenminister – eine derartige Befugnis *ex officio* haben.[33] Daher

---

29 Cf. *Sempra Energy International v. Argentine Republic*, ICSID Case No. ARB/02/16, Entscheidung über die Zuständigkeit, 11 Mai 2005, Rn. 146: „The Tribunal cannot presume that intention [to create an obligation] if it is not expressly stated. Counsel representing the State in arbitration proceedings have the duty to put forward all the arguments they deem appropriate to defend their position, but a tribunal could not presume that each of those arguments constitutes the expression of a unilateral act that obligates the State."

30 WTO, WT/DS152/R, Rn. 7.118.

31 Cf. *Nuclear Tests* (*Australien* v. *Frankreich*), Rn. 50: „these statements [by French officials] were not made *in vacuo*, but in relation to the tests which constitute the very object of the present proceedings, although France has not appeared in the case."

32 Cf. Skubiszewski, S. 230.

33 *Armed Activities*, Rn. 46: „it is a well-established rule of international law that the Head of State, the Head of Government and the Minister for Foreign Affairs are deemed to represent the State merely by virtue of exercising their functions, including

können Adressaten annehmen, dass ein Versprechen von diesen Staatsorganen verbindlich ist, sofern auch ein Verpflichtungswille vorliegt. In Verfahren vor (Schieds-)Gerichten gilt die Vermutung, dass der Prozessvertreter (agent) des Staates in Bezug auf den Streitgegenstand die Befugnis hat, verbindliche Versprechen abzugeben.[34] So hielt das Schiedsgericht in *Barbados v. Trinidad and Tobago* Folgendes fest: „[i]t is well established that commitments made by Agents of States before international tribunals bind the State, which is thenceforth under a legal obligation to act in conformity with the commitment so made."[35]

Im Gegensatz zum Prozessvertreter (agent) benötigt der Rechtsbeistand (counsel) grundsätzlich eine ausdrückliche Befugnis, die er vorweisen können muss, um für den Staat im Verfahren ein verbindliches Versprechen abgeben zu können.[36] Der Rechtsbeistand hat formal-rechtlich gesehen eine assistierende Rolle, ist aber für die rechtliche Argumentation vor Gericht zuständig.[37] In der Praxis ist die Vertretungsbefugnis von Rechtsbeiständen in Verfahren grundsätzlich unproblematisch. Im Zweifel kann das Gericht Erkundigungen einholen, ob der Rechtsbeistand tatsächlich den Staat verpflichten will und eine Ermächtigung dazu hat. In dem Investor-Staat-Schiedsverfahren *Mytilineos Holding v. Serbia* wurde die Befugnis des Rechtsbeistands für verbindliche

---

for the performance, on behalf of the said State, of unilateral acts having the force of international commitments."

34 Hoch, Frank: *Die völkerrechtliche Verpflichtung der Staaten durch Regierungsakte*. Juris Verlag: Zürich 1947, S. 118.

35 *Arbitration between Barbados and the Republic of Trinidad and Tobago, relating to the delimitation of the exclusive economic zone and the continental shelf between them (Barbados v. Trinidad und Tobago) Reports of International Arbitral Awards* 27, 2006, S. 147, Rn. 291. Siehe auch *CMS Gas Transmission Company v. Argentine Republic*, ICSID Case No. ARB/01/8, Beschluss zur Aussetzung der Vollstreckung des Schiedsspruchs, 1 September 2006, Rn. 49.

36 E.g. *Chevron Corporation (USA) and Texaco Petroleum Company (USA) v. The Republic of Ecuador*, UNCITRAL, PCA Case No. 34877, Schiedsspruch, 31 August 2011, Rn. 352: „[…] the Tribunal cites the undertaking set out in the Respondent's First-Round Post-Hearing Brief of June 19, 2009:

[T]he Republic's undersigned counsel has been duly authorized to represent to the Tribunal that there will be no further taxes imposed by the Republic on the net Award amount, and that this representation and its content may be recited and incorporated into the Award itself with the Republic's consent."

37 Siehe hierzu Shaw, Malcolm: *Rosenne's Law and Practice of the International Court: 1920-2015*. Brill Nijhoff: Leiden 2017, Band III, Kapitel 18, Rn. 281.

Versprechen thematisiert, weil der Investor sich auf ein vermeintliches Versprechen des Rechtsbeistands von Serbien in einem früheren Schiedsverfahren stützen wollte. Das Schiedsgericht hielt Berichten zufolge fest,[38] dass der Rechtsbeistand keine Befugnis hätte, den Staat durch eine Erklärung ohne direkte Beteiligung des Prozessvertreters zu verpflichten. Die reine Anwesenheit des Prozessvertreters reichte nicht aus und war nicht „equivalent to an express statement made by a State representative".[39]

E. Rechtswirkung von Versprechen in Verfahren

Versprechen werden in unterschiedlichen Verfahrensabschnitten getätigt – sowohl im Hauptverfahren als auch in Nebenverfahren. Für die Zwecke dieses Beitrags sollen Versprechen in zwei Verfahrensabschnitten in unterschiedlichen (Schieds-)Gerichten näher beleuchtet werden: die Verfahren zu vorläufigen Maßnahmen vor dem IGH (I.) und die Verfahren zur Vollstreckungsaussetzung von ICSID-Schiedssprüchen (II.). Abschließend werden ein paar Gedanken festgehalten, warum internationale Gerichte und Schiedsgerichte in diesen beiden Verfahren Versprechen Bedeutung beimessen (III.). Vorweg sei jedoch hervorzuheben, dass die Verbindlichkeit eines Versprechens nicht unbedingt garantiert, dass das Versprechen eine bestimmte Rechtswirkung entfaltet oder vom Gericht tatsächlich beachtet wird.

I. Verfahren zu vorläufigen Maßnahmen vor dem IGH

Gemäß Art. 41 Abs. 1 IGH Statut ist „[d]er Gerichtshof […] befugt, sofern es seines Erachtens die Umstände erfordern, diejenigen vorsorglichen Maßnahmen zu bezeichnen, die zum Schutze der Rechte jeder Partei getroffen werden müssen."[40] In der Judikatur haben sich mehrere Voraussetzungen für den Erlass vorläufiger Anordnungen herausgebildet, die in anderen Beiträgen dieses

38 Charlotin, Damien: „Mytilineos v. Serbia: previously-unseen 485 page award reveals how Sachs, Bishop and Vaseljevic dealt with res judicata effect of prior award, collateral estoppel, difference between counsel and agent, and weight of a ‚no-prejudice' attempt at settlement". *IAReporter* (30.9.2019) retrieved 31.10.2022, from https://www.iareporter.com/articles/mytilineos-v-serbia-previously-unseen-485-page-award-reveals-how-sachs-bishop-and-vaseljevic-dealt-with-res-judicata-effect-of-prior-award-collateral-estoppel-difference-between-counsel-and-agent/.

39 Ibid.

40 Art. 41 Abs. 1, Statut des Internationalen Gerichtshofes, BGBl. Nr. 120/1956 i.d.F. BGBl. Nr. 70/1960.

Bandes näher beleuchtet werden. Bei zwei dieser Voraussetzungen, die oftmals in einem Atemzug genannt werden und nicht strikt getrennt werden können, spielen Versprechen eine besondere Rolle: Gefahr eines irreparablen Schadens („irreparable prejudice") und Dringlichkeit („urgency"). Laut IGH sind nur dann vorläufige Maßnahmen zu erlassen „if there is urgency, in the sense that there is a real and imminent risk that irreparable prejudice will be caused to the rights claimed before the Court gives its final decision."[41] Versprechen der beklagten Partei können allerdings belegen, dass eine solche Gefahr nicht vorliegt und keine vorläufigen Anordnungen erlassen werden müssen.[42] So hat der IGH im *Jadhav*-Fall etwa vorläufigen Maßnahmen erlassen, weil Pakistan kein Versprechen abgeben hat: „The Court also notes that Pakistan has given no assurance that Mr. Jadhav will not be executed before the Court has rendered its final decision. In those circumstances, the Court is satisfied that there is urgency in the present case."[43]

In *Obligation to Prosecute or Extradite* hingegen erließ der IGH keine vorläufigen Maßnahmen, weil senegalesische Rechtsvertreter Versprechen im Laufe des Verfahrens tätigten:

> Senegal, both *proprio motu* and in response to a question put by a Member of the Court, gave a formal assurance on several occasions during the hearings that it will not allow Mr. Habré to leave its territory before the Court has given its final decision; [...] the Court, taking note of the assurances given by Senegal, finds that, the risk of irreparable prejudice to the rights claimed by Belgium is not apparent on the date of this Order.[44]

Damit ein Versprechen allerdings zu einer Abweisung eines Antrags auf vorläufigen Maßnahmen führen kann, muss der Inhalt des Versprechens das gleiche oder ähnliche Ziel verfolgen wie der Antrag selbst. Wenn der Inhalt des Versprechens umfangreich genug ist[45] indiziert das Versprechen quasi eine

41 E.g. *Allegations of Genocide under the Convention on the Prevention and Punishment of the Crime of Genocide* (*Ukraine v. Russische Föderation*), Order Provisional Measures 16.3.2022. ICJ Rep. 2022, S. 211, Rn. 66; *Alleged Violations of the 1955 Treaty of Amity, Economic Relations, and Consular Rights* (*Iran v. Vereinigte Staaten von Amerika*), Order Provisional Measures 3.10.2018. ICJ Rep. 2018, S. 623, Rn. 78.

42 Cf. Thirlway 2016, S. 162-163.

43 *Jadhav* (*Indien v. Pakistan*), Order Provisional Measures 18.5.2017. ICJ Rep. 2017, S. 231, Rn. 54

44 *Questions relating to the Obligation to Prosecute or Extradite* (*Belgien v. Senegal*), Order Provisional Measures 28.5.2009. ICJ Rep. 2009, S. 139, Rn. 72-73.

45 Cf. *Certain Documents and Data*, Rn. 45-47.

Kooperationsbereitschaft und zeigt, dass der beklagten Partei vertraut werden kann.[46] Der IGH vermutet, dass sich die Partei an Verpflichtungen, die sie durch ihr Versprechen geschaffen hat, hält.[47] Diese Vermutung ist allerdings widerlegt, wenn die Partei im Verfahren wortbrüchig oder rechtsbrüchig war. So maß der IGH in *Certain Activities* Versprechen des nicaraguanischen Prozessvertreters keine Bedeutung bei, weil Nicaragua frühere vorläufige Maßnahmen im Verfahren bereits nicht befolgt hat.[48]

II. Verfahren zur Vollstreckungsaussetzung von ICSID-Schiedssprüchen

Auch in Verfahren zur Vollstreckungsaussetzung von ICSID-Schiedssprüchen spielen Versprechen eine Rolle. Grundsätzlich sind Schiedssprüche in Investor-Staat-Schiedsverfahren nach der ICSID-Konvention verbindlich und zu befolgen.[49] Selbst ein Aufhebungsverfahren nach der ICSID-Konvention, welches die einzige Möglichkeit ist einen ICSID-Schiedsspruch zu annullieren, führt zu keiner Aussetzung der Vollstreckbarkeit des Schiedsspruchs. Ergo ist dieser zu befolgen und sofort vollstreckbar. Allerdings kann die Vollstreckung auf Antrag ausgesetzt werden, wenn dies die Umstände nach Auffassung des Ausschusses, der für die Aufhebung des jeweiligen Schiedsspruchs zuständig ist, erfordern.[50] Verschiedene Kriterien wurden in der Spruchpraxis von ICSID-Ausschüssen entwickelt, die für die Beurteilung dieser Frage heranzuziehen sind.[51] Auch Versprechen können hierbei einen der Umstände darstellen, der für oder gegen die Aussetzung der Vollstreckung spricht. Zwei Arten

---

46 Cf. Merrills, John G.: „Interim Measures of Protection in the Recent Jurisprudence of the International Court of Justice". *International and Comparative Law Quarterly* 44(1), 1995, S. 90, 121.

47 *Certain Documents and Data*, Rn. 44: „The Court has no reason to believe that the written undertaking dated 21 January 2014 will not be implemented by Australia. Once a State has made such a commitment concerning its conduct, its good faith in complying with that commitment is to be presumed."

48 *Certain Activities Carried Out by Nicaragua in the Border Area (Costa Rica v. Nicaragua); Construction of a Road in Costa Rica along the San Juan River (Nicaragua v. Costa Rica)*, Order Provisional Measures 22.11.2013. ICJ Rep. 2013, S. 354, Rn. 50.

49 Art. 53 Abs. 1, Art. 54 Abs. 1 Übereinkommen zur Beilegung von Investitionsstreitigkeiten zwischen Staaten und Angehörigen anderer Staaten, BGBl. Nr. 357/1971.

50 Art. 52 Abs. 5, ibid.

51 E.g. Volkmer, Sven-Michael: „Stay of Enforcement Decisions in ICSID Annulment Proceedings: Taking Stock". *Journal of International Arbitration* 29(6), 2012, S. 691.

von Versprechen sind dabei von Relevanz: einerseits Versprechen von Staaten als beklagte Partei (1.), andererseits Versprechen von Investoren als Kläger (2.). Erstere versprechen eine Befolgung des Schiedsspruches, sofern die Vollstreckung ausgesetzt wird und der Schiedsspruch letztlich nicht aufgehoben wird. Letztere versprechen die Rückzahlung des im Schiedsspruch zugesprochenen Schadenersatzes, falls die Vollstreckung nicht ausgesetzt wird und letztlich der Schiedsspruch doch aufgehoben wird.

1. Versprechen von Staaten als Beklagte

In der Spruchpraxis der Ausschüsse zeigt sich eine Tendenz, solchen Versprechen von Staaten trotzt ihrer Verbindlichkeit keine Bedeutung beizumessen, obgleich die Spruchpraxis uneinheitlich ist. Das erste Aufhebungsverfahren, in dem das Versprechen eines Staates, den Schiedsspruch zu befolgen, eine Rolle spielte, war *CMS v. Argentinien.* In dem Verfahren sicherte der argentinische „Generalstaatsanwalt" als Prozessvertreter in einem Schreiben zu, dass der ICSID-Schiedsspruch im Einklang mit den Bestimmungen der ICSID-Konvention als verbindlich anerkannt und vollstreckt wird, sofern der Schiedsspruch nicht aufgehoben wird.[52] Der Ausschuss erkannte die Vertretungsbefugnis des Generalstaatsanwalts und die Verbindlichkeit des Versprechens an.[53] Er stellte fest, dass sich Argentinien unwiderruflich verpflichtet hat, die Zahlungsverpflichtung des Schiedsspruchs zu befolgen, sofern die Aufhebung nicht gewährt wird.[54] In der Folge beschloss der Ausschuss die Vollstreckung auszusetzen:

> Having regard to this commitment, the Committee is of the opinion that Argentina had demonstrated that CMS will not be prejudiced by the grant of a stay, other that in respect of the delay which is, however, incidental to the Convention system of annulment and which can be remedied by the payment of interest in the event that the annulment application is unsuccessful. As a consequence, the Committee has decided to grant such a stay without requesting Argentina to provide a bank guarantee.[55]

Der Aussetzung auf Grundlage eines solchen Versprechens liegt die Annahme zugrunde, dass eine Aussetzung auf Grundlage gewisser Zusicherungen gewährt werden soll:

> As a general matter a respondent State seeking annulment should be entitled to a stay provided it gives reasonable assurances that the award, if not annulled, will be

52 *CMS v. Argentine Republic*, Rn. 47.
53 Ibid., Rn. 49.
54 Ibid., Rn. 50.
55 Ibid., Rn. 50.

> complied with. It should not be exposed, while exercising procedural rights open to it under the Convention, to the risk that payment made under an award which is eventually annulled may turn to the [sic] irrecoverable from an insolvent claimant. At the same time a Respondent seeking a remedy under the Convention should demonstrate that for its part it will comply with the Convention, […].[56]

Dieser Spruchpraxis folgten auch manche Ausschüsse in rezenten Aufhebungsverfahren von Schiedssprüchen gegen Spanien,[57] in denen Versprechen, dass Schiedssprüche im Fall der Nichtaufhebung befolgt werden, als angemessene Zusicherungen gewertet wurden und die Vollstreckung ausgesetzt wurde.[58]

Im Gegensatz dazu entwickelte sich im Zusammenhang mit den Argentinien-Fällen[59] eine Spruchpraxis, die solchen Versprechen aus zwei Gründen keine Bedeutung beimaß: Erstens befolgte Argentinien die Schiedssprüche nicht, obgleich diese nicht aufgehoben wurden. So wurde trotz eines Versprechens auch der CMS-Schiedsspruch nicht befolgt. Zweitens gingen die eingegangenen Verpflichtungen nicht über die ICSID-Konvention hinaus, sondern gaben nur bereits bestehende Verpflichtungen wieder. In *Sempra v. Argentinien* wurde daher schon der hypothetischen Möglichkeit eines solchen Versprechens eine Absage erteilt.[60] Diese zweite Spruchpraxis-Linie scheint heute grundsätzlich vorherrschend. So hielt etwa auch der Ausschuss im rezenten Fall *Karkey v. Pakistan* deutlich Folgendes fest:

> Though Pakistan refers to these letters as unilateral declarations creating legal obligations under international law, they do not go beyond the obligations already stated in the Convention for an ICSID Contracting State towards an award rendered pursuant to the Convention. Therefore, the obligations confirmed in the letters already exist for Pakistan under the Convention itself, and the Attorney-General's assurances add no further security. […] [I]f such assurances were to be considered a "circumstance"

---

56 Ibid., Rn. 38.

57 Siehe hierzu e.g. Azaria, Danae: „The Renewable Energy Arbitrations under the Energy Charter Treaty". In: Ruiz Fabri, Hélène / Stoppioni, Edoardo (Hrsg.), *International Investment Law: An Analysis of the Major Decisions.* Hart Publishing: Oxford 2022, S. 153.

58 E.g. *NextEra Energy v. Kingdom of Spain*, 6 April 2020, Rn. 96, 102(a); *9REN Holding S.a.r.l v. Kingdom of Spain*, ICSID Case No. ARB/15/15, Beschluss zur Aussetzung der Vollstreckung des Schiedsspruchs, 19 November 2021, Rn. 127-128, 134, 137.

59 Siehe hierzu e.g. Reinisch, August / Tropper, Johannes: „The Argentinian Crisis Arbitrations". In: Ruiz Fabri, Hélène / Stoppioni, Edoardo (Hrsg.), *International Investment Law: An Analysis of the Major Decisions.* Hart Publishing: Oxford 2022, S. 119.

60 *Sempra v. Argentine Republic*, ICSID Case No. ARB/02/16, Beschluss zur Aussetzung der Vollstreckung des Schiedsspruchs, 9 März 2009, Rn. 102, 109.

> requiring a stay of enforcement, it would be rather easy for a State to achieve a stay simply by a letter of this kind re-confirming an obligation which it already has under the Convention. In fact, that would create the possibility for States to create an automatic stay of enforcement.[61]

Karkey v. Pakistan verdeutlich das Problem einer Vollstreckungsaussetzung rein auf Grund solcher Versprechen: Sie bestätigen nur bestehende Pflichten und würden Staaten erlauben, eine automatische Vollstreckungsaussetzung nur durch ein Versprechen, den Schiedsspruch zu befolgen, herbeizuführen. Es sei jedoch angemerkt, dass sowohl Versprechen, die eine neue Verpflichtung schaffen, als auch jene, die eine bestehende Pflicht bestätigen – „promesses-confirmations"[62] –, jedenfalls rechtlich verbindlich sind und Staaten keinesfalls leichtsinnig „promesses-confirmations" abgeben.[63] Nichtsdestotrotz wird bei „promesses-confirmations" die Souveränität eines Staates im Grunde nicht über die bestehende vertragliche Pflicht hinaus eingeschränkt, weswegen Ausschüsse wohl skeptisch auf einen Antrag auf Vollstreckungsaussetzung im Zusammenhang mit einem Versprechen reagieren.

2. *Versprechen von Investoren als Kläger*

Versprechen von Investoren, im Falle der Aufhebung des bereits vollstreckten Schiedsspruches den erhaltenen Schadenersatzbetrag zurückzuzahlen, haben in jüngerer Vergangenheit an Häufigkeit zugenommen.[64] Solche Versprechen werden entweder direkt im Verfahren getätigt oder von Investoren angeboten

---

61 *Karkey Karadeniz Elektrik Uretim A.S. v. Islamic Republic of Pakistan*, ICSID Case No. ARB/13/1, Beschluss zur Aussetzung der Vollstreckung des Schiedsspruchs, 22 Februar 2018, Rn. 122-123.

62 Suy, Eric: *Les actes juridiques unilatéraux en droit international public*. Librairie Générale de Droit et de Jurisprudence: Paris 1962, S. 136.

63 Cf. *NextEra Energy Global Holdings B.V. and NextEra Energy Spain Holdings B.V. v. Kingdom of Spain*, ICSID Case No. ARB/14/11, Beschluss zur Beendigung der Aussetzung der Vollstreckung des Schiedsspruchs, 28 Mai 2020, Rn. 9.

64 E.g. *Eiser Infrastructure Limited and Energía Solar Luxembourg S.à r.l. v. Kingdom of Spain*, ICSID Case No. ARB/13/36, Beschluss zur Aussetzung der Vollstreckung des Schiedsspruchs, 23 März 2018, Rn. 71(b); *Tethyan Copper Company Pty Limited v. Islamic Republic of Pakistan*, ICSID Case No. ARB/12/1, Beschluss zur Aussetzung der Vollstreckung des Schiedsspruchs, 17 September 2020, Rn. 206-207, 213 (g); *ConocoPhillips Petrozuata B.V., ConocoPhillips Hamaca B.V. and ConocoPhillips Gulf of Paria B.V. v. Bolivarian Republic of Venezuela*, ICSID Case No. ARB/07/30, Beschluss zur Aussetzung der Vollstreckung des Schiedsspruchs, 2 November 2020, Rn. 64-66, 67(3).

und vom Ausschuss angeordnet. Deren Verbindlichkeit erschließt sich nicht unmittelbar aus den Entscheidungen der Ausschüsse. Sie könnten grundsätzlich nach der *lex arbitri*, dem Recht des Heimatstaates des Investors oder gemäß einem allgemeinen Rechtsgrundsatz (siehe C. I. 5.) verbindlich sein.[65]

Für all die denkbaren Möglichkeiten stellt sich die Frage des Mehrwerts solcher Versprechen und der Durchsetzbarkeit.[66] Zur Frage des Mehrwerts ist anzumerken, dass ohnehin kein Rechtsgrund vorliegt, eine ausbezahlte oder vollstreckte Schadenersatzsumme zu behalten, wenn der Schiedsspruch aufgehoben wird. Der Investor wäre ungerechtfertigt bereichert. Zur Frage der Durchsetzbarkeit ist festzuhalten, dass die Durchsetzbarkeit eines derartigen Versprechens bei Nichtbefolgung eventuell wegen einer Insolvenz des Investors nicht gegeben ist und das Versprechen somit wertlos sein kann. Ein Vertrauen auf solche Versprechen von Investoren kann daher folgenschwerer sein als ein Vertrauen in die Zahlungsversprechen von Staaten, weil Staaten so gut wie nie dauerhaft insolvent werden. Auch wenn es schwierig sein mag, gegen einen Staat zu vollstrecken, der ein Versprechen nicht befolgt, ist die Vollstreckung weder rechtlich noch faktisch für immer unmöglich. Bei insolventen Investoren ist es hingegen faktisch unmöglich, die ausbezahlte Summe zurückzubekommen – trotz eines Versprechens.

Zur Nichtaussetzung der Vollstreckung zugunsten von Investoren ist allerdings anzumerken, dass Versprechen von Investoren buchstäblich meist nur ein Nachsatz in den Entscheidungen der Ausschüsse sind und die Vollstreckung in diesen Fällen meist wohl ohnehin nicht ausgesetzt worden wäre – unabhängig vom Vorliegen eines Versprechens. Die Berücksichtigung von derartigen Versprechen von Investoren ist mehr als Feigenblatt oder Beschwichtigungsgeste zu sehen, die letztlich rechtlich einen eher geringen Einfluss hat.

---

65 Am schlüssigsten erscheint es wohl, dass ein Ausschuss explizit anordnet, dass eine Verpflichtungserklärung nach dem nationalen Recht des Heimatstaates abgeben wird, so etwa in *InfraRed Environmental Infrastructure GP Limited and others v. Kingdom of Spain*, ICSID Case No. ARB/14/12, Beschluss zur Aussetzung der Vollstreckung des Schiedsspruchs, 27 Oktober 2020, Rn. 196, 199.

66 Zur Durchsetzbarkeit siehe auch *Gardabani Holdings B.V. and Silk Road Holdings B.V. v. Georgia*, ICSID Case No. ARB/17/29, Dissenting Opinion von Prof. Douglas zum Schiedsspruch, 27 Oktober 2022, Rn. 5 ("The Tribunal is *functus officio* upon the issuance of the ICSID Award and cannot supervise or enforce any undertaking given by the Claimants.").

III. Warum beachten (Schieds-)Gerichte Versprechen in Verfahren zu vorläufigen Maßnahmen und Vollstreckungsaussetzung von Schiedssprüchen?

Abschließend stellt sich aber die Grundsatzfrage, weshalb Gerichte und Schiedsgerichte Versprechen überhaupt rechtliche Bedeutung beimessen. Gerade in Verfahren zu vorläufigen Maßnahmen und der Vollstreckungsaussetzung von ICSID-Schiedssprüchen scheint dies zwei zentrale Gründe zu haben: Erstens, wenn ein Staat eindeutig ein verbindliches Versprechen abgibt, ist die Berücksichtigung des Versprechens souveränitätswahrend. Der versprechende Staat geht von sich aus freiwillig eine völkerrechtliche Verpflichtung ein (oder bestätigt eine bestehende Pflicht), was selbst als Ausfluss der Souveränität gesehen werden kann.[67] Die Missachtung des Versprechens und der Erlass einer Entscheidung gegen den Staat wäre demgegenüber ein stärkerer Eingriff in die Souveränität. Die Berücksichtigung des Versprechens erlaubt einem (Schieds-)Gericht auf die Kooperationsbereitschaft der beklagten Partei einzugehen. Zweitens ist die Berücksichtigung von Versprechen oftmals – aber zugegebenermaßen nicht immer – korrigierbar. Zum Teil gilt hier anscheinend die Regel „Hilft's nix, schad's nix". Zumindest in Verfahren zu vorläufigen Maßnahmen können meistens bei Nichtbeachtung noch immer vorläufige Maßnahmen zu einem späteren Zeitpunkt erlassen werden. Auch bei Verfahren zur Vollstreckungsaussetzung kann zumindest ein Investor noch immer gegen den Staat zwangsvollstrecken, falls der Staat sein Versprechen nicht hält und den Schiedsspruch nicht befolgt. Der Staat kann auch gegen einen Investor vollstrecken, der sein Versprechen zur Rückzahlung nicht einhält, allerdings kann es sein, dass dieses Versprechen nur heiße Luft war, weil der Investor bereits insolvent ist. Je nach Streitgegenstand mag man auch einwenden, dass in Verfahren zu vorläufigen Maßnahmen eine Verletzung eines Versprechens durch spätere Anordnungen nicht mehr korrigierbar ist, wenn es etwa, wie im *Jadhav* Fall, um eine drohende Verhängung der Todesstrafe geht.[68] Allerdings stellt sich die Frage, ob vorläufige Maßnahmen in einem solchen Fall effektiver wären und eher befolgt werden würden als die eigenen Versprechen. Die Praxis spricht gerade in solchen Fällen nicht unbedingt dafür.[69]

---

67 Cf. *Case of the S. S. "Wimbledon" (Großbritannien, Frankreich, Italien, Japan v. Deutschland)*, Judgment 17.8.1923. PCIJ Rep. Series A No. 01, S. 25.

68 *Jadhav*, Rn. 13-14.

69 E.g. *LaGrand (Deutschland v. Vereinigte Staaten von Amerika)*, Judgment 27.6.2001. ICJ Rep. 2001, S. 466, Rn. 30-34.

F. Resümee

Dieser Beitrag versuchte, die Rechtsnatur von einseitigen Versprechen in Verfahren zu ergründen. Trotz unterschiedlicher Theorien zur Verbindlichkeit von solchen Versprechen ist deren Verbindlichkeit in der Rechtsfigur der einseitigen Rechtsgeschäfte begründet. Alternative Theorien zu Verbindlichkeit wie Estoppel, Gründungsverträge und Verfahrensregeln, Vertragskonstruktionen oder ein spezifischer allgemeiner Rechtsgrundsatz sind praxisfern. Als einseitige Rechtsgeschäfte setzen verbindliche Versprechen einen Rechtsbindungswillen der versprechenden Partei voraus sowie eine Vertretungsbefugnis des Staatsorgans, welches das Versprechen abgibt. Die Vertretungsbefugnis des Prozessvertreters (agent) ist unstrittig, der Rechtsbeistand (counsel) muss diese jedoch belegen. Die Rechtswirkung von Versprechen in Verfahren ist zwar mit deren Verbindlichkeit verknüpft, jedoch führt Verbindlichkeit nicht automatisch dazu, dass ein Gericht oder Schiedsgericht eine Entscheidung zugunsten der versprechenden Partei trifft. In Verfahren zu vorläufigen Maßnahmen vor dem IGH bewirken Versprechen im Regelfall, dass vorläufige Maßnahmen nicht erlassen werden, weil das Versprechen das Vorliegen einer unmittelbar bevorstehenden Gefahr negiert. In Verfahren zur Vollstreckungsaussetzung von ICSID-Schiedssprüchen bewirken Versprechen von beklagten Staaten, dass Schiedssprüche bei Nicht-Aufhebung befolgt werden, in manchen Fällen eine Vollstreckungsaussetzung. Die Mehrheit von ICSID-Ausschüssen setzt die Vollstreckung auf Basis von derartigen Versprechen allerdings nicht aus. Versprechen von Investoren als klagende Partei, dass bei Aufhebung des Schiedsspruchs ein ausbezahlter oder vollstreckter Schadenersatz zurückbezahlt wird, werden von Ausschüssen ebenso Bedeutung beigemessen. Deren Berücksichtigung scheint aber mehr symbolischer Natur zu sein und selten wirklich entscheidungserheblich. Ganz grundsätzlich lässt sich mutmaßen, dass Versprechen in der (Schieds-)Gerichtspraxis vor allem deswegen berücksichtigt werden, weil dies souveränitätswahrend ist und im Falle einer Nichtbefolgung zumeist auch korrigierbar, d.h. das (Schieds-)Gericht kann noch immer Entscheidungen gegen den versprechenden Staat erlassen. Versprechen in Verfahren können daher ein Mittel sein, um die Entscheidung eines (Schieds-)Gericht zu beeinflussen bzw. erlauben einem (Schieds-)Gerichts auch eine Entscheidung aufzuschieben und darauf zu vertrauen, dass das Versprechen eingehalten wird.

Teil II: Prozessuale Fragen vor internationalen und innerstaatlichen Gerichten

Koloman Roiger-Simek

Beweisverbote für widerrechtlich erlangte Informationen vor internationalen Gerichten

A. Einleitung

Wie internationale Gerichte mit den ihnen anvertrauten Beweisen umgehen, d.h. vor allem welche sie zulassen und wie die Beweiswürdigung ausfällt, kann für die Durchführung des ordnungsgemäßen Verfahrens und der Wahrung der prozessualen Rechte der Parteien von erheblicher Bedeutung sein. Der Schutz der Rechte der Parteien im Verfahren stärkt die Legitimität nicht nur des einzelnen Verfahrens, sondern auch der internationalen Gerichte an sich.

Nationale Gerichte unterliegen oft Beschränkungen, welche Beweismittel sie zulassen dürfen. Besonders wenn Beweise durch verpönte Methoden erlangt wurden, kann dies in einem Beweismethodenverbot resultieren, nach dem alle so erlangten Beweismittel vom Gericht zurückzuweisen sind. Gerichte der unterschiedlichen Bereiche des Völkerrechts haben naturgemäß unterschiedliche Ziele und dementsprechend unterschiedliche Zugänge zum Umgang mit Beweismittel, insbesondere im Hinblick auf die Frage, für wie schützenswert sie die Verfahrensrechte der Parteien erachten. Vor allem im Hinblick auf Beweise, die widerrechtlich erlangt wurden, stellen sich folgende Fragen: Gegen welche Norm wurde tatsächlich verstoßen? Welche Bedeutung hat diese Norm in der entsprechenden Rechtsordnung? Welche Rolle spielt sie in den Beziehungen der Verfahrensparteien untereinander und welchen Einfluss hat der Verstoß auf das Verfahren und der Verfahrensrechte der Parteien? Welche Funktion hat das Gericht, dem das Beweisanbot vorliegt, für die Entwicklung der Rechtsordnung? Zwar können diese Fragen nicht alle vollständig im Rahmen dieser Arbeit beantwortet werden, so bilden sie doch die Grundlage für die Betrachtung des Themas, und ihre Beantwortung erklärt die unterschiedlichen Zugänge internationaler Gerichte zum Thema der widerrechtlich erlangten Beweismittel.

B. Rechtswidrigkeit

Nicht redlich erlangte Dokumente und andere Informationen, auf die sich eine Partei in einem Verfahren vor einem internationalen Gericht beruft, können auf vielfältige Weise in den Besitz dieser oder einer anderen Partei gelangen. Die rechtswidrige Beschaffung kann im Prinzip jede Art von Beweismittel betreffen; die „fünf [K]lassischen", d.h. Urkunden, Augenschein, Zeugen, Sachverständige und die Vernehmung der Parteien selber, werden durch jene ergänzt, die durch moderne technische Entwicklungen erschaffen wurden. Ein Beispiel für Letztere sind Bild- und Tonträger, digitale Dokumente und digitale Daten. Allerdings folgt die beweisrechtliche Behandlung solcher Unterlagen grundsätzlich jenen der klassischen Beweismittel.[1] So kann etwa Diebstahl sowohl an physischen Dokumenten und EDV-Trägern erfolgen, wie auch an den digitalen Daten auf digitalen Speichermedien. Die widerrechtliche Erlangung von Beweismittel kann sich nur durch einen Verstoß gegen eine Bestimmung einer nationalen Rechtsordnung oder gegen einer völkerrechtlichen Norm ergeben.

I. Wider innerstaatliche Normen

Ein Verstoß gegen innerstaatliches Recht kann auf verschiedener Art und Weise erfolgen, häufig erfüllt die Aneignung von Dokumenten, auf die eine Verfahrenspartei kein Anrecht hatte, einen strafrechtlich relevanten Tatbestand. Dies wäre etwa der Fall, wenn Dokumente gestohlen oder im Zuge eines Hausfriedensbruchs (bei dem das Gericht lediglich das unerlaubte Betreten eines Grundstücks erkennt, ohne eine allfällige Entwendung zu beurteilen) angeeignet werden.[2] So stellte beispielsweise das Schiedsgericht in *Methanex Corporation v. United States* fest, dass Beweismittel „unlawfully, if not criminally" erlangt wurden, indem Hausfriedensbruch („trespass") begangen wurde, im Zuge dessen auch Mistkübel durchsucht wurden. Grundsätzlich spricht das Schiedsgericht in seiner Entscheidung abgesehen von einer Ausnahme[3] stets von „unlawful", sodass lediglich ein Eingriff in ein zivilrechtliches Recht des Grundstücksbesitzers[4] angenommen

---

1 Rechberger, Walter / Simotta, Daphne-Ariane: *Grundriss des österreichischen Zivilprozessrechts: Erkenntnisverfahren*. Manz: Wien 2010, 446-448.

2 Siehe UNCITRAL *Methanex Corporation v. United States of America* (Final Award of the Tribunal on Jurisdiction and Merits) (3. August 2005) Pt II, chapter I, Rn. 55.

3 Ebd.

4 Im Gegensatz zur österreichischen Rechtslage, in der der Tatbestand des Hausfriedensbruchs in § 109 StGB (BGBl. I Nr. 242/2021) nur auf gewaltsames Eindringen in eine Wohnstätte anzuwenden ist, ist dieser Straftatbestand in anderen Staaten, wie etwa Deutschland, wesentlich umfassender. cf. § 123(1) StGB (Strafgesetzbuch in der Fassung der Bekanntmachung vom 13. November 1998 (BGBl. I S. 3322), das zuletzt durch Artikel 1 des Gesetzes vom 11. Juli 2022 (BGBl. I S. 1082) geändert wurde). Eine mit der deutschen Straftat vergleichbare Regelung findet sich in California Penal Code Section 602, für den US-amerikanischen Bundesstaat, in dem sich der vermeintliche Hausfriedensbruch zutrug. Es ist im vorliegenden Beispiel jedoch

werden kann. Allerdings selbst dieser Eingriff im Bereich des Zivilrechts führte dazu, dass das Schiedsgericht das Beweismittel nicht zuließ, um den guten Glauben an das Verfahren zu wahren.[5] Die Zuwiderhandlung kann sich aber auch beispielsweise im Bruch einer öffentlich-rechtlichen Norm oder einer privatrechtlichen Verpflichtung äußern. In den meisten Fällen wird dabei eine Geheimhaltungspflicht verletzt, dabei ist es grundsätzlich irrelevant, ob es sich um einen Verstoß gegen das Amtsgeheimnis oder eine Geheimhaltungsvereinbarung zwischen Privatpersonen handelt.

Internationale Gerichte müssen zur Analyse, ob ein Beweismittel richtig ist und redlich erlangt wurde, grundsätzlich entsprechende innerstaatliche Regelungen anwenden. Neben gestohlenen Dokumenten existieren einige weitere Beweismittel, die aus Verstößen gegen nationalstaatliches Recht resultieren, so etwa die Fälschung von Dokumenten[6] oder die falsche Beweisaussage eines Zeugen.[7] Aus Gründen der Rechtsstaatlichkeit ist es jedoch bedenklich, dass diese Gerichte ihre Entscheidung zwar oftmals auf nationale Gesetze stützen, ohne jedoch dabei ihre Entscheidung in dieser Hinsicht näher zu begründen und oft ohne die genaue innerstaatliche Bestimmung überhaupt zu nennen.

So hat etwa der Antragsteller im Fall *Dominicana Renovables v. die Dominikanische Republik*[8] die Unzulässigkeit der Benutzung einer Audioaufnahme als Beweismittel behauptet, weil diese Aufnahme einen Straftatbestand in der Dominikanischen Republik erfülle, nach der die Aufnahme eines Privatgesprächs ohne die Einwilligung des Sprechers, mit einer Haftstrafe zu ahnden sei. Das Schiedsgericht entschied richtigerweise, dass es keine Kompetenz habe

---

unklar, ob das Schiedsgericht sich auf die Straftat nach kalifornischem Recht oder eine Verwaltungsübertretung in der Form eines Verstoßes gegen einer Verordnung der örtlichen Gemeinde bezog.

5 *Methanex Corporation v. United States of America, op. cit.* Rn. 58.

6 Cf. Reisman, William M. / Skinner, Christina P.: *Fraudulent Evidence before Public International Tribunals: The Dirty Stories of International Law.* Cambridge University Press: Cambridge 2014, S. 163-192, den IGH Fall *Maritime Delimitation and Territorial Questions between Qatar and Bahrain (Katar v. Bahrain)* besprechend.

7 Ein seltenes Beispiel, in dem ein internationales Gericht die falsche Beweisaussage von Zeugen festgestellt hat, waren die sogenannten *Sabotage Cases* des Deutsch-Amerikanischen Gemischten Schiedsgerichtshof in den frühen 1930er, vor allem im so-genannten *Black Tom Case* und dem *Kingsland Case*. Dabei wurden auch bestimmte Dokumente als Fälschungen entlarvt. cf. Reisman / Skinner 2014, S. 15, 28, 34-37.

8 ICC *Dominicana Renovables, S.L. v. The Dominican Republic*, Case No. 23364/JPA (Final Award) (20. Jänner 2021) Rn. 872.

zu entscheiden, ob der Sachverhalt den entsprechenden Tatbestand erfüllt. Allerdings erklärte es auch, dass ein Gespräch mit einer staatlichen Behörde nicht als Privatgespräch angesehen werden könne. Genauer begründet wurde diese Position aber nicht, es ist daher unklar, inwiefern diese Erkenntnis tatsächlich mit Bestimmungen der nationalen Rechtsordnung der Dominikanischen Republik übereinstimmt. Nichtsdestotrotz verwies das Schiedsgericht auch darauf, dass es durchaus Probleme mit der geheimen Aufzeichnung aus Gründen der Transparenz und des Grundsatzes von Treu und Glaubens gebe, allerdings ohne weiter auf diese Probleme einzugehen.[9]

II. Wider völkerrechtliche Verpflichtungen

Es bestehen zahlreiche Beispiele für Fälle, in denen Beweismittel aus einem Verstoß gegen völkerrechtliche Verpflichtungen gewonnen wurden. So hat das Vereinigte Königreich etwa im *Korfu Kanal*-Fall Albaniens territoriale Integrität verletzt, indem britische Kriegsschiffe das albanische Küstenmeer befuhren und dabei Seeminen beseitigten. Im IGH-Verfahren wurde diese Beseitigung *i.a.* mit der Notwendigkeit der Sicherung von *corpora delicti* begründet.

Nicht selten bildet eine Handlung, die Informationen auf rechtwidrige Weise erlangt, sowohl einen Verstoß gegen nationales Recht wie auch gegen Völkerrecht. So mag die Veröffentlichung von internen diplomatischen Dokumenten auf nationaler Ebene etwa ein Verstoß gegen das Amtsgeheimnis (Österreich),[10] den Espionage Act 1917 (USA) oder den Official Secrets Act 1989 (Vereinigtes Königreich) sein, völkerrechtlich stellt die Nutzung dieses Materials durch einen Staat vor einem internationalen Gericht einen Verstoß gegen das Wiener Übereinkommen über diplomatische Beziehungen[11] dar.

Selbst in Fällen, in denen eine Handlung nach nationalem Recht strafbar und auch im Völkerrecht verbotenes Verhalten darstellt, bedeutet dies nicht notwendigerweise, dass ein Verhalten in beiden Rechtsordnungen geahndet werden kann. Falsche Beweisaussage und Fälschung von Urkunden, die als Beweismittel vorgelegt werden sollen, ebenso wie Bestechung, werden beispielweise im Römischen Statut unter Strafe gestellt.[12] Anzumerken ist in diesem

9 *Op. cit.* Rn. 873 f.

10 § 311 StGB, BGBl. Nr. 60/1974.

11 (angenommen 18. April 1961, in Kraft getreten 24. April 1964) 500 UNTS 95.

12 Art. 70 Abs. 1 Rome Statute of the International Criminal Court (angenommen 17. Juli 1998, in Kraft getreten 1. Juli 2002) 2187 UNTS 3.

Zusammenhang, dass der IStGH aber nicht berechtigt ist, nationales Recht anzuwenden.[13] Der IStGH stellt so eine Ausnahme dar, selbst unter Gerichten, deren Statuten oder Verfahrensordnungen auf nationales Recht in Bezug auf solche Straftaten verweisen. Andere internationale Gerichte dürfen sich in Ausnahmefällen vom nationalen Strafrecht führen lassen[14] oder, falls sie entsprechende Straftaten erkennen, müssen diese an die zuständigen nationalen Behörden verweisen.[15]

Zwar wird Korruption nicht selten vor internationalen Gerichten thematisiert, allerdings sind Fälle, in denen das Gericht Korruption tatsächlich feststellt, selten. Selbst bei Gerichten, deren Statuten oder vor allem deren Verfahrensordnungen zum Beispiel Betrug, Korruption oder falsche Beweisaussage verbieten, werden diese Begriffe nur sehr selten näher erklärt. Eine ähnliche Situation finden wir auch in der Wiener Vertragsrechtskonvention von 1969, deren Art. 49 und 50 zwar auch Betrug und Korruption verpönen, im Vertragstext werden diese Begriffe aber nicht weiter erläutert.[16] Ansätze einer Definition von Betrug und Korruption finden wir zumindest in den „travaux préparatoires" zur Wiener Vertragsrechtskonvention,[17] allerdings fehlen für beide Straftaten ähnliche Definitionen in Verfahrensordnungen so gut wie aller internationaler Gerichte gänzlich. Es muss daher auf andere völkerrechtliche Verträge und völkerrechtliche Dokumente zurückgegriffen werden, nicht zuletzt weil in nationalen Rechtsordnungen sehr unterschiedliche Definitionen dieser Straftaten zu finden sind.

Freilich gibt es auch Fälle, in denen ein Beweismittel von einem Dritten auf rechtswidrige Weise erlangt wurde, dieses jedoch an die redliche Verfahrenspartei weitergegeben wurde. Solche Fälle sind allerdings wesentlich seltener; derartige Situationen werden in Verfahren ebenso behandelt wie jene Fälle, in denen der Beweisantragsteller unredlich ist.

---

13 Rule 63 para. 5 Rules of Procedure and Evidence of the ICC, ICC-ASP/1/3 and Corr. 1.

14 E.g. Art. 16 Abs. 2 Statute of the Residual Special Court for Sierra Leone.

15 E.g. Art. 16 Rules of Procedure of the European Union Civil Service Tribunal, [2014] OJ L 206/36.

16 Angenommen 23. May 1969, in Kraft getreten 27. Jänner 1980; 1155 UNTS 331.

17 Villiger, Mark E.: *Commentary on the 1969 Vienna Convention on the Law of Treaties.* Martinus Nijhoff: Leiden/Boston 2009, S. 615-628; Dörr, Oliver / Schmalenbach, Kirsten: *Vienna Convention on the Law of Treaties. A Commentary.* Springer: Berlin Heidelberg 2012, S. 835-855.

C. Umgang der Gerichte mit unrechtmäßig erlangtem Beweismittel

Verstößt eine Partei gegen innerstaatliche oder völkerrechtliche Verpflichtungen und gelangt so an Informationen, die sie in weiterer Folge als Beweismittel einsetzen will, stellt sich die Frage, wie internationale Gerichte mit diesem Verhalten umgehen sollen. In erster Linie muss die Zulässigkeit des Beweismittels behandelt werden, und erst falls diese bejaht wird, stellt sich die Frage nach der Gewichtung und Beurteilung des Beweises durch das Gericht.

Obwohl ein solches Vorgehen aus den Statuten, Verfahrensordnungen und anderen grundlegenden Dokumenten internationaler Gerichte und Schiedsgerichte hervorgeht, so scheinen manche Schiedsgerichte zögerlicher zu agieren und untermauern ihre Entscheidung, bestimmte Beweismittel zurückzuweisen, immer wieder mit der Begründung, dass diese ohnehin kaum Beweismaß hätten.[18]

Ein solches Vorgehen ist aus prozessualer Sicht weder irrelevant noch unbedenklich, weil die Beurteilung der Zulässigkeit des Beweismittels mit dessen Bedeutung für das jeweilige Verfahren verstrickt wird. Wenn die fehlende Legitimation, ein Dokument in das Verfahren einzubringen, in einer Zurückweisung des Beweisanbots resultieren würde, sollte es nicht durch eine hohe Beweiskraft des Dokuments geheilt werden. Ein solches Vorgehen würde nicht nur die prozessualen Rechte der Parteien aushebeln, sondern das rechtswidrige Verhalten legitimieren. Der einzige Vorteil dieser Verletzung der Verfahrensvorschriften scheint die Überzeugung der bei der Beweiswürdigung in Bezug auf ein konkretes Beweismittel unterlegenen Partei von der Entscheidung des Gerichts, die wohl der Steigerung der Legitimation des Gerichtes dienen soll. Die Abkehr vom Legalitätsprinzip, wenn auch nur in geringem Maß, zu Gunsten eines vagen Versuchs einer überzeugenden Begründung bei der Beweiswürdigung scheint eine zu kurzsichtige Entscheidung des Schiedsgerichts zu sein, die der Legitimation von Schiedsgerichten mehr schaden als helfen wird.

I. Beweismethodenverbote

Ebenso wie nationale Gerichte verbieten internationale Gerichte die Verwertung von Informationen, die auf bestimmte Arten erlangt wurden als Beweismittel. Während nationale Gerichte Beweismittel, die entgegen einem

18 E.g. *Methanex Corporation v. United States of America*, *op. cit.* Rn. 56.

Beweismethodenverbot gewonnen wurden, grundsätzlich zurückzuweisen haben, gehen internationale Gerichte nicht immer so streng vor.

1. *Interventionsverbot*

Der IGH hat sich im *Korfu Kanal*-Fall entschlossen gegen die Überlegung einer „discovery by intervention", also einer Beweissicherung durch Intervention, ausgesprochen, denn dies würde nicht nur Verstöße gegen Grundsätze der Völkerrechtsordnung zulassen, sondern auch die internationale Rechtspflege untergraben und dabei mächtige Staaten begünstigen.[19] Mit einer ähnlichen Begründung lehnte der IGH im *Teheraner Geisel*-Fall jede Andeutung durch den Iran ab, dass eine Verletzung der Räumlichkeiten der Botschaft gerechtfertigt gewesen sein könne, um Beweismittel zu sichern.[20] Andererseits hat das Gericht das Beweisanbot im *Korfu Kanal*-Fall auch nicht zurückgewiesen, sodass es hier zu einem widersprüchlichen Vorgehen durch das Gericht gekommen ist. Einerseits wurde ein Beweismethodenverbot festgestellt, andererseits wurde das Ergebnis einer solchen Beweissicherung nicht zurückgewiesen. In den beiden anderen Fällen vor dem IGH, in denen illegal erlangte Beweise behandelt wurden, hat in einem der Fälle die Gegenpartei sich nicht zum Beweismittel geäußert, sodass auch der IGH sich weder zur Beweisaufnahme noch zum Beweismaß äußerte.[21] Im anderen ging es vorrangig um das anwaltliche Berufsgeheimnis, bevor das Verfahren nach einer Einigung der Parteien

---

19 *Corfu Channel Case (UK v. Albania)*, Judgment 9.4.1949. ICJ Rep. 1949, S. 4, S. 34 f.

20 *Case Concerning United States Diplomatic and Consular Staff in Tehran (United States of America v. Iran)*, Judgment 24.5.1980. ICJ Rep. 1980, S. 3, Rn. 83. Diese Entscheidung kann sehr weit interpretiert werden, siehe etwa: Reisman, William M. / Freedman, Eric E.: „The Plaintiff's Dilemma: Illegally Obtained Evidence and Admissibility in International Adjudication" AJIL 76, 1982, S. 748-751. Allerdings, ist diese Interpretation nicht unumstritten: Hugh Thirlway: „Dilemma or Chimera? – Admissibility of Illegally Obtained Evidence in International Adjudication" AJIL 78, 1984, S. 635-641.

21 *Application of the Interim Accord of 13 September 1995 (the former Yugoslav Republic of Macedonia v. Greece)* (*Verbatim Record 2011/6 of the public sitting held on Tuesday 22 March 2011, at 10 a.m.*) [2011], retrieved 8.6.2020, from https://www.icj-cij.org/files/case-related/142/142-20110322-ORA-01-00-BI.pdf S. 30, 57; Interessanterweise verweist die Aufzeichnung auf die Homepage der Tageszeitung „The Telegraph" und nicht auf die Homepage von WikiLeaks, auf der die Dokumente ursprünglich veröffentlicht wurden.

eingestellt wurde, sodass der IGH nicht in dieser Sache entscheiden musste.[22] So kann nicht davon ausgegangen werden, dass das Gericht eine Regel zum Umgang mit widerrechtlich erlangten Beweismittel aufgestellt hat,[23] allerdings ist der IGH in der Beweisaufnahme grundsätzlich großzügig.[24]

2. *Unverletzlichkeiten des Diplomatenrechts*

Das beschriebene Beispiel, in dem die Beschaffung von Informationen sowohl ein Verstoß gegen nationales wie internationales Recht sein kann, kann fortgesetzt werden und ist das wohl bekannteste Beispiel der vergangenen Jahre für solches Verhalten, das auch vor internationalen Gerichten maßgeblich war. So hat Bradley/Chelsea Manning 251.287 diplomatische Depeschen der Plattform Wikileaks zukommen lassen, welche anschließend nach dem 28. November 2010 online öffentlich gemacht wurden. Ungefähr die Hälfte dieser Dokumente waren als vertraulich oder geheim eingestuft worden. Chelsea Manning wurde für Verstöße gegen das US-amerikanische Strafrecht, wegen „computer fraud", d.h. Diebstahl aus Datenbanken, und Spionage inhaftiert.[25] In weiterer Folge wurden manche dieser diplomatischen Depeschen in einigen Verfahren von internationalen Gerichten als Beweismittel verwendet, obwohl es sich hierbei um eine Verletzung von Art. 24 des Wiener Übereinkommens über diplomatische Beziehungen (WDK) handelt.[26]

In den drei Fällen vor Schiedsgerichten, in denen von WikiLeaks veröffentlichte Dokumente als Beweismittel verwendet wurden, wurde ein Fall auf Grund von *res iudicata* abgewiesen,[27] und in den beiden anderen Fällen

---

22 *Questions relating to the Seizure and Detention of Certain Documents and Data* (*Timor-Leste v. Australia*), Order 11.6.2015. ICJ Rep. 2015, S. 572, S. 574.

23 Mansour Fallah, Sara: „*Corfu Channel*'s Dictum Revisited – The Admissibility of Unlawfully Acquired Evidence before International Courts and Tribunals" LPICT 19, 2020, S. 156 f.

24 Reisman / Freedman 1982, S. 740 f.

25 *United States v. Manning*, 78 M.J. 501 (United States Army Court of Criminal Appeals) (31. Mai 2018) 506-9.

26 Vienna Convention on Diplomatic Relations (angenommen 18. April 1961, in Kraft getreten 24. April 1964) 500 UNTS 95; Denza, Eileen: *Diplomatic Law: Commentary on the Vienna Convention on Diplomatic Relations*. Oxford University Press: Oxford 2016, S. 160-164, 167 f.

27 ICSID *ConocoPhillips Petrozuata B.V., ConocoPhillips Hamaca B.V. and ConocoPhillips Gulf of Paria B.V. v. Bolivarian Republic of Venezuela (*Decision on Respondent's Request for Reconsideration) Case No. ARB/07/30 (10. März 2014) Rn. 20 f; ICSID

entschied das Gericht nicht gesondert über die Zulässigkeit oder das Überzeugungsmaß der Depeschen, sondern bezog sie in seine zusammenfassende Entscheidung über alle Beweise ein.[28] Darüber hinaus hat ein Schiedsgericht des Ständigen Schiedshofs die Zulässigkeit der von WikiLeaks veröffentlichten Depeschen nicht bestritten und sie auch nicht gesondert in seiner einschlägigen Entscheidung erörtert.[29] Das Vorgehen dieser Schiedsgerichte spiegelt auch die Praxis des IGH in den Fällen wider, in denen keine Partei die Zulässigkeit des Beweisanbots in Frage stellt.[30]

Bei der Beweiswürdigung der von WikiLeaks veröffentlichten Dokumente muss beachtet werden, dass die als Beweismittel vorgelegten Depeschen häufig Notizen über Sitzungen darstellen. Wenn solche Dokumente als Beweismittel zugelassen werden, stellen sie daher oft Hörensagen dar und haben daher bei der Bewertung weniger Gewicht als andere Formen von Beweismitteln, wenn sie nicht überhaupt zurückzuweisen sind.[31]

Neben der Unverletzlichkeit der Schriftstücke einer Mission können auch andere Verstöße gegen die WDK zu Beweisverwertungsverboten führen. So können andere Dokumente oder Unterlagen, die etwa Teil des diplomatischen Gepäcks sind oder durch einen Verstoß gegen die Unverletzlichkeit der Mission selbst erlangt wurden, als Beweisanbote vor internationalen Gerichten landen. Für Beweise, die aus dem zweiten Fall stammen, hat der IGH im Rahmen des *Teheraner Geisel*-Falls entschieden, dass solche Beweismittel einem Beweismittelverbot unterliegen würden. Allerdings war dieser Beschluss mangels

---

ConocoPhillips Petrozuata B.V et al. v. Venezuela (Letter to Tribunal Regarding Decision on Jurisdiction and Merits) ARB/07/30 (8. September 2013) S. 5, 7.

28 ICSID *OPIC Karimum Corporation v. The Bolivarian Republic of Venezuela* (Decision on the Proposal to Disqualify Professor Philippe Sands, Arbitrator) Case No. ARB/10/14 (5. Mai 2011) Rn. 55 f.; ICSID *Kiliç İnşaat İthalat İhracat Sanayi Ve Ticaret Anonim Şirketi v. Turkmenistan* (Award) Case No. ARB/10/1 (2. Juli 2013) Rn. 4.3.16; Ireton, Jessica O.: "The Admissibility of Evidence in ICSID Arbitration: Considering the Validity of WikiLeaks Cables as Evidence" ICSID Review 30, 2015, S. 240.

29 PCA *Yukos Universal Limited (Isle of Man) v. The Russian Federation* (Final Award) PCA Case No. AA 227 (18. Juli 2014) Rn. 1189, 1199, 1201-1203, 1208, 1213, 1223, 1252.

30 Cf.cf. IGH *Macedonien v. Griechenland* 2011.

31 E.g. STL *The Prosecutor v. Salim Jamil Ayyash et al.* (Decision on the Admissibility of Documents Published on the WikiLeaks Website) STL-11-01/T/TC (21. Mai 2015), Rn. 18-20.

entsprechender Beweisanbote bzw. mangels iranischer Beteiligung über zwei kurze Briefe an das Gericht hinaus theoretischer Natur.[32]

Ein Beispiel für ein Beweismittel, das durch einen Verstoß gegen die Unverletzlichkeit des diplomatischen Gepäcks erlangt wurde, kann in einem Vorbringen vor der Eritrea-Ethiopia Claims Commission gefunden werden. Dabei wurde während des Krieges zwischen den beiden Staaten ein ungekennzeichnetes Stück diplomatischen Gepäcks, das für die äthiopische Botschaft in Eritrea bestimmt war, von eritreischen Behörden geöffnet und zurückgehalten. Die Kommission stellte aufgrund der Zurückhaltung des Kuriergepäcks einen Verstoß gegen Art. 24 und 29 WDK fest. In einem Halbsatz merkt die Kommission jedoch an, dass sie das Paket gesehen habe. Da bestimmte Aspekte unbestritten waren, ist es fraglich, weshalb die Kommission ein Beweismittel zu diesem Thema zuließ. Den Zeitangaben und der Tatsache zufolge, dass das Beweismittel nur Eritrea hätte nutzen können, lässt nur darauf schließen, dass Eritrea das Beweismittel der Kommission vorgelegt hat. Ob Äthiopien der Einbringung des Beweismittels zugestimmt hat, ändert nichts daran, dass die Kommission es zugelassen und das Beweismaß einzuschätzen hat, um die Situation besser beurteilen zu können.

Selbst in dem Fall, dass die Gegenpartei keinen Einwand zum Beweisantrag eingebracht hätte oder dem zugestimmt hätte, würde dies die Widerrechtlichkeit der Erlangung des Beweismittels nicht ändern, sondern würde allenfalls zu einer Heilung des Mangels führen. Dies wiederum würde bedeuten, dass das Beweismittelverbot für Beweismittel, die aus einer Verletzung einer Bestimmung des Diplomatenrechts resultieren, kein absolutes Verbot darstellt.

3. *Folterverbot*

Das wohl beste Beispiel eines umfassenden Beweismethodenverbots, sowohl auf internationaler als auch auf nationaler Ebene, ist das Verwertungsverbot von Geständnissen, die unter Anwendung von Folter erwirkt wurden. Das Verbot der Folter als Mittel zur Erlangung von Beweismitteln für Gerichtsverfahren ist in Art. 15 des Übereinkommens gegen Folter und andere grausame, unmenschliche oder erniedrigende Behandlung oder Strafe und Art. 10 des Interamerikanischen Übereinkommens zur Verhütung und Bestrafung der Folter ausdrücklich untersagt.[33] Ob die Verwendung von Beweismitteln, die aus

32 *Case Concerning United States Diplomatic and Consular Staff in Tehran (United States of America v. Iran)*, Judgment 24.5.1980. ICJ Rep. 1980, S. 3, Rn. 83.

33 Convention against Torture and Other Cruel, Inhuman or Degrading Treatment or Punishment (angenommen 10. Dezember 1984, in Kraft getreten 26. Juni 1987) 1465

grausamer, unmenschlicher und erniedrigender Behandlung resultieren, ebenfalls unter diesen absoluten Ausschluss fällt, ist umstritten, dürfte aber kaum zu wesentlichen Unterschieden führen.[34] Abgesehen vom Schutz des Einzelnen ist diese Regel von entscheidender Bedeutung für die Integrität des Gerichtsverfahrens und könnte aufgrund der extremen Unzuverlässigkeit von erzwungenen Aussagen die Bemühungen des Gerichts um eine Tatsachenfeststellung beeinträchtigen und das Recht der Parteien auf ein faires Verfahren[35] gefährden. Ebenso kann es dazu dienen

> „to legitimate indirectly the sort of morally reprehensible conduct which the authors of Article 3 of the Convention [EMRK] sought to proscribe or, as it was so well put in the United States Supreme Court's judgment in the *Rochin* case […], to 'afford brutality the cloak of law'."[36]

Wie die Bestimmungen des Römischen Statuts erfordert auch das Afrikanische Menschenrechtssystem, dass Beweismittel zurückgewiesen werden, die durch „a serious violation of internationally protected human rights" erlangt wurden.[37] Die Afrikanische Kommission der Rechte der Menschen und Völker hat *i.a.* diese Interpretation des Art. 7 der Afrikanischen Charta der Rechte der Menschen und Völker (Recht auf ein faires Verfahren) auch auf Situationen des Art. 15 der VN-Konvention gegen die Folter ausgelegt, sowie auf Situationen, in denen verfahrensrechtliche Garantien zur Verhinderung von Folter fehlen, weil das Fehlen solcher Garantien selbst einen schwerwiegenden Verstoß darstellen

---

UNTS 85 und Inter-American Convention to Prevent and Punish Torture (angenommen 9. Dezember 1985, in Kraft getreten 28. Februar 1987) OAS TS 67.

34 Monina, Giuliana: „Art. 15 Non-Admissibility of Evidence Obtained by Torture". In: Nowak, Manfred et al. (Hrsg.): *The United Nations Convention Against Torture and its Optional Protocol: A Commentary.* Oxford University Press: Oxford 2019, S. 436-438; Fair Trials and REDRESS: *Tainted by Torture, Examining the Use of Torture Evidence, A report by Fair Trials and REDRESS* (16.5.2018), retrieved 5.8.2020, from https://www.fairtrials.org/publication/tainted-torture, S. 20.

35 Thienel, Tobias: „The Admissibility of Evidence Obtained by Torture under International Law". EJIL 17, 2006, S. 350-353, 356 f; Monina 2019, S. 418, 425; *Othman (Abu Qatada) v. Das Vereinigte Königreich* (Beschw. Nr. 8139/09) EGMR 17. Jänner 2012, Rn. 264.

36 *Jalloh v. Deutschland* (Beschw. Nr. 54810/00) EGMR 11. Juli 2006, Rn. 105.

37 African Commission on Human and Peoples' Rights: *Principles and Guidelines on the Right to a Fair Trial and Legal Assistance in Africa*, DOC/OS(XXX)247 (in Kraft getreten 29. Mai 2003), N(6)(g).

könne.[38] Zum Teil ist die Afrikanische Kommission bereits weiter gegangen und hat Staaten eine Beweislastumkehr auferlegt, falls es Zweifel an der legalen Beschaffung des Beweismittels gab; diese müssen beweisen, dass „no risk of torture or ill-treatment" bei der Beweissicherung bestand.[39]

Der EGMR geht im Gegensatz zum Afrikanischen und Amerikanischen Menschenrechtssystem in Bezug auf die einzelnen Sachverhalte etwas differenzierter vor und analysiert potenzielle Verstöße eingeschränkter und v.a. in Bezug auf ihre Bedeutung für das gesamte Verfahren. In Fällen, in denen durch Folter erlangte Beweise das gesamte Verfahren unfair im Sinne von Art. 6 EMRK machen würden, darf sich das Gericht nicht auf solche Beweise verlassen[40] und es kann möglicherweise zur automatischen Unzulässigkeit solcher Beweise führen.[41] Dagegen stellen Beweise, die durch unmenschliche oder erniedrigende Behandlung erlangt wurden, nur dann eine Verletzung von Art. 6 dar, wenn der Verstoß gegen Art. 3 „had a bearing on the outcome of the proceedings against the defendant".[42] Andere Meinungen sehen alle im Zusammenhang mit der Verletzung von Art. 3 verbundenen Beweise als „an organic and interconnected whole", das durch eine Verletzung beeinträchtigt sei und daher kein faires Verfahren zur Folge haben könne.[43]

4. *Weitere Menschenrechte*

Die beiden *ad-hoc* Tribunale des Völkerstrafrechts, ICTR und ICTY, sowie das Sondertribunal für den Libanon (STL) lassen Beweise auf der Grundlage ihrer Beweiskraft zu und müssen ein Beweismittel zurückweisen, „if obtained by methods which cast substantial doubt on its reliability or if its admission is antithetical to, and would seriously damage, the integrity of the proceedings".[44]

38 Murray, Rachel: *The African Charter on Human and Peoples' Rights: A Commentary.* Oxford University Press: Oxford 2019, S. 230 f.

39 *Egyptian Initiative for Personal Rights and Interights v. Egypt* (Communication) 334/06 (3. März 2011) Rn. 218.

40 *Jalloh v. Deutschland* 2006, Rn. 105.

41 Harris, David et al.: *Law of the European Convention on Human Rights.* Oxford University Press: Oxford 2018, S. 420.

42 *Gäfgen v. Deutschland* (Beschw. Nr. 22978/05) EGMR 1. Juni 2010, Rn. 178.

43 Ibid. Joint Partly Dissenting Opinion of Judges Rozakis, Tulkens, Jebens, Ziemele, Bianku and Power, Rn. 2-6.

44 Rule 95 Rules of Procedure and Evidence of the ICTR, ITR/3/REV.1 (in Kraft getreten 29. Juni 1995, novelliert 13. Mai 2015); Rule 95 Rules of Procedure and Evidence of the ICTY, IT/32/Rev.50 (in Kraft getreten 11. Februar 1994, novelliert on 8. Juli 2015);

Im Gegensatz zum ICTR können das ICTY und das STL außerdem ein Beweismittel zurückweisen „if its probative value is substantially outweighed by the need to ensure a fair trial".[45] Die Tribunale legen die Schwelle für den Ausschluss von Beweismitteln so fest, dass nicht alle widerrechtlich erlangten Beweismittel ausgeschlossen werden, sondern nur diejenigen, die sich negativ auf das Verfahren auswirken würden. Die Schwelle wird festgelegt, um die Arbeit und die Glaubwürdigkeit der Gerichte zu schützen und damit auch die Verfahrensrechte der Angeklagten zu wahren, wobei den Gerichten ein großer Ermessensspielraum eingeräumt wird. Das ICTY kann über einen noch größeren Ermessensspielraum verfügen, muss aber in diesen Fällen eine Interessensabwägung durchführen.

Wenn im (Völker-)Strafrecht dem Angeklagten seine prozessualen Rechte verwehrt werden, würde sich dies nicht nur negativ auf das individuelle Strafverfahren auswirken, sondern auch die Integrität und den Ruf des Gerichts beeinträchtigen und in weiterer Folge seine Arbeit untergraben. Es überrascht daher nicht, dass das ICTY Beweismittel, die unter Verletzung bestimmter Rechte des Angeklagten erlangt wurden, automatisch ausschließt.[46] Der automatische Ausschluss von Beweismitteln unterliegt vermutlich dem in Regel 89 (D) Verfahrensordnung des ICTY vorgesehenen Ermessensspielraum, wenn die Beweismittel erforderlich sind, um ein faires Verfahren zu gewährleisten. In der Regel werden die Beweise jedoch zugelassen und ihre Beweiskraft betrachtet, anstatt sie auszuschließen.[47] Andere rechtswidrig erlangte Beweise, z.B. durch rechtswidriges Abhören von Telefonaten[48] oder rechtswidrige

Rule 162 (A) Rules of Procedure and Evidence of the STL, STL-BD-2009-01-Rev.10 (angenommen 20. März 2009, novelliert 10. April 2019).

45 Rule 89 (D) RPE ICTY; Rules 118 (I) and 149 (D) RPE STL.

46 Zu diesen besonders geschützten Prozessrechten zählt das Recht vor der Einvernahme eines Angeklagten über die Anklagepunkte informiert zu werden, das Recht nicht genötigt zu werden, das Selbstbelastungsverbot sowie das Recht in Anwesenheit seines Verteidigers befragt zu werden. Cf. Swoboda, Sabine: „Admitting Relevant and Reliable Evidence, The ICTY's Flexible Approach Towards the Admission of Evidence under Rule 89(C) ICTY RPE". in Kruessmann, Thomas (Hrsg.): *ICTY: Towards a Fair Trial?* Intersentia N.V.: Cambridge 2008, S. 379-388.

47 Jasiński, Wojciech: „Admissibility of Illegally Obtained Evidence in Proceedings before International Criminal Courts". in Krzan, Bartłomiej (Hrsg.): *Prosecuting International Crimes: A Multidisciplinary Approach.* Brill Nijhoff: Leiden/Boston 2016, S. 217.

48 *Prosecutor v. Radoslav Brđanin* (Decision on the Defence "Objection to Intercept Evidence") IT-99-36-T (3. Oktober 2003) Rn. 57-68; *Prosecutor v. Dario Kordić and*

Beschlagnahme,[49] unterliegen ähnlichen, aber weniger strengen Erwägungen und können durchaus zulässig sein,[50] wenn sie über der niedrigen Messlatte liegen, die in den Verfahrensordnungen des ICTY bzw. des ICTR und des STL festgelegt ist, oder über der etwas höheren Schwelle des Schutzes des Rechts des Angeklagten auf ein faires Verfahren.

Das Römische Statut erklärt die Notwendigkeit der Zurückweisung von Beweismittel, „obtained by means of a violation of this Statute or internationally recognized human rights", wenn dies „casts substantial doubt on the reliability of the evidence" oder das Potential hat „[to] seriously damage the integrity of the proceedings".[51] Der Begriff „international anerkannte Menschenrechte" umfasst neben dem Folterverbot etwa auch den Schutz des Privatlebens. Die Verfahrensordnung des STL umfasst eine sehr ähnliche Bestimmung wie das römische Statut, nennt aber explizit das Folterverbot als ein Beispiel von international anerkannten Menschenrechten[52] und ermöglicht auch die Zurückweisung von Beweisen, die durch einen Verstoß gegen das Recht des Angeklagten auf ein faires Verfahren gewonnen wurden.[53] Des Weiteren kann die Sammlung von Beweisen durch Anwendung von Folter auch gegen andere prozessualen Rechte des Angeklagten oder gegen die Rechte von Zeugen verstoßen, die im Völkerstrafrecht etabliert sind.[54]

Die Zurückweisung von Beweismittel, die durch einen verbotenen Eingriff in das Privatleben einer natürlichen Person erlangt wurden, wird weitaus weniger streng umgesetzt als beispielsweise jene in Zusammenhang mit einem Verstoß gegen das Folterbot, und dabei wird auch wesentlich häufiger auf innerstaatliche Bestimmungen verwiesen, gegen die verstoßen wurde. Außerdem untergraben solche Verstöße seltener die Integrität des Verfahrens.[55]

Mario Čerkez (Trial Chamber Judgement) IT-95-14/2-T (26. Februar 2001), Rn. 577, 591, 657.

49 *P. v. Kordić and Čerkez.* (Decision Stating Reasons for Trial Chamber's Ruling of 1 June 1999 Rejecting Defence Motion to Supress Evidence) (25. Juni 1999).

50 Swoboda 2008, S. 388-392.

51 Art. 69 Abs. 7 Römisches Statut; Rule 73 RPE ICC, ICC-ASP/1/3 und Corr. 1.

52 Rule 162 (B) RPE STL.

53 Rule 149 (D) RPE STL.

54 Rules 42 (A)(iii) und 90 (E) RPE ICTR sowie Rules 42 (A)(iii) und 90 (E) RPE ICTY, die beide beinahe identische Bestimmungen enthalten, sowie Rule 74 RPE ICC und Rule 150 (F) RPE STL.

55 Jasiński 2016, S. 222.

Im Afrikanischen Menschenrechtssystem umfasst die Pflicht zur Zurückweisung von Beweismittel, die auf Grund von „a serious violation of internationally protected human rights" gewonnen wurden, nicht nur Beweise, die aus einem Verstoß gegen das Folterverbot hervorgehen, sondern auch Geständnisse, die durch Zwang erwirkt wurden.[56]

Ebenso schützt die Amerikanische Menschenrechtskonvention[57] den Angeklagten in einem Strafverfahren vor erzwungenen Geständnissen,[58] während der Inter-Amerikanische Gerichtshof für Menschenrechte diesen Grundsatz sogar dahingehend erweitert hat, dass alle unter Zwang erbrachten Beweise ausgeschlossen werden.[59]

Der EGMR weist rechtswidrig erlangte Beweismittel nicht generell zurück, sondern hat wiederholt erklärt, seine Aufgabe sei „not to determine whether certain items of evidence were obtained unlawfully, but rather to examine whether such ‚unlawfulness' resulted in the infringement of another right protected by the Convention".[60] Insoweit stützt er sich auf die nationalen Vorschriften über die Zulässigkeit von Beweismitteln[61] Dies bedeutet, dass die Zulässigkeit aller Beweismittel im Zusammenhang mit der Frage zu sehen ist, ob das Verfahren insgesamt fair war und die Verteidigungsrechte der Parteien gewährleistet waren, sodass sie die Echtheit, Vertrauenswürdigkeit und Verwendung der Beweismittel in Frage stellen können.[62] Im Unterschied zu durch den Einsatz von Folter erwirkten Beweisen hat der EGMR die Zulässigkeit von durch

56 Murray 2019, S. 220.

57 Angenommen 22. November 1969, in Kraft getreten 27. August 1979, 1144 UNTS 123 (AMRK).

58 Article 8 (3) AMRK; *Manuel Manríquez v. Mexico*, Case No. 11.509, Inter-Amerikanische Menschenrechtskommission, Report No. 2/99, 23 Februar 1999, Rn. 2-4, 65, 85, 113.

59 Paúl, Álvaro: „Admissibility of evidence before the Inter-American Court of Human Rights" Revista Direito GV 13, 2017, S. 664, 666-668; Ezray, Evan: „The Admissibility of Foreign Coerced Confessions in United States Courts: A Comparative Analysis" Columbia Journal of Transnational Law 52, 2014, S. 889 f.

60 *Ramanauskas v. Litauen* (Beschw. Nr. 74420/01) EGMR 5. Februar 2008, Rn. 52; auch *Gäfgen v. Deutschland* 2010, Rn. 163, 166.

61 *Khan v. Das Vereinigte Königreich* (Beschw. Nr. 35394/97) EGMR 12. Mai 2000, Rn. 34; Goss, Ryan: *Criminal Fair Trial Rights: Article 6 of the European Convention on Human Rights*. Hart Publishing: Oxford 2014, S. 59; *Teixeira de Castro v. Portugal* (Beschw. Nr. 25829/94) EGMR 9. Juni 1998, Rn. 34.

62 *Jalloh v. Deutschland* 2006, Rn. 95 f.

Zwang erlangten Beweisen akzeptiert, wenn die Staaten über angemessene Garantien verfügen, um die Rechte auf ein faires Verfahren zu gewährleisten.[63]

Geständnisse, die durch Nötigung erwirkt wurden, stellen einen Verstoß gegen das Prinzip des fairen Verfahrens dar, der in vielen internationalen Menschenrechtsinstrumenten etabliert ist.[64] Das Aussageverweigerungsrecht ist ein etabliertes Element des fairen Verfahrens, das politisch und innerhalb der Exekutive zwar nicht unumstritten ist, aber von Gerichten grundsätzlich als unabdingbar für ein faires Verfahren angesehen wird.[65]

Auch in den Verwaltungsgerichten Internationaler Organisationen werden gelegentlich Beweismittel vorgebracht, die durch potenziell illegale Methoden erlangt wurden. Das Verwaltungsgericht der Vereinten Nationen hat mehrfach Audioaufnahmen zugelassen, die ohne Einverständnis einer der Parteien, üblicherweise des Antragsstellers, d.h. des gegenwärtigen oder ehemaligen Arbeitnehmers, gemacht wurden. Diese Audioaufnahmen wurden „in the interest of justice"[66] nicht zurückgewiesen, weil die Aufnahmen notwendig für „a fair and just disposal of the proceeding"[67] und kein unangemessener Eingriff in die Privatsphäre der Betroffenen seien.[68]

So hat beispielsweise das Dispute Tribunal der Vereinten Nationen in einem Verfahren, ob die Entlassung eines Sicherheitsbediensteten aufgrund schwerwiegenden Fehlverhaltens gerechtfertigt war, erkannt, dass „the audio-recording breached a privacy right, namely, the right to keep private interactions outside the scrutiny of third parties."[69] Hier sowie in den anderen genannten Fällen vor dem Verwaltungsgericht ist jedoch bemerkenswert, dass das Gericht nicht auf die rechtliche Grundlage von diesem „privacy right" eingeht, wobei auch

63 Harris et al. 2018, S. 421 f.

64 Roiger-Simek, Koloman: „Fair Trial, Right to (Criminal Proceedings)". In: Binder, Christina et al. (Hrsg.): *Elgar Encyclopedia of Human Rights.* Edward Elgar: Cheltenham / Northampton, MA 2022, S. 202 f.; Clooney, Amal / Webb, Philippa: *The Right to a Fair Trial in International Law.* Oxford University Press: Oxford 2021, S. 609-654.

65 Clooney / Webb 2021, S. 654.

66 *Applicant v. Secretary-General of the United Nations* (Judgment) UNDT/2020/014 Corr. 1 (30. Jänner 2020) S. 13, Rn. 49.

67 *Riano v. Commissioner General of the United Nations Relief and Works Agency for Palestine Refugees* (Judgment) UNRWA/DT/2013/035 (1. October 2013) S. 29, Rn. 94, 96.

68 *Applicant v. Secretary-General of the UN* 2020, S. 13, Rn. 49.

69 *Applicant v. Secretary-General of the United Nations* (Judgment) UNDT/2021/164 (29. Dezember 2021) S. 14, Rn. 64.

festgestellt werden muss, dass solche Aufnahmen für gewöhnlich nicht unter den Schutz der Privatsphäre des Art. 17 Internationaler Pakt über bürgerliche und politische Rechte und ähnlicher Bestimmungen in regionalen Instrumenten zum Schutz der Menschenrechte fallen.[70] In einem anderen Fall hat das Verwaltungsgericht festgestellt, dass solche Aufnahmen jedoch erlaubt seien, wenn dem kein Verbot in der Rechtsordnung der Vereinten Nationen entgegensteht. Bei der Beurteilung dieser Rechtsordnung wurden jedoch nur die „United Nations Regulations and Rules, the Secretary-General's Bulletins or Administrative Instructions" analysiert.[71] Trotzdem stellte das Gericht in diesen Fällen fest, dass die Aufnahme ein wichtiges Beweismittel darstellte, und führte eine Interessensabwägung durch, und zwar zwischen dem Recht des Einzelnen auf Achtung seiner Privatsphäre und dem Recht der Internationalen Organisation, ihre operativen Bedürfnisse sicherzustellen, sowie ihre politischen Verpflichtungen zum Schutz von schutzbedürftigen Personen zu erfüllen. Der Schutz der Tätigkeit, der Verpflichtungen und des Ansehens der Internationalen Organisation wurde somit als wichtiger eingestuft als die Grundrechte des Einzelnen.

Internationale Schiedsgerichte sind ähnlich zurückhaltend bei dem Ausschluss widerrechtlich erlangter Beweismittel wie der IGH. Nur sehr selten finden sich Bestimmungen wie in den *Rules on the Taking of Evidence in International Arbitration* der *International Bar Association*, die den Ausschluss explizit erlauben, und selbst dann obliegt es dem Schiedsgericht, diese Beweise auszuschließen.[72] Die meisten anderen Verfahrensordnungen enthalten keine solche Bestimmung, sondern überlassen es dem jeweiligen Schiedsgericht, wie es die Relevanz, Echtheit und Richtigkeit von Beweisen einschätzt und wie es diese beurteilt. Wenn ein Schiedsgericht das fragliche Beweismittel zulässt, führt dies unweigerlich zu Frage nach dessen Vertrauenswürdigkeit. So folgt

70 Cannataci, Joe: „Private and Family Life, Right to Respect". in: Binder, Christina et al. (Hrsg.): *Elgar Encyclopedia of Human Rights.* Edward Elgar: Cheltenham / Northampton, MA 2022, S. 72-81; Taylor, Paul M.: *A Commentary on the International Covenant on Civil and Political Rights The UN Human Rights Committee's Monitoring of ICCPR Rights.* Cambridge University Press: Cambridge 2020, S. 458-498; Schabas, William A.: *The European Convention on Human Rights: A Commentary.* Oxford University Press: Oxford 2017, S. 358-411, e.g. S. 387.

71 *Chhikara v. Secretary-General of the United Nations* (Order on Admissibility of Audio Recordings) 172 (NBI/2015) (24. März 2016) S. 6, Rn. 16.

72 Etwa zum Schutz von zeugnisunfähigen Personen. Cf. International Bar Association: *IBA Rules on the Taking of Evidence in International Arbitration.* IBA 2010, Article 9.2(b).

die Praxis meistens diesem Schema, nämlich das Beweismittel zuzulassen und in weiterer Folge die Vertrauenswürdigkeit zu beurteilen, oder – was wohl noch häufiger vorkommt – alle Beweise zusammenfassend, also in einer Gesamtschau, zu beurteilen. Letzteres ist insofern problematisch, als es für die Parteien aus der Entscheidung heraus nicht nachvollziehbar ist, wie das Schiedsgericht tatsächlich das problematische Beweismittel behandelt hat.

Im oben angeführten Fall *Dominicana Renovables v. Dominicanische Republik* stellte das Schiedsgericht über die potentiell rechtwidrige Audioaufnahme hinaus bezüglich eines Dokuments fest, dass nicht bewiesen wäre, dass die Dominikanische Republik dieses Beweismittel auf rechtswidrige Weise erlangt habe. Außerdem habe der Antragsteller nicht ausreichend nachgewiesen, dass die Zulässigkeit des Dokuments als Beweis irreparablen Schaden verursachen würde.[73] Die Anforderungen, um ein Beweismittel zurückzuweisen, wurden in diesem Fall verhältnismäßig hoch angesetzt.

Selbst in Fällen, in denen internationale Schiedsgerichte erkennen, dass Informationen durch Betrug, Korruption, Diebstahl oder ähnliche rechtwidrige Methoden erlangt wurden, gehen sie auf sehr unterschiedliche Art und Weise mit dieser Erkenntnis um. In manchen Fällen, wie beispielsweise *Al-Warraq v. Indonesien*,[74] führte das rechtwidrige Verhalten des Klägers zur Unzulässigkeit der Klage, in *EDF v. Rumänien* wurden Beweise zugelassen, aber das Schiedsgericht hatte große Bedenken bzgl. deren Echtheit und Richtigkeit,[75] in *OPIC Karimum Corporation v. Venezuela*[76] hingegen wurde das fragliche Beweismittel vom Schiedsgericht gar nicht separat besprochen.

Man könnte nun meinen, dass die Zulässigkeit widerrechtlich erlangter Beweise dem Grundprinzip von Treu und Glauben zuwiderlaufen würde. Tatsächlich wird dieses Prinzip von den Gerichten regelmäßig in solchen Fällen bekräftigt, dies führt jedoch nicht notwendigerweise zum Ausschluss der entsprechenden Beweismittel.

Während internationale Gerichte des Völkerstrafrechts und jene zum Schutz der Menschenrechte restriktiv bei der Zulassung von rechtswidrig erlangtem Beweismittel vorgehen, vor allem wenn diese die Verfahrensrechte des

---

73 *Dominicana Renovables. v. The Dominican Republic* 2021, Abs. 30, und nimmt dabei Bezug auf Procedural Order No. 2 von 4. November 2018 desselben Schiedsgerichts.

74 *Hesham Talaat M. Al-Warraq v. The Republic of Indonesia* (Final Award) (15. Dezember 2014) S. 201, Rn. 645-648.

75 ICSID *EDF (Services) Limited v. Romania* (Award) ARB/05/13 (8. Oktober 2009) S. 69, Rn. 231 f.

76 *OPIC Karimum v. Venezuela* (Award) Case No. ARB/10/14 (28. May 2013).

Individuums betreffen, folgen Verwaltungstribunale Internationaler Organisationen und internationale Schiedsgerichte einem offenen Zugang und reduzieren bei angeblichen Rechtswidrigkeiten in der Beschaffung des Beweismittels allenfalls die Beweiskraft. In diesen letzten beiden Bereichen der internationalen Rechtsprechung kann jedenfalls nicht von einem Beweismethodenverbot gesprochen werden. Bei der Analyse dieser Thematik wird der Mangel an klaren Bestimmungen in den Verfahrensordnungen dieser Gerichte offengelegt, dies führt zu einem sehr weiten Spielraum und entsprechend unterschiedlichen Zugängen. Dabei wird die fehlende Rechtssicherheit in diesem Bereich deutlich.

II. Echtheit und Vertrauenswürdigkeit von Beweisen

Wenn Dokumente als Beweismittel einem Gericht vorgelegt werden, muss dieses ihre Vertrauenswürdigkeit (*reliability*) und ihre Beweiskraft bewerten. Dabei geht es weniger um den Verfasser oder die Echtheit des Dokuments als vielmehr um die Vertrauenswürdigkeit des Dokuments, wodurch diese Anforderungen leichter zu erfüllen sind.[77] Dies gilt auch für Dokumente, die mit illegalen Mitteln in den Besitz des Antragstellers gebracht wurden. Die Echtheit und Vertrauenswürdigkeit von Beweismitteln steht nicht im Mittelpunkt dieser Abhandlung, doch sollen in diesem Zusammenhang einige Beispiele veranschaulicht werden.

In *ConocoPhillips v. Venezuela* machten die Parteien, gegen die die WikiLeaks-Dokumente als Beweismittel verwendet wurden, geltend, dass die Depeschen weder relevant noch zulässig seien. Sie bestritten jedoch nicht den Wahrheitsgehalt der Dokumente, denen Georges Abi-Saab in seiner abweichenden Meinung sogar „a high degree of credibility, given the level of detail that tallies perfectly with what we know of the rest of the record" zusprach und damit die Dokumente ebenfalls als Beweismittel annahm.[78]

Dem STL steh es zu, von den Parteien den Nachweis der Echtheit von Beweismitteln zu verlangen, wenn diese außergerichtlich erlangt wurden.[79] Das ICTY und das ICTR verlangen hingegen nicht, dass die Echtheit von Beweismitteln nachgewiesen werde, sondern lediglich, dass bei der Beweisaufnahme „a

77 Nerenberg, Marc / Timmermann, Wibke: „Documentary Evidence". In: Khan, Karim A. A. et al. (Hrsg.), *Principles of Evidence in International Criminal Justice.* Oxford University Press: Oxford 2010, S. 493 f.

78 *ConocoPhillips v. Venezuela 2014* (Dissenting Opinion of Georges Abi-Saab) (10. März 2014) Rn. 29, 64 f.

79 Rule 149 (E) RPE STL.

minimum of prima facie indicia of reliability of the document" nachgewiesen werden könne.[80] Die Vertrauenswürdigkeit der Beweismittel hat in einem späteren Stadium des Verfahrens Bedeutung, wenn ein endgültiger Beweis für die Echtheit der Informationen relevant sein kann.[81] Der IStGH kann Beweismittel „demonstrably lacking any apparent reliability" zurückweisen oder die Bewertung der Beweise auf das Ende des Verfahrens verschieben,[82] ist z.T. aber noch weiter gegangen und hat erklärt, dass Beweise „cannot be admitted", wenn eine Partei „is unable to demonstrate relevance and probative value, including its authenticity".[83]

Obwohl die Frage nach der Echtheit und Vertrauenswürdigkeit von Beweismitteln nicht häufig vorkommt, so können internationale Gerichte mehr Informationen verlangen oder das Beweismittel zurückweisen, falls Zweifel an dessen Echtheit oder Vertrauenswürdigkeit bestehen.

III. Aussageverweigerungsrechte, Beweisaufnahmeverbote und Zeugnisunfähigkeit

Ähnlich wie in nationalen Rechtsordnungen kennen auch die Gerichte und Schiedsgerichte des Völkerrechts Aussageverweigerungsgründe von Zeugen und bestimmten Berufsgruppen und andere Beweisaufnahmeverbote, die über die in dieser Publikation beschriebenen Beweismethodenverbote hinausgehen. Da die Besprechung dieser aber den Rahmen dieser Arbeit und des entsprechenden Vortrags in weitem Maß übersteigen würde, muss die Behandlung

80 ICTY *Prosecutor v. Radoslav Brđanin and Momir Talić* (Order on the Standards Governing the Admission of Evidence) IT-99-36-T (15. Februar 2002) Rn. 25; Swoboda 2008, 367.

81 ICTY *Prosecutor v. Jadranko Prlić and others* (Decision on Jadranko Prlić's Interlocutory Appeal against the Decision on Prlić Defence Motion for Reconsideration of the Decision on Admission of Documentary Evidence) IT-04-74-AR73.16 (3. November 2009), Rn. 33 f.; ICTR *Georges Anderson Nderubumwe Rutaganda v. The Prosecutor* (Appeal Judgement) ICTR-96-3-A (26. Mai 2003) Rn. 33, 266 f., 275.

82 ICC *Situation in the Democratic Republic of the Congo, The Prosecutor v. Thomas Lubanga Dyilo* (Decision on the admissibility of four documents) ICC-01/04-01/06 (13. Juni 2008) Abs. 30; Art. 69 (4) Römisches Statut.

83 ICC *Situation in the Democratic Republic of the Congo, The Prosecutor v. Germain Katanga and Mathieu Ngudjolo Chui* (Decision on Prosecutor's Bar Table Motions) ICC-01/04-01/07 (17. Dezember 2010) Rn. 13.

von Zeugnisunfähigkeit, Aussageverweigerungsrechten und anderen Beweisaufnahmeverboten in anderen Arbeiten behandelt werden.[84]

D. Fazit

Obwohl manche (v.a. Verwaltungs- und Schieds-)Gerichte die von ihnen selbst angewandten Normen nicht ausreichend bestimmen oder zur Genüge in ihrer Entscheidung begründen, scheinen diese in der Minderheit zu sein und haben auch für die Entwicklung des Völkerrechts und vor allem des internationalen Prozessrechts eine untergeordnete Bedeutung.

Internationale Gerichte und vor allem Schiedsgerichte gehen grundsätzlich sehr unterschiedlich mit Beweismitteln um, die widerrechtlich erlangt wurden. Der Großteil der Gerichte erlaubt das Vorbringen solcher Beweise im Interesse der Rechtspflege, um sich ein möglichst vollständiges Bild des vorliegenden Falles zu schaffen. Ein weiterer Vorteil dieses Vorgehens ist, dass die Wahrscheinlichkeit reduziert wird, nachteilig in die Verfahrensrechte einer Partei einzugreifen. Erst im Rahmen der Beweiswürdigung wird allenfalls die Bedeutung des Beweismittels geschmälert. Da aber in den Entscheidungen der Gerichte nur selten das Beweismaß oder die Beweiskraft einzelner Beweismittel gesondert besprochen wird, führt dieser Zugang zu einer intransparenten Beweiswürdigung.

In manchen Bereichen, wie dem internationalen Menschenrechtsschutz und dem Völkerstrafrecht, kann ein etabliertes Beweismethodenverbot erkannt werden für Beweise, die durch die Anwendung von Folter erwirkt wurden. In allen Verfahren vor internationalen Gerichten kann ferner von einem Beweismethodenverbot ausgegangen werden, wenn ein Beweismittel rechtswidrig erlangt wurde und dies zu einem schwerwiegenden Verfahrensfehler führen würde, insbesondere durch die Verletzung des Grundsatzes der Waffengleichheit der Parteien. Jedoch führt die Zulässigkeit eines widerrechtlich erlangten

84 Manche Autoren haben diese Aufgabe bereits begonnen: e.g. Benzing, Markus: *Das Beweisrecht vor internationalen Gerichten und Schiedsgerichten in zwischenstaatlichen Streitigkeiten*. Springer: Heidelberg 2010 S. 410-453; Möckesch, Annabelle: *Attorney-Client Privilege in International Arbitration*. Oxford University Press: Oxford 2017; Mosk, Richard M. / Ginsburg, Tom: „Evidentiary Privileges in International Arbitration". *International & Comparative Law Quarterly* 50, 2001; Choo, Andrew: *The Privilege Against Self-Incrimination and Criminal Justice*. Hart: Oxford 2013; Commission, Jeffery / Moloo, Rahim: *Procedural Issues in International Investment Arbitration*. Oxford University Press: Oxford 2018.

Beweismittels nicht automatisch zu einem Verfahrensfehler, sodass hier nicht von einem absoluten Beweismethodenverbot gesprochen werden kann. Vielmehr müssen die genauen Umstände des Falles betrachtet werden, um zu beurteilen, wie sich das Beweismittel auf die einzelne Aspekte des Prinzips des fairen Verfahrens ausgewirkt hat und ob das Gesamtbild des Verfahrens als fair angesehen werden kann.

Einem ähnlichen Zugang folgen internationale Gerichte bei den Themen der *discovery by intervention* und bei Beweisen, die durch Verstöße gegen das Diplomatenrecht gewonnen wurden. Wie in vielen anderen Bereichen wird die verbotene Handlung zwar verurteilt, aber zum Zweck der Erkenntnisgewinnung wird pragmatisch vorgegangen und nicht jedes so erlangte Beweismittel zurückgewiesen. Beweismethodenverbote führen so nicht gezwungenermaßen auch zu einem Beweisverwertungsverbot.

Selbst in Fällen, in denen eine Partei während eines Verfahrens ein rechtswidriges Dokument vorlegt hat und dieses vom Gericht zurückgewiesen oder von der Partei selber zurückgezogen wurde, kann das Dokument jedoch einen nicht zu unterschätzenden Einfluss auf das Verfahren haben, indem es das weitere Verfahren verunreinigt.[85] Nicht zuletzt aus diesem Grund ist eine genaue Prüfung des Verfahrens und der Entscheidung des Gerichts geboten, wenn eine Partei dem Gericht Beweismittel vorlegt, die entgegen einem Beweismethodenverbot oder ganz allgemein auf rechtswidrige Weise erlangt wurden.

85 Cf. *Maritime Delimitation and Territorial Questions between Qatar and Bahrain (Katar v. Bahrain)*, Judgment 16.3.2001, Separate Opinion of Judge Fortier. ICJ Rep. 2001, S. 451, S. 452, Rn. 4.

Sara Mansour Fallah*

Das neue Plausibilitätskriterium im einstweiligen Rechtsschutzverfahren vor dem IGH

– Notwendiger Schutz staatlicher Souveränität oder prozedurale Erschwernis in Notlagen?

Wie für völkerverfahrensrechtliche Themen üblich erweckt vielleicht auch der Titel des gegenständlichen Beitrags den Anschein, eine Frage der Theorie und nicht der Praxis zu erörtern. Im Gegenteil ist die praktische Relevanz der Frage daran erkennbar, dass sie sich jedes Mal aufs Neue stellt, wenn ein Staat vor dem Internationalen Gerichtshof (IGH) einstweilige Maßnahmen beantragt – dies war immerhin bei der Hälfte der gegenwärtig anhängigen Streitigkeiten der Fall.[1] Zuletzt wurden die rechtlichen Aspekte der Anordnung einstweiliger Maßnahmen auch im Hinblick auf Russlands Angriff auf die Ukraine und den von der Ukraine vor dem IGH anhängig gemachten Fall *Allegations of Genocide under the Convention on the Prevention and Punishment of the Crime of Genocide (Ukraine* v. *Russia)* [kurz: *Ukraine v. Russia (Völkermordkonvention)*] breit diskutiert.[2]

---

* Mag. Sara Mansour Fallah, LL.M., Externe Lehrende, Institut für Europarecht, Internationales Recht und Rechtsvergleichung, Universität Wien (sara.mansour.fallah@univie.ac.at). Dieser Beitrag ist eine aktualisierte Version eines am 9.6.2022 beim 45. Österreichischen Völkerrechtstag gehaltenen Vortrags der Autorin.

1 In acht der derzeit (Stand: November 2022) anhängigen 17 streitigen Fällen wurden einstweilige Maßnahmen beantragt. International Court of Justice: *Contentious cases organized by incidental proceedings*, retrieved 15.11.2022, from https://www.icj-cij.org/en/cases-by-phase/provisional-measures.

2 *Allegations of Genocide under the Convention on the Prevention and Punishment of the Crime of Genocide (Ukraine v. Russia)*, Verfahrenseinleitender Schriftsatz der Ukraine vom 27.2.2022; s. auch Kulick, Andreas: „Provisional Measures after Ukraine v Russia (2022)". *Journal of International Dispute Settlement* 13, 2022, S. 323-340; Milanovic, Marko: *ICJ Indicates Provisional Measures Against Russia, in a Near Total Win for Ukraine; Russia Expelled from the Council of Europe*, EJIL: Talk, retrieved 16.11.2022, from https://www.ejiltalk.org/icj-indicates-provisional-measures-against-russia-in-a-near-total-win-for-ukraine-russia-expelled-from-the-council-of-europe/; Wuschka, Sebastian / Hoffberger-Pippan, Elisabeth: *Of Legal Creativity and*

Zur Beantwortung der im Beitragstitel aufgeworfenen Frage kann vorweggenommen werden, dass das Plausibilitätskriterium im einstweiligen Rechtsschutzverfahren beides ist: ein wichtiger Prüfschritt, um sicherzustellen, dass der IGH die Grenzen seiner Zuständigkeit nicht ausreizt, und gleichzeitig ein nicht konkret genug definierter Standard, der einer Partei in Nöten im Falle des Falles eine nicht unbeträchtliche Beweislast aufbürdet. Der vorliegende Beitrag hat zum Ziel, dieses Spannungsverhältnis anhand vergangener und gegenwärtiger Praxis des IGH in drei Kapiteln aufzuzeigen: Zuerst soll ein kurzer Überblick über das einstweilige Rechtsschutzverfahren am IGH und dessen Regelwerk geboten werden, einschließlich rezenter Zahlen zur Verdeutlichung des erhöhten Aufkommens von Anträgen auf einstweilige Anordnungen (A.). Sodann folgt eine Erörterung des neuen Plausibilitätskriteriums, darunter der Grund für dessen Bezeichnung als neue Entwicklung in der Judikatur des IGH sowie die dieser Entwicklung zu Grunde liegenden Motive (B.I). Ebenso sollen zwei inhaltliche Kernfragen zum Plausibilitätskriterium ergründet werden: Welcher rechtliche Standard steckt hinter dem Terminus „Plausibilität der Rechte“ (B.II) und welche Beweislast trägt er Streitparteien vor dem IGH auf (B.III)? Zuletzt folgt ein Fazit zum Plausibilitätskriterium und dessen Wichtigkeit für zukünftige Rechtsprechung; letztere soll anhand der rezenten Entscheidung im Fall *Ukraine v. Russia (Völkermordkonvention)* aufgezeigt werden.

A. Das einstweilige Rechtsschutzverfahren am IGH

Das Institut der einstweiligen Anordnung ist keine Neuheit im Völkerrecht. Der Vorgänger des IGH, der Ständige Internationale Gerichtshof (StGH), war in seiner 24-jährigen Bestandszeit immerhin in sechs Fällen zur Entscheidung über einstweilige Maßnahmen berufen; und auch vor dem StGH hatte sich die Praxis der einstweiligen Maßnahmen in anderen internationalen Gerichten und Tribunalen durchgesetzt.[3] Seit Gründung des IGH wurden in 55 seiner

---

Plausibility of Rights: The ICJ's Order on Provisional Measures in Ukraine v. Russia, Völkerrechtsblog, retrieved 16.11.2022, from https://voelkerrechtsblog.org/the-icjs-order-on-provisional-measures-in-ukraine-v-russia/.

3 Miles, Cameron A.: *Provisional Measures before International Courts and Tribunals*. Cambridge University Press: Cambridge, 2017, S. 15-81; Miles, Cameron A.: „The Origins of the Law of Provisional Measures before International Courts and Tribunals“. *ZaöRV* 73, 2013, S. 615-672, 622 ff; Sałkiewicz-Munnerlyn, Ewa: *Jurisprudence of the PCIJ and of the ICJ on Interim Measures of Protection*. T.M.C. Asser Press: Den Haag, 2022, S. 1-22.

insgesamt 140 abgeschlossenen streitigen Verfahren einstweilige Maßnahmen beantragt; unter den derzeit 17 anhängigen Fällen gab es schon acht solcher Anträge.[4] Der Trend ist daher steigend, wie auch der IGH selbst unter Punkt XI seiner Practice Directions festhielt:

> The Court has noticed the increasing tendency of parties to request the indication of provisional measures. Parties should in their oral pleadings thereon limit themselves to what is relevant to the criteria for the indication of provisional measures [...].[5]

Die immer häufiger vorkommende gleichzeitige Anhängigmachung eines Falles mit einem begleitenden Antrag auf einstweilige Maßnahmen beobachtete auch die Lehre, die sie u.a wie folgt begründet: „The inherent nature of provisional measures proceedings and the factor of urgency supply an element of drama which fits in well with modern practices of diplomacy by television and the Internet."[6] Dieses Element der Dramatik wird oft auch durch den dringlichen Charakter des Verfahrens über einstweilige Maßnahmen verstärkt, der oftmals einen weiteren Beweggrund für die Beantragung darstellt. Denn Art. 74 IGH-Verfahrensregeln, der Verfahren über einstweilige Maßnahmen Priorität über alle anderen Fälle verleiht, macht aus diesen eine willkommene Option eines „Fast Track"-Verfahrens, die Staaten erlaubt, zumindest noch im selben Jahr eine irgend geartete Äußerung zur Streitigkeit vom IGH zu erhalten.[7] Aus diesen Überlegungen folgt auch eines der Motive für das Plausibilitätskriterium, nämlich die (unter II. thematisierte) Bestrebung, missbräuchliche Anträge auf einstweilige Maßnahmen zu verhindern.

---

4 S. International Court of Justice: *Handbook*, 2019, S. 109 sowie Quellen in FN 1; Pillai, Priya: *I Did the Math! (Provisional Measures and the ICJ)*, Opinio Iuris, retrieved 5.6.2022, from https://opiniojuris.org/2022/05/06/i-did-the-math-provisional-measures-and-the-icj/.

5 International Court of Justice, Practice Direction XI (i.d.F. Annex to Press Release No. 2004/30, retrieved 20.11.2022, from https://www.icj-cij.org/public/files/press-releases/0/000-20040730-PRE-01-00-EN.pdf); Shaw, Malcolm N.: *Rosenne's Law and Practice of the International Court: 1920-2015*. Brill Reference Online. Band 3, Kapitel 24, Abs. 347A.

6 Shaw, Abs. 347A.

7 International Court of Justice, Rules of Court, 1978; s. auch Treves, Tullio: „The Political Use of Unilateral Applications and Provisional Measures Proceedings". In: Frowein, Jochen et al.: *Verhandeln für den Frieden/Negotiating for Peace*, Liber Amicorum Tono Eitel. Springer: Berlin, 2002, S. 466 („Sometimes one has the impression that the real objective of the applicant is to bring to the Court a request for provisional measures, rather than institute proceedings in the Court.")

Das Regelwerk zu einstweiligen Maßnahmen findet sich einerseits in den verschriftlichten Verfahrensregeln. Art. 41 IGH-Statut gibt dem IGH die Kompetenz, „if it considers that circumstances so require, [to order] any provisional measures which ought to be *taken to preserve the respective rights of either party.*"[8] Der wichtigste Zweck einstweiliger Maßnahmen ist daher die Sicherstellung bzw. der Schutz der Rechte der Parteien; was konkret den Schutz eines Streitobjekts vor Eingriffen, die Verhinderung eines drohenden Schadens an Territorium, Vermögen oder Bevölkerung, oder aber auch die Gewährleistung eines ordnungsgemäßen Verfahrensgangs und die Vermeidung der Vereitelung seines Zwecks durch von Parteien herbeigeführte faktische Änderungen bedeuten kann.[9] Auf der anderen Seite sind die für die Anordnung einer einstweiligen Maßnahme zu erfüllenden Voraussetzungen größtenteils im Richter: innenrecht geregelt.[10] Während die frühe Judikatur des IGH nur zwei Voraussetzungen prüfte, nämlich *prima facie*-Zuständigkeit und eine dringend drohende Gefahr eines irreparablen Schadens,[11] hat sich inzwischen ein weitaus komplexeres Prüfsystem entwickelt, das sich in drei Kategorien zusammenfassen lässt. Allem voran, wie auch in anderen Verfahrensarten, prüft der IGH seine Zuständigkeit; für einstweilige Maßnahmen genügt allerdings als Standard, dass *prima facie*-Zuständigkeit *rationae personae*, *materiae* und *temporis* vorliegen.[12] Im nächsten Schritt kommt der Gerichtshof zur Prüfung der Dringlichkeit, mit dem auch die Voraussetzung einer drohenden Gefahr eines irreparablen Schadens zusammenhängt.[13] Das letzte Themenfeld, das der IGH in rezenter Praxis sehr genau prüft, ist der Inhalt und die Reichweite der beantragten Maßnahmen. Für eine erfolgreiche Beantragung einstweiliger Maßnahmen müssen demnach die behaupteten Rechte einerseits zumindest plausibel sein und andererseits ein Konnex zwischen diesen Rechten und den beantragten Maßnahmen bestehen; wobei ersteres den Fokus dieses Beitrags und des nächsten Kapitels bildet.

---

8 Statute of the International Court of Justice, 33 UNTS 993, Art. 41 (Hervorhebung durch Autorin).

9 Rosenne, Shabtai: *Provisional Measures in International Law: The International Court of Justice and the International Tribunal for the Law of the Sea*. Oxford University Press: Oxford, 2004, S. 3-4.

10 Die Kompetenz, sein Verfahren zu regeln, verleiht ihm Art. 30 des IGH-Statuts.

11 S. *LaGrand (Germany v. United States)*, Einstweilige Maßnahmen, Entscheidung vom 3.3.1999, Abs. 13-18, sowie 22-24.

12 Rosenne, S. 85 ff.

13 Shaw, Abs. 433.

B. Das neue Plausibilitätskriterium

Die erste ausdrückliche Erwähnung des Plausibilitätskriteriums in der Judikatur des IGH erfolgte im Fall *Obligation to Prosecute or Extradite (Belgium v. Senegal).*[14] Das Auftreten dieses neuen Kriteriums wurde als derart plötzlich wahrgenommen, dass auch IGH-Richter Abdul Koroma in seiner Einzelmeinung im *Costa Rica v. Nicaragua*-Fall schrieb: „The criterion seems to have appeared out of nowhere."[15] Diese relativ plötzliche Entwicklung eines neuen Standards wird durch einen Zeitachsenvergleich dreier Fälle verdeutlicht.

I. Plausibilität als neue Entwicklung der Judikatur

Im bekannten *LaGrand*-Fall ordnete der IGH 1999 einstweilige Maßnahmen an, um die Hinrichtung eines weiteren deutschen Staatsangehörigen zu verhindern.[16] Wie eingangs erwähnt prüfte er in dieser frühen Judikatur (zumindest ausdrücklich) nur zwei Voraussetzungen: Das Vorliegen von *prima facie*-Zuständigkeit und eines irreparablen Schadens. In seinem späteren Urteil in der Sache betonte der IGH erstmals ausdrücklich die verbindliche Natur einstweiliger Maßnahmen.[17] Diese explizite Verbindlicherklärung einstweiliger Maßnahmen könnte man auch als (zumindest teleologische) Geburtsstunde des Plausibilitätskriteriums bezeichnen; denn je verbindlicher die einstweilige Maßnahme, desto sattelfester hat ihre rechtliche Basis zu sein.[18]

Zehn Jahre später verneinte der IGH im *Belgium v. Senegal*-Fall die Notwendigkeit einstweiliger Maßnahmen und formulierte erstmals die Voraussetzung, dass „the power of the Court to indicate provisional measures should be exercised only if the Court is satisfied that the rights asserted by a party are at least

14 *Questions relating to the Obligation to Prosecute or Extradite (Belgium v. Senegal)*, Einstweilige Maßnahmen, Entscheidung vom 28.5.2009, Abs. 57; Kolb, Robert: „Digging Deeper into the 'Plausibility of Rights'-Criterion in the Provisional Measures Jurisprudence of the ICJ". *LPICT* 19(3), 2020, S. 367.

15 *Certain Activities Carried Out by Nicaragua in the Border Area (Costa Rica v. Nicaragua)*, Einstweilige Maßnahmen, Entscheidung vom 8.3.2011, Sep. Op. Koroma, Abs. 6.

16 *LaGrand*, Einstweilige Maßnahmen, Abs. 29.

17 *LaGrand*, Urteil v. 27.6.2001, Abs. 99 ff.

18 Kolb, S. 365-367; s. auch zum Argument, die Verbindlicherklärung von einstweiligen Maßnahmen in *LaGrand* sei mitunter auch ein Grund für den Anstieg an Anträgen auf einstweilige Maßnahmen: Lauterpacht, Elihu: „Principles of Procedure in International Litigation". *Collected Courses of the Hague Academy of International Law* 345, 2001, S. 408-409.

plausible[.]"[19] Im konkreten Fall bejahte der Gerichtshof die Plausibilität der von Belgien behaupteten Rechte, Senegal habe eine Verpflichtung, den der Folter beschuldigten Hissène Habré entweder strafrechtlich zu verfolgen oder ihn auszuliefern. Den zur Begründung der Plausibilität zu erfüllenden Standard definierte er darin, dass die behaupteten Rechte in einer denkmöglichen Interpretation der Anti-Folterkonvention der Vereinten Nationen (VN) begründet sind („the rights asserted […], being grounded in a possible interpretation of the Convention against Torture, therefore appear to be plausible.").[20]

Weitere zehn Jahre später beschloss der IGH einstweilige Maßnahmen im *Gambia v. Myanmar*-Fall – eine Entscheidung, die das gegenwärtig anzuwendende, komplexe Prüfsystem des IGH am besten verdeutlicht.[21] Neben *prima facie*-Zuständigkeit, der Gefahr eines irreparablen Schadens und dem Konnex zwischen den Maßnahmen und den behaupteten Rechten erkannte er auch darüber, ob die von Gambia behaupteten Rechte plausibel sind, und begründete dieses Erfordernis wie folgt:

> The power of the Court to indicate provisional measures under Article 41 of the Statute has as its object in the preservation of the respective rights claimed by the parties in a case, pending its decision on the merits thereof. […] Therefore, the Court may exercise this power only if it is satisfied that the rights asserted by the party requesting such measures are at least plausible.[22]

Auch in diesem Fall bejahte der IGH die Plausibilität der Rechte, nämlich zur nicht unerheblichen Frage, ob auf Basis der Fakten das Recht der Rohingya auf Schutz vor Völkermord und das Recht Gambias, die Einhaltung des Völkermordverbots von Myanmar einzufordern, besteht. Wie hat also der Gerichtshof im Rahmen des in seiner Tiefe und Dauer beschränkten Verfahrens[23] über einstweilige Maßnahmen festgestellt, dass der Vorwurf Gambias, die Rohingya seien einem Völkermord ausgesetzt, plausibel ist? Die Feststellung erfolgte in relativer Kürze, zumal sie der IGH auf (zu dem Zeitpunkt leider lang bekannte) Berichte stützen konnte, unter anderem schlussfolgerte er auf Basis von Berichten der *Independent International Fact-Finding Mission on Myanmar* der VN:

---

19 *Belgium v. Senegal*, Abs. 57.

20 Ibid., Abs. 60.

21 *Application of the Convention on the Prevention and Punishment of the Crime of Genocide (The Gambia v. Myanmar)*, Einstweilige Maßnahmen, Entscheidung vom 23.1.2020.

22 Ibid., Abs. 43.

23 S. dazu auch Lauterpacht, S. 512.

> In this connection, the Court recalls that the Fact-Finding Mission found [...] that it had "reasonable grounds to conclude that serious crimes under international law ha[d] been committed that warrant[ed] criminal investigation and prosecution", including the crime of genocide, against the Rohingya in Myanmar [...]. In the Court's view, all the facts and circumstances mentioned above (see paragraphs 53-55) are sufficient to conclude that the rights claimed by The Gambia and for which it is seeking protection—namely the right of the Rohingya group in Myanmar and of its members to be protected from acts of genocide [...], and the right of The Gambia to seek compliance by Myanmar with its obligations not to commit, and to prevent and punish genocide in accordance with the Convention—are plausible.[24]

Angesichts dieser doch recht kurzen Beurteilung drängt sich die Frage nach dem rechtlichen Standard hinter dem Terminus „Plausibilität" und der Klarheit seiner Definition auf.[25]

II. Plausibilität als rechtlicher Standard

In den nunmehr zehn Jahren an Judikatur zum Plausibilitätskriterium ist es dem IGH nicht gelungen, einen klaren und einheitlichen rechtlichen Standard zu definieren. Dies führt dazu, dass eine große Bandbreite an alternativen Standards im Raum steht, die – wie von der Lehre beobachtet – von einem relativ niedrigen *minimum standard* („not frivolous", „not abusive"), über ein Mittelmaß („possible interpretation", „reasonable interpretation") bis zu recht hohen Standards („serious claim", „probable existence", „more probable than not") reichen.[26] Während der IGH in *Belgium v. Senegal* also das Mittelmaß der „possible interpretation" angewendet hat, schien er in anderen Fällen einen strengeren Maßstab zu setzen.[27]

Der rechtliche Standard des Plausibilitätskriteriums ist nicht nur aufgrund dieser unterschiedlichen Maßstäbe unklar, sondern auch weil der IGH zwar oft von „plausibility of rights" spricht, aber eigentlich „plausibility of claims"

---

24 Ibid., Abs. 55-56.

25 Pillai, Priya: „Expanding the Scope Of Provisional Measures under the Genocide Convention". *Cambridge Law Journal* 79(2), 2020, S. 201-244, 203.

26 Kolb, S. 373.

27 *Application of the International Convention for the Suppression of the Financing of Terrorism and of the International Convention on the Elimination of All Forms of Racial Discrimination (Ukraine v. Russia)*, Einstweilige Maßnahmen, Entscheidung vom 19.4.2017, Sep.Op. Owada, Abs. 23-24 („ It may be true that Ukraine has not furnished in the course of the present proceedings conclusive evidence that the requirements of intention, knowledge, and purpose are satisfied. But at this early stage of the proceedings, the Court should not expect Ukraine to have done so.").

zu meinen scheint.[28] Während die Plausibilität der Rechte einen abstrakteren Prüfgegenstand darstellt, kommt die Plausibilität des Vorbringens sehr nah an eine faktische Beurteilung, ob die behauptete Verletzung stattgefunden hat. Ein Beispiel hierfür ist die Anordnung einstweiliger Maßnahmen im *Equatorial Guinea v. France*-Fall, in dem der IGH nicht nur abstrakt das Recht eines Entsendestaats auf Unverletzlichkeit seiner diplomatischen Räumlichkeiten als plausibel erachtete, sondern in seiner Beurteilung einen Schritt weiter ging und eine faktische Feststellung dazu machte, ob das umstrittene Gebäude in der Pariser Avenue Foch zumindest teilweise für diplomatische Zwecke genutzt wurde.[29] Dem Inhalt nach ist dies eine faktische Prüfung der Plausibilität des Vorbringens als Ganzes, nicht der Rechte in ihrer abstrakten Form.

III. Der Beweis der Plausibilität

Die unzureichende Erörterung des neuen Plausibilitätskriteriums hat auch beweisrechtliche Probleme zur Folge. Welchen Beweisstandard muss ein Staat, der vorsorgliche Maßnahmen beantragt, erbringen? Auch hier ist die IGH-Judikatur inkonsistent. Wie eingangs erwähnt, erachtete der IGH 2020 im Fall *Gambia v. Myanmar* das Recht Gambias, von Myanmar die Einhaltung des Völkermordverbots gegenüber den Rohingya einzufordern, auf Basis von Berichten der UN-Fact-Finding-Mission als plausibel. Diese Feststellung hatte vor allem angesichts eines 2017 gegenüber der Ukraine angewandten, strengeren Maßstabs überrascht.[30]

Im Fall *Application of the International Convention for the Suppression of the Financing of Terrorism and of the International Convention on the Elimination of All Forms of Racial Discrimination (Ukraine v. Russia)* [kurz: *Ukraine v. Russia (Terrorfinanzierung)*] hatte die Ukraine auf Basis der VN-Rassendiskriminierungskonvention und der Konvention zur Bekämpfung der Finanzierung von Terrorismus einstweilige Maßnahmen vom IGH verlangt.[31] Die von der Ukraine ins Treffen geführten Bestimmungen der

---

28 Lando, Massimo: „Plausibility in the Provisional Measures Jurisprudence of the International Court of Justice". *Leiden Journal of International Law, 31*(3), 2019, S. 641-668, 667.

29 Lando, S. 648; *Immunities and Criminal Proceedings (Equatorial Guinea v. France)*, Einstweilige Maßnahmen, Entscheidung vom 7.12.2016, Abs. 79.

30 Kolb, S. 368.

31 *Application of the International Convention for the Suppression of the Financing of Terrorism and of the International Convention on the Elimination of All Forms of*

Anti-Terrorfinanzierungskonvention verlangten einen speziellen Vorsatz (*dolus specialis*).[32] Ähnlich wie Gambia hatte auch die Ukraine unabhängige Berichte als Beweismaterial für die russische Unterstützung bewaffneter Gruppen vorgelegt.[33] Nichtsdestotrotz verneinte der IGH die Plausibilität der Rechte betreffend Terrorismusfinanzierung wie folgt:

> In the present case, the acts to which Ukraine refers [...] have given rise to the death and injury of a large number of civilians. However, in order to determine whether the rights for which Ukraine seeks protection are at least plausible, it is necessary to ascertain whether there are sufficient reasons for considering that the other elements set out in Article 2, paragraph 1, such as the elements of intention or knowledge [...] are present. At this stage of the proceedings, Ukraine has not put before the Court evidence which affords a sufficient basis to find it plausible that these elements are present.[34]

Der IGH schien der Ukraine daher eine Beweislast im Verfahrensstadium der einstweiligen Maßnahmen aufzubürden, den er von Gambia in Bezug auf den Beweis des Völkermordvorsatzes Myanmars nicht verlangt hatte.[35] Denn dort befand er:

> In view of the function of provisional measures, which is to protect the respective rights of either party pending its final decision, the Court does not consider that the exceptional gravity of the allegations is a decisive factor warranting, as argued by Myanmar, the determination, at the present stage of the proceedings, of the existence of a genocidal intent.[36]

C. Fazit

So lobenswert die Einführung eines Plausibilitätskriteriums durch den IGH zur wortreuen Anwendung des Art. 41 IGH-Statut, zur Wahrung seiner Zuständigkeitsgrenzen und zur Verhinderung missbräuchlicher Anträge sein mag, wirft es in der Art und Weise, in der es vom IGH praktiziert und artikuliert wird, viele Fragen

---

Racial Discrimination (Ukraine v. Russia), Antrag auf Einstweilige Maßnahmen der Ukraine vom 16.1.2017.

32 International Convention for the Suppression of the Financing of Terrorism (9.12.1999), UNTS 38349, Art. 2 Abs. 1 („Any person commits an offence within the meaning of this Convention if that person [...] provides or collects funds with the intention that they should be used or in the knowledge that they are to be used, in full or in part, in order to carry out [...].")

33 *Ukraine v. Russia* (*Terrorfinanzierung*), Abs. 68.

34 Ibid., Abs. 75.

35 Siehe auch *Sep.Op. Owada* (FN 23), Abs. 23-24.

36 *Gambia v. Myanmar*, Abs. 56.

auf. Wie wichtig die Klärung dieser Fragen ist, zeigte sich zuletzt auch in der rezenten Entscheidung des IGH über die von der Ukraine beantragten vorsorglichen Maßnahmen gegen Russland im Fall *Ukraine v. Russia (Völkermordkonvention).*

Die Ukraine beantragte darin einstweilige Maßnahmen vom IGH auf Basis der Völkermordkonvention und der missbräuchlichen Verwendung des Genozidbegriffes durch Russland. Dieser ordnete auf Basis seiner Zuständigkeit nach Art. IX der Völkermordkonvention an, Russland möge seine militärischen Operationen in der Ukraine sofort einstellen.[37] Offenbar hatte der IGH hier kein Problem mit den in anderen Fällen sehr streng angewendeten Voraussetzungen und folgte der ukrainischen Argumentation, sie habe auf Basis der Völkermordkonvention ein plausibles Recht darauf, keiner Gewaltanwendung aufgrund eines falschen Genozidvorwurfs ausgesetzt zu werden.[38] Die Sorge einzelner Richter: innen, der IGH sei hier von seiner ohnehin schon erklärungsbedürftigen Judikatur abgegangen, kommt in der zur Anordnung verfassten Einzelmeinung von IGH-Richter Mohamed Bennouna zum Ausdruck:

> I voted in favour of the Order indicating provisional measures in this case because I felt compelled by this tragic situation, in which terrible suffering is being inflicted on the Ukrainian people, [...] However, I am not convinced that the "Genocide Convention" was conceived [...] to enable a State [...], to seise the Court of a dispute concerning allegations of genocide made against it by another State, [...], even if those allegations were to serve as a pretext for an unlawful use of force.[39]

Trotz des – zumindest aus rechtlicher Sicht – positiven Ausgangs des Verfahrens über einstweilige Maßnahmen für die Ukraine, bleiben die Fragen rund um die angewendeten rechtlichen Standards weiterhin kompliziert.

Das neue Plausibilitätskriterium ist daher insofern eine Erschwernis der Geltendmachung staatlicher Rechte, als die Standards zu dessen Erfüllung unklar und teilweise unterschiedlich hoch angelegt sind. Verwirrung über das Plausibilitätskriterium herrscht aber nicht nur außerhalb der Tore des Friedenspalasts in Den Haag. Um IGH-Richter Abdul Koromas Unmut über das Recht rund um das Plausibilitätskriterium noch ein weiteres Mal für die Zwecke dieses Beitrags heranzuziehen – „the most problematic aspect of the plausibility standard is its vagueness".[40]

---

37 *Ukraine v. Russia (Völkermordkonvention)*, Einstweilige Maßnahmen, Entscheidung vom 16.3.2022, Abs. 86.

38 Ibid., Abs. 59-60.

39 *Ukraine v. Russia (Völkermordkonvention)*, Sep.Op. Bennouna, Abs. 1-2.

40 Sep.Op. Koroma, Abs. 7.

Florian Ettmayer*

Opinio iuris gegen exorbitante Gerichtsstände im Zivilprozess: Mythos oder Realität?

Weltweit stützen Zivilgerichte ihre Zuständigkeit in internationalen Verfahren auf eine Vielzahl verschiedener Gerichtsstände, denn abgesehen von regionalen Initiativen[1] konnten Staaten diesbezüglich bislang kein Einvernehmen erzielen. Ob ein Zivilgericht in einem Verfahren mit einer beklagten Partei mit ausländischem Personalstatut international zuständig ist,[2] wird vielfach nicht von internationalen Normen, sondern von den jeweiligen nationalen Normen des Zivilprozessrechtes beantwortet. Dabei bleibt die Evaluierung der national verschiedenen Gerichtsstände zumeist der rechtspolitischen Diskussion und den Verhandlungen zu völkerrechtlichen Abkommen vorbehalten. Dieser Beitrag wird argumentieren, dass damit eine ganz wesentliche – nämlich

---

* Der Beitrag basiert auf dem gleichnamigen Vortrag im Rahmen des 45. Österreichischen Völkerrechtstages in Passau, verarbeitet aber zugleich Passagen einer englischsprachigen, noch nicht abgeschlossenen Arbeit zu diesem Thema. Aus diesem Grund werden in den Fußnoten englische Übersetzungen der lateinischen und französischen Texte wiedergegeben. Ebenso wie der Vortrag verfolgt dieser Beitrag das Ziel, einen Überblick zur Thematik zu verschaffen, weshalb eine Mehrzahl an Detailerörterungen sowie Quellenverweise auf weitere Literatur, die sich in der zugrundeliegenden Arbeit finden, weggelassen wurden.

1 Für zwei prominente Beispiele siehe: Código de Derecho Internacional Privado / Código de Bustamante (unterzeichnet am 20.2.1928, in Kraft seit November 1928) 86 LNTS 120 sowie Verordnung (EU) Nr. 1215/2012 des Europäischen Parlaments und des Rates vom 12. Dezember 2012 über die gerichtliche Zuständigkeit und die Anerkennung und Vollstreckung von Entscheidungen in Zivil- und Handelssachen (Neufassung) („EuGVVO 2012") [2012] ABl. L 351/1, zuletzt geändert durch [2015] ABl. L 54/1.

2 Gegenstand dieser Betrachtung sind ausschließlich Verfahren, in denen die beklagte Partei einem ausländischen Personalstatut angehört, unabhängig davon, ob es sich um eine natürliche oder juristische Person handelt, denn dieser Umstand berührt den Anwendungsbereich des Völkerrechts am ehesten; siehe dazu Strauss, Andrew L.: „Beyond National Law: The Neglected Role of the International Law of Personal Jurisdiction in Domestic Courts". 36 (1995) Harv Int'l LJ S. 373, 374 FN 6: Die ausländische Staatsangehörigkeit ist „the best indicator that jurisdictional interests might exist beyond those of the state asserting jurisdiction and those of its citizens".

die völkergewohnheitsrechtliche – Facette unberücksichtigt bleibt. Während der erste Abschnitt die untersuchten Gerichtsstände näher darstellt (A.) und der zweite Abschnitt die völkerrechtliche Literatur zu diesem Thema zusammenfasst (B.), behandeln der dritte und vierte Abschnitt respektive die Staatenpraxis (C.) und die *opinio iuris* (D.). Schließlich zieht der fünfte Abschnitt Schlussfolgerungen (E.).

A. Von kontroversen Gerichtsständen in Tobago und an anderen Orten

Die meisten Zivilgerichtsstände werden international als unproblematisch angesehen.[3] Das gilt etwa für den bereits im antiken Rom bekannten und mittlerweile weitverbreiteten Gerichtsstand am Wohnsitz / Sitz der beklagten Partei (*actor sequitur forum rei*).[4] Andere Gerichtsstände werden jedoch als exorbitant bezeichnet (*exorbitare*: abweichen)[5] und gelten international als unangemessen.[6] Um diese soll es in diesem Beitrag gehen.

Exorbitante Gerichtsstände beschäftigen Rechtswissenschaft und Praxis bereits seit langer Zeit.[7] Im Jahr 1808 befasste sich der Court of King's Bench

---

3 Michaels, Ralf, „Jurisdiction, Foundations". In: Basedow, Jürgen et al. (Hrsg.): *Encyclopedia of private international law*. Edward Elgar Publishing: 2017, S. 1042.

4 Codex Justinianus C. 3.13.2: „Imperatores Diocletianus, Maximianus. Iuris ordinem converti postulas, ut non actor rei forum, sed reus actoris sequatur: nam ubi domicilium habet reus vel tempore contractus habuit, licet hoc postea transtulerit, ibi tantum eum conveniri oportet." In der Englischen Übersetzung von Scott, Samuel P.: *The Civil Law, XII; The Enactments of Justinian*. Cincinnati 1932 heißt es zu C. 3.13.2: „You ask that the order prescribed by law shall be transposed, and that the plaintiff shall not follow the residence of the defendant, but the defendant that of the plaintiff; for wherever the defendant has his domicile, or had it at the time when the contract was made, there alone he must be sued, even though he afterwards may have changed it." (Hervorhebungen hinzugefügt).

5 Clermont, Kevin M. / Palmer, John R.B.: „Exorbitant jurisdiction". 58 (2006) Maine Law Review S. 474, 476.

6 Nadelmann, Kurt H.: „Jurisdictionally Improper Fora". In: Nadelmann, Kurt H. / von Mehren, Arthur T. / Hazard John N. (Hrsg.): *XXth Century Comparative and Conflicts Law: Legal Essays in Honor of Hessel E Yntema*. 1961 S. 321; Clermont / Palmer 2006; Michaels 2017; Childress III, Donald Earl, „Jurisdiction, limits under international law". In: Basedow, Jürgen et al. (Hrsg.): *Encyclopedia of private international law*. Edward Elgar Publishing: 2017, S. 1051.

7 Siehe bereits Emer de Vattel's Hauptwerk aus dem Jahr 1758 (in der Englischen Übersetzung: De Vattel, Emmerich: *The Law of Nations: Or, Principles of the Law of Nature,*

in London mit der Frage, ob ein Urteil eines Gerichts in Tobago, heute Trinidad und Tobago, anzuerkennen und zu vollstrecken sei.[8] Der Beklagte des ursprünglichen Verfahrens war ein in London ansässiger Kaufmann.[9] Als die Klage in Tobago zugestellt werden sollte, ergab sich ein nicht unwesentliches Problem: Der Beklagte war zu diesem Zeitpunkt nicht in Tobago aufhältig und war es offenbar auch nie gewesen.[10] Aus diesem Grund wurden die Gerichtsdokumente am Tor des dortigen Gerichtshauses angeschlagen, denn nach dem damals in Tobago geltenden Recht erschien dies zulässig.[11] Schließlich fällte das Gericht in Tobago das Urteil in Abwesenheit des Beklagten.[12] Lord

---

Applied to the Conduct and Affairs of Nations and Sovereigns. Cambridge University Press: 2011 Book II §§ 84, 103): „The sovereignty united to the domain establishes the jurisdiction of the nation in her territories, or the country that belongs to her. It is her province, or that of her sovereign, to exercise justice in all the places under her jurisdiction, to take cognizance of the crimes committed, and the differences that arise in the country. [...] And, as the dispute properly arises from the refusal of the defendant, who maintains that he is not bound to perform what is required of him, it follows, from the same principle, that every defendant ought to be prosecuted before his own judge, who alone has a right to condemn him, and compel him to the performance. [...] The defendant's judge is the judge of the place where that defendant has his settled abode, or the judge of the place where the defendant is, when any sudden difficulty arises, provided it does not relate to an estate in land, or to a right annexed to such an estate." (Hervorhebungen hinzugefügt).

8 *Buchanan v. Rucker* (1808) 9 East 192.

9 Ibid.

10 Ibid., S. 193.

11 Ibid: „That every defendant against whom any action shall be entered, shall be served with a summons and an office copy of the declaration, with a copy of the account annexed, if any, at the same time, by the Provost Marshal, &c.; and the Provost Marshal is required to serve the same on each defendant in person. But if the defendant cannot be found, and is not absent from the island; then it shall be deemed good service by leaving the summons, &c. at his most usual place of abode. And if the defendant is absent from the island, and hath a power of attorney recorded in the secretary's or registrar's office of Tobago, and the attorney be resident in the island, or any manager or overseer on his plantation in the island, the service shall be either upon such attorney personally, or by leaving it at his place of abode, or upon such overseer or manager personally, or by leaving it at the house upon the defendant's plantation where the overseer or manager usually resides. But if no such attorney, overseer or manager; then the nailing up a copy of the declaration and summons at the entrance of the court-house shall be held good service." (Hervorhebungen hinzugefügt).

12 Ibid., S. 192.

Ellenborough des Court of King's Bench in London, der über die Anerkennung des Urteils in England befinden musste, weigerte sich jedoch, die Bestimmung des Rechts von Tobago in diesem Sinn auszulegen.[13] Es erschien ihm absurd, dass ein Zivilgericht gegenüber einem Ausländer zuständig sein sollte, obwohl diesem die Klage gar nicht in jener Jurisdiktion zugestellt werden konnte und er zuvor auch niemals in jener Jurisdiktion aufhältig war. Diese Schlussfolgerung untermauerte er mit drei rethorischen Fragen: „[H]ow could that be obligatory upon the subjects of foreign countries? Can the Island of Tobago pass a law to bind the rights of the whole world? Would the world submit to such an assumed jurisdiction?" Folglich versagte Lord Ellenborough dem Urteil die Anerkennung und Vollstreckung.[14]

Exorbitante Gerichtsstände werden international kritisiert, weil sie als unfair gegenüber der beklagten Partei gelten.[15] Die beklagte Partei muss sich in einem potentiell unbekanntem Forum in einer ihr potentiell unbekannten Sprache und allenfalls mit Unterstützung eines teuren Rechtsbeistandes verteidigen.[16] Die beklagte Partei könnte sich sogar mit Vorurteilen, Ressentiments oder Ausländerfeindlichkeit konfrontiert sehen. Ihre Verbindung wie auch jene der Rechtsstreitigkeit zum Forumstaat wird vor allem nach territorialen Gesichtspunkten als nicht ausreichend angesehen, um die Nachteile der beklagten Partei legitimieren zu können. Gleichzeitig kann die Nichteinlassung in den Rechtsstreit weitreichende Folgen nach sich ziehen, außer (1.) es bestehen keine (nennenswerten) exekutierbaren Vermögenswerte im Forumstaat, (2.) es existieren keine Anerkennungs- und Vollstreckungsabkommen mit Staaten, in denen Vermögenswerte bestehen, und (3.) die beklagte Partei kann auf die Einreise und Tätigkeit in den genannten Staaten verzichten.

Zwei prominente Beispiele und ein weniger bekanntes Beispiel für exorbitante Gerichtsstände sollen der Veranschaulichung dienen. Art. 14 des französischen Code Civil[17] sieht gemäß der Auslegung durch die französischen

13 Ibid., S. 194.

14 Ibid.

15 Nadelmann 1961; Clermont / Palmer 2006; Michaels 2017; Childress III 2017.

16 Vergleiche die Argumentation des BGH in seinem Urteil v. 2.7.1991 (XI ZR 206/90), BGHZ 115, 90 (ZaöRV 53 [1993], 372 f.).

17 „L'étranger, même non résidant en France, pourra être cité devant les tribunaux français, pour l'exécution des obligations par lui contractées en France avec un Français ; il pourra être traduit devant les tribunaux de France, pour les obligations par lui contractées en pays étranger envers des Français." Eine zeitgenössische englische Übersetzung lautet: „A foreigner, although not resident in France, may be cited before the French courts to enforce the execution of engagements contracted by him in

Gerichte vor, dass jede französische Staatsbürgerin / jeder französischer Staatsbürger in Frankreich Klage erheben kann, ohne dass es eines weiteren Bezugspunktes zu Frankreich bedarf.[18] Im Anwendungsbereich der Europäischen Gerichtsstands- und Vollstreckungsverordnung (EuGVVO 2012) ist dieser Gerichtsstand freilich unzulässig.[19] Gegenüber einer beklagten Partei mit Wohnsitz in einem Drittstaat bleibt er jedoch zulässig.[20] Aufgrund von Art. 6 Abs. 2 EuGVVO 2012 kann sich sogar jede Person mit Wohnsitz in Frankreich gegenüber einer beklagten Partei mit Wohnsitz in einem Drittstaat darauf berufen. Das zweite Beispiel betrifft die USA. Das US-Verfassungsrecht gestattet die Zuständigkeitsbegründung durch physische Klagezustellung im entsprechenden Bundesstaat.[21] Weniger bekannt in der westlichen Literatur, jedoch nicht weniger weitreichend, sind die exorbitanten Gerichtsstände der Volksrepublik China. Art. 265 der chinesischen Zivilprozessordnung sieht unter anderem die Gerichtstände am Ort arrestierbarer Vermögenswerte und am Ort jeder Zweigniederlassung vor.[22]

France with a Frenchman; he may be summoned before the tribunals of France, on account of engagements entered into by him with Frenchmen in a foreign country" (Law Bookseller William Benning (Hrsg.): *The Code Napoleon; or The French Civil Code; literally translated from the original and official edition, publihed at Paris, in 1804, by a barrister of the Inner Temple.* 1827, S. 4).

18 Clermont, Kevin M. / Palmer, John R.B.: „French Article 14 Jurisdiction, Viewed from the United States". 13 *Cornell Law Faculty Publications* (2004) S. 1, 10.

19 Art. 5 Abs. 1 und 2 EuGVVO 2012. Die Verordnung (EG) Nr. 44/2001 des Rates vom 22. Dezember 2000 über die gerichtliche Zuständigkeit und die Anerkennung und Vollstreckung von Entscheidungen in Zivil- und Handelssachen, *ABl. L 12, 16.1.2001, S. 1-23* wies in Annex 1 noch eine demonstrative Liste der im Anwendungsbereich der Verordnung nicht gestatteten exorbitanten Gerichtsstände auf. Siehe auch das Übereinkommen über die gerichtliche Zuständigkeit und die Vollstreckung gerichtlicher Entscheidungen in Zivil- und Handelssachen (konsolidierte Fassung) (unterzeichnet am 27.9.1968, in Kraft seit 1.2.1973) ABl. L 299, S. 32-42, Art. 3; da (Lugano) Übereinkommen über die gerichtliche Zuständigkeit und die Vollstreckung gerichtlicher Entscheidungen in Zivil- und Handelssachen (unterzeichnet am 16.9.1988, in Kraft seit 1.1.1992) OJ L 319, p. 9-48, Art. 3; das (Lugano II) Übereinkommen über die gerichtliche Zuständigkeit und die Vollstreckung gerichtlicher Entscheidungen in Zivil- und Handelssachen (unterzeichnet am 30.10.2007, in Kraft seit 1.1.2010) ABl. L 339, 21.12.2007, S. 3-41, Annex 1.

20 Art. 6 Abs. 2 EuGVVO 2012.

21 *Burnham v. Superior Court*, 495 U.S. 604 (1990) 622.

22 Tu Guangjian: *Private international law in China*. Springer: 2016, S. 124. Tu nennt nachstehende englische Übersetzung: „Where an action is instituted against a

Die genannten Beispiele entsprechen den bekanntesten exorbitanten Gerichtsständen, nämlich dem Klägergerichtsstand, dem Gerichtsstand der Klagezustellung, dem Vermögensgerichtsstand und dem Gerichtsstand der Geschäftsausübung.[23] Zudem spricht einiges dafür, den Gerichtsstand des anwendbaren Rechts ebenfalls den exorbitanten Gerichtsständen zuzuordnen, weil beklagte Parteien das anwendbare Recht oftmals nicht beeinflussen können oder zumindest nicht damit rechnen, dass damit auch die Gerichtszuständigkeit verbunden ist.

Auf einen wesentlichen Aspekt geht die genannte Kritik allerdings nicht ein. Ist diese Kritik Ausdruck rechtspolitischer Überzeugungen oder ist sie auch Ausdruck von entsprechender Staatenpraxis und Rechtsüberzeugung? Mit anderen Worten: Verstoßen die exorbitanten Gerichtsstände gegen Völkergewohnheitsrecht?

B. Eine kurze Geschichte mangelnder Einigkeit

Über weite Strecken des 19. Jahrhunderts wurde die Frage, ob exorbitante Gerichtsstände gegen das Völkergewohnheitsrecht verstoßen, vor allem in den USA im rechtswissenschaftlichen Schrifttum, in Gerichtsentscheidungen sowie in der diplomatischen Korrespondenz für die meisten dieser Gerichtsstände bejaht.[24] Für Klagen gegen natürliche und juristische Personen vertrat

---

defendant that has no domicile within the territory of the People's Republic of China for a contract dispute or any other property right or interest dispute, if the contract is signed or performed within the territory of the People's Republic of China, or the subject matter of action is located within the territory of the People's Republic of China, or the defendant has any arrestable property within the territory of the People's Republic of China, or the defendant has any representative office within the territory of the People's Republic of China, the people's court at the place where the contract is signed or performed, where the subject matter of action is located, where the arrestable property is located, where the tort occurs or where the domicile of the representative office is located may have jurisdiction over the action."

23 Michaels 2017, S. 1050.

24 Siehe vor allem Story, Joseph: *Commentaries on the Conflict of Laws.* Hilliard, Gray, and Company: 1834, § 539, § 546 „[…] there is no pretence to say that such modes of proceeding can confer any legitimate jurisdiction over foreigners, who are non-residents, and do not appear, whether they have notice of the suit or not."; ibid § 556 „[…] no nation can rightfully claim to exercise it [jurisdiction], except as to persons and property within its own domains […]"; Wheaton, Henry: *Elements of International Law.* Sampson Low Son & C.: 8 edn, 1866, § 77 in Verbindung mit § 112; Halleck, Henry Wager: *Halleck's International Law, Or, Rules Regulating the Intercourse of States in*

der Rechtswissenschaftler und Richter des U.S. Supreme Court, Joseph Story, dass das Völkergewohnheitsrecht verlange, dass die beklagte Person sich bei Zustellung der Klage in der jeweiligen Jurisdiktion aufhalten müsse.[25] Am deutlichsten formulierte es ein weiterer Richter des U.S. Supreme Court, Stephen J. Field, in den Entscheidungen *Galpin v. Page*[26] und *Pennoyer v. Neff*.[27] In letzterer Entscheidung von 1878 postulierte Stephen J. Field im Namen des U.S. Supreme Court:

> The other principle of public law referred to follows from the one mentioned; that is, that no State can exercise direct jurisdiction and authority over persons or property without its territory. [...] The several States are of equal dignity and authority, and the independence of one implies the exclusion of power from all others.[28]

Wenngleich diese Entscheidung einen Jurisdiktionskonflikt zwischen US-Bundesstaaten betraf, leitete Stephen J. Field das genannte Diktum aus dem Völkerrecht ab, wie sein Verweis auf die Lehren von Joseph Story und Henry Wheaton bezeugt.[29]

Peace and War. C. Kegan Paul & Co.: vol. 1, 1878, S. 169; Wharton, Francis, *A Treatise on the Conflict of Laws: Or, Private International Law*. Kay and Brother: 2 edn, 1881, § 649; hinsichtlich Gerichtsentscheidungen siehe am deutlichsten *Pennoyer v. Neff*, 95 U.S. 714 (1878); hinsichtlich diplomatischer Korrespondenz siehe den Fall *Lund v. Ogden* (Andrews, C.C. (Hrsg.): *Official Opinions of the Attorneys General of the United States*. Farnham, Robert: vol. VI, 1856, S. 75) und die Äußerungen des Außenministers der USA Frederick Theodore Frelinghuysen betreffend den Angriff auf das Schiff „Daylight" (Secretary of State Frelinghuysen to Mr. Morgan, datiert 17 May 1884, abgedruckt in: Foreign Relations of the United States (1884) S. 358).

25 Story 1834, § 539 und § 546, welcher wiederum vom holländischen Rechtsgelehrten Ulricus Huberus (Ulrik Huber) inspiriert wurde, siehe Davies D.J.: „The Influence of Huber's De Conflictu Legum on English Private International Law" 18 (1937) Brit YB Int'l L S. 49, 54.

26 *Galpin v. Page*, 85 U.S. 350 (1873).

27 *Pennoyer v. Neff*, 95 U.S. 714 (1878).

28 Ibid., S. 722.

29 Ibid. Ebenso folgt daraus, dass sich Stephen J. Field mit der Bezeichnung „public law" auf das Völkerrecht bezog. Siehe dazu Akehurst, Michael: „Jurisdiction in International Law". 46 (1972-1973) Brit YB Int'l L S. 145, 172; Redish, Martin H.: „Due Process, Federalism, and Personal Jurisdiction: A Theoretical Evaluation". 75 (1980) Nw UL Rev S. 1112, 1116; Born, Gary B.: „Reflections on Judicial Jurisdiction in International Cases". 17 (1987) Ga J Int'l & Comp L S. 1, 2; Perdue, Wendy Collins. „Sin, Scandal, and Substantive Due Process: Personal Jurisdiction and Pennoyer Reconsidered". 62 (1987) Wash L Rev S. 479, 506; Born, Gary B. / Rutledge, Peter B.: *International civil litigation in United States courts*. Wolters Kluwer Law & Business: 2018, S. 95.

Indessen kann bezweifelt werden, dass die damit aufgestellte äußerst strenge Beschränkung der Zivilgerichtsstände selbst zu jener Zeit auf einer Norm des Völkergewohnheitsrechts beruhte. Es wird vertreten, dass es bereits im antiken Rom Gerichtsstände gab, die nicht auf den Aufenthalt der beklagten Partei abstellten.[30] Diese Gerichtsstände blieben in Kontinentaleuropa verankert. So sah etwa auch im Kaisertum Österreich § 45 des Gesetzes über den Wirkungskreis und die Zuständigkeit in bürgerlichen Rechtssachen von 1850 den Gerichtsstand am Ort der Erfüllung des Vertrags vor.[31] Der bereits erwähnte Klägergerichtsstand des Art. 14 Code Civil wurde im Jahr 1804 eingeführt. Auch das Vereinigte Königreich ging über die Gerichtsstände jener US-amerikanischen Maxime hinaus, als ab 1852 Klagezustellungen außerhalb des Vereinigten Königreichs zugelassen wurden.[32]

Im 20. Jahrhundert setzten sich vor allem zwei Autoren mit dieser Thematik näher auseinander, nämlich Frederick Alexander Mann[33] und Michael Akehurst.[34] F.A. Mann zufolge verlange das Völkergewohnheitsrecht eine ausreichende Nahebeziehung der beklagten Partei zum Forumstaat und vor allem zu dessen Territorium.[35] Der Gerichtsstand der Klagezustellung würde möglicherweise gegen das Völkergewohnheitsrecht verstoßen.[36] Für den

---

30 Bestimmte Passagen des *Corpus Iuris Civilis* deuten an, dass vertragliche Ansprüche am Ort des Vertragsabschlusses oder am Erfüllungsort eingeklagt werden konnten (für diese Sichtweise z.B. Beale, Joseph Henry: „The Jurisdiction of Courts over Foreigners. I. European Law". 26 (1913) Harvard Law Review 193 S. 195; offen lassend Quick, Eva: *Forum Contractus: Eine Untersuchung zur Gerichtsstandslehre im Usus Modernus*. Kovač: 2011, S. 35; siehe dazu auch Schröder, Jochen: *Internationale Zuständigkeit: Entwurf eines Systems von Zuständigkeitsinteressen im zwischenstaatlichen Privatverfahrensrecht aufgrund rechtshistorischer, rechtsvergleichender und rechtspolitischer Betrachtungen*. Westdt. Verlag: 1971, S. 284). Darüber hinaus war im römischen Recht nach einiger Zeit auch der Gerichtsstand der Widerklage am Ort der anhängigen Hauptklage anerkannt (Schröder 1971, S. 582).

31 § 45 des Gesetzes über den Wirkungskreis und die Zuständigkeit in bürgerlichen Rechtssachen, RGBl 1850/237, abgerufen am 31.10. 2022, von https://alex.onb.ac.at/cgi-content/alex?aid=rgb&datum=1850&page=1074&size=45.

32 Dicey, Albert Venn: *A Digest of the Law of England with Reference to the Conflict of Laws*. Stevens and Sons Limited: 1896, S. 240

33 Mann, Frederick Alexander: „The Doctrine of Jurisdiction in International Law". 111 (1964) Recueil des Cours, S. 1; Mann, Frederick Alexander: „The Doctrine of International Jurisdiction Revisited after Twenty Years". 186 (1984) Recueil des Cours S. 9.

34 Akehurst 1972-1973.

35 Mann 1964, S. 73 ff.

36 Ibid., S. 77; siehe auch Mann 1984, S. 32.

Klägergerichtsstand nach Art. 14 Code Civil war das nach Ansicht von F.A. Mann jedenfalls so.[37] Den Vermögensgerichtsstand erachtete er nur eingeschränkt für zulässig.[38] Die vor allem von Joseph Story und Stephen J. Field postulierte Maxime, dass sich die beklagte Partei bei Klagezustellung im Territorium des Forumstaates aufhalten müsse, lehnte er jedoch als zu restriktiv ab.[39] Michael Akehurst widersprach F.A. Mann. Er vertrat die Ansicht, dass Zivilgerichte ihre Zuständigkeit oftmals ohne ausreichende Nahebeziehung zum Forumstaat ausüben würden und dies – bis auf wenige Ausnahmen – ohne Proteste anderer Staaten.[40] Akehurst gelangte daher zu dem Ergebnis, dass das Völkergewohnheitsrecht Staaten in der Wahl ihrer Gerichtsstände nicht beschränke.[41]

Bemerkenswert ist auch die Meinungsdifferenz zwischen dem Restatement Third of U.S. Foreign Relations Law aus 1987[42] und Restatement Fourth of U.S. Foreign Relations Law aus 2018.[43] Die Restatements sind vom American Law Institute herausgegebene Publikationen, welche das Völkerrecht aus Sicht der USA kodifizieren und vor allem in den USA von großem Einfluss sind.[44] Das Restatement Third erklärte noch sämtliche zuvor genannten exorbitanten Gerichtsstände für völkergewohnheitsrechtswidrig, mit Ausnahme des Gerichtsstandes der Geschäftsausübung.[45] Die Co-Reporter des Restatement

37 Mann 1964, S. 80 weist auf die Ironie hin, dass Frankreich im berühmten *Lotus*-Fall argumentierte, dass das passive Personalitätsprinzip im Strafrecht (Zuständigkeit aufgrund der Staatsangehörigkeit des Opfers) gegen Völkergewohnheitsrecht verstoße, während Frankreich selbst mit Art. 14 Code Civil ein zivilrechtliches Pendant kenne.

38 Ibid., S. 81; siehe auch Mann 1984, S. 32, 69.

39 Mann 1964, S. 74.

40 Akehurst 1972-1973, S. 170.

41 Ibid., S. 177.

42 American Law Institute (Hrsg.): *Restatement of the Law, Third, The Foreign Relations Law of the United States*. American Law Institute Publishers: 1987.

43 American Law Institute (Hrsg.): *Restatement of the Law, Fourth, the Foreign Relations Law of the United States: Selected Topics in Treaties, Jurisdiction, and Sovereign Immunity: §§ 301-313; 401-464; 481-490, Tables and Index*. American Law Institute Publishers: 2018.

44 Massey, David B.: „How the American Law Institute Influences Customary Law: The Reasonableness Requirement of the Restatement of Foreign Relations Law". 22 (1997) Yale J Int'l L S. 419, 424.

45 American Law Institute 1987, § 421.

Fourth haben sich hingegen der Meinung Akehursts angeschlossen, dass das Völkergewohnheitsrecht diesbezüglich gar keine Beschränkungen vorsehe.[46] Dieser Meinungsstreit kennzeichnet auch die übrige Literatur.[47]

---

46 American Law Institute 2018, § 422, Reporter's Notes 1.

47 Siehe stellvertretend nachstehende Auswahl aus dem österreichischen und deutschen Schrifttum. Für völkergewohnheitsrechtliche Schranken: Verdross, Alfred / Simma, Bruno: *Universelles Völkerrecht*. Duncker & Humblot: 1984, § 1186; Damian, Helmut: *Staatenimmunität und Gerichtszwang: Grundlagen und Grenzen der völkerrechtlichen Freiheit fremder Staaten von inländischer Gerichtsbarkeit in Verfahren der Zwangsvollstreckung oder Anspruchssicherung*. Springer: 1985, 63; Bajons, Ena-Marlies: „Zur Nationalität internationaler Schiedssachen". In: *Festschrift Kralik*. Manz: 1986, S. 3, 11; Gottwald, Peter: „Grenzen Zivilgerichtlicher Maßnahmen mit Auslandswirkung". In: *Festschrift Habscheid*. Verlag Ernst und Werner Gieseking: 1987, S. 119, 130; Jost, Delbrück / Rüdiger, Wolfrum: *Die Grundlagen. Die Völkerrechtssubjekte*. De Gruyter: vol. 12, 1988, S. 323; Reinisch, August: *US-Exportkontrollrecht in Österreich: ein Beitrag zur völkerrechtlichen und kollisionsrechtlichen Problematik der extraterritorialen Anwendung ausländischen Wirtschaftsrechts*. Manz: 1991, S. 34; Geimer, Reinhold: „Verfassung, Völkerrecht und Internationales Zivilverfahrensrecht". 5 (1992) ZfRV, S. 321, 333; Remien, Oliver: *Rechtsverwirklichung durch Zwangsgeld: Vergleich, Vereinheitlichung, Kollisionsrecht*. Mohr Siebeck: vol. 54, 1992, S. 304; Bertele, Joachim: *Souveränität und Verfahrensrecht: eine Untersuchung der aus dem Völkerrecht ableitbaren Grenzen staatlicher extraterritorialer Jurisdiktion im Verfahrensrecht*. Mohr Siebeck: 1998, S. 325; Ehrenzeller, Sabine Kofmel: *Der vorläufige Rechtsschutz im internationalen Verhältnis: Grundlagen*. Mohr Siebeck: vol. 39, 2005, S. 315; Rau, Markus: „Minimum Contacts". (2000) RIW, S. 761, 772; Schütze, Rolf A.: *Deutsches Internationales Zivilprozessrecht unter Einschluss des Europäischen Zivilprozessrechts*. De Gruyter: 2 edn, 2005, Rn. 113; Escher, Alfred / Reichert, Götz: „Die subsidiäre Zuständigkeit des Kammergerichts Berlin nach § 1062 Abs. 2 a.E. ZPO: Globale Allzuständigkeit oder minimaler Inlandsbezug?" In: Risse, Jörg / Pickrahn, Guenter et al. (Hrsg.): 5(2) (2007) SchiedsVZ, S. 73; Reinisch, August: „Jurisdiction: Grenzen der Staatsgewalt und Verfahrensgerechtigkeit bei internationalen Prozessen". In: *Vienna Law Inauguration Lectures – Antrittsvorlesungen an der Rechtswissenschaftlichen Fakultät der Universität Wien*. Manz 2014, vol. 3, S. 115; prinzipiell für völkergewohnheitsrechtliche Grenzen, jedoch äußerst kritisch gegenüber praktisch relevanten Grenzen Geimer, Reinhold: *Internationales Zivilprozessrecht*. Verlag Dr. Otto Schmidt KG: vol. 7, 2015, Rn. 127-128b, 377-378a; Reinisch, August ua: „IV. Abschnitt: Die Völkerrechtssubjekte 1. Kapitel: Die Staaten". In Reinisch, August ua (Hrsg.), *Österreichisches Handbuch des Völkerrechts Band I – Textteil*. Manz 2021, 6. Auflage, 2013, Rn. 718; gegen völkergewohnheitsrechtliche Schranken: Matscher, Franz: „Zur Funktion und Tragweite der Bestimmung des § 28 JN". In: *Festschrift Schwind*. Manz: 1978, S. 185, 186; Seber, Robert: „Der Umfang der österreichischen inländischen Gerichtsbarkeit

C. Die weite Verbreitung der exorbitanten Gerichtsstände

Staatenpraxis im Sinne des Art. 38 Abs. 1 lit. b des IGH-Statuts muss (i) ausreichend weit verbreitet und repräsentativ sowie (ii) so gut wie einheitlich und extensiv sein.[48] Zur Beurteilung dieser Kriterien wurde eine Datenbank der exorbitanten Gerichtsstände erstellt, welche bislang 72 Staaten erfasst und letztlich ca. 80 Staaten behandeln soll. Die Informationen entstammen drei Enzyklopädien des internationalen Privatrechts[49] sowie Gesetzestexten und akademischer Literatur, soweit diese verfügbar waren.[50] Es wurde ein thematisch eingeschränkter Bereich der Gerichtsstände im internationalen Zivilverfahren untersucht.[51] Die nachstehende Grafik stellt die bisher untersuchten Staaten dar.

---

für Klagen im gewerblichen Rechtsschutz und Urheberrecht" 24 (1983) ZfRV, S. 270, 271; Rechberger, Helmut: „Gibt es ‚eine internationale Zuständigkeit' der österreichischen Gerichte?". In: *Festschrift Nagel*. Aschendorff: 1987, S. 295, 312; Matscher, Franz: „Die Indikationentheorie an der Schwelle der Integration des österreichischen in das europäische Zivilprozeßrecht". (1996) JBl, S. 277, 279; Schack, Haimo: „Internationale Zuständigkeit und Inlandsbezug". In: *Festschrift Nakamura*. De Gruyter: 1996, S. 492, 506; Matscher, Franz: „Vor Art. IX EGJN: Allgemeines zur (inländischen) Gerichtsbarkeit". In Fasching, Hans Walter / Konecny, Andreas (Hrsg.): *Kommentar zu den Zivilprozessgesetzen*. Manz: 3. Auflage, 2013, Rn. 5; siehe auch Schröder 1971, S. 766, wonach die völkerrechtlichen Grenzen „irgendwo im Nebel praktischer Unbrauchbarkeit" verlaufen würden.

48 *North Sea Continental Shelf Cases* (*Federal Republic of Germany v. Denmark; Federal Republic of Germany v. Netherlands*), Judgment 20.2.1969. ICJ Rep. 1969, S. 3, S. 43; International Law Commission: „Draft conclusions on identification of customary international law, with commentaries". (30 April–1 June and 2 July–10 August 2018) UN Doc. A/73/10, S. 135, 136.

49 Basedow, Jürgen et al. (Hrsg.): *Encyclopedia of private international law*. Edward Elgar Publishing: 2017; Vandenbussche, Wannes (Hrsg.): International Encyclopeadia of Laws: Civil Procedure. Wolters Kluwer: 2022; Bryan, Simon (Hrsg.): Encyclopaedia of International Commercial Litigation. Wolters Kluwer: 2022.

50 Die Aktualität der Information entspricht jener der herangezogenen Materialien. Es kann daher nicht ausgeschlossen werden, dass nachträgliche Änderungen in den Rechtsordnungen der untersuchten Staaten eingetreten sind oder aktualisierte Länderberichte noch nicht berücksichtigt werden konnten (die meisten untersuchten Länderberichte stammen aus den Jahren 2020/2021). Das Verzeichnis der zu jedem Staat herangezogenen Quellen findet sich in der zugrundeliegenden, noch nicht abgeschlossenen, Arbeit.

51 Die Untersuchung bezieht sich auf Gerichtsstände in Zivil- und Handelssachen mit Ausnahme der nachstehend Genannten (zumeist aufgrund spezialisierter

Erstellt auf https://www.mapchart.net/world.html

Die nächste Grafik weist Staaten mit zumindest einem exorbitanten Gerichtsstand in roter Farbe aus. Dabei handelt es sich um die fünf in Abschnitt A. genannten Gerichtsstände, nämlich den Gerichtsstand des anwendbaren Rechts, den Klägergerichtsstand, den Gerichtsstand der Klagezustellung, den Vermögensgerichtsstand sowie den Gerichtsstand der Geschäftsausübung. In orange ausgewiesen sind Staaten, welche zwar keinen exorbitanten Gerichtsstand aufweisen, jedoch zumindest einen „semi-exorbitanten" Gerichtsstand haben. Es handelt sich dabei nach eigener Definition vor allem um Gerichtsstände, die neben dem exorbitanten Anknüpfungspunkt einen weiteren Anknüpfungspunkt verlangen, welcher jedoch nicht zu den international anerkannten Anknüpfungspunkten zählt (wie z.B. der Wohnsitz) und auch selbst wiederum exorbitant

Rechtsregime): Familien- und Statusrecht, Erbrecht, Trusts nach dem common law, Seerecht, IT/IP Recht, Finanzrecht, Konsumentenschutzrecht, Arbeitsrecht, Versicherungsrecht, Kartellrecht, Verfahren gegen Staaten und (teil-)souveräne Entitäten, Außerstreitverfahren, einstweilige Verfügungen, Schiedsverfahren, Exekutionsrecht, Insolvenzrecht, Zivilverfahren aufgrund strafrechtlicher Verstöße inklusive Bestimmungen zur Bekämpfung von Terrorismus und Geldwäsche. Weiters sind *lis pendends*, *res iudicata* sowie die Frage, ob ein Gericht seine Zuständigkeit bei ausschließlicher Gerichtsstandsvereinbarung zu Gunsten eines ausländischen Gerichts verneinen muss, wegen des Fokus auf den „positiven" Gerichtsständen nicht Gegenstand der Untersuchung.

sein kann. Ein Beispiel ist der Gerichtsstand am Ort arrestierbaren Vermögens, auf den sich nur eine Person mit Wohnsitz in der Jurisdiktion berufen kann.[52] In diese Kategorie wurden auch der Gerichtsstand der Notzuständigkeit (*forum necessitatis*),[53] jener auf Basis von Reziprozität und allgemeiner Nahebeziehung (die aber nicht auf einem der anerkannten Anknüpfungspunkte beruht) eingeordnet. Blau verbleiben jene untersuchten Staaten, welche weder einen exorbitanten noch einen semi-exorbitanten Gerichtsstand aufweisen.

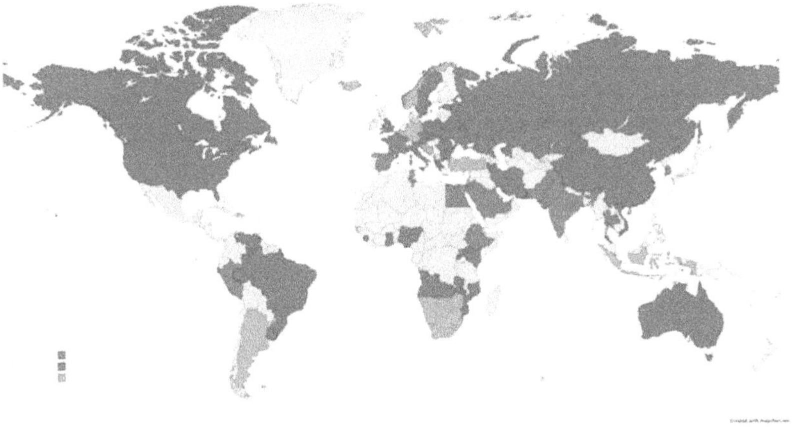

Erstellt auf https://www.mapchart.net/world.html

Von den 72 untersuchten Staaten haben 39 Staaten zumindest einen exorbitanten Gerichtsstand, zumeist sogar mehrere. Weitere 18 Staaten haben

52 Das ist die Rechtslage in Zimbabwe: Sithole, Ellen: „Zimbabwe“. In: Vandenbussche, Wannes (Hrsg.): International Encyclopeadia of Laws: Civil Procedure. Wolters Kluwer: 2022, S. 35.

53 Siehe z.B. § 28 Abs. 1 S. 2 der österreichischen Jurisdiktionsnorm: „Sind für eine bürgerliche Rechtssache die Voraussetzungen für die örtliche Zuständigkeit eines inländischen Gerichts im Sinne dieses Gesetzes oder einer anderen Rechtsvorschrift nicht gegeben oder nicht zu ermitteln, so hat der Oberste Gerichtshof aus den sachlich zuständigen Gerichten eines zu bestimmen, welches für die fragliche Rechtssache als örtlich zuständig zu gelten hat, wenn […] der Kläger österreichischer Staatsbürger ist oder seinen Wohnsitz, gewöhnlichen Aufenthalt oder Sitz im Inland hat und im Einzelfall die Rechtsverfolgung im Ausland nicht möglich oder unzumutbar wäre.“

zumindest einen quasi-exorbitanten Gerichtsstand. Bei 22 von diesen insgesamt 57 Staaten – überwiegend common law-Jurisdiktionen – bestehen (zumeist diskretionäre) Möglichkeiten, die formal bestehende Zuständigkeit nicht auszuüben.

Die Verteilung der einzelnen exorbitanten Gerichtsstände ist nahezu gleichmäßig:

Gerichtsstand des anwendbaren Rechts	**Klägergerichtsstand**	**Gerichtsstand der Klagezustellung**	**Vermögensgerichtsstand**	**Gerichtsstand der Geschäftsausübung**
15 Staaten	8 Staaten	12 Staaten	14 Staaten	14 Staaten

Demnach würde die internationale Staatenpraxis die exorbitanten Gerichtsstände eher stützen als widerlegen. Drei wichtige Fragen können allerdings zu diesem Zeitpunkt noch nicht beantwortet werden: Werden diese exorbitanten Gerichtsstände – ungeachtet ihres formalen Bestehens – auch ausgeübt? Muss zwischen den einzelnen exorbitanten Gerichtsständen differenziert werden? Auf welche Art der Staatenpraxis kommt es an: Staatenpraxis zur Begründung einer Verbotsnorm durch Abstandnahme von exorbitanten Gerichtsständen oder Staatenpraxis zur Begründung einer Erlaubnisnorm durch Ausübung von exorbitanten Gerichtsständen?

D. *Opinio iuris* gegen exorbitante Gerichtsstände?

Auch eine etwas uneinheitliche Staatenpraxis stünde einer Norm des Völkergewohnheitsrechts nicht zwingend entgegen.[54] Eine entsprechende Rechtsüberzeugung ist dagegen unverzichtbar. Die Frage nach der *opinio iuris* ist daher entscheidend. Unterstellt man eine den exorbitanten Gerichtsständen entgegengesetzte völkergewohnheitsrechtliche Norm und nimmt man weiteres an, dass die exorbitanten Gerichtsstände auch ausgeübt werden, würde man aufgrund der etlichen Verstöße gegen das Völkergewohnheitsrecht entsprechende staatliche Proteste erwarten.[55] Die Literatur verweist allerdings darauf,

54 International Law Commission 2018, S. 137-138.
55 Akehurst 1972-1973, S. 176.

dass Proteste gegen exorbitante Gerichtsstände nahezu inexistent sind.[56] Diese Aussage bedarf freilich noch einer systematischen Überprüfung. Allerdings steht fest, dass wesentliche Akteure des Völkerrechts, nämlich die Europäische Union, ihre Mitgliedstaaten sowie die EFTA-Staaten ihre jeweiligen exorbitanten Gerichtsstände in ihrer Wirkung gegenüber beklagten Parteien mit Wohnsitz / Sitz in Drittstaaten durch völker- und europarechtliche Instrumente sogar noch verstärkt haben. Sie haben diese zwar untereinander für unanwendbar erklärt, Urteile, welche auf Basis von exorbitanten Gerichtsständen gegen beklagte Parteien mit Wohnsitz / Sitz in Drittstaaten erlassenen wurden, genießen jedoch unter den Staaten der Europäischen Union und der EFTA das Privileg der nahezu uneingeschränkten Anerkennung und Vollstreckung.[57]

Doch auch wenn man der Annahme folgt, dass das Völkergewohnheitsrecht den exorbitanten Gerichtsständen nicht (oder zumindest nicht *per se*) entgegensteht, lässt das noch nicht den Schluss zu, dass Staaten diesbezüglich gänzlich unbeschränkt sind. Fehlende Proteste können auch darauf zurückzuführen sein, dass sich die bestehenden Gerichtsstände oder zumindest deren Ausübung, zumeist innerhalb der bestehenden völkergewohnheitsrechtlichen Schranken bewegen.[58] In einem solchen Szenario könnte eine Jurisdiktionsausübung, welche selbst die für die exorbitanten Gerichtsstände erforderliche Nahebeziehung zum Forumstaat missachtet oder einer rechtsmissbrauchsähnlichen Jurisdiktionsausübung gleichkommt (z.B. Vermögensgerichtsstand für eine Millionenklage aufgrund von einem Euro im Forum) dennoch eine Verletzung des Völkergewohnheitsrechts begründen.

---

56 Rheinstein, Max: „The Constitutional Bases of Jurisdiction". 22 (1955) The University of Chicago Law Review S. 775, 798; Akehurst 1972-1973, S. 176; Roorda, Lucas / Ryngaert, Cedric: „Public International Law Constraints on the Exercise of Adjudicatory Jurisdiction in Civil Matters". In: Forlati, Serena und Franzina, Pietro (Hrsg.): *Universal Civil Jurisdiction*. Brill Nijhoff: 2020, S. 83; siehe aber American Law Institute 1987, Chapter 2, Jurisdiction to Adjudicate, Introductory Note: „increasingly they [states] object to the improper exercise of jurisdiction as itself a violation of international principles". Das Restatement Third nennt allerdings keine Beispiele.

57 EuGVVO 2012, Art. 36 und Art. 39; Lugano Übereinkommen 2007, Art. 26 und Art. 31.

58 Michaels, Ralf: „Is Adjudicatory Jurisdiction a Category of Public International Law?". OpinioJuris: 20.9.2018, abgerufen am 31.10.2022, von http://opiniojuris.org/2018/09/20/is-adjudicatory-jurisdiction-a-category-of-public-international-law/.

Der Ständige Internationale Gerichtshof führte im *Lotus*-Fall in Bezug auf das Zuständigkeitsrecht und vor allem auch die internationale zivilgerichtliche Zuständigkeit noch Folgendes aus:

> Far from laying down a general prohibition to the effect that States may not extend the application of their laws and the jurisdiction of their courts to persons, property and acts outside their territory, it leaves them in this respect a wide measure of discretion which is only limited in certain cases by prohibitive rules; as regards other cases, every State remains free to adopt the principles which it regards as best and most suitable.[59]

Post-*Lotus* haben sich jedoch zumindest die Höchstgerichte von Australien und Deutschland sowie die Regierungen der Niederlande und des Vereinigten Königreichs deutlich für eine völkergewohnheitsrechtliche Grenze auch für die internationale zivilgerichtliche Zuständigkeit ausgesprochen. Der Australian High Court verlangt „a substantial and bona fide connection between the subject matter of a dispute and the source of jurisdiction",[60] der BGH einen „hinreichende[n] Inlandsbezug".[61] Nach den Niederlanden und dem Vereinigten Königreich sei eine „close connection with the forum" erforderlich.[62]

E. Schlussfolgerung und Ausblick

Dieses von den genannten Staaten vertretene Ergebnis würde sich insofern gut in das völkerrechtliche Jurisdiktionsrecht einfügen, als nach herrschender Ansicht das Völkergewohnheitsrecht auch die Reichweite materiell-rechtlicher Normen (prescriptive jurisdiction im engeren Sinn) durch das Erfordernis einer ausreichenden Nahebeziehung zum rechtsetzenden Staat begrenzt.[63] In

---

59 *The Case of the S.S. "Lotus" (France v. Turkey)*, Judgment 7.9.1927. PCIJ Rep. Series A, No. 10, S. 19.

60 *Dow Jones & Company Inc. v. Gutnick*, 42 ILM 41 (2003) 105.

61 *Urteil v. 2.7.1991 (XI ZR 206/90)*, BGHZ 115, 90 (ZaöRV 53 [1993], 372 f.).

62 *Brief amici curiae der Regierungen des Königreichs der Niederlande und des Vereinigten Königreiches Großbritannien und Nordirland (Kiobel v. Royal Dutch Petroleum Co. et al)*. 13. Juni 2012, S. 17.

63 Stellvertretend Crawford, James: *Brownlie's Principles of Public International Law*. OUP: 9. Auflage, 2019, S. 441; oftmals auch nach als verschiedene Jurisdiktionsprinzipien ausgedrückt: Territorialität, Personalität, Schutzprinzip, Universalität, siehe Dunoff, Jeffrey L. und andere: *International Law: Norms, Actors, Process*. Aspen Publishing: 5. Auflage, 2020, S. 273; siehe auch Staker, Christopher: „Jurisdiction". In: Evans, Malcolm D. (Hrsg.): *International Law*. OUP: 5. Auflage, 2018, S. 296, welcher argumentiert, dass die Jurisdiktionsprinzipien bloß Ausdruck des Erfordernisses einer ausreichenden Nahebeziehung sind.

beiden Fällen wird die Geltung staatlichen Rechts beansprucht und zwar auch extraterritorial. Beide Fälle können zu zwischenstaatlichen Konflikten führen, welche das Völkerrecht wesensmäßig zu begrenzen versucht. Eine gewisse Begrenzung auch der zivilgerichtlichen Zuständigkeit erscheint daher nur vernünftig. Letztlich gilt es jedoch mittels möglichst objektiver empirischer Analyse zwischen Mythos und Realität zu unterschieden. Entscheidend ist, ob eine von Rechtsüberzeugung getragene Staatenpraxis besteht. Während dieser Beitrag nur einen kurzen Überblick bieten kann, verfolgt die ihm zugrundeliegende Arbeit das Ziel, diese Frage im Detail zu klären.

Teil III: Zulässigkeits- und Zuständigkeitsfragen in der internationalen Streitbeilegung

Ralph Janik*

Russlands Angriff vor dem Internationalen Gerichtshof

Die Ukraine verteidigt sich gegen Russland nicht nur auf dem Schlachtfeld, sondern auch vor Gerichten. Die Klage vor dem Internationalen Gerichtshof hat neben einer völkerrechtlichen auch eine symbolisch-(medien)politische Funktion: Geht es doch darum, russische Propaganda von einer unabhängigen Stelle prüfen und letztlich zurückweisen zu lassen.

A. Hintergrund

Zu Russlands Angriff auf die Ukraine scheint eigentlich (fast) alles gesagt: „The context in which the present case comes before the Court is well-known,“[1] wie es der Internationale Gerichtshof (IGH) gleich zu Beginn seiner Anordnung zu vorsorglichen Maßnahmen vom 16. März 2022 lapidar ausdrückte: Dementsprechend äußerte er seine tiefe Sorge („*profoundly concerned*“)[2] über das Vorgehen der russischen Föderation und ordnete ihr an, die Kampfhandlungen unverzüglich einzustellen[3] (was freilich nicht passiert ist). Der russische Angriff ist offensichtlich völkerrechtswidrig.[4]

---

* Ein großer Dank geht an Maria Huber für die überaus tatkräftige und hilfreiche Unterstützung bei der Recherche zu bisherigen Interventionen, der Erstellung der Übersicht und dem finalen Gegenlesen. Alle etwaigen verbliebenen Fehler sind meine alleinige Verantwortung.

1 *Allegations of Genocide under the Convention on the Prevention and Punishment of the Crime of Genocide (Ukraine v. Russian Federation)*, Order Provisional Measures 16.3.2022. ICJ Rep. 2022, S. 211, Rn 17.

2 Ibid., Rn 18.

3 Ibid., Rn. 86.

4 Der Autor dieser Zeilen hat hierzu am 28.2.2022 unter dem Titel *Putin's War against Ukraine: Mocking International Law* einen Blogeintrag auf EJIL: Talk! veröffentlicht, der unter https://www.ejilt alk.org/put ins-war-agai nst-ukra ine-mocking-intern atio nal-law/ verfügbar ist.

Russland vertritt, wenig überraschend, eine andere Meinung. Das Gewaltverbot ist bekanntlich ein „Eckpfeiler“[5] der Satzung der Vereinten Nationen. Schwer vorstellbar, dass ein Staat – genau genommen dessen Vertreter – offen sagen würde, es für obsolet zu halten, abschaffen oder maßgeblich einschränken zu wollen. Ganz allgemein geben Regierungen selbst die eklatantesten Völkerrechtsbrüche nicht offen zu.[6] Irgendeine Begründung, mag sie auch noch so fadenscheinig sein, findet sich immer.

So berief sich Russland am 24. Februar auf das Selbstverteidigungsrecht gemäß Artikel 51 Satzung der Vereinten Nationen. Zur näheren Erklärung war der russischen Mitteilung an den Sicherheitsrat eine Übersetzung der Rede Wladimir Putins vom gleichen Tag angehängt, in der er die Beweggründe für den Krieg darlegte: Einerseits die kollektive Selbstverteidigung der „Volksrepubliken“ Donezk und Lugansk und andererseits die unmittelbare (präventive) Selbstverteidigung Russlands selbst: (Putin zog dabei einen Vergleich zum Unternehmen Barbarossa): Aufgrund der NATO-(Ost-)Erweiterung, der militärischen Hilfe für die Ukraine und allgemein der US-Hegemonie (mitsamt Versuchen, die traditionellen russischen Werte zu zerstören und westliche, wie er es nennt, „Pseudo-Werte“ aufzuzwingen) an der Grenze zu Russland sei eine Situation entstanden, die nicht nur russische Interessen, sondern die gesamte Existenz des Staats und seiner Souveränität bedrohe. Es gehe also um wesentlich mehr als „nur“ die Ukraine, die bezeichnenderweise erst etwa bei der Hälfte der Rede zum ersten Mal ausdrücklich genannt wird, konkret die „Situation im Donbass“, der „Coup“ 2014 und die angebliche fehlende Bereitschaft von Seiten der Ukraine, den Konflikt im Osten friedlich beizulegen. In diesem Zusammenhang bezichtigte Wladimir Putin die Ukraine außerdem des Völkermords:

> We had to stop this nightmare – a genocide against the millions of people living there who are pinning their hopes only on Russia, on us alone. It is their aspiration, the feelings and pain of these people that were the main motivating force behind our decision to recognize the independence of the Donbass People’s Republics.[7]

---

5 *Armed Activities on the Territory of the Congo (Democratic Republic of Congo v. Uganda)*, Judgment 19.12.2005. ICJ Rep. 2005, S. 168, Rn. 148.

6 Siehe dazu, allen voran, Koskenniemi, Martti: *From Apology to Utopia*. Cambridge University Press: Cambridge 2006. Siehe auch Guzman, *How International Law Works. A Rational Choice Theory.* Oxford University Press: Oxford 2008.

7 Letter dated 24 February 2022 from the Permanent Representative of the Russian Federation to the United Nations addressed to the Secretary-General, S/2022/154, S. 5.

B. Zuständigkeit des Gerichtshofs

I. Prima facie

Dieser Vorwurf – den Russland im Übrigen bereits seit Jahren verbreitet – ist die Grundlage für die ukrainische Klage beim Internationalen Gerichtshof (IGH), die zwei Tage nach Ausbruch des Krieges eingereicht wurde.[8] Konkret beruht sie auf Artikel 36 und 40 seines Statuts in Verbindung mit der kompromissarischen Klausel (Artikel IX) der Völkermordkonvention:

> Streitigkeiten zwischen den Vertragschließenden [sic] Parteien bezüglich der Auslegung, Anwendung oder Durchführung dieser Konvention, einschließlich derjenigen, die sich auf die Verantwortlichkeit eines Staates für Völkermord oder eine der sonstigen in Artikel III angeführten Handlungen beziehen, werden auf Antrag einer der an dem Streitfall beteiligten Parteien dem Internationalen Gerichtshof unterbreitet.

Beide Länder sind Vertragsparteien:[9] Russland hat den Status der Sowjetunion, die die Völkermordkonvention 1954 ratifiziert hat, bekanntlich allgemein „fortgeführt," was neben der Übernahme von Schulden und Eigentum auch deren Abkommen umfasst.[10] Die Ukraine hat die Völkermordkonvention im gleichen Jahr ratifiziert. Dass sie damals noch kein voll souveräner Staat, sondern eine sowjetische Teilrepublik war, spielt dabei keine Rolle, zumal sie bekanntlich ein Gründungsmitglied der Vereinten Nationen (wie im Übrigen auch Belarus) ist. Die akademisch durchaus interessante Frage einer daraus resultierenden Doppelbindung der Ukraine – als eigenständige Vertragspartei und als Teil der Sowjetunion – ist spätestens mit der Erlangung ihrer Unabhängigkeit am 24. August 1991 (Tag der Unabhängigkeitserklärung) beziehungsweise am 2. Dezember (Anerkennung der Unabhängigkeit durch die damalige russische Teilrepublik der Sowjetunion am Tag nach dem Referendum) hinfällig geworden.

---

8 IGH: *Application instituting Proceedings filed in the Registry of the Court on 26 February 2022, Allegations of Genocide under the Convention on the Prevention and Punishment of the Crime of Genocide (Ukraine v. Russian Federation)*, retrieved 15.11.2022, from https://www.icj-cij.org/public/files/case-related/182/182-20220227-APP-01-00-EN.pdf.

9 Cf. United Nations Treaty Collection: *1. Convention on the Prevention and Punishment of the Crime of Genocide*, retrieved 15.11.2022, from https://treaties.un.org/pages/ViewDetails.aspx?src=IND&mtdsg_no=IV-1&chapter=4&clang=_en#EndDec.

10 Reinisch, August / Hafner, Gerhard: *Staatensukzession und Schuldübernahme beim „Zerfall" der Sowjetunion*. Service Fachverlag: Wien 1995.

Damit kommen wir zur zweiten Vorfrage, dem Vorliegen eines Rechtsstreits: So weist die Ukraine den Vorwurf des Genozids ausdrücklich zurück. Allerdings möchte sie außerdem klarstellen, dass das russische Vorgehen keine rechtliche Grundlage hat.

Damit wird aus einem Fall, der formal gesehen das *faktische* Vorliegen eines Völkermords im *völkerrechtlichen Sinne* zum Gegenstand hat, mittelbar – zusätzlich – eine Streitigkeit rund um das *ius ad bellum* – was die Folgefrage mit sich bringt, ob und inwieweit die Zuständigkeit des Gerichtshofs sich (auch) darauf erstreckt. Russland – das im Übrigen erst gar nicht am Verfahren teilnehmen wollte und dann doch, kurz darauf, eine denkbar knappe Stellungnahme abgegeben hatte – wies diese mit dem Argument zurück, dass es sich ausschließlich auf das Selbstverteidigungsrecht berufe, zumal Putin in seiner Rede bei seiner Behauptung eines „Genozids" nicht auf die Völkermordkonvention verwiesen habe. Russland argumentiert also, dass es sich dabei um ein *moralisches*, nicht aber um ein völkerrechtliches Argument handle, das damit auch nicht Gegenstand eines *Rechts*streits sei.

Der Gerichtshof zitierte allerdings weitere Aussagen russischer Vertreter, die der Ukraine bereits seit 2014 wiederholt einen Völkermord an der russischen Bevölkerung in der Ostukraine vorgeworfen hatten.[11] Eine ausdrückliche Erwähnung des betroffenen Vertrags sei indes nicht notwendig, um sich auf eine darin befindliche Streitbeilegungsklausel zu berufen. Es geht vielmehr um die Feststellung, ob die von der Ukraine monierten Handlungen grundsätzlich unter die Bestimmungen der Völkermordkonvention fallen. Entscheidend ist also, ob sich die russischen Vorwürfe (beziehungsweise die Reaktion darauf) hinreichend eindeutig auf ihren Regelungsgegenstand beziehen – was im gegenständlichen Verfahren *prima facie* der Fall ist.[12] Der IGH sah damit die Voraussetzungen erfüllt, um zumindest vorläufige Maßnahmen zu beschließen.

II. In der Hauptsache

Die eigentliche Zuständigkeit blieb damit jedoch ungeklärt. So beinhaltet die Völkermordkonvention in der Tat keine eigene Bestimmung zur Gewaltanwendung. Sie sieht lediglich explizit vor, bei Verstößen die zuständigen Organe der Vereinten Nationen – in erster Linie den Sicherheitsrat, die

---

11 *Allegations of Genocide under the Convention on the Prevention and Punishment of the Crime of Genocide* (Ukraine v. Russian Federation) (Fn. 1), Rn. 37-41.

12 Ibid., Rn. 44.

UN-Generalversammlung und den Internationalen Gerichtshof – anzurufen (Artikel VIII). Daneben haben sich die Vertragsparteien *nach innen* verpflichtet, Völkermord zu verhüten und zu bestrafen (Artikel I).

Die genaue Reichweite dieser Verpflichtungen gegenüber anderen Staaten ist bis heute umstritten: Auf dem einen Extrem steht die – aus heutiger Sicht freilich antiquierte – Ansicht, dass Artikel I Staaten nur auf ihrem eigenen Gebiet oder in Bezug auf von ihnen kontrollierte oder jedenfalls beeinflusste/beeinflussbare Akteure bindet.[13] Die radikale Gegenposition leitet aus dieser Bestimmung wiederum eine universale Handlungspflicht, gegebenenfalls sogar mit Waffengewalt, für sämtliche Völkermorde ab: unabhängig vom Ort ihrer Begehung, der Nationalität der Täter oder ob diese als staatliche Organe handeln[14] – was im Übrigen die Zurückhaltung der USA erklärt, ausdrücklich von Genozid zu sprechen oder überhaupt der Völkermordkonvention beizutreten, stand dahinter doch die Sorge, moralisch *sowie* rechtlich zum (militärischen) Einschreiten verpflichtet zu sein.[15]

Fest steht jedenfalls, dass weder Artikel I noch eine sonstige Bestimmung der Völkermordkonvention eine eigene Ausnahme zum allgemeinen Gewaltverbot vorsehen. Aus diesem Grund kritisierte Richter Bennouna die Anordnung des Gerichtshofs, weil darin keine festgelegten „Rechte der Ukraine" festgestellt und genannt wurden, die durch vorläufige Maßnahmen bis zum Urteil in der Sache selbst gewahrt werden müssten.[16] Vielmehr tue sich hier ein Widerspruch zur Behandlung der serbischen Klagen gegen 15 NATO-Mitglieder im Zuge der „humanitären Intervention" vom März 1999 auf, wo der IGH eine vorläufige Anordnung verweigert hatte, weil er selbst eine *prima facie*-Zuständigkeit aufgrund der Völkermordkonvention – auf die sich auch Serbien damals berufen hatte – verneint hatte. Wie Richter Bennouna gleich zu Beginn seiner Erklärung klargestellt hatte, sei seine Zustimmung daher weniger aus rechtlichen denn aus

---

13 Siehe etwa Phillips, Orie L.: „The Genocide Convention: Its Effect on Our Legal System". *American Bar Association Journal* 34(8), 1949, S. 623-625.

14 Cf. Ben Naftali, Orna: „The Obligations to Prevent and to Punish Genocide". In: Gaeta, Paola (Hrsg.): *The UN Genocide Convention: A Commentary*. Oxford University Press: Oxford 2009, S. 27-56, 43-44.

15 Post, Jennifer A.: „The United States and the Genocide Treaty: Returning Genocide to Sovereign Concerns". *Suffolk Transnational Law Journal* 13(2), 1990, S. 686-713; allgemein dazu Power, Samantha: *A Problem from Hell: America and the Age of Genocide*. Basic Books: New York 2002.

16 *Declaration of Judge Bennouna*, retrieved 15.11.2022, from https://www.icj-cij.org/public/files/case-related/182/182-20220316-ORD-01-02-EN.pdf, Rn. 6.

moralischen Gründen erfolgt.[17] Diese Beobachtung wiegt umso schwerer, als es berechtigten Grund zu der Annahme gibt, dass es den einzelnen Richtern auf einer psychologischen Ebene nicht leicht fällt, die Zuständigkeit des Gerichts in Fällen, die einen Völkermord betreffen, zurückzuweisen.[18] Im Gegenteil, und wie die gemeinsame Einzelmeinung von Higgins, Kooijmans, Elaraby, Owada und Simma im Armed Activities-Fall zwischen der Demokratischen Republik Kongo und Ruanda betont hatte, ist es vielmehr

> […] a matter for serious concern that at the beginning of the twenty-first century it is still for States to choose whether they consent to the Court adjudicating claims that they have committed genocide. It must be regarded as a very grave matter that a State should be in a position to shield from international judicial scrutiny any claim that might be made against it concerning genocide. A State so doing shows the world scant confidence that it would never, ever, commit genocide, one of the greatest crimes known. Judicial settlement of claims relating to genocide is highly desirable.[19]

Der insofern schwerwiegende und im Widerspruch zu diesen Worten stehende Vorwurf völkerrechtlicher Doppelmoral wurde im Fall der Ukraine gegen Russland implizit von Richter Nolte aufgegriffen: So bestehe der entscheidende Unterschied zwischen den beiden Situationen darin, dass damals ein (angegriffener) Staat – Serbien – den Angreifern einen Völkermord vorwarf, nicht umgekehrt. Im Gegensatz zu Wladimir Putins Rede vom 24. Februar 2022 hatte anno 1999 keines der involvierten NATO-Mitglieder erklärt, einen (mutmaßlichen) Völkermord verhindern zu wollen. Den damaligen Feststellungen des IGH zufolge gab es nicht einmal ansatzweise einen Anlass zum Glauben, wonach diese mit dem (Spezial-)Vorsatz gehandelt hätten, einen Genozid am serbischen Volk begehen zu wollen,[20] denn die bloße Anwendung militärischer Gewalt reicht für sich genommen jedenfalls nicht aus.[21] Alleine deswegen sind

---

17 Ibid., Rn. 1: „I felt compelled by this tragic situation, in which terrible suffering is being inflicted on the Ukrainian people, to join the call by the World Court to bring an end to the war."

18 Siehe dazu das Interview mit Bruno Simma und die Ausführungen zum Fall Demokratische Republik Kongo gegen Ruanda in Spain Bradley, Anna: *Human Choice in International Law.* Cambridge University Press: Cambridge 2021, S. 42-43.

19 *Joint Separate Opinion by Judges Higgins, Kooijmans, Elaraby, Owada and Simma*, retrieved 15.11.2022, from https://www.icj-cij.org/public/files/case-related/126/126-20060203-JUD-01-02-EN.pdf, Rn. 25-26.

20 *Legality of Use of Force (Serbia and Montenegro v. Belgium)*, Order Provisional Measures 2.6.1999. ICJ Rep. 1999, S. 124, Rn. 41.

21 Ibid., Rn. 40.

die serbischen Klagen aus dem Jahr 1999 eindeutig anders gelagert als jene der Ukraine vom Februar 2022.

C. Vorsorgliche Maßnahmen

Auf Grundlage der *prima facie*-Zuständigkeit ermittelt der IGH ausschließlich, welche Rechte bis zur Entscheidung in der Hauptsache geschützt werden müssen. In dieser Phase stellt er (noch!) nicht fest, ob die Völkermordkonvention selbst in irgendeiner Form verletzt wurde, beziehungsweise ob die von Seiten der Ukraine angeführten Anspruchsrechte überhaupt tatsächlich bestehen. Ebenso wird die Faktenlage noch nicht endgültig geklärt und die Streitparteien haben weiterhin das Recht, ihre Argumente zur Hauptsache vorzubringen. Es kommt also lediglich zu einer Plausibilitätsprüfung, ob die ukrainischen Forderungen und Begründungen vorläufige Maßnahmen erfordern, nicht zu einer abschließenden Beurteilung der Sache selbst.[22]

Das Vorbringen der Ukraine nach Artikel 41 IGH-Statut deckt sich mit ihrer Klage: Sie will weder eines falschen Völkermord-Vorwurfs bezichtigt werden noch auf ihrem Staatsgebiet Kampfhandlungen ausgesetzt sein, die auf einem offensichtlichen Missbrauch („*brazen abuse*") der Verhütungspflicht nach Artikel I Völkermordkonvention beruhen und damit deren Ziel und Zweck unterlaufen. Vielmehr habe die Ukraine gegenüber Russland (wie auch gegenüber allen anderen Vertragsparteien) ein Recht auf eine *bona fides*-Einhaltung der darin befindlichen Verpflichtungen und, damit einhergehend, darauf, keine schweren Schäden erleiden zu müssen.

Konkret forderte die Ukraine vier vorläufige Maßnahmen: (1) Die sofortige Einstellung der russischen Kampfhandlungen, (2) aktive Schritte von Seiten Russlands, jedwede militärische oder irreguläre, von ihm unterstützte, kontrollierte oder beeinflusste Verbände und sonstige Personen und Organisationen davon abzuhalten, diese Kampfhandlungen weiter zu betreiben, (3) das Unterlassen von jedweden Handlungen, die die Situation verschlimmern oder verlängern könnten und dahingehende Garantien, sowie (4) eine wiederholte Berichterstattung Russlands darüber, welche Maßnahmen es ergriffen hat, um die Anordnung des Gerichtshofs umzusetzen.

---

22 *Allegations of Genocide under the Convention on the Prevention and Punishment of the Crime of Genocide (Ukraine v. Russian Federation)*, Order Provisional Measures 16.3.2022. ICJ Rep. 2022, S. 211, Rn. 51, 67.

Die Behandlung dieses Vorbringens verlangt dem IGH keine allzu große völkerrechtliche Expertise ab. Dazu ist die Fallkonstellation viel zu eindeutig und schon lange geklärt, nicht zuletzt durch das Gericht selbst:[23] Die Verhinderung von Völkermord hat im Rahmen der bestehenden Rechtslage stattzufinden und damit allen voran den Bestimmungen der Satzung der Vereinten Nationen und ihrem Ziel, internationalen Frieden und Sicherheit aufrechtzuerhalten, zu entsprechen. Etwaige, im Zusammenhang mit den Luftangriffen auf Serbien und früheren „humanitären Interventionen" vorgebrachte und durchaus kreative (Neu-)Interpretationen dieses Ziels konnten sich nicht durchsetzen.[24] Das Gewaltverbot steht nach wie vor über menschenrechtlichen Gesichtspunkten. Der IGH erteilt dem Konzept der humanitären Intervention eine – wenn auch durchaus überraschend zurückhaltende – Absage: Zwar weist er es nicht entschieden zurück, was auch dem Verfahrensstadium und der Vermeidung von allzu frühen absoluten Postulaten geschuldet sein dürfte, spricht aber davon, dass es im Lichte von Ziel und Zweck der Völkermordkonvention „zweifelhaft" („*doubtful*") sei, dass sie eine Vertragspartei dazu ermächtigt, einseitig in einem anderen Staat zu militärischen Mitteln zu greifen, um dort einen vorgeblichen Völkermord zu verhindern oder zu bestrafen.[25] Daneben hat der Gerichtshof außerdem betont, keine Beweise zu haben, die den russischen Vorwurf begründen. Damit steht der Ukraine das von ihr eingeforderte Recht zu, nicht auf Basis eines fabrizierten Genozids angegriffen zu werden.

Das bringt den IGH zu allgemeinen Ausführungen zur Dringlichkeit der vorsorglichen Maßnahmen und ihrem Bezug zu den in der Völkermordkonvention angeführten Rechten. Auch diese Voraussetzung ist offensichtlich gegeben: So führt jeder Krieg, insbesondere jener von einem Ausmaß wie der russische Angriff, unweigerlich zu Toten, seelischen und physischen

---

23 *Application of the Convention on the Prevention and Punishment of the Crime of Genocide (Bosnia and Herzegovina v. Serbia and Montenegro)*, Judgment 26.2.2007. ICJ Rep. 2007, S. 43, Rn. 430.

24 Mit der bemerkenswerten Ausnahme des Vereinigten Königreichs, das seit geraumer Zeit offen und wiederholt die Rechtmäßigkeit humanitärer Interventionen postuliert, so etwa zuletzt im Zusammenhang mit den Militärschlägen gegen Assad nach dessen Einsatz von Chemiewaffen in Syrien, siehe dazu *Syria action – UK government legal position*, 14.4.2018, retrieved 15.11.2022, from https://www.gov.uk/government/publications/syria-action-uk-government-legal-position/syria-action-uk-government-legal-position.

25 *Allegations of Genocide under the Convention on the Prevention and Punishment of the Crime of Genocide* (Ukraine v. Russian Federation) (Fn 1), Rn. 59.

Verletzungen und Schäden an Eigentum und der Umwelt.[26] Die betroffene Zivilbevölkerung sei „extrem verletzlich" („*extremely vulnerable*"), die „*special military operation*" habe zu

> zahlreichen Toten und Verletzten sowie maßgeblichen Schäden, darunter von Gebäuden und der Infrastruktur, geführt. Die fortgesetzten Angriffe führen zu immer schwieriger werdenden Lebensumständen [...] viele Menschen haben keinen Zugang zu den grundlegendsten Nahrungsmitteln, Trinkwasser, Strom, notwendigen Medikamenten oder Beheizung. Eine überaus große Anzahl von Menschen versucht, unter extrem unsicheren Bedingungen aus den am stärksten betroffenen Städten zu fliehen.[27]

Diese und weitere Auswirkungen wurden im Übrigen auch von der UN-Generalversammlung genannt und verurteilt, das Ausmaß der russischen Kampfhandlungen habe es in Europa seit Jahrzehnten nicht mehr gegeben.[28] Von hier aus ist es nur noch ein kleiner Schritt zur Feststellung des Gerichtshofs, dass ein „reales und unmittelbares Risiko" („*real and imminent risk*") bestehe, dass ein nicht-wiedergutzumachender Schaden entsteht, ja bereits entstanden ist.[29] Auch diese Beurteilung braucht keine allzu elaborierten völkerrechtlichen Kenntnisse und Ausführungen. Sämtliche Voraussetzungen für die Erlassung vorsorglicher Maßnahmen sind also erfüllt: Ein nachvollziehbares und aus dem gegenständlichen Vertrag fließendes Recht, Dringlichkeit, Zusammenhang zum Vorbringen und die ernsthafte Gefahr von irreparablen Schäden.

Daher hat der IGH mit einer Mehrheit von 13 zu zwei (jene aus Russland und China) Stimmen entschieden, die ersten beiden von der Ukraine geforderten vorsorglichen Maßnahmen umzusetzen. Zugleich ist der Gerichtshof nicht an die geforderten Maßnahmen gebunden, kann sie ignorieren oder eben auch abändern: So ist er hinsichtlich der anderen beiden vom ukrainischen Vorbringen abgewichen und hat stattdessen, dafür einstimmig, etwas nichtssagend und letztlich auch in *bothsidesism*[30]-Manier nicht nur Russland, sondern auch die Ukraine dazu aufgerufen, nichts zu tun, was den vorliegenden Streitfall

26 Ibid., Rn. 74.

27 Ibid., Rn. 75 [eigene Übersetzung].

28 UN-Generalversammlungs-Resolution A/RES/ES-11/1 vom 2. März 2022.

29 Ibid., Rn. 76-77.

30 Das Medienphänomen, zwei wissenschaftliche Positionen als einander gleichrangig darzustellen, auch wenn eine lediglich eine (in der Regel schlecht oder gar nicht begründete) Außenseiter-Rolle wahrnimmt, zu Deutsch als „falsche Ausgewogenheit" bezeichnet, greift, wie man bei Russlands Angriff beobachten kann, auch bei moralisch oder eben rechtlich klar gelagerten Fällen.

verschlimmern beziehungsweise seine Beilegung erschweren könnte. Hinsichtlich der vierten Forderung nach einer russischen Berichtspflicht gewinnt man den Eindruck, dass der IGH diese als hinfällig erachtet, weil Russland sich ohnehin nicht an die ersten beiden halten würde. Es scheint, als wollte er seine Autorität nicht zusätzlich untergraben lassen.

D. Nebeninterventionen

Die (im negativen Sinne) Einzigartigkeit des russischen Angriffs hat dazu geführt, dass zahlreiche „westliche" Länder der Ukraine nicht nur militärisch, humanitär und finanziell beistehen, sondern sie auch juristisch unterstützen: So haben ab dem 21. Juli 2022 insgesamt 33 Staaten Erklärungen zur Intervention gemäß Artikel 63 IGH-Statut eingebracht. Am 5. Juni 2023 entschied der IGH, dass alle bis auf eine – jene der USA, hier hatte Russland mit seinem Einwand („*objection*") Erfolg – in Bezug auf die Interpretation auf Artikel XI und andere Fragen der Zuständigkeit zulässig sind.[31]

Eine in dieser Form völlig neuartige Entwicklung, wurde dieses Instrument in der Geschichte des Gerichtshofs doch nur spärlich und von unmittelbar betroffenen Staaten eingesetzt: Den Anfang machte die kubanische Beteiligung im Haya de la Torre-Fall zwischen Kolumbien und Peru vom 13. März 1951, gefolgt – über zwei Jahrzehnte später – von jenen Fidschis in den beiden Nukleartest-Fällen, die von Australien und Neuseeland gegen Frankreich initiiert wurden. Auch wenn die Gesamtzahl ab den 1980er Jahren zugenommen hat, ist hier kein eindeutiger Trend auszumachen. Fest steht jedenfalls, dass die Anträge in den jüngsten Fällen – neben der ukrainischen Klage haben auch bei der Klage Gambias gegen Myanmar einige Staaten angekündigt, sich beteiligen zu wollen – primär ein Zeichen politischer Unterstützung darstellen.[32]

---

31 IGH: Order of 5 June 2023. Admissibility of the Declarations of Intervention, retrieved 11.6.2023, from https://www.icj-cij.org/sites/default/files/case-related/182/182-20230605-ORD-01-00-EN.pdf.

32 Siehe dazu Hofbauer, Jane A.: *Intervention – Expanding the bilateral dispute settlement model of international proceedings*, retrieved 15.11.2022, from https://papers.ssrn.com/sol3/papers.cfm?abstract_id=3784561; darüber hinaus haben mehrere Staaten angekündigt, Gambia bei seiner Klage gegen Myanmar unterstützen zu wollen, siehe Pillai, Priya: *Canada and The Netherlands: New Intervention in The Gambia v Myanmar at the International Court of Justice*, retrieved 15.11.2022, from http://opiniojuris.org/2020/09/03/canada-and-the-netherlands-new-intervention-in-the-gambia-v-myanmar-at-the-international-court-of-justice/.

So ist die bloße Anzahl der Nebeninterventionen in ein und demselben Verfahren historisch einmalig. Zwar hat der IGH Erfahrung im Umgang mit einer Vielzahl an staatlichen Stellungnahmen in Rechtsgutachten, nicht aber bei Streitfällen:[33] In sämtlichen bisherigen Verfahren mit Ausnahme von zwei hat sich allerdings nur ein Staat eingeschalten, einmal zwei (Honduras und Costa Rica im Grenzstreit zwischen Nicaragua und Kolumbien), das andere Mal fünf (die kleinen Pazifikstaaten bei der Weiterbehandlung des Atomtest-Falls 1995).

Hinsichtlich des Inhalts und Aufbaus der Erklärungen bestehen naheliegenderweise zahlreiche Gemeinsamkeiten: Sie führen, was offenkundig der Rechtsgrundlage geschuldet ist, allesamt dieselben eingangs genannten Bestimmungen der Völkermordkonvention (Artikel IX), des IGH-Statuts (Artikel 63(2)) sowie der Rules of the Court (Artikel 82(2)) an. Schließlich wurden sie von Vertragsparteien der Völkermordkonvention eingebracht, die vom Registrar entsprechend „unverzüglich" über ihr dahingehendes Recht informiert wurden. Sie haben also einen Anspruch auf eine Nebenintervention und nicht, wie es nach Artikel 62 der Fall wäre, auf einen bloßen Antrag, über den der Gerichtshof entscheidet. Die entscheidenden Fragen liegen also einerseits darin, die Zuständigkeit nicht vorwegzunehmen (aus diesem Grund scheiterte El Salvadors Erklärung im Nicaragua-Fall) und die Zuständigkeit des Gerichts in der Hauptsache.

Sofern in den Nebeninterventionen bereits Punkte angesprochen werden, die die Hauptsache betreffen, erfolgt eine Betonung der *bona fides*-Interpretation von Artikel 1 der Völkermordkonvention und seine Beziehung zu Artikel II, III, VIII und IX: Also auf den Begriff des Völkermords und die daraus folgenden Verpflichtungen, insbesondere die Notwendigkeit, Zusammenarbeit und kollektive Maßnahmen gegenüber einseitigem Vorgehen zu bevorzugen, sowie eine Erinnerung an die Notwendigkeit friedlicher Streitbeilegung.

E. Recht und Politik

Wie erwartet hat Russland die Anordnung zu vorsorglichen Maßnahmen ignoriert. Gleichermaßen war von Anfang an klar, dass es auch ein Urteil nicht befolgen würde. Die für derartige Fälle vorgesehene Möglichkeit der Anrufung des UN-Sicherheitsrats ist aufgrund der russischen Stellung als Vetomacht wiederum bloße Makulatur.

---

33 McIntyre, Juliette, *Less a Wave Than a Tsunami*, retrieved 15.11.2022, from https://voelkerrechtsblog.org/less-a-wave-than-a-tsunami/.

Der Ukraine dürften die offensichtlichen Grenzen der Effektivität des Rechtswegs nur allzu bewusst sein, zumal sie bereits im Jänner 2017 eine Klage gegen Russland auf Grundlage des UN-Rassendiskriminierungsabkommens eingereicht hat. Womit die Frage bleibt, wieso sie ihn dennoch beschreitet, und das mehrfach: Neben der Klage beim IGH hat die Ukraine außerdem eine Staatenbeschwerde beim Europäischen Gerichtshof für Menschenrechte (EGMR) eingereicht – bei der im Übrigen ebenfalls zwei Interventionen durch Drittparteien und außerdem vier weitere Staatenbeschwerden erfolgten[34] – und bereits nach der Annexion der Krim eine zeitlich unbefristete Erklärung zur Zuständigkeit des Internationalen Strafgerichtshofs (IStGH) abgegeben.[35] So wurde Russland drei Wochen nach Beginn des Angriffs auf die Ukraine aus dem Europarat ausgeschlossen[36] und es verweigert standhaft jegliche Zusammenarbeit mit dem IStGH.[37] Mögliche Auslieferungen russischer Kommandanten oder gar Regierungsmitglieder – bis nach ganz oben, also zur Person Wladimir Putins – nach Den Haag mögen gute Schlagzeilen bringen, sind aber realpolitisch pure Fantasie.

Die unterschiedlichen rechtlichen Anstrengungen von Seiten der Ukraine dienen damit, wie so oft bei internationalen Verfahren, weniger einem juristischen als einem politischen Zweck: Es geht letztlich darum, die Aufmerksamkeit und Sympathie der Weltgemeinschaft zu gewinnen beziehungsweise aufrechtzuerhalten.

Dem IGH kommt hier eine Schlüsselfunktion zu: Zum einen kann man ihm keinen „westlichen Bias“ und ähnliches vorwerfen, zumal er möglichst sämtliche große Rechtstraditionen abbilden soll.[38] Zum anderen sind die

---

34 Multiple third-party intervention requests in inter-State proceedings Ukraine v. Russia (X), ECHR 292 (2022), 23.9.2022.

35 IStGH: *Ukraine accepts ICC jurisdiction over alleged crimes committed since 20 February 2014*, retrieved 15.11.2022, from https://www.icc-cpi.int/news/ukraine-accepts-icc-jurisdiction-over-alleged-crimes-committed-20-february-2014.

36 Europarat: The Russian Federation is excluded from the Council of Europe, retrieved 15.11.2022, from https://www.coe.int/en/web/portal/-/the-russian-federation-is-excluded-from-the-council-of-europe.

37 So stellt ein im April 2023 verabschiedetes Gesetz jegliche Zusammenarbeit mit dem Internationalen Strafgerichtshof und anderen „fremden und internationalen Organen“ oder Gerichten, denen Russland nicht angehört, unter Strafe, Human Rights Watch: Russia: Law Targets International Criminal Court, retrieved 5.5.2023 https://www.hrw.org/news/2023/05/05/russia-law-targets-international-criminal-court.

38 IGH: *Members of the Court*, retrieved 15.11.2022, from https://www.icj-cij.org/en/members.

Urteile des Gerichtshofs – ungeachtet abweichender Sondermeinungen in für die jeweiligen Richter und Richterinnen beziehungsweise ihren Staat sensiblen Fragen oder gar in Fällen, in denen letztere selbst unmittelbar involviert sind – nicht politisch prädeterminiert. Insofern spricht eine Mehrheit von 13 Richtern und Richterinnen gegenüber dem russischen Richter und seiner chinesischen Kollegin eine eindeutige Sprache. Deren beide Gegenstimmen sind wiederum das Ergebnis politischer und weniger juristischer Erwägungen: Bei Russland ist es offensichtlich, bei China erklärt es sich aus dem allgemeinen außenpolitischen Balanceakt, weder Krieg als Mittel der Politik zu rehabilitieren – betont es doch stets die eigene Friedfertigkeit – noch einen Partner zu vergraulen: Man bedenke, dass Xi Jinping und Wladimir Putin noch wenige Wochen vor dem russischen Angriff eine gemeinsame Erklärung zu internationalen Beziehungen beim „Eintritt in eine neue Ära" abgegeben haben[39] und der russisch-chinesische Handel seit 24. Februar 2022 stark zugenommen hat.[40] Jeder Krieg ist am Ende des Tages auch eine Gelegenheit für Opportunismus. Dies umso mehr, wenn man einen gemeinsamen Feind – die USA als wichtigster Unterstützer der Ukraine – hat.

F. Verleumdung und Staatsrenommee

Zugleich wäre es verfehlt, den völkerrechtlichen Hintergrund der Klage auszublenden. Wie eingangs erwähnt, hat das Verfahren neben der schwerwiegenden und für jeden klar ersichtlichen Verletzung des Gewaltverbots auch eine vorgelagerte Dimension: Die Ukraine möchte nicht eines fabrizierten Völkermord Vorwurfs bezichtigt werden. Der Genozid gilt weithin als das schwerwiegendste Verbrechen, das „crime of crimes". Es geht insofern auch darum, den aufgrund der seit 2014 erhobenen (ungerechtfertigten und unbegründeten) russischen Vorwürfe gefährdeten, wenn nicht ramponierten ukrainischen Ruf zu wahren beziehungsweise wiederherzustellen. Dazu muss man nicht (mehr) so weit gehen, den Staat als „für sich höchstes Wesen" anerkennen

39 President of Russia: *Joint Statement of the Russian Federation and the People's Republic of China on the International Relations Entering a New Era and the Global Sustainable Development*, retrieved 15.11.2022, from http://en.kremlin.ru/supplement/5770.

40 Reuters: *China's exports to Russia up by more than 20 % as growth slows elsewhere*, retrieved 15.11.2022, from https://www.reuters.com/markets/europe/chinas-exports-russia-up-by-more-than-20-growth-slows-elsewhere-2022-10-24/.

zu müssen[41] oder ihm „Gefühle“[42] zuzusprechen. Der „psychologische Faktor“[43] in zwischenstaatlichen Beziehungen reicht in jedem Fall dazu aus, ihnen ein berechtigtes Interesse daran zuzugestehen, nicht „verleumdet“ zu werden. So entspricht die ukrainische Klage letztlich dem, was wir aus dem innerstaatlichen Recht als üble Nachrede (§ 111 österreichisches Strafgesetzbuch) – genau genommen der Vorwurf ungebührlichen Verhaltens – oder auch Verleumdung (§ 297) kennen. Die Wahrung von „good name and reputation“ galt traditionell als eines der fundamentalen Rechte von Staaten.[44] Wiewohl die später entstandene menschenrechtlich verbriefte Meinungsfreiheit scharfe Kritik an oder Belustigung über Staaten und ihre führenden Repräsentanten miteinschließt,[45] hat sie ihre Grenzen, wo es weniger um Werturteile als um haltlose Vorwürfe geht, die darüber hinaus einen Angriffskrieg (mit)legitimieren sollen. Auch wenn die Ukraine in ihrem Antrag auf vorsorgliche Maßnahmen nicht ausdrücklich darum gebeten hat, folgt aus Forderung (3), dass Russland nicht nur die Kampfhandlungen unverzüglich einstellen soll, sondern auch seine Lügen über das Verhalten der Ukraine. Das Wiederholen eines, wie der IGH mit seinem Verweis auf fehlende Beweise in diese Richtung betont hat, haltlosen Völkermord-Vorwurfs hilft jedenfalls nicht dabei, eine friedliche Beilegung des Konflikts herbeizuführen.

G. Kriegspropaganda

Damit ist die ukrainische Klage durchaus ein rechtliches *Novum*: Parallelen bestehen am ehesten zu den zeitweise in Vergessenheit geratenen und im Zuge des Aufkommens von Social Media wieder relevant gewordenen Debatten rund um feindliche Propaganda und andere Formen der Agitation – wurde doch bereits in der Zwischenkriegszeit und später in der Frühphase des Kalten Krieges wiederholt argumentiert, dass diese eine (verbotene) Form der

---

41 Pütter, Karl Theodor: „Die Staatsehre oder -Souveränität als Princip des practischen Europäischen Völkerrechts“. *Zeitschrift für die gesamte Staatswissenschaft* 6(2), 1850, S. 299-384, 327.

42 Jessup, Philip C.: *A Modern Law of Nations: An Introduction.* The MacMillan Company: New York 1948, S. 28.

43 Ibid.

44 Oppenheim, Lassa: *International Law: A Treatise. Volume I. Peace.* Longmans, Green and Co.: London 1912, S. 165.

45 Janik, Ralph: *Causa Böhmermann: Die Rückkehr der Staatsehre?*, retrieved 15.11.2022, from https://verfassungsblog.de/causa-boehmermann-die-rueckkehr-der-staatsehre/.

Intervention darstellen können.[46] So hatte die UN-Generalversammlung bereits im November 1947 eine Resolution verabschiedet, die sämtliche Formen von den Frieden gefährdender Propaganda unabhängig vom staatlichen Urheber verurteilte. Hintergrund war die einhellige Auffassung, dass der Grundsatz der Nicht-Einmischung in fremde Angelegenheiten auch Anstiftung zu Krieg und Feindseligkeiten umfasst und grenzüberschreitende Kommunikation bei Anstiftung zu Krieg und ähnlichen Inhalten an ihre Grenzen stößt: „failure to observe this limitation has undoubtedly contributed greatly to the deterioration of international relations since World War II."[47]

H. Schlussbemerkungen

Alles Recht ist politisch, insbesondere das internationale. Die Ukraine verteidigt sich gegen Russlands Angriff mit Waffen und gegen die russischen Unterstellungen – mag man sie nun Propaganda, „fake news" oder einfach nur Lügen nennen – mit juristischen Argumenten und Fakten. Geht es doch darum, die Sympathie und allenfalls auch die Unterstützung der Weltöffentlichkeit aufrechtzuerhalten.

Dabei kommt dem Internationalen Gerichtshof eine Schlüsselrolle zu: Zwar hat die an Russland gerichtete Anordnung, die Kampfhandlungen einzustellen, wenig überraschend zu keinem Ende des Krieges geführt. Wohl aber kann das Verfahren der Ukraine die Möglichkeit geben, den fabrizierten und missbräuchlichen Vorwurf des schwerwiegendsten völkerrechtlichen Verbrechens – den Genozid – durch eine *eben nicht* „westliche" oder einem (anti-russischen) „*Bias*" unterliegende Instanz klären und letztlich zurückweisen zu lassen. Staaten haben nicht nur ein – selten so offensichtliches – Interesse an der Wahrung ihrer territorialen Integrität, sondern eben auch am Schutz ihrer Reputation.

46 Wright, Quincy: „Subversive Intervention". *American Journal of International Law* 54(3), 1960, S. 521-535; siehe außerdem bereits Wright, Quincy: „International Law and Ideologies". *American Journal of International Law* 48(4) 1954, S. 616-625, wo er folgende Quellen zitiert: Lauterpacht, Hersch: „Revolutionary Activities of Private Persons against Foreign States". *American Journal of International Law* 22, 1928, S. 105-126; Preus, Lawrence: „International Responsibility for Political Propaganda against Foreign States". *American Journal of International Law* 28(4) 1940, S. 649-668; VanDyke, Vernon: „The Responsibility of States for International Propaganda". *American Journal of International Law* 34(1), 1942, S. 58-73.

47 Wright, Quincy „International Law and Ideologies". *American Journal of International Law* 48 (4), 1954 1954, S. 616-625.

Anhang: Bisherige Nebeninterventionen beim IGH

Jahr	Fall	Intervention(en)	Grundlage (IGH Statut)	Ergebnis
1951	*Haya de la Torre (Colombia v. Peru)*	Kuba	Artikel 63	Zugelassen („the Court decided … to admit“)
1973	*Nuclear Tests (Australia v. France)*	Fidschi	Artikel 62	Keine Entscheidung in der Hauptsache
1973	*Nuclear Tests (New Zealand v. France)*	Fidschi	Artikel 62	Keine Entscheidung in der Hauptsache
1981	*Continental Shelf (Tunisia v. Libyan Arab Jamahiriya)*	Malta	Artikel 62	Keine Ermächtigung (kein rechtliches Interesse)
1983	*Continental Shelf (Tunisia v. Libyan Arab Jamahiriya)*	Italien	Artikel 62	Keine Ermächtigung (Protest der Streitparteien; die Intervention hätte die Natur des Falles verändert und Italien würde eine Streitpartei werden; außerdem würden die italienischen Interessen ohnehin gewahrt)

Jahr	Fall	Intervention(en)	Grundlage (IGH Statut)	Ergebnis
1984	*Military and Paramilitary Activities in and against Nicaragua (Nicaragua v. United States of America)*	El Salvador	Artikel 63	Unzulässig (Teile der Intervention nahmen die Zuständigkeit vorweg)
1989	*Land, Island and Maritime Frontier Dispute (El Salvador/Honduras: Nicaragua intervening)*	Nicaragua	Artikel 62	Ermächtigung teilweise erteilt (rechtliches Interesse an den Gewässern des Golfs von Fonsecan, aber nicht anderen)
1995	*Request for an Examination of the Situation in Accordance with Paragraph 63 of the Court's Judgment of 20 December 1974 in the Nuclear Tests (New Zealand v. France) Case*	Australien, Solomon Inseln, Marschallinseln, Mikronesien, Samoa Inseln	Artikel 62	Keine Ermächtigung (weil der neuseeländische Antrag zurückgewiesen wurde)
1999	*Land and Maritime Boundary between Cameroon and Nigeria (Cameroon v. Nigeria: Equatorial Guinea intervening)*	Äquatorialguinea	Artikel 62	Ermächtigung erteilt
2001	*Sovereignty over Pulau Ligitan and Pulau Sipadan (Indonesia/Malaysia)*	Philippinen	Artikel 62	Keine Ermächtigung (kein rechtliches Interesse)

Jahr	Fall	Intervention(en)	Grundlage (IGH Statut)	Ergebnis
2010	*Territorial and Maritime Dispute (Nicaragua v. Colombia)*	Honduras, Costa Rica	Artikel 62	Keine Ermächtigung (kein rechtliches Interesse)
2011	*Jurisdictional Immunities of the State (Germany v. Italy: Greece intervening)*	Griechenland	Artikel 62	Ermächtigung erteilt (kein rechtliches Interesse)
2012	*Whaling in the Antarctic (Australia v. Japan: New Zealand intervening)*	Neuseeland	Artikel 63	zulässig

Patrick Abel*

„Klimaklagen“ und „Antiklimaklagen“ von nicht-staatlichen Akteuren im Völkerrecht

Sind die europäischen und amerikanischen Menschenrechtsgerichtshöfe sowie die Investitionsschiedsgerichte geeignete Streitbeilegungsforen für Fragen des Klimawandels?

Seit einigen Jahren beschäftigt der Klimaschutz nationale Gerichte in verschiedenen Jurisdiktionen intensiv. Diese Entwicklung forcieren neben Staaten auch nicht-staatliche Akteure. Hierzu gehören insbesondere die zivilgesellschaftlichen Umweltverbände. Klagen gegen Staaten und Unternehmen sollen einen stärkeren Klimaschutz auf dem Rechtsweg durchsetzen.[1] Man denke an den *Klimabeschluss* des Bundesverfassungsgerichts,[2] die

---

* Der Autor dankt Prof. Dr. Hans-Georg Dederer für wertvolle Anmerkungen und Tim Ellemann sowie Laurenz Weigand für wertvolle Unterstützung. Der Beitrag berücksichtigt Rechtsprechung und Literatur bis Mai 2023.

1 Übersichten zu Klimaklagen gegen Staaten finden sich bei Abel, Patrick: „Klimaklagen gegen Staaten: Ein systematischer Überblick“. *Nachhaltigkeitsrecht* 2023, S. 13 20; zu Klimaklagen gegen Unternehmen cf. die rechtsvergleichende Studie von Weller, Marc-Philippe / Tran, Mai-Lan: Klimawandelklagen im Rechtsvergleich – private enforcement als weltweiter Trend?“. *Zeitschrift für Europäisches Privatrecht* 2021, S. 573-605; für akteurübergreifende Systematisierungen, cf. Saurer, Johannes: „Strukturen gerichtlicher Kontrolle im Klimaschutzrecht – Eine rechtsvergleichende Analyse“. *Zeitschrift für Umweltrecht* 2018, S. 679-686; Rodi, Michael / Kalis, Michael: „Klimaklagen als Instrument des Klimaschutzes“. *Klima und Recht* 2022, S. 5-10; sowie umfassend der Sammelband von Kahl, Wolfgang / Weller, Marc-Philippe: *Climate Change Litigation*. Nomos: Baden-Baden 2021.

2 BVerfGE 157, 30; ausführlich diskutiert etwa von Burgi, Martin: „Klimaverwaltungsrecht angesichts von BVerfG-Klimabeschluss und European Green Deal“. *Neue Zeitschrift für Verwaltungsrecht* 2021, S. 1401-1408; Calliess, Christian: „Das ‚Klimaurteil‘ des Bundesverfassungsgerichts: ‚Versubjektivierung‘ des Art. 20a GG?“. *Zeitschrift für Umweltrecht* 2021, S. 355-357; Dederer, Hans-Georg: „BVerfG entscheidet über teilweise Verfassungswidrigkeit des deutschen Klimaschutzgesetzes“. *Nachhaltigkeitsrecht* 2021, S. 232-234; Eifert, Martin: „Verfassungsauftrag zum freiheitsschonenden Klimaschutz: Der Klimaschutz-Beschluss des BVerfG“. *Jura* 2021, S. 1085-1098; Möllers, Christoph / Weinberg, Nils: „Die Klimaschutzentscheidung des Bundesverfassungsgerichts“. *Juristenzeitung* 76(22), 2022, S. 1069-1128; Schlacke,

Urgenda-[3] und *Shell*-Entscheidungen[4] in den Niederlanden und die *Commune de Grande-Synthe*-Entscheidungen des Conseil d'État.[5] Auch vor völkerrechtlichen Streitbeilegungsforen findet sich eine ähnliche Dynamik, allerdings mit durchaus unterschiedlichen Zielrichtungen. Diese firmieren in Öffentlichkeit und Schrifttum unter den (jeweils mit Wertungen konnotierten) Gegensatzbegriffen der „Klimaklagen" und „Antiklimaklagen".

Dieser Beitrag fragt im übertragenen Sinne nach der prozessualen Waffengleichheit in der internationalen Klimastreitbeilegung. Welche internationalen Rechtsschutzmöglichkeiten finden nicht-staatliche Akteure, um mit „Klimaklagen" mehr Klimaschutz von Staaten einzufordern (A.)? Inwieweit eröffnet das Völkerrecht andererseits zugleich Rechtsschutz für „Antiklimaklagen", um mit Klimaschutz konfligierende Interessen zu verfolgen (B.)? In der öffentlichen Debatte finden sich mitunter die Bilder „ergrünender" Menschenrechtsgerichtshöfe und der Investitionsschiedsgerichte als Bremser des Klimaschutzes. Dieser Beitrag möchte dies hinterfragen. Er unternimmt hierzu eine breit angelegte, vergleichende Bestandsaufnahme der wichtigsten völkerrechtlichen Streitbeilegungsforen für nicht-staatliche Akteure im Kontext des Klimawandels, die zu verbindlichen völkerrechtlichen Entscheidungen führen können.[6] Dabei konzentriert er sich auf die jeweils wichtigsten Zulässigkeitsvoraussetzungen

---

Sabine: „Klimaschutzrecht – Ein Grundrecht auf intertemporale Freiheitssicherung". *Neue Zeitschrift für Verwaltungsrecht* 2021, S. 912-917.

3 Hoge Raad, Urteil v. 20.12.2019, 19/00135, ECLI: NL: HR:2019:2007; hierzu etwa Meguro, Maiko: „State of the Netherlands v. Urgenda Foundation". *American Journal of International Law* 114(4), 2020, S. 729-735; Binder, Christina / Huremagić, Haris: „Menschenrechtsverpflichtung zur Reduzierung von Treibhausgasemissionen". *Nachhaltigkeitsrecht* 2021, S. 109-113.

4 Rechtbank Den Haag, Urteil v. 26.5.2021 – C/09/571932 /HA ZA 19-379; besprochen etwa von Wagner, Erika: „Das ‚Shell Urteil': Der gerichtlich einklagbare Klimaschutz trifft nun auch Unternehmen". *Nachhaltigkeitsrecht* 2021, S. 347-351; Mayer, Benoit: „The Duty of Care of Fossil-Fuel Producers for Climate Change Mitigation". *Transnational Environmental Law* 11(2), 2022, S. 407-418.

5 Conseil d'État, Urteil v. 19.11.2020, N° 427301, ECLI: FR:CECHR:2020:427301.20201119; Urteil v. 1.7.2021, N° 427301, ECLI: FR: CECHR:2021:427301.20210707; diskutiert etwa von Radiguet, Rémi: „Responsabilité de l'État – Climat". *Revue Juridique de l'Environnement* 46(2), 2021, S. 407-419; Torre-Schaub, Marta: „Climate Change Risk and Climate Justice in France: The High Administrative Court as Janus or Prometheus?". *European Journal of Risk Regulation* 14(1), 2023, S. 213-227.

6 Zu der gleichfalls wichtigen, hier zur Beschränkung des Analysestoffs ausgeklammerten Streitbeilegung, die zu rechtlich unverbindlichen Berichten führen kann und die nicht-staatliche Akteure anstrengen können, siehe etwa UN Kinderrechtsausschuss,

und nimmt auf das materielle Recht nur soweit wie nötig Bezug. Der Beitrag schließt mit Thesen über Stand und Ausblick einer internationalen Klimarechtstreitbeilegung (C.).

A. „Klimaklagen“

Die Abhandlung wendet sich zunächst den internationalen „Klimaklagen“ zu. Im Anschluss an eine kurze begriffliche Klärung (I.) beleuchtet der nachfolgende Abschnitt die Zugänge für nicht-staatliche Klimaklagen vor den Menschenrechtsgerichtshöfen (II.) und den Investitionsschiedsgerichten (III.).

I. Begriff

Klimaklagen sollen hier verstanden werden als Rechtsbehelfe, die darauf zielen, durch Präzedenzfälle systemische Änderungen für strengeren Klimaschutz herbeizuführen – also als Mittel strategischer Prozessführung, um auf dem Gerichtsweg stärkere klimapolitische Maßnahmen durchzusetzen.[7] In vielen

Sacchi and Others v. Argentina, Entscheidung v. 8.10.2021, Petition Nr. 107/2019, CRC/C/88/D/107/2019; hierzu Hofbauer, Jane A.: „Chiara Sacchi et al. v Argentinien (Brasilien, Frankreich, Deutschland und die Türkei) – Staatliche Hoheitsgewalt und Auswirkungen des Klimawandels im Ausland“. *Nachhaltigkeitsrecht* 2022, S. 327-331; weiterhin UN-Menschenrechtsausschuss, *Daniel Billy and Others v. Australia*, Entscheidung v. 22.9.2022, Petition Nr. 3624/2019, CCPR/C/135/D/3624/2019; hierzu Baumgartner, Martin: „Daniel Billy et al. / Australien – Rechte indigener Minderheiten und die Auswirkungen des Klimawandels in der ‚Torres Strait‘“. *Nachhaltigkeitsrecht* 2023, S. 79-83.

7 Abel 2023, S. 13; ähnlich Beham, Markus P. / Hofbauer, Berthold / Lindner, Berthold: „Klimaklagen und ‚strategic litigation‘ als Instrumente des Nachhaltigkeitsrechts“. *Nachhaltigkeitsrecht* 2021, S. 146-147 (147), unter Rückgriff auf den Begriff der „strategic litigation“. Allerdings lässt sich der Begriff der „Klimaklagen“ auch breiter verstehen, vgl. etwa Burns, William C.G. / Osofsky, Hari M.: „Overview: The Exigencies That Drive Potential Causes of Action for Climate Change“. In: Burns, William C.G. / Osofsky, Hari M. (Hrsg.): *Adjudicating Climate Change: State, National and International Approaches*. Cambridge University Press: Cambridge 2009, S. 1-28 (26), die Klimaklagen offen als alle Rechtsbehelfe verstehen, die sich mit der Herausforderung des Klimawandels beschäftigen; Rodi / Kalis, S. 5-6, für Klimaklagen als alle Verfahren, „die im Zusammenhang mit dem Klimawandel bzw. Klimaschutz stehen“ und sich weiter differenzieren lassen in Fragen von Klimaschutz, -anpassung, -folgen oder -haftung.

Fällen unterstützen Nichtregierungsorganisationen wie beispielsweise Greenpeace solche Klagen inhaltlich und finanziell.[8]

II. Menschenrechtsgerichtshöfe

Klimaklagen finden sich in den vergangenen Jahren in zunehmender Zahl vor den internationalen Menschenrechtsgerichtshöfen. Zunächst sollen die zum Zeitpunkt der Verfassung dieses Beitrags wichtigsten bereits entschiedenen sowie rechtshängigen Klimaklagen kurz vorgestellt werden (1.). Klimaklagen stoßen dabei vor den Europäischen und Inter-Amerikanischen Menschenrechtsgerichtshöfen auf ähnliche Zugangshürden. Hierzu gehören insbesondere die Zulässigkeitsvoraussetzungen der Beschwerdebefugnis, die regelmäßig eine Opfereigenschaft verlangt (2.), sowie der Ausübung von „Hoheitsgewalt" im Falle von Klimaklagen mit extraterritorialen Bezügen (3.).

1. Verfahren[9]

Umweltfragen sind für die Europäische Menschenrechtskonvention (EMRK) keine Unbekannte. Der für menschenrechtliche Individualbeschwerden zuständige Europäische Gerichtshof für Menschenrechte (EGMR) hat mittlerweile in über 300 Entscheidungen über das Verhältnis von Menschenrechten und Umweltschutz befunden.[10] Es mag überraschen, dass keines dieser Verfahren bisher den Klimawandel betraf.

---

8 Hierzu kritisch Friedrich, Lutz: „Gemeinwohl vor Gericht: Chancen und Risiken öffentlich-rechtlicher ‚Public Interest Litigation'". *Die Öffentliche Verwaltung* 2021, S. 726-735 (726-727), der hinter sich auf gesamtgesellschaftliche Interessen berufenden Klagen „handfeste politische Interessen" sieht; für eine Gegenrede, cf. Verheyen, Roda: „Klagen für Klimaschutz". *Zeitschrift für Rechtspolitik* 2021, S. 133-136 (133), die in Klimaklagen die legitime Einforderung von Rechtspositionen vor Gericht sieht, woran die Begleitung durch Umweltverbände nichts ändere.

9 Der nachfolgende Abschnitt A.II.1 beruht auf Abel 2023, S. 15-16.

10 Für Analysen der Rechtsprechung des EGMR in Umweltschutzfragen und ihre Übertragbarkeit auf den Klimaschutz, cf. z.B. Siwior, Przemysław: „The Potential of Application of the ECHR in Climate Change Related Cases". *International Community Law Review* 23(2-3), 2021, S. 197-208; Pedersen, Ole W.: „Any Role for the ECHR when it Comes to Climate Change?". *European Convention on Human Rights Law Review* 3(1), 2021, S. 17-22; Peters, Birgit: „Zur Anwendbarkeit der Europäischen Menschenrechtskonvention in Umwelt- und Klimaschutzfragen". *Archiv des Völkerrechts* 59(2), 2021, S. 164-198. Grundsätzlich zum Verhältnis der Menschenrechte zum Klimaschutz, cf. Knox, John H.: „Climate Change and Human Rights Law". Virginia Journal of International Law 50(1), 2009, S. 163-218, der internationale Menschenrechte

Vielmehr sind vor dem EGMR zum Stand April 2023 zehn Individualbeschwerden rechtshängig, die als Klimaklagen einzustufen sind. Im besonderen Fokus stehen drei Verfahren: Die Rechtssache *Duarte Agostinho* betrifft Individualbeschwerden von portugiesischen Jugendlichen gegen Portugal und 32 weitere Staaten.[11] Die Individualbeschwerde *KlimaSeniorinnen Schweiz* haben eine Gruppe schweizerischer Seniorinnen und eine NGO gegen die Schweiz erhoben.[12] Weiterhin zu nennen ist das Beschwerdeverfahren *Carême* eines ehemaligen französischen Bürgermeisters der Kommune Grande-Synthe gegen Frankreich.[13] In diesen Verfahren rügen die Beschwerdeführenden jeweils die staatliche Verletzung positiver Schutzpflichten wegen unzureichender Klimaschutzmaßnahmen. Sie berufen sich insbesondere auf die Rechte auf Leben aus Art. 2 EMRK sowie auf ein geschütztes Privatleben aus Art. 8 EMRK. Die vorgenannten drei Verfahren behandelt der EGMR prioritär. An die beklagten Staaten richtete er bereits Fragen, die auch die Zulässigkeitsvoraussetzungen betreffen.[14] Weiterhin haben die mit den Rechtssachen zunächst betrauten Kammern die Verfahren mittlerweile wegen ihrer grundlegenden Bedeutung an die Große Kammer des EGMR abgegeben.[15] In der Sache *KlimaSeniorinnen Schweiz* hat die Große Kammer bereits am 29. März 2023 eine Anhörung durchgeführt.[16] Sechs weitere, rechtshängige Individualbeschwerdeverfahren sind bis zur Entscheidung der Großen Kammer ausgesetzt.[17]

---

für grundsätzlich anwendbar und für ein geeignetes analytisches Raster für den Klimaschutz ansieht; dagegen kritischer Petersmann, Marie Catherine: *When Environmental Protection and Human Rights Collide. The Politics of Conflict Management by Regional Courts*. Cambridge University Press: Cambridge 2022, die auf Brüche und Spannungen für menschliche und nicht-menschliche Interessen hinweist, die aus der Perspektive einer sich verstärkenden Wechselwirkung zwischen Menschenrechten und Umweltschutz resultiere.

11 EGMR, *Duarte Agostinho and Others v. Portugal and 32 Other States*, Appl. No. 39371/20.

12 EGMR, *Verein KlimaSeniorinnen Schweiz and Others v. Switzerland*, Appl. No. 53600/20.

13 EGMR, *Carême v. France*, Appl. No. 7189/21.

14 EGMR, *Duarte Agostinho and Others v. Portugal and 32 Other States*, Appl. No. 39371/20, Statement, 13.11.2020.

15 Vgl. EGMR, *Grand Chamber to Examine Case Concerning Global Warming*. 30.6.2022, ECHR 226 (2022), betreffend das Verfahren *Duarte Agostinho*.

16 EGMR, *Grand Chamber Hearing on Consequences of Global Warming on Living Conditions and Health, Press Release*. 29.3.2023. ECHR 094 (2023).

17 Das betrifft die Verfahren EGMR, *Uricchiov v. Italy and 31 Other States*, Appl. No. 14615/21; *De Conto v. Italy and 32 Other States*, Appl. No. 14620/21; *Müllner*

Anders liegt die Verfahrenssituation im inter-amerikanischen Menschenrechtssystem der Organisation Amerikanischer Staaten (OAS). Dort existieren zwei allgemeine, regionale Menschenrechtsdokumente: die völkerrechtlich unverbindliche Amerikanische Erklärung über die Rechte und Pflichten des Menschen[18] und die bindende Amerikanische Menschenrechtskonvention.[19] Individualpetitionen können auf Grundlage beider Instrumente an die Interamerikanische Kommission für Menschenrechte (IAKommMR) gerichtet werden.[20] Sie untersucht die Petitionen in einem gerichtsähnlichen Verfahren und verfasst hierüber einen völkerrechtlich unverbindlichen Bericht. Ein Rechtsweg, der in ein völkerrechtlich verbindliches Urteil des Inter-Amerikanischen Gerichtshofs für Menschenrechte (IAGMR) mündet, ist nur gegen Vertragsstaaten der AMRK eröffnet und (anders als vor dem EGMR) nur, wenn die betreffende Vertragspartei sich durch zusätzliche Erklärung der Gerichtsbarkeit des IAGMR unterworfen hat.[21] Im Anschluss an den Bericht der IAKommMR können die IAKommMR sowie die Vertragsstaaten der AMRK – also nicht die Petenten selbst – die Sache an den IAGMR verweisen.[22] Für die hier betrachtete

v. Austria, Appl. No. 18859/21; *Greenpeace Nordic and Others v. Norway*, Appl. No. 34068/21; *The Norwegian Grandparents' Climate Campaign and Others v. Norway*, Appl. No. 19026/21; *Soubeste and four other applications v. Austria and 11 Other States*, Appl. No. 31925/22, 31932/22, 31938/22, 31943/22, 31947/22; *Engels v. Germany*, Appl. No. 46906/22. Die Pressestelle des EGMR veröffentlicht zur Übersicht ein regelmäßig aktualisiertes, hilfreiches *Fact Sheet Climate Change*, cf. EGMR: *Fact Sheet Climate Change*, retrieved 21.4.2023, from https://www.echr.coe.int/Documents/FS_Climate_change_ENG.pdf.

18 American Declaration of the Rights and Duties of Man, reprinted in Basic Documents Pertaining to Human Rights in the Inter-American System, OEA/Ser.L.V/II.82 doc.6 rev.1 at 17 (1992).

19 American Convention on Human Rights: „Pact of San José, Costa Rica", 1144 UNTS 123.

20 Art. 41 lit. f i.V.m. Art. 44-51 AMRK; Art. 19 und 20 IAKommMR Statut.

21 Zur Zuständigkeit des IAGMR, cf. Art. 61-64 American Convention on Human Rights: „Pact of San José, Costa Rica", 1144 UNTS 123. Monographisch zum Inter-Amerikanischen Menschenrechtssystem, cf. Kokott, Juliane: *Das interamerikanische System zum Schutz der Menschenrechte*. Springer: Berlin 1986; Nacimiento, Grace: *Die Amerikanische Deklaration der Rechte und Pflichten des Menschen. Zum Prozeß der Rechtserzeugung durch Resolutionen internationaler Organisationen*. Springer: Berlin 1997.

22 Siehe Abel, Patrick: „Menschenrechtsschutz durch Individualbeschwerdeverfahren. Ein regionaler Vergleich aus historischer, normativer und faktischer Perspektive".

Streitbeilegung mit völkerrechtlich verbindlichem Ergebnis sind IAKommMR und IAGMR also verfahrensrechtlich hintereinandergeschaltet.

Die IAKommMR erreichte die – soweit ersichtlich – historisch erste völkerrechtliche Klimaklage. In einer Petition warf eine Gruppe kanadischer Inuit den USA eine menschenrechtliche Verantwortlichkeit für nachteilige Auswirkungen des Klimawandels auf den arktischen Lebensraum vor. 2006 verwarf die IAKommMR diese Petition jedoch mangels hinreichender Substantiierung als unzulässig.[23] Weitere, von einem indigenen Volk aus der Arktis gegen Kanada im Jahr 2013 sowie von einer Gruppe haitianischer Kinder im Jahr 2021 gegen Haiti erhobene Individualpetitionen blieben bislang unbescheiden.[24] Weitaus bedeutsamer ist bereits die bisherige Praxis des IAGMR geworden. In einem auf Antrag von Kolumbien verfassten (völkerrechtlich unverbindlichen) Rechtsgutachten von 2017 erörterte der IAGMR ausführlich das Verhältnis von interamerikanischen Menschenrechten und Umweltschutz.[25] Das Gutachten bezieht sich dabei ebenfalls an mehreren Stellen auf klimaschutzrechtliche Verpflichtungen, etwa aus dem Pariser Übereinkommen, und ihre Bedeutung

Archiv des Völkerrechts 51(3) (2013), S. 369-392 (377-378), m.w.N. und einem Vergleich zum System der EMRK.

23 IAKommMR, *Sheila Watt-Cloutier et al. v. United States*, Petition No. P-1413-05, Entscheidung v. 16.11.2006. Zu Historie und Entwicklung der Klimaschutzstreitbeilegung im Inter-Amerikanischen Menschenrechtssystem, cf. Feria-Tinta, Monica: „Climate Change as a Human Rights Issue: Litigating Climate Change in the Inter-American System of Human Rights and the United Nations Human Rights Committee“. In: Alogna, Ivano / Bakker, Christine / Gauci, Jean-Pierre (Hrsg.): *Climate Change Litigation: Global Perspectives*. Brill Nijhoff: Leiden 2021, S. 310-342.

24 *Arctic Athabaskan Council et al. v. Canada*, Filed 23. 4. 2013, retrieved 21.4.2023, from http://climatecasechart.com/wp-content/uploads/sites/16/non-us-case-documents/2013/20130423_5082_petition.pdf, 19; näher zu dieser Petition Szpak, Agnieszka: „Arctic Athabaskan Council's petition to the Inter-American Commission on Human Rights and Climate Change – Business as Usual or a Breakthrough?“. *Climate Change* 162, 2020, S. 1575-1593 (1576). Weiterhin *Six Children of Cité Soleil, Haiti et al. v. Haiti*, Filed 4. 2. 2021, retrieved 21.4.2023, from http://climatecasechart.com/non-us-case/petition-to-the-inter-american-commission-on-human-rights-seeking-to-redress-violations-of-the-rights-of-children-in-cite-soleil-haiti/.

25 IAGMR, *Advisory Opinion OC-23/17, The Environment and Human Rights*, 15.11.2017. Das Gutachten stellen in der deutschsprachigen Literatur etwa Markus, Till / Silva Sánchez, Pedro Pablo: „Zum Schutz der Umwelt durch die Amerikanische Menschenrechtskonvention: Das Gutachten des IAGMR OC-23/2017“. *Zeitschrift für Umweltrecht* 2019, S. 150-156, vor.

für menschenrechtliche Gewährleistungen.[26] Auf die Inhalte dieses Gutachtens stützt sich die bereits erwähnte Individualpetition der Gruppe haitianischer Kinder von 2021. Sie macht Menschenrechtsverletzungen durch unzureichenden Klimaschutz mit ähnlichem Zuschnitt wie die vor dem EGMR verhandelten Individualbeschwerden geltend.[27] Überdies beantragten jüngst am 9. Januar 2023 Chile und Kolumbien ein weiteres Gutachten bei dem IAGMR. Dieses soll über die im Gutachten von 2017 breit erörterten Umweltschutzfragen hinausgehen und spezifisch die klimarechtlichen Bezüge bestimmter AMRK-Menschenrechtsbestimmungen klären.[28]

2. Beschwerdebefugnis: Opfereigenschaft

Auf beiden Kontinenten begegnen die vorgestellten Klimaklagen jedoch gewichtigen Zulässigkeitshürden. Neben der Erschöpfung des innerstaatlichen Rechtswegs (die hier als eine überwiegend klimaschutzunspezifische Frage ausgeklammert werden soll)[29] ist zuvorderst die Beschwerdebefugnis in Form der

---

26 Zu den klimarechtlichen Implikationen, siehe Campbell-Duruflé, Christopher / Atapattu, Sumudu Anopama: „The Inter-American Court's Environment and Human Rights Advisory Opinion: Implications for International Climate Law". *Climate Law* 8(3-4), 2018, S. 321-337, die insbesondere in der Anerkennung eines allgemeinen Menschenrechts auf eine gesunde Umwelt wichtige Folgerungen für den Klimaschutz sehen; Sena, Rafaela: „The Intersection of Human Rights and Climate Change in the Inter-American Human Rights System: What to Hope For?". *Wisconsin International Law Journal* 38(2), 2021, S. 331-368, sieht höhere Erfolgschancen für klimarechtliche Individualpetitionen in Folge des Gutachtens des IAGMR.

27 *Six Children of Cité Soleil, Haiti et al. v. Haiti.*

28 Die Antragsschrift ist abrufbar unter http://climatecasechart.com/wp-content/uploads/sites/16/non-us-case-documents/2023/20230109_18528_petition.pdf (retrieved 26.4.2023); hierzu Auz, Juan / Viveros-Uehara, Thalia: „Another Advisory Opinion on the Climate Emergency? The Added Value of the Inter-American Court of Human Rights". *EJIL: Talk!*, 2.3.2023, retrieved 26.4.2023, from https://www.ejiltalk.org/another-advisory-opinion-on-the-climate-emergency-the-added-value-of-the-inter-american-court-of-human-rights/.

29 Die praktische Relevanz dieser Zulässigkeitsvoraussetzung ist in den hier besprochenen Verfahren indes hoch. Hierzu etwa Keller, Hellen / Pershing, Abigail D.: „Climate Change in Court: Overcoming Procedural Hurdles in Transboundary Environmental Cases". *European Convention on Human Rights Law Review* 3(1), 2022, S. 23-46 (32-36), die zu Recht auf die klimaklagespezifische Besonderheit hinweisen, dass sich Beschwerdeführende oftmals gegen mehrere Staaten (und ihr unterlassenes Vorgehen gegen Treibhausgasemissionen) zugleich wenden wollen und folglich grundsätzlich in jedem beklagten Staat den Rechtsweg erschöpfen müssen. Weil allerdings in diesen

Opfereigenschaft zu nennen. Der EGMR verlangt nach ständiger Rechtsprechung gemäß Art. 34 S. 1 EMRK, dass die gerügte staatliche Maßnahme die Beschwerdeführenden direkt betrifft oder vernünftige Beweise vorliegen, dass eine zukünftige direkte Betroffenheit wahrscheinlich ist.[30] Dies soll Popularbeschwerden ausschließen.

Wie auch schon nationale Gerichte nach vergleichbaren Zulässigkeitsmaßstäben befunden haben,[31] lässt sich dies bei Klimaklagen bezweifeln. Denn die nachteiligen Auswirkungen des Klimawandels betreffen nicht nur die klagenden Individuen, sondern letztlich die gesamte Menschheit. Die EMRK kennt jedoch kein allgemeines Menschenrecht auf eine intakte Umwelt.[32] Vielmehr

---

Verfahren gleichwohl die Individualbeschwerde gegen den Heimatstaat bei dortiger Rechtswegerschöpfung insoweit zulässig bliebe, soll diese Zulässigkeitsvoraussetzung hier außer Betracht bleiben.

30 EGMR, *Balmer-Schafroth and Others v. Switzerland*, Urteil v. 26.8.1997, 67\1996\686\876, ECLI: CE: ECHR:1997:0826JUD002211093, Rn. 26; *Lambert and Others v. France*, Appl. No. 46043/14, Urteil v. 5.6.2015, ECLI: CE: ECHR:2015:0605JUD004604314, Rn. 89.

31 Insbesondere Bundesgericht, *Verein KlimaSeniorinnenSchweiz u.a. Eidgenössisches Departement für Umwelt, Verkehr, Energie und Kommunikation, Generalsekretariat*, Urteil v. 5.5.2020, 1C_37/2019, Rn. 5.3-5.5; VG Berlin, Urteil v. 31.10.2019, VG 10 K 412.18, Rn. 58 ff.; ähnlich EuGH, Urteil v. 25.3.2021, Rs. C-565/19 P, ECLI: EU: C:2021:252 – *People's Climate Case*, allerdings unter den strengeren Voraussetzungen der unmittelbaren und individuellen Betroffenheit nach Art. 263 Abs. 4 AEUV, die sog. Plaumann-Formel anwendend.

32 So bereits EGMR, *X and Y v. Germany*, Entscheidung v. 13.5.1976, App. No. 7407/76, ECLI:CE:ECHR:1976:0513DEC000740776; weiterhin EGMR, *Hatton and Others v. UK*, Urteil v. 8.7.2003, Appl. No. 36022/97, ECLI: CE: ECHR:2003:0708JUD003602297, Rn. 96; jüngst etwa EGMR, *Thibaut v. France*, Entscheidung v. 7.7.2022, Appl. No. 41892/19, 41893/19, ECLI: CE: ECHR:2022:0614DEC004189219, Rn. 38. Siehe allerdings EGMR, *Di Sarno and Others v. Italy*, Appl. No. 30765/08, Urteil v. 10.1.2012, ECLI: CE: ECHR:2012:0110JUD003076508, Rn. 110, wonach eine staatliche Schutzpflicht aus Art. 8 EMRK besteht, vernünftige und angemessene Schritte zu treffen, damit Menschen in einer sicheren und gesunden Umwelt leben können, allerdings im Kontext der spezifischen Rechtsbetroffenheit von Menschen durch lokale Abfälle. Aus der Literatur zu dem Fehlen eines allgemeinen Rechts auf eine intakte Umwelt in der EMRK, cf. Eicke, Tim: „Climate Change and the Convention: Beyond Admissibility". *European Convention on Human Rights Law Review* 3(1), 2022, S. 8-16 (11-13), mit Ausführungen zu EMRK-Änderungsvorhaben für die Einführung eines solchen Rechts. Auf globaler Ebene, siehe die Anerkennung eines Menschenrechts auf eine intakte Umwelt in UN General Assembly: *The Human Right to a Clean, Healthy and*

können Umweltschäden mittelbar eine Verletzung der aus den klassischen Individualrechten der EMRK abgeleiteten staatlichen Schutzpflichten begründen, insbesondere des Rechts auf Privatleben nach Art. 8 EMRK,[33] aber etwa auch Art. 2, 3, 6 und 10.[34] Die bisherige Judikatur des EGMR verlangte für die Annahme eines Opferstatus in solchen Streitigkeiten, dass die jeweiligen (staatlich verantworteten) Umweltverschmutzungen oder Naturkatastrophen räumlich eingrenzbar sind und sich zudem unmittelbar und schwerwiegend schädigend auf die Beschwerdeführenden auswirken.[35]

Beispielhaft zeigt dies die Entscheidung *Di Sarno gegen Italien* aus dem Jahr 2012.[36] Die Beschwerde wendete sich gegen die mangelhafte Abfallwirtschaft in der italienischen Region Campania. Diese Mängel betrafen letztlich jedoch die gesamte Bevölkerung der Region,[37] was der EGMR als eine unzulässige Popularbeschwerde einstufte. Eine Opfereigenschaft erkannte er nur für diejenigen Beschwerdeführenden an, an deren Wohnsitz es nachweislich zu Müllbränden gekommen war.[38] Ähnliches gilt für die Rechtssache *Cordella gegen Italien*, die das Schrifttum zu Recht als Beispiel für eine gewisse Lockerung der Anforderungen an die Opfereigenschaft gedeutet hat.[39] Der Fall betraf Emissionen von Fabriken. Der EGMR verzichtete dabei auf einen individuellen Gesundheitsschädigungsnachweis jedes einzelnen Klägers. Er ließ vielmehr genügen, dass sie in Kommunen lebten, bei denen erhöhte Sterblichkeits- und Krankenhauseinweisungsraten für bestimmte Atemwegs- und Verdauungstrakterkrankungen eingrenz- und nachweisbar waren.[40] Es bleibt aber auch nach dieser Entscheidung bei dem Erfordernis, eine eingrenzbare, spezifische Gesundheitsgefährdung nachzuweisen, die für die Auswirkungen des

---

Sustainable Environment. Resolution 76/300 v. 1.8.2022, UN Doc. A/RES/76/300; aufbauend auf den Arbeiten von John Knox, cf. etwa Knox, S. 163-218.

33 Hierzu kritisch Francioni, Francesco: „International Human Rights in an Environmental Horizon“. *European Journal of International Law* 21(1), 2010, S. 41-55 (50): „individualistic conception“.

34 Zu diesen Rechten, ebenso wie zu Art. 8 EMRK, siehe Peters, S. 172 m.w.N.

35 Siehe etwa EGMR, *Hatton and Others v. UK* (Fn. 32), Rn. 96; *Di Sarno and Others v. Italy* (Fn. 32), Rn. 104; *Thibaut v. France* (Fn. 32), Rn. 38.

36 EGMR, *Di Sarno and Others v. Italy* (Fn. 32).

37 EGMR, *Di Sarno and Others v. Italy* (Fn. 32), Rn. 80.

38 EGMR, *Di Sarno and Others v. Italy* (Fn. 32), Rn. 81.

39 So etwa Keller, Helen / Heri, Corina: „The Future is Now: Climate Cases Before the ECtHR“. *Nordic Journal of Human Rights* 40(1), 2022, S. 153-174 (157).

40 Vgl. EGMR, *Cordella and Others v. Italy*, Urteil v. 24.1.2019, Appl. No. 54414/13, 54264/15, ECLI: CE: ECHR:2019:0124JUD005441413, Rn. 101-109.

Klimawandels weitaus schwieriger erscheint als für Gesundheitsbeeinträchtigungen durch Fabrikemissionen in der Umgebung der jeweiligen Standorte.

Dies zeigt: Allein der Vortrag, Jugendliche und Ältere – und damit ganze Bevölkerungsgruppen – seien vom Klimawandel betroffen, dürfte für die Annahme einer Opfereigenschaft nach der bisherigen Rechtsprechung des EGMR nicht genügen.[41] Zudem wird es schwierig, schädigende Extremwettereignisse wie Hitzewillen unmittelbar auf den Treibhausgasausstoß einzelner Staaten zurückführen.[42] Darüber hinaus handhabt der EGMR die Zulässigkeit von „altruistischen Verbands-Individualbeschwerden" seitens NGOs restriktiv.[43]

---

41 Ebenso Mayer, Benoit: „Climate Change Mitigation as an Obligation Under Human Rights Treaties?". *American Journal of International Law* 115(3), 2021, S. 409-451 (421-422); dagegen zeigt sich Peters, S. 193, vor allem wegen der fehlenden zeitlichen Unmittelbarkeit der geltend gemachten EMRK-Verletzungen skeptisch; für eine Bejahung der Opfereigenschaft tendenziell Keller / Heri, S. 157, unter Verweis auf das Urteil in der Rechtssache *Cordella*, die aber zugleich ebenfalls die im Vergleich ungleich höhere Zahl der durch den Klimawandel Betroffenen als ein Problem benennen. Von den hier vorgebrachten Bedenken sind Argumente zu unterscheiden, die eine spezifische Vulnerabilität auf Tatsachen- und Rechtsebene vorbringen, etwa auf Grundlage von Art. 3 EMRK, hierzu Heri, Corina: „Climate Change before the European Court of Human Rights: Capturing Risk, Ill-Treatment and Vulnerability". *European Journal of International Law* 33(3), 2022, S. 925-951 (948-951), und mit Blick auf Probleme der Intersektionalität, hierzu Sußner, Petra: „Intersectionality in Climate Litigation. The Case of KlimaSeniorinnen v. Switzerland at the ECtHR". *Verfassungsblog*, 20.4.2023, retrieved 28.4.2023, from https://verfassungsblog.de/intersectionality-in-climate-litigation/.

42 Ebenfalls skeptisch mit Blick auf die Kausalitätsvoraussetzung sind beispielsweise Mayer, S. 422; Tzevelekos, Vassilis P. / Dzehtsiarou, Kanstantsin: „Climate Change: The World and the ECtHR in Unchartered Waters". *European Convention on Human Rights Law Review* 3(1), 2022, S. 1-7 (4).

43 Individualbeschwerden von NGOs im Namen der Rechte Dritter sind mangels Opferstatus grundsätzlich unzulässig. Hiervon existieren bestimmte Ausnahmen, siehe den Überblick bei EGMR: *Guide to the Case-Law of the European Court of Human Rights, Environment, Updated on 31 August 2022.* retrieved 26.4.2023, from https://www.echr.coe.int/Documents/Guide_Environment_ENG.pdf. In Betracht kommt etwa, dass NGOs die Verletzung eigener Rechte geltend machen. Auch hier gelten jedoch Einschränkungen. Etwa ist NGOs die Geltendmachung von Art. 8 EMRK wegen Umweltschäden verwehrt, weil der Schutzbereich des Rechts auf Privatleben nur natürliche Personen erfasst, das Recht seiner Natur nach also einer NGO als juristische Person nicht zusteht, siehe etwa EGMR, *Asselbourg and Others v. Luxembourg*, Entscheidung v. 29.6.1999, Appl. No. 29121/95,

Der IAGMR versteht die Zulässigkeitshürde der Beschwerdebefugnis indes im Vergleich flexibler. Auch Art. 44 AMRK verlangt zwar für die Zulässigkeit einer Individualpetition vor der IAKommMR einen Opferstatus.[44] Allerdings erlaubt das Inter-Amerikanische Menschenrechtssystem „Popularindividualpetitionen", also die Geltendmachung einer Rechtsverletzung für eine andere Person (insbesondere durch NGOs).[45] Das Gutachten des IAGMR von 2017 erleichtert die Geltendmachung einer AMRK-Verletzung im Klimakontext noch weiter. Es erkannte ein Menschenrecht auf eine intakte Umwelt an, abgeleitet aus Art. 26 AMRK. Diese Bestimmung gewährleistet wirtschaftliche, soziale und kulturelle Rechte – also Menschenrechte der 2. Generation,[46] die sich in der EMRK abseits ihres ersten Zusatzprotokolls nicht finden.[47] Nach Maßgabe

---

ECLI: CE: ECHR:1999:0629DEC002912195; *Yusufeli İlçesini Güzelleştirme Yaşatma Kültür Varlıklarını Koruma Derneği v. Turkey*, Entscheidung v. 20.1.2022, Appl. No. 37857/14, Rn. 38-41. Insgesamt sind deshalb die Hürden für NGOs als durchaus hoch zu bewerten, ähnlich Eicke, Tim: „Human Rights and Climate Change: What Role for the European Court of Human Rights?". *European Human Rights Law Review* 2021(3), S. 262-273 (270), der in der vorbezeichneten Rechtsprechung gewichtige Hindernisse für Klimaindividualbeschwerden durch NGOs sieht; Keller / Heri, S. 157, die die EGMR-Rechtsprechung zu NGO-Individualbeschwerden als „restriktiv" und zum Teil „widersprüchlich" ansehen; A.A. Peters, S. 190-191, die in den vorgesehenen Ausnahmen der Rechtsprechung des EGMR die Anerkennung einer „Wächterrolle" von NGOs für die Natur sieht.

44 Die Opfereigenschaft betrifft unmittelbar die Individualpetition vor der IAKommMR. Sie ist dann allerdings mittelbar ebenfalls eine Zulässigkeitsvoraussetzung für das sich an die Befassung der IAKommMR anschließende Verfahren vor dem IAGMR, auch wenn die Individuen diesen Verweis an den IAGMR selbst nicht anstrengen können. Der IAGMR prüft nämlich, ob die Individualpetition vor der IAKommMR zulässig, also unter anderem mit Opferstatus erhoben wurde. Siehe hierzu Pasqualucci, Jo M.: *The Practice and Procedure of the Inter-American Court of Human Rights*. Cambridge University Press: Cambridge 2009, S. 99-100.

45 Art. 44 AMRK; aus der Rechtsprechung, cf. etwa IAGMR, *Barrios Altos v. Peru*, Merits, Urteil v. 14.3.2001, Rn. 4, über eine Individualpetition, welche der National Human Rights Coordinator im Namen ermordeter und verletzter Personen gegen Peru erhoben hat; weiterführend zu der Möglichkeit, Popularklagen zu erheben, Abel 2013, S. 380, im europäischen und afrikanischen Vergleich; Pasqualucci, S. 99-103, zu den dogmatischen Details.

46 IAGMR, *Advisory Opinion OC-23/17* (Fn. 25), Rn. 58-63.

47 Zu dieser Kategorisierung in üblicherweise drei Generationen der Menschenrechte statt aller Ssenyonjo, Manisuli: „Reflections on State Obligations with Respect to Economic, Social and Cultural Rights in International Human Rights Law". *International Journal of Human Rights* 15(6), 2011, S. 969-1012. Den Unterschied in den

des IAGMR habe das Menschenrecht auf eine intakte Umwelt zugleich eine individuelle und kollektive Dimension.[48] In der Folge dürften Individuen und NGOs in klimawandelbezogenen Individualpetitionen nicht nachweisen müssen, dass sich der Klimawandel auf persönliche Güter einer Person nachteilig ausgewirkt hat.[49]

3. *Hoheitsgewalt: Extraterritorialität*

Das zweite Zulässigkeitsproblem, das dieser Beitrag besprechen möchte, ist die gerichtliche Zuständigkeit für extraterritoriale Sachverhalte. Gemeint sind Individualbeschwerden, die sich gegen Auswirkungen staatlichen Verhaltens (bzw. Unterlassens) richten, die außerhalb der jeweiligen Staatsgrenzen liegen. So wenden sich die Individualbeschwerde in der Rechtssache *Duarte Agostinho* vor dem EGMR nicht nur gegen den Heimatstaat Portugal, sondern auch gegen 32 weitere Staaten. Der Treibhausgasausstoß, der von den Territorien dieser Staaten stamme und den diese dort nicht hinreichend verhindert hätten, habe nachteilige Auswirkungen auf die in Portugal lebenden Beschwerdeführenden. Es geht insoweit also um die extraterritorialen Auswirkungen staatlichen Unterlassens auf ihre EMRK-Rechte.[50] Es ist jedoch fraglich, ob Staaten mit Blick auf den Treibhausgasausstoß auf ihrem Gebiet überhaupt EMRK-Bindungen gegenüber Menschen in anderen Staaten unterliegen. Dies betrifft die Auslegung des Begriffes der „Hoheitsgewalt“ („jurisdiction“) gemäß Art. 1 EMRK.

Dieser in Schrifttum und Rechtsprechung vieldiskutierte Terminus[51] versteht sich indes grundsätzlich territorial. Nach ständiger Rechtsprechung des

---

verankerten Menschenrechtsgenerationen zwischen EMRK und AMRK hebt ebenfalls Peters, S. 170-171 und Fn. 28, hervor.

48 IAGMR, *Advisory Opinion OC-23/17* (Fn. 25), Rn. 59.

49 Ebenso Campbell-Durufle / Atapattu, S. 331-332; ähnlich Sena, S. 366; A.A. Diaconu, Lara C.: „The Time is Now for the IACHR to Address Climate Action as a Human Right: Indigenous Communities Can Lead (Again)“. *American Indian Law Journal* 9(2), 2021, S. 213-241 (237), die keine Konsequenzen aus dem IAGMR-Gutachten für die Opfereigenschaftsfrage zu ziehen scheint.

50 EGMR, *Duarte Agostinho and Others v. Portugal and 32 Other States*, Individualbeschwerde, retrieved 27.4.2023, from http://climatecasechart.com/wp-content/uploads/sites/16/non-us-case-documents/2020/20200902_3937120_complaint.pdf.

51 Das deutsche und internationale Schrifttum zu dieser Frage ist äußerst umfangreich. Statt aller Milanovic, Marko: *Extraterritorial Application of Human Rights Treaties: Law, Principles, and Policy.* Oxford University Press: Oxford 2011; Peters, Anne: „Die Anwendbarkeit der EMRK in Zeiten komplexer Hoheitsgewalt und das Prinzip der Grundrechtstoleranz“. *Archiv des Völkerrechts* 48(1), 2010, S. 1-57; aus

EGMR verantworten Staaten also primär, die EMRK-Rechte auf ihrem Staatsgebiet zu respektieren, zu schützen und zu gewährleisten.[52] Die Rechtsprechung des EGMR entwickelte hierzu eine Reihe von Ausnahmen, die indes nicht immer konsistent geblieben sind. Nach bisherigem Stand erfassen sie nur schwerlich die hier betrachtete Konstellation.

Dies zeigt beispielsweise die Entscheidung der Großen Kammer vom 5.3.2020 in *M.N. gegen Belgien*. Die Beschwerdeführenden wendeten sich gegen eine Visaablehnung, die sie in Beirut bei der belgischen Botschaft – also außerhalb belgischen Staatsgebiets – aus humanitären Gründen beantragt hatten. Belgien nahm an, dass die Kläger im Anschluss an das gewährte Visum und dem Betreten belgischen Territoriums dort Asyl beantragen wollten, die Visumbeantragung also von vorneherein allein auf die Herstellung eines Asylanspruchs zielte (der völkerrechtlich erst gegen einen Staat mit Betreten dessen Territoriums entsteht). Die Große Kammer lehnte die Beschwerde als unzulässig ab. Sie fasste zunächst die Rechtsprechung des EGMR zu Art. 1 EMRK zusammen: Extraterritoriale Hoheitsgewalt bestehe nur bei einer außergewöhnlichen faktischen Verbindung zwischen Beschwerdeführenden und beklagtem Staat.[53] Im Kern gehören hierzu vor allem Situationen, in denen der Staat die Person des Beschwerdeführenden kontrolliere – etwa bei einer Inhaftierung –,[54] oder ein fremdes Gebiet, etwa bei einer Besetzung.[55] Dass nationale Entscheidungen extraterritoriale Auswirkungen haben, genüge für die Begründung von Hoheitsgewalt allein nicht.[56] Insbesondere dürfe die Auslegung von

---

der jüngeren Literatur etwa Longobardo, Marco / Wallace, Stuart: „The 2021 ECtHR Decision in Georgia v Russia (II) and the Application of Human Rights Law to Extraterritorial Hostilities". *Israel Law Review* 55(2), 2022, S. 145-177.

52 EGMR, *Banković and Others v. Belgium and Others*, Entscheidung v. 12.12.2001, Appl. No. 52207/99, ECLI: CE: ECHR:2001:1212DEC005220799, Rn. 56, 59; *M.N. and Others v. Belgium*, Entscheidung v. 5.5.2020, Appl. No. 3599/18, ECLI: CE: ECHR:2020:0505DEC000359918, Rn. 98-100, dort m.w.N. zu der umfangreichen Rechtsprechung.

53 EGMR, *M.N. and Others v. Belgium* (Fn. 52), Rn. 99-109.

54 EGMR, *M.N. and Others v. Belgium* (Fn. 52), Rn. 105, mit Verweis etwa auf EGMR, *Öcalan v. Turkey*, Urteil v. 12.5.2005, Appl. No. 46221/99, ECLI: CE: ECHR:2005:0512JUD004622199, Rn. 91.

55 EGMR, *M.N. and Others v. Belgium* (Fn. 52), Rn. 103-104, mit Verweis etwa auf EGMR, *Al-Skeini and Others v. United Kingdom*, Urteil v. 7.7.2011, Appl. No. 55721/07, ECLI: CE: ECHR:2011:0707JUD005572107, Rn. 138-140, 142.

56 EGMR, *M.N. and Others v. Belgium* (Fn. 52), Rn. 112, mit Verweis auf EGMR, *Banković and Others v. Belgium and Others* (Fn. 52), Rn. 75. Cf. die hierzu passende Rechtsprechung der Großen Kammer des EGMR im „context of chaos" des

Art. 1 EMRK nicht zu einer „quasi-universellen“ Anwendung der EMRK führen.[57]

Eine quasi-universelle Anwendung der EMRK stünde jedoch durchaus in Rede, erklärte man Klimaklagen etwa im Verfahren *Duarte Agostinho* auch gegenüber den neben dem Heimatstaat Portugal beklagten 32 weiteren Staaten für zulässig. Schließlich befördert jeder Ausstoß von Treibhausgasen den Klimawandel und dessen Auswirkungen weltweit. Staaten begründen dadurch aber weder personal noch räumlich eine extraterritoriale faktische Kontrolle oder eine sonstige außergewöhnliche faktische Verbindung zu bestimmten Personen.[58]

Erneut weist der IAGMR in eine andere Richtung. Zwar knüpft auch Art. 1 Abs. 1 AMRK die Anwendbarkeit der Menschenrechte an die ausgeübte Hoheitsgewalt. Die IAKommMR und der IAGMR haben in ihrer Praxis diesen Begriff seit jeher auch außerhalb des klimarechtlichen Kontextes weiter als der EGMR interpretiert. Danach üben Staaten Hoheitsgewalt über Personen aus, die sich auf ihrem jeweiligen Territorium befinden oder die in irgendeiner

---

bewaffneten Konflikts zwischen Georgien und Russland in EGMR, *Georgia v. Russia (II)*, Urteil v. 21.1.2021, Appl. No. 38263/08, Rn. 125-144, in welchem der EGMR – nicht pauschal, sondern unter Würdigung der Umstände dieses Einzelfalls – die Ausübung von Hoheitsgewalt mangels effektiver räumlicher oder personaler Kontrolle in der Phase aktiver Feindseligkeiten in Georgien wegen der wechselnden und insgesamt unklaren Gebietskontrolle ablehnte, also die (erheblichen!) extraterritorialen Auswirkungen auf Menschenrechte durch staatliche Kampfhandlungen nicht ausreichen ließ, um Hoheitsgewalt im Sinne von Art. 1 EMRK zu begründen; bestätigt in EGMR; *Ukraine and the Netherlands v. Russia*, Entscheidung v. 30.11.2022, Appl. No. 8019/16, 43800/14, 28525/20, Rn. 703-706, dort allerdings auf Subsumtionsebene im Ergebnis die Hoheitsgewalt mit Blick auf den Abschuss des Passagierflugzeugs des Fluges MH17 bejahend.

57 EGMR, *M.N. and Others v. Belgium* (Fn. 52), Rn. 123.

58 Ebenso Boyle, Alan: „Human Rights and the Environment: Where Next?“. *European Journal of International Law* 23(3), 2012, S. 613-642 (640-641); Mayer, S. 426-428; Peters, S. 178-186, die allerdings eine dynamische Auslegung im Lichte des Umweltvölkerrechts erwägt, gleichwohl selbst mit dieser Herangehensweise nur „in Ausnahmefällen“ eine extraterritoriale Hoheitsgewalt im hiesigen Kontext sieht; für den gegenwärtigen Rechtsstand ebenso Keller / Heri, S. 159, 161-163, allerdings verbunden mit Vorschlägen, wie eine dynamische Auslegung der EMRK diese Engführung der Definition von Hoheitsgewalt überwinden könnte und sollte. Eine gewisse, vorsichtige Skepsis klingt ebenfalls an bei Eicke 2022, S. 15, der auf die schwierige Rolle eines regionalen Menschenrechtsgerichtshofs bei der Abwägung der Vielzahl kollidierender Güter durch den sich weltweit entfaltenden Klimawandel hinweist.

Weise ihrer Autorität, Verantwortlichkeit oder Kontrolle unterstehen. Der Begriff der „Hoheitsgewalt“ wird also gerade nicht vorrangig territorial verstanden.[59] Das Gutachten des Gerichtshofs von 2017 über Menschenrechte und Umwelt münzt dieses weite Verständnis in eine entsprechend weite Handhabung der Hoheitsgewalt über sich extraterritorial auswirkende Umweltschädigungen. Er lässt hierfür genügen, wenn der Staat auf seinem Gebiet Umwelteinwirkungen zu kontrollieren vermag, die extraterritorial zu Umweltschäden führen.[60] Das Gericht leitet dies unter anderem aus dem – eigentlich zwischenstaatlichen – völkergewohnheitsrechtlichen Verbot von grenzüberschreitenden Umweltschädigungen ab.[61] Der IAGMR eröffnet damit durchaus den Weg zu einer „quasi-universellen“ Anwendung der AMRK zur Begründung einer globalen menschenrechtlichen Klimaverantwortung von AMRK-Vertragsstaaten.[62]

III. Investitionsschiedsgerichte

Durch nicht-staatliche Akteure angestrengte, völkerrechtliche Klimaklagen finden sich nicht nur vor den Menschenrechtsgerichtshöfen, sondern ebenfalls in internationale Schiedsverfahren zwischen Investoren und Staaten. Diesen wendet sich der nachfolgende Abschnitt zu. Zunächst ist begrifflich zu hinterfragen, inwiefern Investitionsschiedsklagen überhaupt als „Klimaklagen“ verstanden werden können (1.). Der Beitrag zeichnet daraufhin die bereits entschiedenen und derzeit rechtshängigen „Investitionsklimaklagen“ nach (2.) und widmet sich im Anschluss an eine kurze Übersicht über die niedrigen

---

59 Cf. etwa IAKommMR, *Franklin Guillermo Aisalla Molina (Ecuador v. Colombia)*, Admissibility Report No. 112/10, OEA/Ser.L/V/II.140 Doc. 10 (2010), 21.10.2011, Rn. 91; IAGMR, *Advisory Opinion OC-21/14, Rights and Guarantees of Children in the Context of Migration and/or in Need of International Protection*, 19.8.2014, Rn. 61, 219.

60 IAGMR, *Advisory Opinion OC-23/17* (Fn. 25), Rn. 72-104.

61 IAGMR, *Advisory Opinion OC-23/17* (Fn. 25), Rn. 95-103.

62 Ebenso Feria-Tinta, Monica: „Climate Change Litigation in the European Court of Human Rights: Causation, Imminence and other Key Underlying Notions“. *Europe of Rights & Liberties* 3(1), 2021, S. 52-71 (57); A.A. Mayer, S. 427, der keine effektive Kontrolle von Staaten über Vorgänge auf eigenem Territorium sieht, auf welche die Auswirkungen des Klimawandels rückführbar sind und deshalb trotz des IAGMR-Gutachtens von 2017 weiterhin eine extraterritoriale Anwendbarkeit der AMRK auf die hiesige Konstellation ablehnt; aus ähnlichen Gründen ebenfalls skeptisch Peters, S. 186.

Zulässigkeitshürden (3.) den Schiedswiderklagen als Unterform funktioneller Klimaschutzklagen zu (4.).

1. Begriffliche Erfassung

Das Investitionsschutzrecht ermächtigt in vielen bilateralen Investitionsschutzverträgen (BITs) ausländische Investorinnen und Investoren dazu, den jeweiligen Gaststaat vor einem internationalen Schiedsgericht auf Schadensersatz zu verklagen. Typische, in BIT gewährte Rechte sind insbesondere der Schutz vor Enteignungen und das Recht auf faire und gerechte Behandlung („fair and equitable treatment"). Folglich zielen Investitionsschutzschiedsklagen auf eine Verletzung der Rechte und Interessen der Investoren gegenüber Eingriffen des Gaststaates. Eine strategische Prozessführung von Investorinnen gegen einen Gaststaat, um diesen zu mehr Klimaschutz zu verpflichten, wäre nach bisheriger Handhabung systemfremd und ist, soweit ersichtlich, bisher nicht unternommen worden. Klimaklagen im hier bisher verstandenen, engeren Sinne, finden sich demnach im Investitionsschutzrecht nicht.

Anders verhält es sich jedoch, wenn man das Begriffsverständnis von „Klimaklagen" weitet und ebenfalls solche Klagen erfasst sieht, die *mittelbar* den Klimaschutz stärken können.[63] Investitionsschiedsklagen ließen sich dann als Klimaklagen verstehen, wenn diese Klagemöglichkeit im jeweiligen Gaststaat mittelbar durch wirtschaftliche Anreizeffekte dem Klimaschutz zugutekommt.

2. Verfahren

Zu solchen investitionsschutzrechtlichen „Klimaklagen im weiteren Sinne" lassen sich zahlreiche von Investoren aus dem Sektor der erneuerbaren Energien angestrengte Verfahren verstehen. Solche Verfahren haben Investorinnen insbesondere auf Grundlage des Energiechartavertrags[64] angestrengt. Dabei handelt es sich um ein (gerade zuletzt hochumstrittenes) plurilaterales Abkommen, das unter anderem Investitionsschutz für ausländische Energieinvestitionen gewährleistet.[65] Zu nennen sind beispielsweise zahlreiche Verfahren

63 Für ein solches weites Verständnis, cf. etwa Burns, William C.G. / Osofsky, Hari M.: „Overview". In: Burns, William C.G. / Osofsky, Hari M. (Hrsg.), *Adjudicating Climate Change*. Cambridge University Press: Cambridge 2009, S. 1-27 (26).

64 The Energy Charter Treaty, 2080 UNTS 95.

65 Allgemein zum Energiechartavertrag, cf. Hobér, Kaj: *The Energy Charter Treaty*. Oxford University Press: Oxford 2020. Über die politisch streitige Frage des Fortbestands des Energiechartavertrags vor dem Hintergrund von Bedenken, dass die Investitionsschiedsverfahren der Industrie, die Energie aus fossilen Rohstoffen

gegen Spanien und andere europäische Staaten, in denen Investoren sich gegen die Einschränkung von Subventionen für die Solarindustrie gewendet hatten.[66] Weiterhin ist gegenwärtig die Schiedsklage *Strabag gegen Deutschland* rechtshängig und einschlägig.[67] Sie rügt regulative Änderungen des deutschen Offshore-Windenergierechts, die trotz Anfangsinvestitionen zum Scheitern geplanter Offshore-Windkraftprojekte vor der deutschen Nordsee geführt hatten.[68] Das prominente Verfahren von *Vattenfall gegen Deutschland* wegen des Atomausstiegs mag man – je nach politischer Auffassung – ebenfalls als eine Klimaklage einstufen.[69]

Nun zielten und zielen diese Schiedsklagen auf Entschädigungen, nicht auf Rechtsänderungen.[70] Mittelbar könnten sie aber dazu beitragen, die

---

gewinnt, die gebotene Dekarbonisierung der Vertragsstaaten behinderten, cf. Tropper, Johannes / Wagner, Kilian: „The European Union Proposal for the Modernisation of the Energy Charter Treaty – A Model for Climate-Friendly Investment Treaties?". *Journal of World Investment & Trade* 23(5-6), 2022, S. 813-848; Tietje, Christian: „Der Energiecharta-Vertrag im Kreuzfeuer der Kritik". *Verfassungsblog*, 15.11.2022, retrieved 28.4.2023, from https://verfassungsblog.de/der-energiecharta-vertrag-im-kreuzfeuer-der-kritik.

66 Gegen Spanien sind dutzende Investitionsschiedsklagen in diesem Kontext erhoben worden. Aus der Vielzahl der Entscheidungen, cf. hier beispielhaft *Charanne and Construction Investments v. Spain*, SCC Case No. V 062/2012, Schiedsspruch v. 21.1.2016.

67 *Strabag and Others v. Germany*, ICSID Case No. ARB/19/29.

68 Retrieved 28.4.2023, from http://climatecasechart.com/non-us-case/strabag-and-others-v-germany/.

69 *Vattenfall AB and Others v. Germany*, ICSID Case No. ARB/12/12; dieses Verfahren kategorisieren etwa Miles, Wendy / Lawry-White, Merryl: „Arbitral Institutions and the Enforcement of Climate Change Obligations for the Benefit of all Stakeholders: The Role of ICSID". *ICSID Review* 34(1), 2019, S. 1-31 (19), als klimafreundlich.

70 Es ist allerdings eine dogmatisch schwierige Frage, ob theoretisch eine (praktisch bisher kaum relevante) Möglichkeit besteht, im Investitionsschutzrecht einen Sekundäranspruch auf tatsächliche Wiederherstellung des rechtmäßigen Zustands als Rechtsfolge geltend zu machen. Hierzu differenziert Demirkol, Berk: „Remedies in Investment Treaty Arbitration". *Journal of International Dispute Settlement* 6(2), 2015, S. 403-426, der insbesondere eine Kollision mit staatlicher Souveränität und nationalem Verfassungsrecht sieht und die Frage von der Auslegung der in Rede stehenden materiellen Vorschrift abhängig macht; jüngst hierzu weiterführend Demirkol, Berk: „Reconsideration of Proper Remedies in Investment Arbitration in Light of Recent Cases: Should the Remedy Follow the Primary Obligation?". *Journal of World Investment & Trade* 22(1), 2021, S. 129-159.

Investitionssicherheit in der Energiewende zu befördern. Denn insbesondere staatliche Subventionen spielten in der Vergangenheit sowie in der Gegenwart eine überragende Rolle für die Entwicklung erneuerbarer Energien,[71] die für eine erfolgreiche Treibhausgasreduktion durch den Ausstieg aus fossilen Energiequellen entscheidend sind. Die Stabilität und rechtstaatliche Handhabe staatlicher Anreize für erneuerbare Energien sind entscheidend für ein gutes Investitionsklima, das für die langfristigen Investitionen in dem Sektor der erneuerbaren Energien wichtig ist. Dies gilt gerade für wirtschaftlich schwächere Staaten, die oftmals auf ausländische Investitionen für die Entwicklung von grünen Technologien angewiesen sind – und zu denen sich gerade die Industriestaaten nach dem Grundsatz der gemeinsamen aber unterschiedlichen Verantwortlichkeit im Pariser Übereinkommen bekannt haben.[72] Das Investitionsschutzrecht kann durch die Stabilisierung und Stärkung des Investitionsklimas Anreize für solche Investitionen schaffen.[73] Investitionsschiedsverfahren aus dem Sektor der erneuerbaren Energien lassen sich folglich als Ausdruck einer Absicherung von internationalen Klimaschutzinvestitionen

71 Aus ökonomischer und politischer Sicht, siehe Enerdata / Trinomics: *Study on Energy Subsidies and Other Government Interventions in the European Union – 2022 Edition*. European Commission 2022. Eingehend zu den rechtlichen Fragestellungen statt aller Burgi, Martin: „Die Energiewende und das Recht". *Juristenzeitung* 68(15/16), 2013, S. 745-753.

72 Allgemein zu der hohen Bedeutung privater Investitionen für die Energiewende, cf. Schacherer, Stefanie: *Sustainable Development in EU Foreign Investment Law*. Brill Nijhoff: Leiden 2021, S. 258.

73 In der empirischen Literatur ist die Anreizwirkung des (völkervertraglichen) Investitionsschutzrechts allerdings nicht einhellig bejaht. Kritisch etwa Hallward-Driemeier, Mary: „Do Bilateral Investment Treaties Attract Foreign Direct Investment? Only a Bit ... And They Could Bite", *World Bank Policy Research Paper* 3121, 2013, S. 18-23, die nur eine geringe Anreizwirkung feststellt; dagegen etwa Arjan Lejour / Maria Salfi: „The Regional Impact of Bilateral Investment Treaties on Foreign Direct Investment". *CB Netherlands Bureau for Economic Policy Analysis Discussion Paper* 298, 2014, S. 28-29, die eine Anreizwirkung bejahen, aber insoweit zwischen verschiedenen Weltregionen unterscheiden. Für einen eingehenden Überblick über ökonomische Studien zur Anreizwirkung des Investitionsschutzrechts, cf. Beaulieu, Eugene / O'Neill, Kelly: „The Economics of Foreign Direct Investment and International Investment Agreements". In: VanDuzer, John Anthony / Leblond, Patrick (Hrsg.): *Promoting and Managing International Investment: Towards an Integrated Policy Approach*. Routledge: London 2020, S. 99-116 (110-115), die ein differenziertes Bild zeichnen, wonach sich nicht pauschal eine Anreizwirkung für alle Investitionsschutzverträge bestätigen oder ablehnen lässt.

verstehen und können in diesem Sinne mittelbar zu einer besseren staatlichen Klimaschutzpolitik beitragen.[74] Insoweit kann sich die zwischenzeitlich von mehreren europäischen Staaten (darunter Frankreich und Deutschland) beschlossene Kündigung des Energiechartavertrags durchaus auch nachteilig auf das vorbezeichnete Investitionsklima auswirken.[75]

---

74 Ebenso Boute, Anatole: „Combating Climate Change Through Investment Arbitration". *Fordham International Law Journal* 35(3), 2012, S. 613-664 (659-663); Simões, Fernando Dias: „When Green Incentives Go Pale: Investment Arbitration and Renewable Energy Policymaking". *Denver Journal of International Law & Policy* 45(2), 2017, S. 251-285 (284), der sogar die Möglichkeit eines „environmentally friendly freezing effect" in Bezug auf die Aufhebung von Subventionen für erneuerbare Energien sieht; Miles / Lawry-White, S. 18-19; Tropper / Wagner, S. 816-820, mit Vorschlägen für Eigenschaften klimaschutzfreundlicher Investitionsschutzverträge; Gehring, Markus / Tokas, Marios: „Synergies and Approaches to Climate Change in International Investment Agreements. Comparative Analysis of Investment Liberalization and Investment Protection Provisions in European Union Agreements". *Journal of World Investment & Trade* 23 (5-6), 2022, S. 778-812, unter der Bedingung hinreichender Bestimmungen über den Klimaschutz in den betreffenden Investitionschutzverträgen; kritisch dagegen Selivanova, Yulia S.: „Changes in Renewables Support Policy and Investment Protection under the Energy Charter Treaty: Analysis of Jurisprudence and Outlook for the Current Arbitration Cases". *ICSID Review* 33(2), 2018, S. 433-455 (454), die wegen der divergierenden Entscheidungen der Schiedsgerichte eine fehlende Vorhersehbarkeit für Investoren sieht und deshalb keinen stabilisierenden Faktor in dem Energiechartavertrag erblickt.

75 Zu den Kündigungen von Frankreich, Deutschland und Polen, retrieved 3.5.2023, from https://www.energycharter.org/media/news/article/written-notifications-of-withdrawal-from-the-energy-charter-treaty/, wonach die Kündigungen Ende 2023 wirksam werden; zu der Diskussion einer koordinierten Kündigung seitens der Europäischen Kommission, cf. European Commission: *Non-paper. Next Steps as Regards the EU, Euratom and Member States' Membership in the Energy Charter Treaty*. 2023. Für Auffassungen, die in der Kündigung des Energiechartavertrags ebenfalls eine Verschlechterung für Investitionen in erneuerbare Energien sehen, cf. etwa Daszko, Agata: „No Longer Feeling the Energy. Unpacking Poland's Reasoning Behind its Decision to Withdraw From the ECT". *Verfassungsblog*, 9.9.2022, retrieved 3.5.2023, from https://verfassungsblog.de/not-feeling-the-energy-anymore/; Woopen, Herbert: „Why Komstroy Cannot Be the Last Word: More Investment Into Greening the Economy Requires to Bury Achmea, Komstroy, Micula and Others, Part I and II". *EFILA Blog*, 16.11.2022, retrieved 3.5.2023, from https://efilablog.org/2022/11/16/why-komstroy-cannot-be-the-last-word-part-i/ und https://efilablog.org/2022/11/16/why-komstroy-cannot-be-the-last-word-part-ii/; Lavranos, Nikos / Adhiraj Lath, Jabalpur: „The Meltdown of the Energy Charter Treaty (ECT): How the ECT was Ruined by the EU and its Member States". *Zeitschrift für Schiedsverfahren* 2023(1),

3. *Zulässigkeitshindernisse für „Investitionsklimaklagen"*

Besonderen Zulässigkeitshürden unterliegen Schiedsklagen aus dem Bereich der erneuerbaren Energien in der Regel nicht. Es gibt grundsätzlich keine Besonderheiten im Vergleich zu Investitionsschiedsklagen aus anderen Wirtschaftssektoren zu beachten. Wie stets im Investitionsschutzrecht ist oftmals allein entscheidend, ob die betreffenden Investorinnen die korrekte Nationalität eines anwendbaren BITs innehaben und unter die sachliche Definition einer Auslandsinvestition nach dem jeweiligen BIT fallen.[76] Inländischen Unternehmen ist eine Schiedsklage hingegen verwehrt, was zu einer Inländerdiskriminierung führen kann.[77]

Für intra-EU-Schiedsklagen, die von Investoren in erneuerbare Energien durchaus zahlreich erhoben wurden und etwa die angesprochenen Fälle der spanischen Solarsubventionen betreffen,[78] ist indes eine spezifische Zulässigkeitshürde zu berücksichtigen. Unter „intra-EU-Schiedsklagen" sind Verfahren zu verstehen, die Investorinnen mit Sitz in der EU gegen einen EU-Mitgliedstaat anstrengen. Nach der Rechtsprechung des Gerichtshofs der Europäischen Union in den Rechtssachen *Achmea*, *Komstroy* und *PL Holdings* verstoßen solche Verfahren gegen Art. 267 und 344 AEUV, weil sie Fragen der Auslegung und Anwendung des EU-Rechts der Gerichtsbarkeit des EuGH entziehen und so die Autonomie der Unionsrechtsordnung unterwandern.[79] Indes wendet die bisherige große Mehrheit der Investitionsschiedsgerichte im Rahmen des

---

S. 38-46 (46); A.A. Brauch, Martin Dietrich: *Should the European Union Fix, Leave or Kill the Energy Charter Treaty?*. Columbia Center on Sustainable Investment, Februar 2021, S. 7-8, retrieved 28.4.2023, from http://dx.doi.org/10.2139/ssrn.3823596, der sich für eine Kündigung der Charta wegen ihrer klimaschädlichen Wirkung ausspricht.

76 Zu diesen allgemeinen Voraussetzungen cf. statt aller Dolzer, Rudolf / Schreuer, Christoph / Kriebaum, Ursula: *Principles of International Investment Law*. 3. Aufl., Oxford University Press: Oxford 2022, S. 44-78.

77 Dies kritisieren López-Rodríguez / Navarro, Pilar: „The Aftermath of Renewable Energy Cuts in Spain. Investment Arbitration and EU Law in the Aftermath of Renewable Energy Cuts in Spain". *European Energy and Environmental Law Review* 25(1), 2016, S. 2-10 (9), mit Blick auf die spanischen Fälle der Solarsubventionen.

78 Cf. die Übersicht relevanter Schiedsverfahren bei Scheu, Julian / Nikolov, Petyo: „Jurisdiction of Tribunals to Settle Intra-EU-Investment Treaty Disputes". *ICSID Review* 36(1), 2021, S. 171-188 (172 Fn. 4).

79 EuGH, Urteil v. 6.3.2018, *Slowakische Republik v. Achmea BV*, C-284/16, ECLI: EU: C:2018:158, Rn. 39-60; Urteil v. 2.9.2021, *Republik Moldau v. Komstroy LLC*, C-741/19, ECLI: EU: C:2021:655, Rn. 39-66; Urteil v. 26.10.2021, *Republik Polen v. PL Holdings Sarl*, C-109/20, ECLI: EU: C:2021:875, Rn. 34-56; cf. ebenfalls

Investitionsschiedsverfahrens die Rechtsprechung des EuGH nicht an – im Kern, weil sie für die rein völkerrechtliche Frage der Zulässigkeit des Verfahrens das Unionsrecht und die EuGH-Rechtsprechung als vom Völkerrecht zu unterscheidendes internes Recht der Vertragspartei für unerheblich halten.[80] Solche Schiedssprüche mögen dann in Nicht-EU-Staaten vollstreckbar sein.[81] Die

---

Urteil v. 25.1.2022, *Europäische Kommission v. European Food SA u.a.*, C-638/19 P, ECLI: EU: C:2022:50, Rn. 137-145.

80 Für eine Liste der zahlreichen Schiedssprüche, cf. etwa Scheu / Nikolov, S. 172 Fn. 4. Dagegen für eine Unzulässigkeit der Schiedsklage *Green Power Partners and Others v. Spain*, SCC Arbitration V (2016/135), Schiedsspruch v. 22.6.2022, Rn. 129-478. In der Literatur wird die Frage, wie schiedsverfahrensrechtlich mit der EuGH-Rechtsprechung umzugehen ist, ausführlich diskutiert. Für eine Unabhängigkeit der schiedsverfahrensrechtlichen Zulässigkeit von EU-Recht und der EuGH-Rechtsprechung, cf. etwa Reuter, Alexander: „Taking Investors' Rights Seriously: The Achmea and CETA Rulings of the European Court of Justice Do Not Bar Intra-EU Investment Arbitration". *Zeitschrift für ausländisches öffentliches Recht und Völkerrecht* 80(2), 2020, S. 379-427; für eine vermittelnde Position, cf. Scheu / Nikolov, S. 186-188, die lediglich zu einer Unzulässigkeit im Falle von Schiedsverfahren abseits der ICSID-Konvention mit Schiedsort in der EU kommen; für eine Anwendbarkeit von höherrangig wirkendem EU-Recht und der EuGH-Rechtsprechung im schiedsrechtlichen Verfahren und damit für eine Unzulässigkeit, cf. Gött, Henner: „Rules of the Organization: Article 5 of the Vienna Convention on the Law of Treaties and the Relevance of European Union Law in Investment Arbitration". *Journal of World Investment & Trade* 24(1), 2023, S. 37-74; für eine Einordnung aus Sicht der Interaktion von Investitionsschutzrecht und Verfassungsrecht, cf. Schill, Stephan S. / Tams, Christian J.: „International Investment Protection and Constitutional Law: Between Conflict and Complementarity". In: Schill, Stephan S. / Tams, Christian J. (Hrsg.): *International Investment Protection and Constitutional Law.* Edward Elgar: Cheltenham 2022, S. 2-37. Für die weiterführende Frage über eine Alternative für den intra-EU-Investitionsschutz abseits von Investitionsschutzverträgen, siehe die bereits vor *Achmea* angestellten Überlegungen von Andersen, Teis Tonsgaard / Hindelang, Steffen: „The Day After: Alternatives to Intra-EU BITs". *Journal of World Investment & Trade* 17(6), 2016, S. 984-1014.

81 Innerhalb der EU versagt das Unionsrecht ebenfalls die Anerkennung und Vollstreckung von intra-EU Investitionsschutzschiedssprüchen, siehe EuGH, *Micula et al. v. Romania*, Urteil v. 25.1.2022, C-638/19 P, ECLI: EU: C:2022:50, Rn. 108-148. Anders mögen Gerichte in Nicht-EU-Staaten entscheiden. Siehe jedoch jüngst die Verweigerung der Anerkennung und Vollstreckung durch US District Court, District of Columbia, *Blasket Renewable Investments LLC v. Spain*, CIVIL 21-3249 (RJL), 29.3.2023; hierzu der Kommentar von Hindelang, Steffen / Nassl, Julia / Jena, Argha Kumar: „Achmea Goes to Washington. How a US District Court Enforces EU Law".

EU-Mitgliedstaaten haben mittlerweile ihre untereinander bestehenden, bilateralen Investitionsschutzverträge (intra-EU BITs) durch völkerrechtlichen Vertrag aufgehoben.[82] Es verbleiben indes intra-EU-Investitionsschiedsverfahren unter dem plurilateralen Energiechartavertrag.

4. *„Klimaschiedswiderklagen"*

In einem anderen Sinn können Klimaklagen im Investitionsschutzrecht weiterhin in der Gestalt staatlicher Schiedswiderklagen gegen die Investoren auftreten. Diese Widerklagen stellen eine verhältnismäßig neue Entwicklung dar. Ihr Potential veranschaulichen die Schiedsverfahren *Perenco gegen Ecuador* und *Burlington gegen Ecuador.*[83] In diesen Verfahren fanden sich die klagenden Ölunternehmen alsbald in vertauschten Rollen wieder. Ecuador erhob gegen sie Schiedswiderklagen auf Schadensersatz und argumentierte, dass die Unternehmen entgegen nationalem Recht die Umwelt verschmutzt hätten.[84] Tatsächlich sprach das Schiedsgericht Ecuador im Fall *Burlington* 39.199.373 US-Dollar zu, im Fall *Perenco* 54.539.517 US-Dollar.[85]

Verfassungsblog, 19.4.2023, retrieved 3.5.2023, from https://verfassungsblog.de/achmea-goes-to-washington/.

82 Übereinkommen zur Beendigung bilateraler Investitionsschutzverträge zwischen den Mitgliedstaaten der Europäischen Union, ABl. (EU) 2020 L 169/1; hierzu monographisch Böse, Laura: *Das Übereinkommen zur Beendigung bilateraler Investitionsschutzvertrage zwischen den Mitgliedstaaten der Europäischen Union.* Nomos: Baden-Baden 2023. Es sind zum Zeitpunkt der Verfassung dieser Abhandlung weiterhin Vertragsverletzungsverfahren der Europäischen Kommission gegen Luxemburg, Italien, Finnland, Vereinigtes Königreich, Schweden, Slowakei, Österreich, Rumänien, Belgien und Portugal anhängig wegen Unterlassens der formalen Kündigungen von intra-EU BITs, cf. Europäische Kommission, INFR(2013)2208, INFR(2016)2150, INFR(2016)2160, INFR(2016)2167, INFR(2016)2169, INFR(2016)2170, INFR(2021)2241, INFR(2021)2242, INFR(2021)2243, INFR(2021)2244.

83 *Burlington Resources Inc. v. Republic of Ecuador,* ICSID Case No. ARB/08/5, Decision on Liability, 14.12.2012; *Burlington Resources Inc. v. Republic of Ecuador,* ICSID Case No. ARB/08/5, Decision on Counterclaims, 7.2.2017; *Perenco Ecuador Ltd. v. The Republic of Ecuador,* ICSID Case No. ARB/08/6, Decision on Remaining Issues of Jurisdiction and on Liability, 12.9.2014; *Perenco Ecuador Ltd. v. The Republic of Ecuador,* ICSID Case No. ARB/08/6, Schiedsspruch v. 27.9.2019.

84 *Perenco Ecuador Ltd. v. The Republic of Ecuador,* ICSID Case No. ARB/08/6, Schiedsspruch v. 27.9.2019, Rn. 1023.

85 *Burlington Resources Inc. v. Republic of Ecuador,* ICSID Case No. ARB/08/5, Decision on Counterclaims, 7.2.2017, Rn. 889.

Solche Schiedswiderklagen blieben zwar bisher die Ausnahme.[86] Sie lassen sich allerdings grundsätzlich auf jedwede Gemeingüter ausrichten. Denkbar wäre folglich auch eine staatliche „Klimaschiedswiderklage" gegen Investorinnen auf Schadensersatz wegen Beitrags zum Klimawandel nach Vorbild der oben genannten Schiedsverfahren. Für solche Schiedswiderklagen gelten zwar zusätzliche Zulässigkeitsanforderungen. Namentlich müssen die Schiedsabrede der Streitparteien und der anwendbare BIT die Möglichkeit für Widerklagen vorsehen sowie ein direkter Zusammenhang von Schiedsklage und -widerklage gegeben sein. Diese Anforderungen dürften jedoch häufiger erfüllt sein, als landläufig vermutet.[87] Auf einem anderen Blatt stünde allerdings, inwieweit Investoren auf Begründetheitsebene für Klimaschäden *materiell-rechtlich* verantwortlich gemacht werden können. Im Kern wäre regelmäßig das jeweils anwendbare nationale Recht entscheidend, das diese Frage durchaus unterschiedlich beantwortet, wie nationale Klimaklageverfahren vor staatlichen Gerichten zeigen. Für hiesige Zwecke bleibt der Befund, dass auf diese Weise Streitgegenstände vor Investitionsschiedsgerichten potentiell verhandelt werden könnten, die gegenwärtig vor allem nationale Zivilgerichte beschäftigen: die Haftung von Unternehmen für Klimaschäden. Naturgemäß bleibt das Potential solcher „Klimaschiedswiderklagen" allerdings ohnehin deshalb begrenzt, weil Staaten sie erst als Reaktion auf eine zunächst von Investoren erhobene Schiedsklage ihrerseits erheben können.[88]

IV. Zusammenfassung

In der Zusammenschau stehen Klimaklagen vor den Menschenrechtsgerichtshöfen in Europa und Amerika vor unterschiedlich hohen Hürden. Vor dem EGMR sind diese durchaus erheblich und aus hiesiger Sicht nur durch eine dynamische richterliche Rechtsfortbildung der EMRK überwindbar.[89] Zu bedenken wären dann allerdings Folgewirkungen für andere Fallgruppen – etwa, wie

---

86 Zu Schiedswiderklagen von Staaten im Interesse von Individualrechten Dritter (insbesondere Menschenrechten) und Gemeingütern wie der Umwelt ausführlich Abel, Patrick: *International Investor Obligations. Towards Individual International Responsibility for the Public Interest in International Investment Law.* Nomos: Baden-Baden 2022, S. 53-118.

87 Zu diesen Zulässigkeitsvoraussetzungen, cf. Abel 2022, S. 122-137 m.w.N.

88 Abel 2022, S. 131-149, 282-284.

89 Ähnlich Mayer, S. 451; ebenfalls kritisch, aber im Ergebnis offener ist die Einschätzung von Peters, S. 198, die eine Reihe von Anforderungen für erfolgreiche Individualbeschwerden sieht, insgesamt aber eine „bedeutende, aber keinesfalls bedingungslose Möglichkeit der Anwendung in klima- und umweltbezogenen Fällen" der EMRK

dann etwa mit der bisherigen Rechtsprechung zur Zulässigkeit von migrations- und asylrechtlichen Individualbeschwerden zu verfahren wäre. Denkbar wäre indes, dass der EGMR eine dogmatische Sonderlösung für die Zulässigkeit von Klimaschutzbeschwerden zum Preis dogmatischer Konsistenz mit anderen Materien entwickelt. Vergleichbare Innovationen hat der IAGMR in seinem Gutachten zu AMRK-Menschenrechten und Umwelt von 2017 bereits geleistet. Ob er den Takt auch für Europa angibt, bleibt abzuwarten. Überdies lässt sich auch grundsätzlicher hinterfragen, ob die menschenrechtliche Lesart angemessen ist, das Problem des Klimawandels völkerrechtlich sachgerecht zu erfassen.[90]

Versteht man den Begriff der „Klimaklagen“ – wie im Schrifttum durchaus verbreitet – weit, lassen sich auch bestimmte Investitionsschiedsverfahren zu ihnen zählen. Mittelbar kann ein verfügbarer Investitionsschutz einen Anreiz für mehr Auslandsinvestitionen in erneuerbare Energien bieten und so den Klimaschutz stärken. Die Kündigung des Energiechartavertrags durch europäische Staaten dürfte das Forum für solche investitionsschutzrechtlichen Klimaklagen zukünftig in Europa indes bedeutend schmälern. Darüber hinaus könnten „Klimaschiedswiderklagen“ potentiell – und gerade materiell-rechtlich voraussetzungsreich – als Instrumente für staatliche Klimaschadensersatzklagen gegen ausländische Investoren in Betracht kommen.

B. „Antiklimaklagen“

Von nicht-staatlichen Akteuren angestrengte internationale Streitbeilegungsverfahren betreffen allerdings nicht nur die Stärkung des Klimaschutzes, sondern können ebenfalls hierzu in einen Konflikt treten. Mitunter findet sich hierzu der (wertende) Begriff der „Antiklimaklagen“. Es lohnt sich jedoch, diese völkerrechtlichen Streitverfahren näher zu beleuchten und sie mit den vorstehend diskutierten „Klimaklagen“ zu vergleichen. Auch den „Antiklimaklagen“ nähert sich der Beitrag nachfolgend zunächst begrifflich (I.), um ihr Vorkommen und ihre Zulässigkeitsvoraussetzungen daraufhin vor Investitionsschiedsgerichten (II.) und den europäischen und amerikanischen Menschenrechtsgerichtshöfen (III.) näher zu untersuchen.

---

erkennt. Für eine dynamische Fortentwicklung der EMRK als living instrument zur Erfassung von Klimaklagen spricht sich etwa Heri, S. 927-929, aus.

90 Diese Frage kann hier nicht vertieft werden. Zu dieser Diskussion statt aller die Monographie von Petersmann m.w.N.

I. Begriff

Der Begriff „Antiklimaklagen“ ist bislang deutlich weniger geläufig als derjenige der „Klimaklagen“. Er findet sich vereinzelt in politischen Beiträgen und richtet sich dort vor allem gegen Investitionsschiedsklagen auf Grundlage des Energiechartavertrags.[91] Der Begriff ist ebenso wie derjenige der „Klimaklagen“ wertend. Er kritisiert Schiedsklagen seitens Industrieunternehmen, die aus fossilen Rohstoffen Energie gewinnen und Treibhausgas ausstoßen, als Hindernisse für einen effektiven Klimaschutz. Insbesondere befürchten kritische Stimmen, dass die bloße Verfügbarkeit von Investitionsschiedsklagen mit potentiell hohen Schadensersatzsummen Staaten davon abschrecken könnten, Klimaschutzmaßnahmen überhaupt erst zu ergreifen – der viel diskutierte „regulatory chill“-Effekt, der sogleich näher betrachtet wird.

Dieser Beitrag möchte den Begriff der „Antiklimaklagen“ jedoch nur als einen Ausgangspunkt für eine Untersuchung wählen und die vorgenannten Bewertungen damit gerade hinterfragen. Rechtswissenschaftlich erscheint es durchaus interessant, zu untersuchen, inwieweit die internationale Streitbeilegung Zugänge für nicht-staatliche Akteure eröffnet, um Rechtsschutzinteressen zu verfolgen, die in einem Konflikt zu der Verfolgung von Klimaschutz stehen oder zu stehen scheinen. Wie sogleich zu zeigen sein wird, finden sich ein solcher Typus von „Antiklimaklagen“ nicht nur vor den Investitionsschiedsgerichten, sondern auch vor den Menschenrechtsgerichtshöfen.

II. Investitionsschiedsgerichte

Der Kritik folgend, die Anlass für diese Untersuchung bietet, sollen zunächst Investitionsschiedsklagen betrachtet werden, deren Rechtsschutzbegehren mit dem Interesse an einem stärkeren staatlichen Klimaschutz konfligieren. Aufbauend auf einer Übersicht über bereits einschlägige entschiedene und derzeit rechtshängige Verfahren (1.) analysiert der nachfolgende Abschnitt die wichtigsten Zulässigkeitshürden für solche Klagen (2.) sowie zugehörige allgemeine institutionelle Fragen (3.).

---

91 Cf. etwa Wille, Joachim: „Anti-Klimaklage. RWE verklagt Niederlande wegen des Kohleausstiegs“. *klimareporter*, Beitrag v. 5.2.2021, retrieved 10.5.2023, from https://www.klimareporter.de/finanzen-wirtschaft/rwe-verklagt-niederlande-wegen-des-kohleausstiegs.

1. *Verfahren*

Ähnlich wie bei den Klimaklagen lassen sich im Investitionsschutzrecht keine „Antiklimaklagen“ im engeren Sinne verzeichnen, die Staaten dazu verpflichten sollen, Klimaschutzmaßnahmen zu unterlassen oder abzuschaffen. Denn ganz überwiegend sind Schiedsklagen auf Schadensersatz gerichtet, machen also Sekundäransprüche geltend. Der gegen Investitionsklagen gerichtete Vorwurf betrifft vielmehr „Antiklimaklagen“ in einem weiteren Sinne, die Schadensersatz für staatliche Klimaschutzmaßnahmen einfordern, die in unternehmerische Rechte eingreifen. Dies erschwere den Klimaschutz mittelbar aus zwei Gründen. Zum einen verteuere die Zusprache von Schadensersatz die staatlichen Klimaschutzmaßnahmen. Zum anderen könne die bloße Möglichkeit einer Schiedsklage einen „regulatory chill“-Effekt entfalten. Hierunter ist zu verstehen, dass Staaten von vorneherein von Klimaschutzmaßnahmen absehen könnten, weil sie hohe Schadensersatzzahlungen gegenüber ausländischen Investorinnen und Investoren im Erfolgsfall solcher Schiedsklagen fürchten.[92]

Unter solche, mit Klimaschutz mittelbar konfligierende Verfahren ließen sich etwa jene zählen, die Biodiversitätsschäden seitens der Investoren zum Gegenstand hatten. Denn Biodiversitätsverlust und Klimawandel bedingen und verstärken sich wechselseitig.[93] Das betrifft beispielsweise den Betrieb von Minen wie etwa in dem jüngeren ICSID-Verfahren *Eco Oro Minerals Corp. gegen Kolumbien* über eine kanadische Gold- und Silbermine. Die Schiedsklage wendete sich gegen ein umweltrechtliches Verbot des Tagebaubetriebs zum Schutz der Biodiversität in dem betroffenen Gebiet und hatte teilweise Erfolg.[94]

Zudem sind Schiedsklagen rechtshängig, die noch unmittelbaren Klimaschutzmaßnahmen betreffen. Im Zentrum stehen Unternehmen, die Energie aus fossilen Rohstoffen gewinnen und sich auf den bereits angesprochenen Energiechartavertrag berufen. Besonders prominent sind die von RWE und

92 Für eine solche Bewertung, cf. etwa Thrasher, Rachel Denae: *Constraining Development. The Shrinking of Policy Space in the International Trade Regime.* Anthem Press: London u.a. 2021, S. 137-138, bezeichnet als „darker side of ISDS“. Allgemein zu dem „regulatory chill effect“ im Investitionsschutzrecht, cf. etwa Simma, Bruno: „Foreign Investment Arbitration: A Place for Human Rights?“. *International & Comparative Law Quarterly* 60(3), 2011, S. 573-596 (580).

93 IPCC: *Synthesis Report of the IPCC Sixth Assessment Report, Summary for Policymakers.* 2023, Rn. B.3.2, B.6.4, C.1.3, C.3.6.

94 *Eco Oro Minerals Corp. v. Colombia*, ICSID Case No. ARB/16/41, Entscheidung v. 9.9.2021. Die Entscheidung über die geschuldete Schadensersatzhöhe steht indes noch aus.

Uniper geführten Schiedsverfahren gegen die Niederlande wegen des Kohleausstiegs.[95] Sie richten sich gegen ein niederländisches Gesetz, das den Betrieb von Kohlekraftwerken in drei Schritten ab 2020 verbietet. Aus klägerischer Sicht finde das Gesetz keinen angemessenen Ausgleich zwischen Klimaschutz- und Betreiberinneninteressen.[96] In der Zwischenzeit ist das Uniper-Verfahren eingestellt worden. Auf Antrag von Uniper haben die Parteien diese Einstellung einvernehmlich bewirkt. Hintergrund war die Rettungsaktion der Bundesrepublik Deutschland für Uniper SE durch 99-prozentige Verstaatlichung im Zuge der Energiekrise im Jahr 2022. Im Gegenzug stimmte Uniper einer Verfahrenseinstellung zu.[97] Weiterhin zu nennen ist das Verfahren *Rockhopper gegen Italien*. Das Verfahren betraf ein Verbot der Offshore-Ölförderung, unter anderem aufgrund von Klimaschutzerwägungen. Das ICSID-Schiedsgericht erkannte auf Grundlage des Energiechartavertrags eine rechtswidrige Enteignung seitens Italiens.[98]

2. *Zulässigkeitshindernisse*

Solche Investitionsschiedsklagen können Zulässigkeitshürden begegnen. Erstens verlangt die Mehrzahl der Investitionsschutzverträge und Schiedsgerichte, dass ausländische Investitionen zum Zeitpunkt ihrer Aufnahme mit dem nationalen Recht des Gaststaates vereinbar sein müssen – anderenfalls ist eine Schiedsklage unzulässig.[99] Dies veranschaulicht das ICSID-Schiedsverfahren

---

95 *RWE AG and RWE Eemshaven Holding II BV v. Netherlands*, ICSID Case No. ARB/21/4; *Uniper SE, Uniper Benelux Holding B.V. and Uniper Benelux N.V. v. Netherlands*, ICSID Case No. ARB/21/22.

96 Näher zu den Verfahren Putter, Stan: „The Netherlands Coal Phase-Out and the Resulting (RWE and Uniper) ICSID Arbitrations". *Kluwer Arbitration Blog*, 24.8.2021, retrieved 3.5.2023, from https://arbitrationblog.kluwerarbitration.com/2021/08/24/the-netherlands-coal-phase-out-and-the-resulting-rwe-and-uniper-icsid-arbitrations/.

97 *Uniper SE, Uniper Benelux Holding B.V. and Uniper Benelux N.V. v. Netherlands*, ICSID Case No. ARB/21/22, Order of the Tribunal Taking Note of the Discontinuance of the Proceedings and Decision on Costs, 17.3.2023, dort unter Rn. 55 zu dem Hintergrund der Verfahrenseinstellung.

98 *Rockhopper Italia S.p.A., Rockhopper Mediterranean Ltd, and Rockhopper Exploration Plc v. Italy*, ICSID Case No. ARB/17/14, Schiedsspruch v. 23.8.2022; näher zu dem Verfahren Marzal, Toni: „Polluter Doesn't Pay: The Rockhopper v Italy Award". *EJIL: Talk!*, 19.1.2023, retrieved 3.5.2023, from https://www.ejiltalk.org/polluter-doesnt-pay-the-rockhopper-v-italy-award/.

99 Hierzu Abel 2022, S. 172-181.

Cortec Mining Kenya Limited gegen Kenya. Es betraf Rohstoffminen in einem Gebiet mit reicher Biodiversität. Das ICSID Schiedsgericht verwarf diese Klage als unzulässig. Denn die Investoren hätten bei Initiierung der Investition gegen nationales Umweltrecht verstoßen, insbesondere keine hinreichende Umweltverträglichkeitsprüfung durchgeführt.[100] In vergleichbarer Form könnten Schiedsklagen unzulässig sein, wenn die zugrundeliegende Investition bei Aufnahme gegen nationale klimaschutzrechtliche Vorgaben verstoßen hat.

Zweitens wird auch hier die Rechtsprechung des EuGH zu intra-EU-Schiedsverfahren aktuell. Das Oberlandesgericht Köln hat deshalb auf Anträge der Niederlande die Verfahren *RWE v. Niederlande* und *Uniper v. Niederlande* nach § 1032 Abs. 2 ZPO für unzulässig erklärt.[101] Es bleibt abzuwarten, wie das ICSID-Schiedsgericht in der weiterhin rechtshängigen Rechtssache *RWE v. Niederlande* mit dieser Frage im Schiedsverfahren umgehen wird.

Noch weitergehende Zulässigkeitshürden hätte ein Reformvorschlag der Europäischen Kommission von 2021 für den Energiechartavertrag errichtet. Sie schlug vor, generell Investitionen in die Energieerzeugung aus fossilen Rohstoffen von dem Anwendungsbereich des Energiechartavertrags auszunehmen. Lediglich für bestimmte, klimaschonende Erdgasunternehmen sollten bis 2030 und 2040 als Brückentechnologie Rückausnahmen gelten.[102] Damit wären grundsätzlich nur noch erneuerbare Energieunternehmen schiedsklageberechtigt gewesen. Obgleich die Reformgespräche grundsätzlich erfolgreich waren, entschlossen sich – wie bereits erwähnt – wichtige EU-Staaten für den weitergehenden Schritt der Kündigung. Dass dies in hinreichender Weise jedwede „Antiklimaklage"-Möglichkeiten abschneidet, muss bezweifelt werden. Denn diese einseitigen Kündigungen lösen einen zwanzig Jahre nachwirkenden Investitionsschutz für bereits getätigte Investitionen aus (sog. „sunset"-Klausel nach Art. 47 Abs. 3 des Energiechartavertrags).[103]

100 *Cortec Mining Kenya Limited, Cortec (PTY) Limited and Stirling Capital Limited v. Kenya*, ICSID Case No. ARB/15/29, Schiedsspruch v. 22.10.2018, Rn. 345-365.

101 OLG Köln, Beschluss v. 1.9.2022, 19 SchH 14/21; Beschluss v. 1.9.2022, 19 SchH 15/21.

102 Siehe Europäische Kommission: *Energy Charter Treaty Modernisation*. 27.6.2022, WK 9218/2022 INIT, retrieved 3.5.2023, from http://www.bilaterals.org/IMG/pdf/reformed_ect_text.pdf.; im Kontext des Klimaschutzes besprochen etwa von Tropper / Wagner.

103 Ebenso Klabbers, Jan: „A Moral Holiday: Withdrawal from the Energy Charter Treaty", *ESIL Reflections* 11(6), 2022; Tietje.

3. *Institutionelle Fragen*

Nicht unerwähnt bleiben darf zuletzt, dass allgemeine institutionelle Eigenschaften der Investitionsschiedsverfahren einen Hauptgrund für die Besorgnis um „Antiklimaklagen" bilden. Denn das materielle Investitionsschutzrecht bietet durchaus Raum für staatliche Klimaschutzmaßnahmen. Es existiert sowohl Schiedsrechtsprechung als auch neuere Vertragspraxis, die das materiell-rechtliche staatliche Regulierungsrecht anerkennen.[104] Regelmäßig wendet sich das Investitionsschutzrecht nicht gegen die Entscheidung, ob ein Staat überhaupt ein Gemeininteresse wie den Klimaschutz verfolgen darf – sondern gegen eine unfaire oder unverhältnismäßige Art und Weise, dieses Gemeinwohl zulasten unternehmerischer Interessen zu forcieren.

Separat sind deshalb institutionelle Merkmale von Investitionsschiedsverfahren zu betrachten. Kritische Stimmen bemängeln eine nicht hinreichende Expertise und Sensibilität von Schiedsrichterinnen und Schiedsrichtern für Gemeinwohlbelange – also auf rechtssoziologischer Ebene den Umgang mit dem Normenbestand des Investitionsschutzrechts.[105] Dies im Blick betreffen Reformbestrebungen über das Organisationsrecht von Schiedsverfahren mittelbar ebenfalls Streitigkeiten mit Klimaschutzbezug. Zu nennen sind etwa die Vorschläge von UNCITRAL zur Wahl von Schiedsrichterinnen und Schiedsrichtern[106] oder das Modell der EU zur Schaffung eines Investitionsgerichtshofs,[107]

104 Das Schrifttum zu der Frage des staatlichen Regulierungsrechts (*right to regulate*) ist äußerst umfassend und kann hier nicht wiedergegeben werden. Vgl. statt aller Titi, Aikaterini: *The Right to Regulate in International Investment Law*. Nomos: Baden-Baden 2014.

105 Zu dieser soziologischen Perspektive, cf. Hirsch, Moshe: „The Sociology of International Investment Law". In: Douglas, Zachary / Pauwelyn, Joost / Viñuales, Jorge E (Hrsg.): *The Foundations of International Investment Law: Bringing Theory into Practice*. Oxford University Press: Oxford 2014, S. 142-167.

106 Erarbeitet von der UNCITRAL Arbeitsgruppe III zur Reform der Investor-Staat-Streitbeilegung, die eine Vielzahl von weiteren Reformvorschlägen unterbreitet hat. Zu der hier beispielhaft angesprochenen Frage der Wahl von Schiedsrichterinnen, cf. UN, *Possible Reform of Investor-State Dispute Settlement (ISDS). Selection and Appointment of ISDS Tribunal Members*. 16.11.2020, UN Doc. A/CN.9/WG.III/WP.203; aus dem Schrifttum statt aller Bjorklund, Andrea u.a.: *Structural Options for ISDS Reform*. Academic Forum on ISDS Concept Paper 2019/11, 24.9.2019, retrieved 3.5.2023, from https://ssrn.com/abstract=3787334.

107 Siehe Europäische Kommission: *Empfehlung für einen Beschluss des Rates über die Ermächtigung zur Aufnahme von Verhandlungen über ein Übereinkommen zur Errichtung eines multilateralen Gerichtshofs für die Beilegung von Investitionsstreitigkeiten.*

um divergierende Entscheidungen der bisher stets nur ad hoc konstituierten Schiedsgerichte zu ähnlichen Streitfragen zu verhindern.

III. Menschenrechtsgerichtshöfe

Gleichwohl finden sich mit dem Anliegen des Klimaschutzes konfligierende Verfahren nicht nur vor den Investitionsschiedsgerichten, sondern ebenfalls vor den Menschenrechtsgerichtshöfen in Europa und Amerika. Auch dort finden sich entsprechende, bereits entschiedene oder derzeit rechtshängige Verfahren (1.), deren Zulässigkeitsvoraussetzungen in den Blick zu nehmen sind (2.).

1. Verfahren

Individualbeschwerden auf Grundlage des Menschenrechts auf Eigentum könnten gerade für diejenigen Unternehmen einen interessanten internationalen Rechtsweg bieten, denen kein Zugang zu Investitionsschiedsverfahren offensteht, etwa mangels Existenz eines einschlägigen BITs. Unternehmen beschreiten diesen Weg in der Praxis gleichwohl bisher eher selten – vor allem, weil die Menschenrechtsgerichtshöfe nur verhältnismäßig niedrige Entschädigungshöhen zusprechen.[108]

Mit Klimaschutz konfligierende Beschwerden sind jedoch ebenfalls von anderer Seite zu erwarten. So kollidieren staatliche Klimaschutzmaßnahmen nicht selten auch mit den Interessen und Rechten der lokalen Bevölkerung oder mit der lokalen und regionalen Biodiversität – etwa bei Windkraftwerken. Dies zeigt das Beispiel des Verfahrens *Vecbaštika und andere gegen Lettland* vor dem EGMR. Die Beschwerdeführenden wendeten sich mit ihrer Beschwerde gegen

---

13.9. 2017, COM/2017/0493 final; Rat der EU: *Verhandlungsrichtlinien für ein Übereinkommen zur Errichtung eines multilateralen Gerichtshofs für die Beilegung von Investitionsstreitigkeiten.* 1.3.2018, 12981/17 Add. 1; hierzu Bungenberg, Marc / Reinisch, August: *Von bilateralen Schieds- und Investitionsgerichten zum multilateralen Investitionsgerichtshof. Optionen für die Institutionalisierung der Investor-Staat-Streitbeilegung.* Nomos: Baden-Baden 2018; Krajewski, Markus: „„One Court to rule them all‘? – Der Vorschlag der EU für einen Multilateralen Investitionsgerichtshof und die Reform des internationalen Investitionsschutzrechts“. In: Ludwigs, Markus / Remien, Oliver (Hrsg.): *Investitionsschutz, Schiedsgerichtsbarkeit und Rechtsstaat in der EU.* Nomos: Baden-Baden 2018, S. 113-128.

108 Kriebaum, Ursula: „Is the European Court of Human Rights an Alternative to Investor-State Arbitration?“. In: in Dupuy, Pierre-Marie / Petersmann, Ernst-Ulrich / Francioni, Francesco (Hrsg.): *Human Rights in International Investment Law and Arbitration.* Oxford University Press: Oxford 2009, S. 219-245 (244).

die Genehmigung des Baus von Windkraftwerken in der Nähe ihres Wohnsitzes wegen des Schattens und Schalls.[109] Man denke überdies an ein etwaiges erhöhtes Vogelsterben durch rotierende Windkraftblätter oder eine mögliche Gesundheitsschädigung von Meerestieren durch sich im Wasser ausbreitenden Schall, den Offshore-Windkraftwerke verursachen.

2. *Zulässigkeitshindernisse*

Vor dem EGMR dürfte erneut die Beschwerdebefugnis in Form der Opfereigenschaft die größte Zulässigkeitshürde für eine Individualbeschwerde darstellen. So müssen lokale Anwohnerinnen substantiiert zur direkten Betroffenheit in eigenen Rechtsgütern vortragen. Das gilt etwa insbesondere für das Recht auf physische und psychische Integrität sowie Wohlbefinden aus Art. 8 EMRK.[110] In dem vorgenannten Verfahren *Vecbaštika und andere gegen Lettland* verwarf etwa der EGMR die Individualbeschwerde als unzulässig. Der Gerichtshof sah keinen hinreichend substantiierten Vortrag, dass der Betrieb der Windkraftwerke die Beschwerdeführenden direkt und schwerwiegend in ihrer Gesundheit beeinträchtige.[111] Noch schwieriger ist die Begründung einer Opfereigenschaft im Falle von Rechtsschutz zugunsten der Biodiversität. Hier dürfte eine direkte Betroffenheit nur in Ausnahmekonstellationen konstruierbar sein.[112] Umso gewichtiger ist insoweit, dass der EGMR wie gezeigt eine „altruistische Verbands-Individualbeschwerde" durch NGOs im Namen der Umwelt nur sehr restriktiv zulässt.[113]

Erneut zeigt sich das Inter-Amerikanische Menschenrechtssystem auch für Klagen offener, deren Rechtsschutzinteresse mit Klimaschutz konfligieren. Das Gutachten des IAGMR von 2017 dürfte es Individuen sogar erlauben, sich auf

---

109 EGMR, *Inita Vecbaštika and Others v. Latvia*, Entscheidung v. 19.11.2019, Appl. No. 52499/11, ECLI: CE: ECHR:2019:1119DEC005249911, Rn. 6-38.

110 Hierzu EGMR, *X und Y v. Netherlands*, Urteil v. 26.3.1985, Appl. No. 8978/80, ECLI: CE: ECHR:1985:0326JUD000897880, Rn. 22, zur physischen und körperlichen Integrität; *Taşkın and Others v. Turkey*, Urteil v. 10.11.2004, Appl. No 46117/99, ECLI: CE: ECHR:2004:1110JUD004611799, Rn. 113, zum Wohlbefinden auch abseits ernsthafter Gesundheitsgefährdungen.

111 EGMR, *Inita Vecbaštika and Others v. Latvia* (Fn. 109), Rn. 82-83.

112 Siehe allerdings die Diskussion um eine Wechselwirkung der Aarhus Konvention mit der EMRK, die hier nicht näher verfolgt werden kann, etwa bei Kelleher, Orla: „Systemic Climate Change Litigation, Standing Rules and the Aarhus Convention: A Purposive Approach". *Journal of Environmental Law* 34(1), 2022, S. 107-134.

113 Siehe oben Abschnitt A.II.2.

Grundlage des allgemeinen Menschenrechts auf eine intakte Umwelt direkt vor IAKommMR und IAGMR auf die Bewahrung der (lokalen und regionalen) Biodiversität zu berufen. Die oben dargestellten niedrigen Zulässigkeitsvoraussetzungen für „Klimaklagen“ gelten insoweit entsprechend. Dies bestätigt das Urteil des IAGMR in der Rechtssache *Indigenous Communities Members of the Lhaka Honhat Association gegen Argentinien*. Die Petition legte ein Verband ein, in dem sich ein indigenes Volk organisierte. Er berief sich erfolgreich auf ein Recht auf intakte Waldressourcen, abgeleitet aus Art. 26 AMRK und dem IAGMR-Gutachten von 2017. Die Petition konnte auf diese Weise die staatliche Zerstörung von Ökosystemen und Biodiversität menschenrechtlich überprüfen lassen.[114] Im Falle klimaschutzfördernder Projekte wie Kraftwerken der erneuerbaren Energien lässt sich folglich das allgemeine Umweltgrundrecht der AMRK und der niedrigschwellige Zugang zu internationalem Rechtsschutz durchaus auch gegen den Klimaschutz wenden, etwa im Interesse der (lokalen oder regionalen) Biodiversität.

IV. Zusammenfassung

In der Zusammenschau greift es zu kurz, Investitionsschiedsgerichte pauschal als ein Forum zur Verhinderung von Klimaschutz zu bewerten. Der Vergleich mit regionalen Menschenrechtsgerichtshöfen zeigt vielmehr, dass es vorrangig um die rechtstaatliche Überprüfung der Art und Weise staatlich betriebenen Klimaschutzes geht. Es liegt in der Natur der Sache, dass Klimaschutzmaßnahmen mit anderen Interessen und Rechtsgütern konfligieren. Hierzu gehören nicht nur die Eigentumsrechte von Unternehmen, sondern je nach Einzelfall ebenfalls die Belange der lokalen Bevölkerung sowie der (lokalen und regionalen) Biodiversität. Die Zulässigkeitshindernisse für derartige Klagen gestalten sich in den hier besprochenen Foren in den Details durchaus unterschiedlich. Insbesondere das Inter-Amerikanische Menschenrechtssystem zeigt sich dabei nicht nur für „Klimaklagen“ besonders offen, sondern ebenso für Klagen, die auf mit dem Klimaschutz konfligierende Interessen gerichtet sind.

114 IAGMR, *Indigenous Communities Members of the Lhaka Honhat Association gegen Argentinien*, Urteil v. 6.2.2020, Merits, Reparations and Costs, Rn. 272-289; kritisch diskutiert von Benz, Eleanor / Kahl, Verena: „Das Urteil im Fall Lhaka Honhat: Die Ausweitung der direkten Justiziabilität von DESCA und die unerfüllte Hoffnung der Konkretisierung des Rechts auf eine gesunde Umwelt“. *Archiv des Völkerrechts* 59(2), 2021, S. 199-226.

C. Vergleichende Betrachtung und Ausblick

Zusammenführend erlaubt die unternommene Untersuchung von internationalen „Klimaklagen" und „Antiklimaklagen" aus der Vogelperspektive einige Thesen über den Zugang nicht-staatlicher Akteure zur internationalen Klimastreitbeilegung. Der Vergleich zeigt erstens: Weder Menschenrechtsgerichtshöfe noch Investitionsschiedsgerichte sind als internationale Klimastreitbeilegungsforen vollends geeignet. Sie erfassen nur einen Ausschnitt der Rechtsfragen, die Verhinderung und Anpassung an den Klimawandel bereits heute aufwerfen. Die Menschenrechtsgerichtshöfe sind auf Individualrechte und Eingriffe mit relativ direkter Kausalbeziehung zu diesen Rechten ausgelegt. Die kollektiven, diffusen und sich allmählich verschärfenden Auswirkungen des Klimawandels sind in diesen Kategorien nur schwer greifbar. Klimaschutz bleibt dort zudem notwendig anthropozentrisch. Ähnliches gilt für Investor-Staat-Schiedsverfahren. Sie verhandeln die Transformation der Marktwirtschaft, insbesondere der Energieindustrie, die zugleich Objekt und unentbehrliches Subjekt für eine Gestaltung der Energiewende ist. Als fragmentierte ad hoc-Streitbeilegungsforen sprechen sie dabei vielstimmig und teilweise inkonsistent.

Die Analyse zeigt, zweitens, dass es zu holzschnittartig wäre, Menschenrechtsgerichtshöfe und Investitionsschiedsgerichte jeweils eindeutig als „Klima-" bzw. „Antiklimaforen" zu kategorisieren. In beiden Foren gab und gibt es Verfahren, die in die jeweils scheinbar kontraintuitive Klimarichtung weisen; auch für diese besteht prozessrechtlich Raum. Weiterhin stehen beide Systeme aus unterschiedlichen Richtungen unter Reformdruck, das jeweilige Prozessrecht fortzuentwickeln – wie dies der Inter-Amerikanische Gerichtshof bereits vormacht. Insoweit lässt sich durchaus eine gewisse Waffengleichheit für „Klima- und Antiklimaklagen" im übertragenen Sinne festhalten: Vor den genannten Foren müssen Staaten ihre Abwägungsentscheidungen im Rahmen von Klimaschutzmaßnahmen gegen Klagen mit beiden Zielrichtungen zumindest teilweise verteidigen – und dies zukünftig wohl in zunehmender Häufigkeit.

Drittens ist es der allgemeinen Fragmentierung des Völkerrechts[115] geschuldet, dass sich die hiesige Analyse auf Investitionsschiedsgerichte und Menschenrechtsgerichtshöfe beschränken musste. Andere Völkerrechtsgebiete

115 UN General Assembly: *Fragmentation of International Law: Difficulties Arising from the Diversification and Expansion of International Law. Report of the Study Group of the International Law Commission. Finalized by Martti Koskenniemi*. 13.4.2006, UN Doc. A/CN.4.L.682.

eröffnen nicht-staatlichen Akteure keine für die hiesige Betrachtung relevanten Zugänge zur internationalen Streitbeilegung mit rechtsverbindlichem Ergebnis. Beispielsweise fehlt es an einem Forum, das spezifisch die Rechte der Individuen und Völker des globalen Südens angesichts des Grundsatzes der gemeinsamen aber unterschiedlichen Verantwortung für den Klimawandel prozessual bewehrt.[116] Dies erhöht die Bedeutung der völkerrechtlichen Streitbeilegung zu Klimaschutzfragen, die Staaten und internationale Organisationen initiieren können, wie jüngst angestrengt vor dem Internationalen Gerichtshof[117] und dem Internationalen Seegerichtshof.[118]

Dennoch sind die hier betrachteten Foren ein (Teil-)Gewinn für eine internationale Klimarechtsstaatlichkeit. Effektiven Klimaschutz kann nur die internationale Gemeinschaft als Ganze betreiben.[119] Dies sollte mit der Möglichkeit zu einer gerichtlichen Prüfung auf internationaler Ebene einhergehen – gerade auch durch Private, die bei Klageerhebung keine Rücksicht auf diplomatische Beziehungen nehmen müssen. Über die inhaltlichen klimavölkerrechtlichen Bindungen der Staaten ist hiermit indes noch nichts ausgesagt. Es ist

116 Weiterführend zu den Beiträgen des Globalen Südens in klimabezogenen Rechtsstreitigkeiten vor verschiedenen Foren Peel, Jacqueline / Lin, Jolene: „Transnational Climate Litigation: The Contribution of the Global South". *American Journal of International Law* 113(4), 2019, S. 679-726; Setzer, Joana / Benjamin, Lisa: „Climate Litigation in the Global South: Constrains and Innovations". *Transnational Environmental Law* 9(1), 2020, S. 77-101.

117 UN General Assembly: *Request for an Advisory Opinion of the International Court of Justice on the Obligations of States in Respect of Climate Change.* 1.3.2023, UN Doc. A/77/L.58; hierzu etwa Bodansky, Daniel: „The Role of the International Court of Justice in Addressing Climate Change: Some Preliminary Reflections". *Arizona State Law Journal* 49(2), 2017, S. 689-712; für eine Vogelperspektive cf. Sands, Philippe: „Climate Change and the Rule of Law: Adjudicating the Future in International Law". *Journal of Environmental Law* 28(1), 2016, S. 19-35.

118 *Request for an Advisory Opinion Submitted by the Commission of Small Island States on Climate Change and International Law to the International Tribunal for the Law of the Sea*, Fall Nr. 31, Klageschrift v. 12.12.2022, retrieved 3.5.2023, from https://www.itlos.org/fileadmin/itlos/documents/cases/31/Request_for_Advisory_Opinion_COSIS_12.12.22.pdf; hierzu etwa Tanaka, Yoshifumi: „The Role of an Advisory Opinion of ITLOS in Addressing Climate Change: Some Preliminary Considerations on Jurisdiction and Admissibility". *Review of European, Comparative & International Environmental Law* 32, Special Issue Article Early View, 2022, S. 1-11, retrieved 3.5.2023, from https://doi.org/10.1111/reel.12459.

119 Deshalb spricht das Pariser Übereinkommen, 3156 UNTS 1, in Art. 2 Abs. 1 von einer „global response to the threat of climate change".

vielmehr eine Sache der Auslegung materiellen Völkerrechts (und der Begründetheit einer Klage), insbesondere den demokratischen Gestaltungsspielraum der Staaten gebührend zu berücksichtigen – etwa im Rahmen der „margin of appreciation"-Doktrin des EGMR.

Ein für eine globale Klimarechtstaatlichkeit eingerichteter, globaler Klimagerichtshof existiert nicht.[120] In dem kurzen Zeitraum, der für eine effektive und vergleichsweise kostengünstige Antwort auf den Klimawandel bleibt, wird sich daran wohl auch nichts ändern. Klimabezogene Verfahren vor den hier betrachteten Foren sind folglich auch als ein strategisches Nutzen des bereits heute Vorhandenen zu verstehen. Dennoch: Menschenrechtsgerichtshöfe und Investitionsschiedsgerichte werden nicht zu Klimarechtsforen mutieren. Sie dienen vielmehr als Ventile, durch die sich das Bedürfnis nach internationaler Klimarechtsstaatlichkeit zumindest partiell Bahn bricht.

120 Das Pariser Übereinkommen sieht im Falle von Streitigkeiten durch den Verweis in Art. 24 auf Art. 14 des UN-Klimarahmenübereinkommens, 1771 UNTS 107, lediglich die Pflicht zu zwischenstaatlichen Verhandlungen vor sowie das Recht zur Einrichtung einer Konziliarkommission, die Sachverhaltsaufklärung betreiben und einen rechtlich unverbindlichen Bericht zu der Streitigkeit erlassen kann. Dagegen ist das Recht zu einer Schiedsklage oder einer Klage zum IGH von einer separaten Unterwerfungserklärung des beklagten Vertragsstaats abhängig. Nicht-staatlichen Akteuren verschafft das Pariser Übereinkommen keinerlei Position in der Streitbeilegung.

Gabriel M. Lentner

Regime Shifting in der Beilegung von IP-Streitigkeiten im Investitionsschutzrecht: Eine völkerrechtliche Analyse

A. Einführung

Jüngst werden vermehrt Streitigkeiten im Zusammenhang mit geistigem Eigentum (IP) von Investitionsschiedsgerichten behandelt. Diese Entwicklung kann als eine Art der Fortsetzung des sogenannten Regime-Shifting angesehen werden. Bezeichnet wird damit das Verschieben internationaler IP-Regulierung weg von multilateralen Instrumenten wie dem WTO-TRIPS und den WIPO-Abkommen, hin zu bilateralen und regionalen Handels- und Investitionsschutzabkommen – vorangetrieben von verschiedenen Akteuren. So beobachtete Laurence Helfer in einem bahnbrechenden Artikel nach dem Inkrafttreten des TRIPS-Abkommens der WTO eine Strategie von sog. Entwicklungsländern und NGOs, die aktiv nach anderen internationalen Foren suchten, um „den Vertrag neu zu kalibrieren, zu überarbeiten oder zu ergänzen."[1] Auf der anderen Seite verlagerten die USA und die EU nach dieser Ansicht ihre Bemühungen zur Regulierung von IP auf der globalen Ebene von der WTO und der WIPO auf bilaterale und regionale Handels- und Investitionsabkommen, in die sie Regeln zum Schutz des geistigen Eigentums (IP) aufnahmen.[2] Dort konnten Industriestaaten ihr wirtschaftliches und politisches Gewicht im Gegensatz zu multilateralen Instrumenten leichter zur Geltung bringen. Diese regionalen und bilateralen Abkommen enthielten neben den üblichen Investitionsschutzbestimmungen auch spezielle Schutzstandards für IP, die über die im TRIPs-Abkommen enthaltenen hinausgehen und daher auch „TRIPS plus" genannt werden.[3]

---

1 Helfer, Laurence R.: „Regime Shifting: The TRIPs Agreement and New Dynamics of International Intellectual Property Lawmaking". *Yale Journal of International Law* 29, 2004, 6 (Übersetzung des Autors).

2 Helfer, Laurence R.: „Regime Shifting in the International Intellectual Property System". *Perspectives on Politics* 7(1), 2009, S. 41.

3 Ibid.

Bei genauerer Betrachtung zeigt sich jedoch in den konkreten hier relevanten Fallkonstellationen, dass im IP-Rechtsregime vorgesehene Ermessensspielräume für Staaten vor Investitionsschutzschiedsgerichten weniger Berücksichtigung finden. Daher erblickt ein Teil des Schrifttums in der Investor-Staat Streitbeilegung ein Vehikel zur missbräuchlichen Durchsetzung von IP-Rechten zum Nachteil öffentlicher Interessen, wie dem Gesundheitsschutz, und insbesondere dem „right to regulate" von sog. Entwicklungsländern – in Aushöhlung der ursprünglich im multilateralen IP-Rechtsregime vorgesehenen Entscheidungsfreiräume.[4] Diese Kritik wurde insbesondere durch erste große und umstrittene IP-Investitionsschutzklagen befeuert, die die Patentrechte eines US-Pharmariesen bzw. die Markenrechte eines internationalen Tabakkonzerns betrafen.[5]

4 Drahos, Peter: „BITs and BIPs: Bilateralism in Intellectual Property". *The Journal of World Intellectual Property* 4(6), 2001; Drahos, Peter: „Expanding Intellectual Property's Empire: Role of FTAs". *GRAIN Reports* 2003, retrieved 2.11.2022, from https://grain.org/article/entries/3614-expanding-intellectual-property-s-empire-the-role-of-ftas; Okediji, Ruth L.: "Is Intellectual Property 'Investment'? Eli Lilly v. Canada and the International Intellectual Property System". *University of Pennsylvania Journal of International Law* 35, 2014; Dreyfuss, Rochelle/Frankel, Susy: „From Incentive to Commodity to Asset: How International Law is Reconceptualizing Intellectual Property". *Michigan Journal International Law* 36, 2015; Dreyfuss, Rochelle C.: „Hedging Bets with BITS. The Impact of Investment Obligations on Intellectual Property Norms". In: Griffith, Jonathan / Mylly, Tuomas (Hrsg.): *Global Intellectual Property Protection and New Constitutionalism.* Oxford University Press: Oxford 2021; Pistor, Katharina: *The Code of Capital.* Princeton University Press: N.J 2019; Ruse-Khan, Henning Grosse: „The International Law Relation between TRIPS and subsequent TRIPS-plus Free Trade Agreements: Towards safeguarding TRIPS Flexibilities?". *Journal of Intellectual Property Law* 18, 2011; Ruse-Khan, Henning Grosse: „Protecting Intellectual Property under BITs, FTAs, and TRIPS: Conflicting Regimes or Mutual Coherence?". *Max Planck Institute for Intellectual Property and Competition Law Research Paper No. 11-02* 2011; Grosse Ruse-Khan, Henning: „Challenging Compliance with International Intellectual Property Norms in Investor-state Dispute Settlement". *Journal of International Economic Law* 19(1), 2016; Ruse-Khan, Henning Grosse: „From TRIPS to FTAs and Back Re-Conceptualising the Role of a Multilateral IP Framework in a TRIPS-Plus World". *Max Planck Institute for Innovation and Competition Research Paper No. 18-02* 2017; Ruse-Khan, Henning Grosse: „A Conflict-of-Laws Approach to Competing Rationalities in International Law. The Case of Plain Packaging Between Intellectual Property, Trade, Investment and Health". *Journal of Private International Law* 9(2), 2013.

5 Dazu näher unter C.II.

Vor diesem Hintergrund wurden weitere Bedenken bzgl. der Legitimität solcher Verfahren vor Investitionsschiedsgerichten geäußert, oft im Zusammenhang mit einer allgemeinen Kritik an Investitionsschutzschiedsgerichtsbarkeit (ISDS), die sich insbesondere in Europa an den Verhandlungen eines EU-USA Investitionsschutzabkommens (TTIP) entzündet hatte.[6] Im Jahr 2015 arbeiteten Rochelle Dreyfuss und Suzy Frankel einen bis dahin unbeachteten Aspekt des Regime-Shifting heraus, nach dem das geistige Eigentum durch das Investitionsrecht von einem „right" zu „property" wurde.[7] Aus Sicht eines Law and Political Economy (LPE)-Ansatzes attestierte jüngst Katharina Pistor in der von internationalen Investoren genutzten Verschiebung einen problematischen Beitrag zur globalen Ungleichheit, weil das Investitionsrecht zu einer Ausweitung subjektiver Privatrechte an Immaterialgüterrechten ohne Rücksicht auf legitime politische Entscheidungen der Staaten führe.[8]

---

6 Zur teils heftigen Kritik allgemein siehe insbesondere van Harten, Gus: *The trouble with foreign investor protection.* Oxford University Press: Oxford 2020; Kumm, Mattias: „Ein Imperium des Kapitals? Der transatlantische Investitionsschutz als Schutz illegitimer Investorenprivilegien". *WZB Mitteilungen* 148 2015. Siehe aber bereits Waibel, Michael et al. (Hrsg.): *The Backlash against Investment Arbitration. Perceptions and Reality.* Wolters Kluwer: Austin et al. 2010.

7 Dreyfuss, Rochelle / Frankel, Susy: „From Incentive to Commodity to Asset: How International Law is Reconceptualizing Intellectual Property". *Michigan Journal Of International Law* 36. 2015.

8 Pistor, Katharina: *The Code of Capital.* Princeton University Press: N.J 2019, S. 108-131. Für eine Einführung in den LPE-Ansatz, siehe Britton-Purdy, Jedediah et al.: „Building a Law-and-Political-Economy Framework: Beyond the Twentieth-Century Synthesis". *Yale Law Journal* 129, 2020; Lentner, Gabriel M. / Palmanshofer, Hanna / Reiss, Antonia: „Recht und Politische Ökonomie". *Zeitschrift für kritik – recht – gesellschaft* (1) 2021. Siehe auch James Gathii und Cynthia Ho: „Regime Shift of IP Lawmaking and Enforcement from WTO to the International Investment Regime". *Minnesota Journal of Law, Science & Technology* 18(2), 2017, 447. Zum Diskussionsstand auch Aggarwal, Manish: „Investor-State Dispute Settlement and Protection of Intellectual Property Rights and Other Business Interests of the Technology Sector: Never the Twain Shall Meet". In: Laird, Ian A. et al. (Hrsg.): *Investment Treaty Arbitration and International Law.* JurisNet LLC: New York 2018. Auch jenseits des Investitionsrechts ist ein allgemeiner Trend zur internationalen Ausweitung von Immaterialgüterrechten zu beobachten, dazu Ruse-Khan, Henning Grosse: „Protecting Intellectual Property through Trade and Investment Agreements: Concepts, Norm-setting, and Dispute Settlement". In: Geiger, Christophe (ed), *Research Handbook on Intellectual Property and Investment Law.* Edward Elgar: Cheltenham 2020, S. 5-6.

Ob und wie sich Regime-Shifting im internationalen Immaterialgüterrechtsschutz in konkreten Entscheidungen niederschlägt und inwiefern Investitionsschutzrecht tatsächlich missbräuchlich als Vehikel zum Schutz von IP eingesetzt wird, ist demgegenüber weniger untersucht. Der kürzlich ergangene Schiedsspruch in der Rechtssache *Bridgestone/Panama*[9] fügt ein wichtiges juristisches Puzzleteil zu der Frage hinzu, wie sich dieses Regime-Shifting auf der Ebene der juristischen Argumentation und Rechtsprechung in der internationalen Streitbeilegung vollzieht. Um diese Implikationen vollständig zu verstehen, lohnt sich ein genauerer Blick auf diese und andere bereits ergangene Entscheidungen.

B. Ausgangspunkt

Abgesehen von einem älteren Fall vor dem Ständigen Internationalen Gerichtshof (PCIJ),[10] sind Streitigkeiten im Zusammenhang mit geistigem Eigentum ein neueres Phänomen,[11] das zum Teil auf die allgemeine Ausweitung von ISDS zurückzuführen ist.[12] Am prominentesten waren die oben erwähnten Fälle, in denen Philip Morris sich in zwei separaten Klagen gegen Australien und Uruguay an ein Investitionsschiedsgericht wandte, um Tabakregulierungen im Namen des Gesundheitsschutzes zu bekämpfen, weil diese die Markenrechte des Unternehmens beeinträchtigen würden; die abweisenden Schiedssprüche ergingen 2015 bzw. 2016.[13] Andererseits verklagte das weltweit tätige Pharmaunternehmen Eli Lilly Kanada im Rahmen des Investitionskapitels des

---

9 *Bridgestone Licensing Services, Inc und Bridgestone Americas, Inc gegen Republik Panama,* ICSID Case No. ARB/16/34, Award (14. August 2020).

10 Siehe z.B. *Case Concerning Certain German Interests in Polish Upper Silesia*, PCIJ Series A, No. 7 (1926) 44 („Im vorliegenden Fall kann kaum bezweifelt werden, dass zu den Rechten und Interessen neben dem Grundeigentum … auch Patente und Lizenzen [gehörten], die wahrscheinlich einen sehr beträchtlichen Wert hatten, deren privater Charakter nicht bestritten werden kann und die für die Gründung des Unternehmens wesentlich waren.", Übersetzung des Autors); siehe auch Kriebaum, Ursula: *Eigentumsschutz im Völkerrecht. Eine vergleichende Untersuchung zum internationalen Investitionsrecht sowie zum Menschenrechtsschutz.* Duncker & Humblot: Berlin 2008, S. 74.

11 Correa, Carlos / Viñuales, Jorge E.: „Intellectual Property Rights as Protected Investments. How Open are the Gates?". *Journal of International Economic Law* 19(1), 2016; Grosse Ruse-Khan, Henning: „The Protection of Intellectual Property and International Investment Law". *Journal of International Economic Law* 19(1), 2016.

12 Pistor, S. 137-143.

13 *Philip Morris Asia Limited/The Commonwealth of Australia*, UNCITRAL, PCA Case No. 2012-12, Schiedsspruch über Zuständigkeit und Zulässigkeit (17.12.2015); *Philip*

Nordamerikanischen Freihandelsabkommens (NAFTA) auf Schadenersatz wegen der Ungültigerklärung zweier Patente durch kanadische Gerichte.[14] Und erst kürzlich befasste sich ein Investitionstribunal mit einem Markenrechtsstreit, der im Rahmen der Investitionsbestimmungen eines amerikanisch-panamaischen Abkommens eingeleitet wurde.[15] Daneben ist ein Fall mit hohem Streitwert gegen Kanada anhängig in Bezug auf Urheberrechte auf seismische Daten.[16] Zukünftige Fallkonstellationen die Erteilung von Zwangslizenzen, die Ablehnung von Pharmapatenten und die Begehung weit verbreiteter Urheberrechtsverletzungen durch staatlich kontrollierte Einrichtungen betreffen.[17] Dies lässt erkennen, dass Streitigkeiten im Zusammenhang mit geistigem Eigentum wohl zunehmend Gegenstand von Investitionsschutzverfahren sein werden.[18]

Da die Rechte des geistigen Eigentums international durch eine Vielzahl von Abkommen geregelt sind, geht es bei den oben genannten Streitigkeiten[19] nicht nur um die materiellen Behandlungsstandards im Rahmen geltender IIAs, sondern u.U. auch um Fragen der Vereinbarkeit mit dem TRIPS-Abkommen und anderen völkerrechtlichen Verträgen wie den spezifischen Kapiteln über geistiges Eigentum in Freihandelsabkommen, etwa in NAFTA.[20]

Morris Brands Sàrl, Philip Morris Products S.A. und Abal Hermanos S.A./Oriental Republic of Uruguay, ICSID Case No. ARB/10/7, Schiedsspruch (8.7.2016).

14 *Eli Lilly and Company/Kanada*, UNCITRAL, ICSID Case No. UNCT/14/2, Final Award (16.3.2017). Siehe hierzu beispielsweise Liddell, Kathleen/Waibel, Michael: „Fair and Equitable Treatment and Judicial Patent Decisions". *Journal of International Economic Law* 19(1) 2016.

15 *Bridgestone Licensing Services, Inc. und Bridgestone Americas, Inc/Panama*, ICSID Fall Nr. ARB/16/34. Dazu auch Lentner, Gabriel M.: „Markenrechte und Investitionsschiedsgerichte – eine kritische Analyse". *ecolex* (4) 2022.

16 *Einarsson/Kanada*, ICSID Case No. UNCT/20/6.

17 Siehe zu diesen Szenarien z.B. Chrocziel et al., S. 168-172. Zu weiteren möglichen Fällen siehe die systematische und umfassende Studie von Klopschinski, Simon: *Der Schutz geistigen Eigentums durch völkerrechtliche Investitionsverträge*. Heymanns, Carl: Köln 2011; Grosse Ruse-Khan, Henning: „Challenging Compliance with International Intellectual Property Norms in Investor-state Dispute Settlement". *Journal of International Economic Law* 19(1), 2016a.

18 Zu weiteren möglichen Fällen siehe Chrocziel et al., S. 170-171. Kritisch zu diesen Entwicklungen Yu, Peter K.: „The Investment-Related Aspects of Intellectual Property Rights". *American University Law Review* 66 2017, 835.

19 Grosse Ruse-Khan, Henning: *The Protection of Intellectual Property in International Law*. Oxford University Press: Oxford 2016.

20 Aggarwal, S. 175. Zur Klagsmöglichkeit von IP-Investoren zur Einhaltung internationaler IP-Abkommen mittels ISDS, siehe Grosse Ruse-Khan 2016a, S. 241-277.

C. Das Verhältnis zwischen geistigem Eigentum und Investitionsschutz

I. Ein vielschichtiges Regime

Der Gesamtzusammenhang der Aufnahme von Kapiteln über geistiges Eigentum in Freihandelsabkommen mitsamt Investitionsschutz liegt in einer Entwicklung vom Multilateralismus zum Bi- bzw. Plurilateralismus.[21] So stellt auch Frederick Abbott einen Trend in der US-Handelspolitik hin zu bilateralen und regionalen Vereinbarungen fest, „um das zu korrigieren, was die Vereinigten Staaten als spezifische Unzulänglichkeiten der WTO-Regeln [...] im TRIPS-Abkommen ansehen."[22] Die Intention dahinter liege darin, die Nutzung der TRIPS-Flexibilitäten einzuschränken, insbesondere im Hinblick auf die Regulierung von pharmazeutischen Produkten. Bspw. enthalten diese Kapitel oft Bestimmungen, die mögliche Ausschlüsse von der Patentierbarkeit begrenzen, Parallelimporte verhindern und die Gründe für die Erteilung von Zwangslizenzen einschränken.[23] Neben dem Schutz von Rechten des geistigen Eigentums in den Kapiteln über IP führt dieser als Teil einer geschützten Investition potenziell zu einer weiteren Einschränkung der ursprünglichen Flexibilität bei der Regulierung von Rechten des geistigen Eigentums, auf die sich die Mitgliedstaaten im TRIPS-Übereinkommen geeinigt haben.

Wie bereits erwähnt, werden Rechte des geistigen Eigentums auf internationaler Ebene durch ein eigenes, vielschichtiges internationales System geregelt.[24] Diese Normen beruhen auf einem (umstrittenen) Interessensausgleich zwischen öffentlichen und privaten Interessen[25] einerseits sowie zwischen den Anliegen der Industriestaaten und der sog. Entwicklungsländer andererseits.[26]

---

21 Pistor, S. 137-143; Helfer 2009.

22 Abbott, Frederick: „The WTO Medicines Decision: World Pharmaceutical Trade and the Protection of Public Health". *American Journal of International Law* 99(2), 2005, S. 318 (Übersetzung des Autors); Pistor, S. 137-143.

23 Abbott, S. 349-350.

24 Aggarwal, S. 175.

25 Geiger, Christophe: „The Social Function of Intellectual Property Rights, or How Ethics can Influence the Shape and Use of IP Law". In: Dinwoodie, Graeme B. (Hrsg.): *Methods and perspectives in intellectual property.* (ATRIP intellectual property series). Edward Elgar: Cheltenham 2013.

26 Nanopoulos, Eva / Yotova, Rumiana: „Repackaging' Plain Packaging in Europe. Strategic Litigation and Public Interest Considerations". *Journal of International*

So befasst sich das TRIPS-Abkommen zwar mit der Schaffung, Einschränkung und Aufhebung von Rechten des geistigen Eigentums, tut dies aber bei einigen Fragen nur in groben Zügen: Es sieht bspw. vor, dass Patente für neue, und nützliche Erfindungen erteilt werden sollten, ohne dies näher zu definieren, und überlässt damit den Staaten einen weiten Ermessensspielraum in Bezug auf die Patentierbarkeitsstandards.[27] Es besteht die Sorge, dass der in diesen Abkommen erzielte Interessensausgleich zu Gunsten privater Akteure verzerrt werden könnte, wenn Fragen des geistigen Eigentums, wie die „Nützlichkeit" einer Erfindung, über ISDS beurteilt werden.[28] Sachgerecht erscheint daher eine klar formulierte Konfliktnorm, die einen Normkonflikt zwischen multilateralen Verpflichtungen einerseits und bilateralen/regionalen andererseits auflöst und auch bestimmt, wer zu welchen Rechtsfragen aufgrund welcher Normen entscheidet.

II. Die Entscheidungen der Schiedsgerichte

Bisher wurde die Frage nach einem möglichen Normkonflikt von Schiedsgerichten in IP-Streitigkeiten nicht erörtert. In der Rechtssache *Eli Lilly/Kanada* wurde ein Argument gegen die Zuständigkeit eines Schiedsgerichts gem. Kapitel 11 des NAFTA aufgrund der Tatsache, dass Verletzungen von IP-Abkommen nur in den dortigen Mechanismen zu ahnden wären, zwar von Kanada vorgebracht,[29] das Schiedsgericht ging jedoch nicht weiter darauf ein und wies die Klage in der Sache ab.[30]

In einer Streitigkeit betreffend Markenrechte hat der beklagte Staat in *Bridgestone/Panama* erst gar keinen potenziellen Konflikt zwischen den Kapiteln

Economic Law 19(1), 2016, S. 182; Aggarwal, S. 175. Für eine Kritik des bestehenden internationalen IP-Systems, siehe Linarelli, John / Salomon, Margot E. / Sornarajah, M.: *The misery of international law.* Oxford University Press: Oxford 2018, S. 143 (diese betrachten TRIPS als ein „Beispiel für ein schadenstiftendes Handelsabkommen"); Pogge, Thomas: *World poverty and human rights. Cosmopolitan responsibilities and reforms.* Polity: Cambridge 2008, S. 224-261; Sell, Susan K.: *Private power, public law. The globalization of intellectual property rights.* Cambridge University Press: Cambridge 2003.

27 Aggarwal, S. 175.

28 Ebd., S. 176-177.

29 *Eli Lilly and Company/Kanada*, UNCITRAL, ICSID Case No. UNCT/14/2, Klagserwiderung Kanadas (30.6.2014), Rn. 84.

30 *Eli Lilly and Company/Kanada*, UNCITRAL, ICSID Case No. UNCT/14/2, Final Award (16.3.2017).

über geistiges Eigentum und Investitionen geltend gemacht.[31] Dies wohl deshalb, weil die Kläger Rechtsverweigerung vorbrachten und die Klage daher nicht auf eine IP-bezogene staatliche Maßnahme abzielte.[32]

III. Konfliktnormen in bestehenden Abkommen

Das Verhältnis zwischen verschiedenen Kapiteln in Freihandelsabkommen wie dem NAFTA wurde jedoch bereits anderenorts von Schiedsgerichten erörtert. In der Rechtssache *S. D. Myers, Inc./Kanada* argumentierte Kanada vor einem Investitionsschiedsgericht, dass der Streit über die Aktivitäten des Investors im Zusammenhang mit der Beseitigung gefährlicher Abfälle eigentlich unter Kapitel 3 (Warenhandel) und/oder Kapitel 12 (Dienstleistungshandel) falle.[33]

Unter Bezugnahme auf einen WTO-Panelbericht stellte das Tribunal jedoch fest, dass die Kapitel des NAFTA Teil eines „single undertaking" seien, was bedeute, dass die verschiedenen Bestimmungen „kumulativ" und komplementär seien und nicht im Widerspruch zueinander stünden.[34] Das Tribunal legte dem eine Definition des Begriffes „Konflikt" geprägt durch WTO-Jurisprudenz[35] zugrunde, welche von einem anderen NAFTA-Schiedsgericht in der Rechtssache *Pope & Talbot* übernommen wurde.[36] Nach den zitierten WTO-Entscheidungen sollten die Bestimmungen verschiedener Abkommen „read as complementary unless there were a conflict in the sense that adherence to one provision would cause a violation of the other" werden.[37] Daher stellte das Tribunal fest, dass „[t]here is no reason why a measure which concerns goods (Chapter 3) cannot be a measure relating to an investor or an investment (Chapter 11)".[38]

31 *Bridgestone Licensing Services, Inc. und Bridgestone Americas, Inc./Panama*, ICSID Case No. ARB/16/34, Panama's Expedited Objections Pursuant to Article 10.20.5 of the Panama-U.S. Trade Promotion Agreement (30.5.2017).

32 *Bridgestone Licensing Services, Inc. und Bridgestone Americas, Inc./Panama*, ICSID Case No. ARB/16/34, Panama's Expedited Objections Pursuant to Article 10.20.5 of the Panama-U.S. Trade Promotion Agreement (30.5.2017).

33 *SD Meyers, Inc/Kanada*, UNCITRAL, Teilschiedsspruch (13.11.2000).

34 *SD Meyers, Inc/Kanada*, Rn. 291-292.

35 Siehe *SD Meyers, Inc/Kanada*, Rn. 293.

36 *Pope & Talbot, Inc/Kanada*, UNCITRAL Interim Award (26.6.2000).

37 Siehe *SD Meyers, Inc/Kanada*, Rn. 293.

38 Siehe *SD Meyers, Inc/Kanada*, Rn. 294.

Auf der Grundlage des Sachverhalts stellte das Gericht fest, dass

> „the fact that [SD Myers, Inc, SDMI] as a cross-border service provider may have recourse to the dispute provisions of Chapter 12 (Trade in Services), does not deprive it of the right to claim as an investor under Chapter 11. Extending to it rights as a cross-border service provider under Chapter 12 does not take away from [the claimant's] rights conferred on it by Chapter 11."[39] Es erklärte, dass „Chapter 11 is engaged because SDMI was an investor. It has a right to recover the economic losses to its investment initiative caused proximately by an interference with its investment contrary to the provisions of Chapter 11. The fact that some of the totality of [claimant's] losses due to interference with its investment involved cross-border services does not prevent SDMI from recovering them."[40]

Auf den ersten Blick ist diese Argumentation überzeugend. Die Tätigkeit eines ausländischen Unternehmens im Gaststaat kann mehrere Aspekte umfassen, die unter verschiedene Regelungsregime fallen. Das bedeutet aber nicht, dass nur eines dieser Kapitel die gesamte Bandbreite der Tätigkeiten auf Kosten anderer Vorschriften regelt. Im vorliegenden Fall war dies kein Thema, weil keines der beiden Kapitel die betreffenden Maßnahmen erlaubt hätte, wie das Schiedsgericht ausdrücklich in Bezug auf den Warenhandel feststellte.[41]

Blickt man auf die Intention der Vertragsparteien, ist klar, dass das Investitionskapitel den anderen Kapiteln untergeordnet ist (soweit es mit diesen Kapiteln unvereinbar ist).[42] Die Schlüsselfrage ist dann natürlich, wie „Unvereinbarkeit" auszulegen ist.[43]

Unklar bleibt damit, wie Grenzfälle konkret zu lösen sind, wie *Eli Lilly/Kanada*[44] oder der Fall *Bridgestone/Panama*[45] illustrieren. So legen Ruse-Khan/Liddell/Waibel sehr überzeugend dar, dass als anwendbares Recht auch das

---

39 *SD Meyers, Inc/Kanada*, UNCITRAL, Zweiter Teilschiedsspruch (21.10.2002) Rn. 138.

40 Ebd. Rn. 139. Siehe hierzu Klopschinski 2011, S. 90.

41 *SD Meyers, Inc/Kanada*, Rn. 298.

42 *Corn Products International, Inc/Mexiko*, ICSID Case No. ARB(AF)/04/1 (NAFTA), Counter-Memorial on the Merits (27.10.2005), Rn 88; Puig, Sergio / Kinnear, Meg: „NAFTA Chapter Eleven at Fifteen: Contributions to a Systemic Approach in Investment Arbitration". *ICSID Review- Foreign Investment Journal* 25(2) 2010, 254.

43 Ibid., S. 254-255.

44 Dazu insbesondere die differenzierte Analyse von Grosse Ruse-Khan, Henning / Liddell, Kathleen / Waibel, Michael: „Amicus Curiae Brief". *University of Cambridge Faculty of Law Research Paper* (13) 2016.

45 *Bridgestone Licensing Services, Inc. und Bridgestone Americas, Inc/Panama*, ICSID Case No. ARB/16/34, Panama's Expedited Objections Pursuant to Article 10.20.5 of the Panama-U.S. Trade Promotion Agreement (30.5.2017).

IP-Kapitel 17 des NAFTA sowie andere internationale IP-Normen gem. expliziter Rechtsanwendungsklausel (hier Art. 1131 NAFTA, andernfalls über die allgemein völkerrechtlich gebotene *systemic integration* nach Art. 31 Abs. 3 lit. c Wiener Vertragsrechtskonvention) zu beachten sind und ein dort eröffneter Regulierungsspielraum auch im Investitionsschutzrecht zu berücksichtigen ist.[46] Während die AutorInnen dort eine entsprechend zurückhaltende Interpretation von Investitionsschutzrechtsnormen in Bezug auf das kanadische Patentrecht fordern, möchte der vorliegende Beitrag – wie noch zu zeigen sein wird – dafür eine rechtsdogmatische Grundlage im Zusammenhang mit der Möglichkeit einer entsprechenden Konfliktnorm erörtern.

Auch der Fall *Bridgestone/Panama* lässt die Problematik der Abgrenzung erkennen. Da es dort um Schadenersatz im Zusammenhang mit einem Markenrechtsstreit ging, könnte man argumentieren, dass der Streit eigentlich durch den allgemeinen Streitbeilegungsmechanismus in Kapitel 20 (Streitbeilegung) des TPA und nicht durch den speziellen ISDS-Mechanismus im Rahmen des Investitionskapitels beigelegt werden sollte. Art. 20.2 des TPA sieht die Beilegung von Streitigkeiten zwischen Staaten vor und legt fest, dass „except as otherwise provided in this Agreement, the dispute settlement provisions of this Chapter shall apply […]". Das Investitionskapitel selbst legt (ähnlich wie in NAFTA) in Art. 10.2 fest, dass „im Falle von Unvereinbarkeiten zwischen diesem Kapitel und einem anderen Kapitel das andere Kapitel im Umfang der Unvereinbarkeiten Vorrang hat". Das Kapitel über Rechte des geistigen Eigentums befasst sich sehr genau mit Marken (Art. 15.2) und legt Mindeststandards für die Durchsetzung in der jeweiligen Rechtsordnung von Rechten des geistigen Eigentums fest (Art. 15.11). In *Bridgestone/Panama* ging es gerade um eine als unrechtmäßig angesehene Schadenersatzforderung im Rahmen eines Verfahrens zur Durchsetzung der Markenrechte. Dies möge auf die Schlussfolgerung hindeuten, dass dieser Streit über geistiges Eigentum unter Kapitel 20 und nicht unter dem Investitionskapitel beizulegen sei, wodurch dem Investitionsgericht die Zuständigkeit für diesen Fall entzogen würde.[47] Da Panama dieses

46 Grosse Ruse-Khan/Liddell/Waibel, Rn. 9.1 ff.

47 Ein ähnliches Problem ergibt sich aus Art. 23 der WTO-Streitbeilegungsvereinbarung (DSU), der die Durchsetzung von WTO-Recht (hier TRIPS) außerhalb des WTO-Streitbeilegungsgremiums untersagt. Siehe Klopschinski, Simon: „The WTOs DSU Article 23 as Guiding Principle for the Systemic Interpretation of International Investment Agreements in the Light of TRIPS". *Journal of International Economic Law* 19(1), 2016.

Argument jedoch nicht vorgebracht hat, hat sich das Schiedsgericht auch nicht damit befasst. Andererseits war Klagsgegenstand der Vorwurf der Rechtsverweigerung Panamas durch seine Gerichte im Rahmen dieser IP-Verfahren. Demnach wäre dies klar dem Investitionsschutzkapitel und damit auch ISDS zugewiesen. Prüfungsmaßstab sollte daher jedenfalls nur die Rechtsverweigerung nach Investitionsschutzrecht sein und nicht eine etwaige Verletzung von Bestimmungen aus dem IP-Kapitel. Letzteres würde jedenfalls aus der Zuständigkeit des Investitionsschiedsgerichts fallen.

IV. Unbeachtete Aspekte des Verhältnisses zwischen geistigem Eigentum und Investitionen

Wie erwähnt wird es bei der Abgrenzung der jeweiligen Rechtsregime auf die Interpretation von „Unvereinbarkeit" von IP- und Investitionsschutz ankommen.[48] Erschwert wird die Auslegung dadurch, dass sich im Völkerrecht (bisher) kein allgemein anerkannter Konfliktbegriff herausgebildet hat.[49] Die in *SD Myers* entwickelte Konfliktdefinition führt beispielsweise bei strikter Anwendung in bestimmten Fällen zu fragwürdigen Ergebnissen. Das betrifft insbesondere Konstellationen, in denen Normen eines Kapitels den Staaten Ermessensspielräume, Ermächtigungen und Rechtfertigungen einräumen, diese aber vom Investitionskapitel wieder entzogen werden. So wird ein Schiedsgericht daran gehindert, überhaupt zu prüfen, ob die permissive Norm (des Ermessens, der Ermächtigung und der Rechtfertigung) nicht vorrangig anzuwenden wäre.[50] Ein (zu) enger Konfliktbegriff führt dann dazu, dass staatliche Maßnahmen untersagt werden, die ursprünglich in einen Ermessensspielraum

---

48 Ibid., S. 254-255.

49 Pauwelyn, Joost: *Conflict of Norms in International Law. How WTO Law Relates to Other Rules of International Law.* Cambridge University Press, Cambridge 2003, S. 166; Borgen, Christopher J.: „Treaty Conflicts and Systemic Fragmentation". In: Hollis, Duncan (Hrsg.): *The Oxford Guide To Treaties*, Oxford University Press, Oxford 2020, S. 439.

50 Vranes, Erich: „The Definition of 'Norm Conflict' in International Law and Legal Theory". *European Journal of International Law* 17(2), 2006, S. 399-400 (Vranes kritisiert das WTO-Panel im Fall *Indonesia – Automobiles*, in dem es feststellte, dass ein Konflikt nur in einer Situation sich gegenseitig ausschließender Verpflichtungen besteht, wodurch die Möglichkeit von Konflikten zwischen ausdrücklichen Erlaubnissen und Pflichten ausgeschlossen wird); näher dazu Vranes, Erich: „Völkerrechtsdogmatik als ‚self-contained discipline'? Eine kritische Analyse des ILC Report on Fragmentation of International Law". *Zeitschrift für öffentliches Recht* 65(1), 2010.

fallen sollten, den das Abkommen auch explizit vorsieht. Und das ist wohl genau die Überlegung hinter Bestimmungen wie Artikel 1112(1) NAFTA (ähnliche Bestimmungen finden sich typischerweise in Freihandelsabkommen, wie z.B. in CETA oder CPTPP, die besagen, dass das andere Kapitel im Ausmaß der Unvereinbarkeit Vorrang hat).[51]

Auch normenlogisch sprechen gewichtige Argumente für einen weiten Konfliktbegriff, wie Valentin Jeutner eindrucksvoll gezeigt hat.[52] Denn sollte die Auslegung der entsprechenden Normen ergeben, dass ich das Recht habe X zu tun, steht dies im klaren Widerspruch zur Verbotsnorm nicht X zu tun: Es liegt ein klarer Fall von Unvereinbarkeit vor.[53] Eine Auflösung ist nur dadurch möglich, entweder der permissiven oder der prohibitiven Norm einen Vorrang einzuräumen. Dass mangels einschlägiger Regelung die Verbotsnorm über die Erlaubnisnorm gestellt wird, ergibt sich jedenfalls nicht aus einem allgemein anerkannten Völkerrechtssatz.[54]

Daher ist ein weit gefasster Konfliktbegriff besser geeignet, das von den Vertragsparteien angestrebte Gleichgewicht zwischen den jeweiligen Rechtsregimen widerzuspiegeln.[55] Wenn also eine staatliche IP-Maßnahme geregelt ist und nach dem IP-Kapitel zulässig wäre, dann muss eine Konfliktregel wie Artikel 1112(1) NAFTA herangezogen und so interpretiert werden, dass eine Erlaubnis des anderen (hier IP-)Kapitels Vorrang vor einer damit im Widerspruch stehenden Verbotsnorm nach Kapitel 11 hat.

Zudem stellt sich die Frage nach der Anwendbarkeit der jeweils unterschiedlichen Streitbeilegungsmechanismen. Staatliche Maßnahmen, die auf die Regulierung von IP gerichtet sind, sind Gegenstand des IP-Kapitels. Daher ist dieses die *lex specialis* und genießt somit Vorrang vor den allgemeineren Regeln für Investitionen (vorausgesetzt die Zuständigkeitsschwelle für IP als

51 Klopschinski 2011, S. 91.

52 Jeutner, Valentin: *Irresolvable norm conflicts in international law. The concept of a legal dilemma*. Oxford University Press, Oxford 2017.

53 Cf. Jeutner, S. 28-30.

54 Jeutner, S. 30. Der banale Grund für die weitverbreitete gegenteilige Ansicht scheint die verfehlte Formulierung des Konfliktfalls bei *Jenks* zu sein, die in diesem Zusammenhang oft unkritisch herangezogen wird. Diese lautet: „A conflict in the strict sense of direct incompatibility arises only where a party to the two treaties cannot simultaneously comply with its obligations under both treaties.“ Jenks, Wilfred: „The Conflict of Law-Making Treaties“. *British Yearbook of International Law* 30, 1953, S. 426. Weiter begründet wurde diese Aussage von *Jenks* freilich nicht. Kritisch auch Borgen, S. 439 m.w.N.; Pauwelyn, S. 166; Vranes, S. 399-400.

55 Klopschinski 2011, S. 91. Dazu allgemein und ausführlich, siehe Jeutner.

„Investition“ wird überhaupt überschritten). Daraus folgt, dass Streitigkeiten über eine angebliche Verletzung der IP-Verpflichtungen nach den Streitbeilegungsregeln des IP-Kapitels beizulegen sind, und zwar in den meisten Fällen durch zwischenstaatliche Streitbeilegungsmechanismen.

In Ermangelung einer anwendbaren Kollisionsnorm in den einschlägigen Verträgen bietet Art. 31 Abs. 3 lit. c des Wiener Übereinkommens über das Recht der Verträge (WVK) eine Orientierungshilfe. Er sieht vor, dass zusätzlich zum Kontext „alle einschlägigen Regeln des Völkerrechts, die in den Beziehungen zwischen den Parteien anwendbar sind,“ zu berücksichtigen sind.[56] Da das Kapitel über geistiges Eigentum in diesem Zusammenhang ebenfalls anwendbar wäre, könnte ein Schiedsgericht durchaus zu dem Schluss kommen, dass kein Verstoß gegen das Investitionskapitel vorliegt, wenn die fragliche Maßnahme diese anderen Verpflichtungen umsetzt.[57] Innerhalb ein und desselben Freihandelsabkommens würde auch eine schlichte Anwendung der allgemeinen völkerrechtlichen Auslegungsregeln zu einem sachgerechten und konfliktlösenden Ergebnis führen. Eine besondere Rolle hat Art. 31 Abs. 3 lit. c. WVK indes in jenen Konstellationen, bei denen IP-Maßnahmen, die im TRIPS-Übereinkommen (und anderen anwendbaren multilateralen IP-Abkommen) geregelt werden und Erlaubnisnormen enthalten, aber mit Investitionsschutzabkommen an sich unvereinbar wären, angewandt werden, insbesondere was weitreichende „Flexibilities,“ also Ermessensspielräume betrifft.[58]

56 Bjorklund, Andrea K.: „Applicable law in international investment disputes“. In: Giorgetti, Chiara (Hrsg.): *Litigating international investment disputes. A practitioner's guide.* Brill Nijhoff: Leiden 2014, S. 282. Siehe auch McLachlan, Campbell: „The Principle of Systemic Integration and Article 31(3)(c) of the Vienna Convention“. *International and Comparative Law Quarterly* 54(2), 2005; Kriebaum, Ursula: „Privatizing Human Rights“. In: Reinisch, August / Kriebaum, Ursula (Hrsg.): *Das Recht der internationalen Beziehungen. Liber amicorum Hanspeter Neuhold.* Eleven International: Utrecht 2007.

57 So unter Bezugnahme auf Art. 31 Abs. 3 lit. c WVK auch Bjorklund, S. 282 („[A] tribunal might well determine that there was no breach of the investment treaty if the state's measure was taken to implement its other international obligations; the investment obligation would be viewed as qualified by them.“ und „A tribunal might well say that the investor's rights under the BIT are (and always were) qualified by a state's other international obligations, a limitation that the investor should have anticipated.“) ibid. 285.

58 Diese Art von Kollisionen ist für das Völkerrecht natürlich nicht neu. Dazu McLaclan 2005.

V. Inhärente Ermessensnormen im IP-Regime

Zu betonen ist in diesem Zusammenhang, dass ganz generell Normen über Immaterialgüterrechte den Zweck eines „strukturierten Eigentumsbegriffes, der die individuelle Freiheit mit gesellschaftlichen Zielen in Einklang bringt", verfolgen und somit „Flexibilitäten und nuancierte Normen" vorsehen.[59] Bspw. sind inhärente Beschränkungen (Laufzeit) und Ausnahmen (wie die faire Nutzung) von Rechten des geistigen Eigentums typisch, die von den Investitionsgerichten potentiell nicht ohne weiteres anerkannt werden.[60] So argumentiert Ruth Okediji, dass generell Lücken in der internationalen Regulierung geistigen Eigentums im Allgemeinen gewollt seien und daher nicht als Lücken betrachtet werden sollten, die durch Investitionsverträge geschlossen werden müssten.[61] Diese Rechtsnatur von IP sollte daher auch in der Beurteilung der Frage, ob es sich nun um eine Ermessensnorm handelt oder nicht, Berücksichtigung finden.[62] Dass dies zumindest potentiell von einem Schiedsgericht nicht gebührend beachtet würde, lässt sich nicht ganz ausschließen.[63] Dies könnte zu einer Verzerrung der im Rahmen des geistigen Eigentums getroffenen politischen Entscheidungen zugunsten privater und zu Lasten öffentlicher Interessen führen.[64]

In der Rechtssache *Philip Morris/Uruguay* kam das Gericht beispielsweise zu dem Schluss, dass es sich bei den fraglichen Marken um enteignungsfähige

---

59 Vadi 2009, S. 795. Siehe auch May, Christopher / Sell, Susan K.: *Intellectual property rights. A critical history.* Lynne Rienner: Boulder, Colo./London 2006. Zur Ausweitung und Absicherung von IP durch Menschenrechtsverträge, insbesondere die Europäische Menschenrechtskonvention, siehe Welkowitz, David S.: „Privatizing Human Rights: Creating Intellectual Property Rights from Human Rights Principles". *Akron Law Review* 46, 2013.

60 Frankel 2016; Gervais, 487.

61 Okediji, Ruth L.: „Is Intellectual Property 'Investment'? Eli Lilly v. Canada and the International Intellectual Property System". *University of Pennsylvania Journal of International Law* 35, 2014, S. 1132-1133 m.w.N.

62 Sell, Susan K.: „Remarks". *Proceedings of the ASIL Annual Meeting* 108, 2014, S. 317. Siehe auch Gervais, 487.

63 Dreyfuss/Frankel.

64 Klopschinski 2016; Schill, Stephan W.: „Developing a Framework for the Legitimacy of International Arbitration". In: van den Berg, Albert Jan (Hrsg.): *Legitimacy: Mythen, Realitäten, Herausforderungen.* (ICCA-Kongressreihe 18). Kluwer Law International: Alphen aan den Rijn 2015. Siehe auch Aggarwal, S. 178.

Eigentumsrechte handelt.[65] Das Gericht begründete dies damit, dass „das Eigentum an einer Marke unter bestimmten Umständen ein Recht zu ihrer Nutzung gewährt",[66] erläuterte diese „bestimmten Umstände" jedoch nicht weiter.[67] Das Gericht schien davon auszugehen, dass ein ausschließliches Recht ein Nutzungsrecht einschließt und dass dieses Recht grundsätzlich enteignungsfähig sein muss. Wie bereits erwähnt, handelt es sich hierbei jedoch um ein Missverständnis von Rechten des geistigen Eigentums: Jedes Recht zur Nutzung einer Marke unterliegt zunächst den einschlägigen Vorschriften des jeweiligen Staates. Denn Schutzrechte sind bis zu einem gewissen Grad nur bedingte Rechte, was bedeutet, dass „die Frage, ob ein Kläger rechtmäßiger Inhaber ist, ob er die nationalen Schutzvoraussetzungen erfüllt hat, ob es geltende sachliche Beschränkungen oder übergeordnete politische Erwägungen gibt oder ob eine erteilende Behörde solche Rechte ordnungsgemäß gewährt (oder verweigert) hat, immer von den nationalen Gerichten geprüft wird".[68]

Das WTO-Panel in der Rechtssache *EG – Marken* weist zu Recht darauf hin, dass das TRIPS-Abkommen „den Mitgliedern von Natur aus die Freiheit einräumt, legitime Ziele der öffentlichen Ordnung zu verfolgen, weil viele Maßnahmen zur Erreichung der Ziele der öffentlichen Ordnung außerhalb des Anwendungsbereichs des geistigen Eigentums liegen und keine Ausnahme nach dem TRIPS-Abkommen erfordern".[69] Das WTO-Panel bestätigte diese

65 *Philip Morris/Uruguay* (n. 14), Rn. 271.

66 *Philip Morris/Uruguay* (n. 14), Rn. 267.

67 Für eine ausführliche Ablehnung dieser Ansicht im Rahmen der Pariser Verbandsübereinkunft und des TRIPS-Übereinkommens siehe Davidson, Mark: „The Legitimacy of Plain Packaging under International Intellectual Property Law: Why there is No Right to Use a Trademark under either the Paris Convention or the TRIPS Agreement" In: Voon, Tania, et al. (eds), *Public Health and Plain Packaging of Cigarettes: Legal Issues.* Edward Elgar: Cheltenham 2012.

68 Okediji, S. 1126. (Übersetzung des Autors).

69 *EC-Protection of Trademarks* Appellate Body Report, *WT/DSI76/AB/R* (1.2.2002) 7.246. Siehe auch den Generalanwalt des Europäischen Gerichtshofs im Streit um die Gültigkeit der Tabakprodukterichtlinie, der betont, dass „der wesentliche Inhalt eines Markenrechts nicht in einem Anspruch gegenüber den Behörden besteht, eine Marke ungehindert von Vorschriften des öffentlichen Rechts zu benutzen. Vielmehr ist ein Markenrecht im Wesentlichen ein Recht, das gegen andere Personen durchgesetzt werden kann, wenn diese die vom Inhaber vorgenommene Benutzung verletzen", EuGH C-491/01, The Queen/Secretary of State for Health, ex parte British American Tobacco Ltd und Imperial Tobacco Ltd, Slg. 2002, I-11453, Schlussanträge des Generalanwalts Geelhoed, Rn. 266. Siehe jedoch das Gegenargument z.B. im

Ansicht in einer ausführlichen Erörterung der australischen Vorschriften über unbedruckte Verpackungen und stellte fest, dass Artikel 16.1 des TRIPS-Abkommens kein Recht auf Benutzung begründet, sondern lediglich das Recht vorsieht, bestimmte Aktivitäten unbefugter Dritter zu verhindern.[70]

Darüber hinaus schränken weder die Pariser Verbandsübereinkunft noch das TRIPS-Abkommen die souveränen Rechte eines Staates ein, die Benutzung von Marken aus nichtwirtschaftlichen Gründen zu beschränken, insbesondere im Hinblick auf den Schutz des menschlichen Lebens und der Gesundheit.[71]

Grundsätzlich gilt, wie Dreyfuss und Frankel treffend formulieren: Das herkömmliche Recht des geistigen Eigentums legt bestimmte Maßstäbe an, um einklagbar zu sein. Im Markenrecht muss die Verletzung beispielsweise die Möglichkeit zur Identifizierung der Quelle beeinträchtigen; im Patent- und Urheberrecht muss die Verletzung den Anreiz zur Innovation beeinträchtigen. Im internationalen Investitionsrecht gibt es jedoch keinen derartigen Maßstab für die Feststellung, was eine Enteignung darstellt.[72]

Auch wenn eine Enteignung aus sozialpolitischen Gründen oder aus Gründen der Notlage zulässig ist, hat der Patentinhaber Anspruch auf eine Entschädigung. Die Höhe der Entschädigung ist nach einer anreizbasierten Logik

---

Gutachten von Professor Christopher Gibson, Rn. 76 http://www.tobaccocontrollaws.org/files/uruguay/expert_reports_witness_exhibits/CWS-023%20Gibson.pdf. Siehe die Diskussion in *Philip Morris/Uruguay* (n 14), Rn. 255-271.

70 WT/DS435/R, WT/DS441/R, WT/DS458/R, WT/DS467/R vom 28. Juni 2018 zu Australien – Bestimmte Maßnahmen in Bezug auf Marken, geografische Angaben und andere Anforderungen an Plain Packaging für Tabakerzeugnisse und Verpackungen, Rn. 7.1970-71.

71 Siehe Bericht des Berufungsgremiums, *Europäische Gemeinschaften – Maßnahmen in Bezug auf Asbest und Asbest-Containing Products*, 172, WT/DS135/AB/R (5.4.2001). Siehe ferner Petersmann, S. 58. Zur Erörterung der australischen Plain Packaging-Vorschriften und des Investitionsrechts siehe Voon, Tania / Mitchell, Andrew D.: „Implications of International Investment Law for Plain Tobacco Packaging: Lessons from the Hong Kong-Australia BIT“. In: Voon, Tania et al. (Hrsg.): *Öffentliche Gesundheit und Plain Packaging von Zigaretten. Legal Issues.* Edward Elgar: Cheltenham, UK/Northampton, MA 2012; Mitchell, Andrew D. / Voon, Tania: „Time to quit? Assessing International Investment Claims Against Plain Tobacco Packaging in Australia“. *Journal of International Economic Law* 14, 2011. Zum Verhältnis zwischen TRIPS und BITs siehe Lentner, Gabriel M. / Proaño, Sheila E.: „ADPIC y los Tratados Bilaterales de Inversión: la necesidad de encontrar una armonía en su aplicación“. *Iuris Dicto* 17, 2016.

72 Dreyfuss/Frankel 2015, S. 572.

so zu berechnen, dass sie zu Investitionen in Innovationen anregt und von Rechtsverletzungen abschreckt, und nicht, wie nach der Logik des internationalen Investitionsrechts, als Entschädigung für alle Gewinne, die andernfalls hätten erzielt werden können.[73] Die Annahme der letztgenannten Auffassung hinsichtlich der Entschädigung würde die Befugnis der Staaten, ihre nationale Innovationspolitik zu bestimmen, erheblich beeinträchtigen.[74]

D. Schlussfolgerung

Die bisherigen Fälle, in denen Investitionsschutzschiedsgerichte mit Streitigkeiten über geistiges Eigentum befasst wurden, veranschaulichen die Bandbreite der auf dem Spiel stehenden Fragen. Sie betreffen Fragen der öffentlichen Gesundheit und der nationalen Innovationspolitik mit Auswirkungen auf den Zugang zu Arzneimitteln und den Wettbewerb unter Marktteilnehmern. Die Ausweitung des Schutzes des geistigen Eigentums durch ISDS könnte den Zugang zu Arzneien beschränken, und wie die Corona-Pandemie gezeigt hat, kann das das Leben vieler Menschen aufs Spiel setzen.[75] So zumindest der eindringliche Appell von IP ExpertInnen. Es wurde auch darauf hingewiesen, dass die „sozialen Kosten der Abschottung von Wissen enorm sein können, weil die Kontrolle über das Wissen monopolisiert wird, obwohl es allen zugutekommen könnte, ohne dem Investor etwas wegzunehmen."[76] Es ist daher unerlässlich, den inhärent unterschiedlichen und vielschichtigen Rechtsrahmen für geistige Eigentumsrechte bei der rechtlichen Beurteilung von Investitionsschutzabkommen zu berücksichtigen. Ebenso wichtig ist es, die legitimen politischen Ziele des TRIPS-Übereinkommens und anderer geltender Kapitel und Normen zu IP nicht mittels ISDS auszuhöhlen. Die Regulierung von IP erfordert einen ausgewogenen Ansatz, der den Zielen des öffentlichen Interesses Rechnung trägt. Der internationale Schutz von IP verfolgt letztlich utilitaristische Ziele technologischer Innovation, während Investitionsschutzabkommen den Schutz von Vermögenswerten ausländischer Investoren ins Zentrum rücken. Um das richtige Gleichgewicht dieser beiden Interessenslagen zu finden, bedarf es einer entsprechenden Anwendung von Konfliktlösungsnormen, die ausverhandelte

73 Ibid., 592.

74 Okediji, S. 1122.

75 Baker, Brook K. / Geddes, Katrina: „Corporate Power Unbound: Investor-State Arbitration of IP Monopolies on Medicines – Eli Lilly v. Canada and the Trans-Pacific Partnership Agreement". *Journal of Intellectual Property Law* 32(1), 2015, S. 59.

76 Pistor, S. 115.

Ermessensnormen auch als solche anerkennen und ihnen zum Durchbruch verhelfen.

Dieser Beitrag hat daher versucht zu zeigen, dass dies einerseits durch einen weiteren Konfliktbegriff im Zusammenhang mit bestehenden Konfliktnormen zu erreichen ist, andererseits auch nach den Regeln der WVK (Art. 31 Abs. 3 lit. c) geboten erscheint. Dies würde auch sicherstellen, dass bspw. der viel diskutierte „TRIPS-Waiver" nicht durch Investitionsschutz vereitelt wird.[77] So könnte eine missbräuchliche Anwendung von Investitionsschutz als Vehikel für übermäßigen IP-Schutz auch weiterhin hintangehalten werden.

Letztlich hängt es von den zur Entscheidung dieser Fragestellungen berufenen Investitionsschiedsgerichten ab, diese differenzierte Herangehensweise umzusetzen. Die bisherigen Entscheidungen stimmen positiv, dass dies in Zukunft mit der nötigen Sorgfalt geschehen wird.

---

77 Mercurio, Bryan / Upreti, Pratyush Nath: „The Legality of a TRIPS Waiver for COVID-19 Vaccines under International Investment Law". *International and Comparative Law Quarterly* 71(2), 2022.

Teil IV: Streitbeilegung und internationales Finanzwesen

Paul Weismann

Auslegungs- und Streitbeilegungsmechanismen im internationalen Finanzrecht: BIZ, IWF, Weltbank-Gruppe und OECD

A. Einleitung

Gemäß Art. 2 Z. 3 Satzung der Vereinten Nationen (SVN) sind alle Mitglieder der Vereinten Nationen (VN) verpflichtet, „ihre internationalen Streitfälle mit friedlichen Mitteln auf solche Weise [zu regeln], daß der Weltfriede, die internationale Sicherheit und die Gerechtigkeit nicht gefährdet werden". Die für die Streitbeilegung im Völkerrecht zur Verfügung stehenden Mechanismen sind nach Art. 33 Abs. 1 SVN Verhandlungen, Untersuchungen, Vermittlung, Vergleich, Schiedsspruch, gerichtliche Regelung, Anrufung regionaler Organe oder Abkommen oder „andere friedliche Mittel eigener Wahl". Auch Staaten, die nicht den VN angehören, trifft das Gebot zur friedlichen Streitbeilegung, und zwar auf völkergewohnheitsrechtlicher Grundlage.[1]

In diesem Beitrag sollen ausgewählte internationale Organisationen (IO) im Finanzbereich,[2] also internationale Finanzinstitutionen (IFI), hinsichtlich ihrer

---

1 Zur gewohnheitsrechtlichen Geltung des Gewaltverbots s. etwa IGH, *Military and Paramilitary Activities in and against Nicaragua (Nicaragua v. United States of America)*. ICJ Reports 1986, Rn. 193; cf. auch Hobe, Stephan: *Einführung in das Völkerrecht. Begründet von Otto Kimminich*. 11. Auflage. Narr Francke Attempto: Tübingen 2020, S. 267; zum allen IO inhärenten Ziel der Konfliktvermeidung bzw. Konfliktlösung: Wentzel, Dirk: „Internationale Organisationen: Historische Entwicklungen, theoretische Begründungen und Entwicklungsperspektiven". In: Wentzel, Dirk (Hrsg.): *Internationale Organisationen: Ordnungspolitische Grundlagen, Perspektiven und Anwendungsbereiche*. Lucius & Lucius: Stuttgart 2013, S. 12; zu unterschiedlichen Formen der Konfliktlösung im Völkerrecht s. Schmalenbach, Kirsten: „Dispute Settlement". In: Klabbers, Jan / Wallendahl, Åsa (Hrsg.): *Research Handbook on the Law of International Organizations*. Edward Elgar: Cheltenham / Northampton 2011, S. 251-253; zur Streitbeilegung in IO im Allgemeinen s. Sands, Philippe / Klein, Pierre: *Bowett's Law of International Institutions*. 6. Auflage. Sweet & Maxwell: London 2009, S. 343 ff.

2 Zur historischen Entwicklung des internationalen Finanzrechts als Teilgebiet des Völkerrechts bis heute s. etwa Helleiner, Eric: „Regulating the Regulators. The Emergence and Limits of the Transnational Financial Legal Order". In: Halliday, Terence

jeweiligen Auslegungs- bzw. Streitbeilegungsregime untersucht werden. Die hier untersuchten IFI sind jene IO,[3] die dem von der G7 begründeten Financial Stability Forum[4] bzw. dessen Nachfolgeorganisation, dem Financial Stability Board (FSB), „in accordance with their respective legal frameworks and policies" (Art. 6 Abs. 4 FSB-Charta) angehört haben bzw. angehören: die Bank für Internationalen Zahlungsausgleich (BIZ), der Internationale Währungsfonds (IWF), die Weltbank-Gruppe sowie die Organisation für wirtschaftliche Zusammenarbeit und Entwicklung (OECD).[5],[6] Das FSB wurde 2009 von der

C. / Shaffer, Gregory (Hrsg.): *Transnational Legal Orders*. Cambridge University Press: New York 2015, S. 231.

3 Zu diesen und weiteren Mitgliedern s. Donnelly, Shawn: „Financial Stability Board (FSB), Bank for International Settlements (BIS) and Financial Market Regulation Bodies". In: Wessel, Ramses A. / Odermatt, Jed (Hrsg.): *Research Handbook on the European Union and International Organizations*. Edward Elgar: Cheltenham / Northampton 2019, S. 381 f.

4 S. dazu Porter, Tony: „Financial Stability Board". In: Tietje, Christian / Brouder, Alan (Hrsg.): *Handbook of Transnational Economic Governance Regimes*. Martinus Nijhoff Publishers: Leiden / Boston 2009, S. 345-348.

5 Cf. zur OECD, deren Tätigkeitsbereich viele weitere Gebiete umfasst, Art. 1 OECD-Konvention, dem zufolge eines der Ziele der Organisation die Aufrechterhaltung der Finanzstabilität ist; s. darüber hinaus etwa Shaffer, Gregory / Waibel, Michael: „The (Mis)Alignment of the Trade and Monetary Legal Orders". In: Halliday, Terence C. / Shaffer, Gregory (Hrsg.): *Transnational Legal Orders*. Cambridge University Press: New York 2015, S. 216 zu ihrer Rolle beim Abbau von Hemmnissen des freien Kapitalverkehrs, oder Schlemmer-Schulte, Sabine / Pohlmann, Markus: „Internationales Währungs- und Finanzrecht". In: Tietje, Christian / Nowrot, Karsten (Hrsg.): *Internationales Wirtschaftsrecht*. 3. Auflage. De Gruyter: Berlin / Boston (2021) Rn. 136 ff. zu ihrer Rolle bei der Kategorisierung von Entwicklungshilfe.

6 Aus der Mitgliedschaft beim FSB ergeben sich nicht notwendigerweise Pflichten; im Zusammenhang mit dem IWF wurde stattdessen von der „Teilnahme an einem gemeinsamen Lernprozess" gesprochen; Ruddigkeit, Dana: *Das Mandat des IWF. Zur Kooperationspflicht internationaler Organisationen und Rechtsregime in der Weltfinanzarchitektur*. Universitätsverlag Halle-Wittenberg: Halle an der Saale 2013, S. 197; differenziert: Helleiner 2015, S. 246. Auf die Mitgliedschaft im FSB abzustellen, ist freilich nur eine Möglichkeit der systematischen Erfassung. So wurden etwa in der Literatur IWF und Weltbank als „sister organizations" der BIZ bezeichnet, die OECD in diesem Zusammenhang aber gar nicht erwähnt; Alexander, Kern: „Bank for International Settlements". In: Tietje, Christian / Brouder Alan (Hrsg.): *Handbook of Transnational Economic Governance Regimes*. Martinus Nijhoff Publishers: Leiden / Boston 2009, S. 307; wiederum anders etwa: Wouters, Jan / Odermatt, Jed: „Comparing the 'four pillars' of global economic governance: a critical analysis of the

G20 zur Förderung der Finanzstabilität gegründet. Während die Vorgängerorganisation, so die Kritik, zu sehr mit der bloßen Diskussion von Problemen beschäftigt gewesen sei, sollte das FSB stärker operativ tätig sein und insbesondere die Arbeit der einschlägigen internationalen Standardsetzer (Basel-Ausschuss, Internationale Organisation der Wertpapieraufsichtsbehörden etc.) koordinieren.[7] Das FSB wurde schließlich als Verein nach Schweizer Zivilrecht eingetragen, besitzt aber keine Völkerrechtssubjektivität.[8]

Ein Blick in die Rechtsgrundlagen der genannten IFI zeigt, dass die Frage der Auslegung bzw. Streitbeilegung ganz unterschiedlich geregelt ist und dass *in praxi* z.T. erheblich von diesen Regelungen abgewichen wird; Grund genug, sich näher mit den einzelnen Verfahren und den darin involvierten Akteuren zu beschäftigen, ihren historischen Hintergrund zu beleuchten sowie die Anwendungspraxis vergleichend zu betrachten und auf ihre Rechtskonformität hin zu überprüfen. Demgegenüber stehen materielle Auslegungsfragen oder Fragen der angewandten Interpretationsmethoden in diesem Beitrag nicht im Vordergrund.[9]

In terminologischer Hinsicht gesellt sich bei diesem Thema zur schwierigen, aber konzeptuell notwendigen Unterscheidung zwischen Auslegung und Anwendung der Begriff der Streitbeilegung. Die Streitbeilegung, der ein „disagreement on a point of law or fact, a conflict of legal views or of interests between two persons“[10] (oder mehreren Akteuren) zugrunde liegt, kann – je nach

institutional design of the FSB, IMF, World Bank, and WTO“. In: *Journal of International Economic Law* 17(1), 2014, S. 50 unter Verweis auf die Worte des ehemaligen US-Finanzministers *Tim Geithner* und S. 73 f. mit Hinweis auf die enge Beziehung zwischen IWF und Weltbank.

7 S. Donnelly 2019, S. 381.

8 S. Donnelly 2019, S. 382; Wouters / Odermatt 2014, S. 55 und 65 (zum aus völkerrechtlicher Sicht weichen Charakter des Gründungsakts des FSB); zur Voraussetzung von IO, sich auf einen völkerrechtlichen Vertrag zu gründen, s. Ruffert, Matthias / Walter, Christian, *Institutionalised International Law.* Hart et al.: Oxford et al. 2015, S. 5 f.

9 Cf. dazu etwa Waibel, Michael: „Uniformity versus specialization (2): A uniform regime of treaty interpretation?“. In: Tams, Christian J. / Zimmermann, Andreas / Tzanakopoulos, Antonios (Hrsg.), *Research Handbook on the Law of Treaties.* Edward Elgar: Cheltenham / Northampton 2014, S. 375. Bezüglich der Auslegungsmethoden ist auch bei den hier genannten IO der Inhalt des Art. 31 WVK der wichtigste Referenzpunkt; s. Denters, Erik, „New Challenges to IMF Jurisdiction“. In: *Netherlands Yearbook of International Law* 29, 1998, S. 6 f.

10 StIGH, *Mavrommatis Palestine Concessions (Greece v. UK).* PCIJ Reports Series A, No. 2, 1924, S. 11. S. etwa zum WTO-Recht Ruiz Fabri, Hélène, „Dispute Settlement

Umfang der Kognitionsbefugnis – zur Klärung von Tatsachenfragen sowie von Fragen der Auslegung bzw. der Anwendung des einschlägigen Rechts bemüht werden.[11]

Zum Begriffspaar Auslegung-Anwendung wurde gesagt: „[I]nterpretation is the process of determining the meaning of a text; application is the process of determining the consequences which, according to the text, should follow in a given situation".[12] Danach ist, schematisch gesprochen, die Auslegung das Abstrakte, die Anwendung das Konkrete, wobei die Anwendung die Auslegung voraussetzt.[13] Da es folglich keine Anwendung ohne Auslegung gibt, wird, auch der Einfachheit halber, in der Folge grundsätzlich allein der Begriff der Auslegung verwendet.

Dieser Beitrag widmet sich der Beilegung von Zweifelsfragen, die zwischen den Vertragsstaaten und der jeweiligen IO oder zwischen den Vertragsstaaten untereinander auftreten. Dies setzt die Ermächtigung bestimmter Organe und die zumindest ansatzweise Regelung des einzuhaltenden Verfahrens voraus. Entsprechende Bestimmungen in IO-Gründungsverträgen treten regelmäßig neben die allgemeine völkerrechtliche Regel, wonach die Praxis der IO (bzw. ihrer Organe) für die Auslegung (und die Anwendung) ihres Gründungsstatuts maßgeblich ist (Art. 31 Abs. 3 lit. b Wiener Vertragsrechtskonvention 1969 – WVK).[14] Die Klärung einer Auslegungsfrage kann die Beendigung eines Streitfalls bedeuten, kann aber auch einhelligen Zweifel zerstreuen. In dieser Hinsicht ist der Begriff des Auslegungsmechanismus weiter als der des

---

in the WTO: on the Trail of a Court". In: Charnovitz, Steve / Steger, Debra P. / Van den Bossche, Peter (Hrsg.): *Law in the Service of Human Dignity: Essays in Honour of Florentino Feliciano*. Cambridge University Press: New York 2005, S. 145, der zufolge Unstimmigkeiten erst dann zum „Streit" werden, wenn dazu eine Beschwerde eines Staats vorliegt.

11 Zur Auslegung als Kernaufgabe der Streitbeilegung in IO s. Schermers, Henry G. / Blokker, Niels M., *International Institutional Law*. 6. Auflage. Brill Nijhoff: Leiden / Boston 2018, Rn. 1355 ff.

12 Harvard Law School: „Draft Convention on the Law of Treaties: Article 19. Interpretation". In: *American Journal of International Law* 29, 1935 (Beilage), S. 938 f.

13 Cf. Gourgourinis 2011, S. 31.

14 S. dazu Schlemmer-Schulte / Pohlmann 2021, Rn. 32. Zur für die WVK ursprünglich vorgesehenen expliziten Differenzierung zwischen Auslegung und Anwendung, die schließlich nicht in den Vertragstext aufgenommen wurde, s. Gourgourinis, Anastasios: „The Distinction between Interpretation and Application of Norms in International Adjudication". In: *Journal of International Dispute Settlement* 2(1), 2011, S. 32.

Streitbeilegungsmechanismus.[15] In der Praxis ist es allerdings in aller Regel eine Meinungsverschiedenheit, die zur Aktivierung eines Auslegungsmechanismus führt. Deshalb werden in der Folge die Begriffe Auslegungs- und Streitbeilegungsmechanismus weitgehend synonym verwendet.[16]

Des Weiteren ist im gegebenen Zusammenhang auf das Verhältnis zwischen der Auslegung und der Änderung des Rechts, etwa des Gründungsvertrags einer IO, hinzuweisen. Die Auslegung erhellt den Inhalt einer Norm, ohne ihn zu ändern.[17] Der Internationale Gerichtshof (IGH) zieht die Grenzen der Auslegung folgendermaßen: „Where […] interpretation results in a meaning incompatible with the spirit, purpose and context of the clause or instrument in which the words are contained, no reliance can be validly placed on it".[18] Ein solches Ergebnis kann, so ist im Umkehrschluss zu folgern, nur durch eine entsprechende Änderung herbeigeführt werden. Die Änderung völkerrechtlicher Verträge ist regelmäßig an strengere Voraussetzungen geknüpft als deren Auslegung. Dies birgt, wie im gegebenen Kontext noch zu zeigen sein wird, das Risiko, dass reformwillige Akteure ihre Auslegungskompetenzen ausreizen oder sogar überschreiten, um ein anspruchsvolles Änderungsverfahren zu umgehen.

Der Beitrag gliedert sich wie folgt. An die Einleitung (A.) schließt eine Darstellung der einschlägigen Verfahren entsprechend den in den Gründungs- und sonstigen Rechtsakten der ausgewählten IFI gemachten Vorgaben an (B.). Sodann wird eine vergleichende Analyse der vorgestellten Auslegungsverfahren vorgenommen, einschließlich ihrer historischen Wurzeln, ihrer Handhabung

15 In anderlei Hinsicht wiederum mag der Begriff des Streitbeilegungsmechanismus weiter sein, etwa weil in diesem Rahmen auch faktische Fragen – etwa strittige Tatsachen – geklärt werden können.

16 In den Schlussfolgerungen wird noch einmal auf die Unterschiede zwischen den beiden Begriffen referenziert.

17 Cf. Karl, Wolfram: *Vertrag und spätere Praxis im Völkerrecht. Zum Einfluß der Praxis auf Inhalt und Bestand völkerrechtlicher Verträge.* Springer: Berlin et al. 1983, S. 21: „Vertragsauslegung […] ist die *Feststellung des Vertragsinhalts* […] und damit grundsätzlich von der *Vertragsänderung* zu unterscheiden […]" (Hervorhebungen im Original); spezifisch zum Unterschied zwischen der authentischen Interpretation und der Vertragsänderung s. Voïcu, Ioan: *De l'interprétation authentique des traités internationaux.* Éditions A. Pédone: Paris 1968, S. 87 ff.

18 IGH, *South West Africa Cases*, Preliminary Objections, ICJ Reports 1962, S. 336; s. auch IGH, *South West Africa (Liberia v. South Africa).* Second Phase, ICJ Reports 1966, Rn. 91.

in der Praxis sowie einer rechtlichen Beurteilung (C.). Am Ende der Arbeit stehen Schlussfolgerungen (D.).

B. Die Verfahren im Einzelnen

I. Bank für Internationalen Zahlungsausgleich

Die BIZ ist IO und Aktiengesellschaft nach Schweizer Recht zugleich.[19] Ihre Aktionäre sind die Zentralbanken von 63 Ländern,[20] und schon das Expertengremium, das den Plan für die BIZ entwarf, dachte ihr eine „international basis" und eine Position „outside the field of political influences" zu.[21] Diese 63 Länder sind im obersten Organ der BIZ, der jährlich abgehaltenen Generalversammlung, vertreten. Das Direktorium, das Leitungsorgan der BIZ, hat hingegen lediglich 18 Mitglieder, darunter *ex officio* die Zentralbankgouverneure von Belgien, Frankreich, Deutschland, Italien, dem Vereinigten Königreich und den USA. Hinsichtlich der Klärung von Auslegungsfragen *betreffend den „New Plan"*, der insbesondere das *Agreement regarding the Complete and Final Settlement of the Question of Reparations from Germany, and Annexes I–II* (Settlement-Übereinkommen) umfasst,[22] ist zunächst auf dessen Art. XV zu verweisen, der für Meinungsverschiedenheiten zwischen Regierungen der Signatarstaaten oder zwischen einer von diesen und der BIZ die Zuständigkeit eines Schiedsgerichts festlegt, das sich aus fünf für jeweils fünf Jahre ernannten Mitgliedern zusammensetzt. Der oder die Vorsitzende soll die US-amerikanische Staatsbürgerschaft besitzen, zwei Mitglieder sollen im Ersten Weltkrieg neutral gewesenen Staaten angehören, ein Mitglied soll deutscher Nationalität sein und

---

19 S. Schlemmer-Schulte / Pohlmann 2021, Rn. 12; Alexander 2009, S. 311; zum ungewöhnlichen Charakter dieser Kombination zum Zeitpunkt der Gründung der BIZ 1930 s. Schiedsgericht, *Claimants v. BIS*, Teilentscheidung vom 22. November 2002, Rn. 105 f., retrieved 28.10.2022, from https://legal.un.org/riaa/cases/vol_XXIII/153-296.pdf.

20 Retrieved 28.10.2022, from https://www.bis.org/about/member_cb.htm; zur Rücknahme privat gehaltener Aktien im Jahr 2001 sowie zur schiedsgerichtlichen Entscheidung in *Claimants v. BIS*, 19. September 2003, s. C.II.1. unten.

21 „Settlement of the Reparation Problem. Report of the Committee of Experts". In: *American Journal of International Law* 24(2), 1930 (Beilage), S. 88 und 90; s. auch Bederman, David J.: „The Unique Legal Status of the Bank for International Settlements Comes into Focus". In: *Leiden Journal of International Law* 16(4), 2003, S. 787.

22 Nach Art. I des Settlement-Übereinkommens gehören zum „New Plan" außerdem der Experts' Plan vom 7.6.1929 und das Protokoll vom 31.8.1929.

eines einem Staat angehören, der Anspruch auf Reparationszahlungen hatte.[23] Den Streitparteien steht es frei, eines dieser Mitglieder zum/zur Einzelschiedsrichter(in) zu ernennen.[24]

Das Regime für die Entscheidung von Streitfragen *bezüglich der BIZ-Statuten* zwischen der BIZ einerseits und einer Zentralbank, einem Finanzinstitut oder einer sonstigen in den BIZ-Statuten genannten Bank andererseits oder zwischen der BIZ und ihren Aktionären ist in Art. 54 BIZ-Statuten niedergelegt. Danach ist auch in diesem Fall das in Art. XV Settlement-Übereinkommen vorgesehene Schiedsgericht zuständig.[25] Falls sich die Streitparteien über den für diesen Fall zu schließenden Schiedsvertrag nicht einig werden, kann sich jede der Parteien an das Schiedsgericht wenden, das in allen Fragen (auch der Frage seiner eigenen Zuständigkeit) entscheidungsbefugt ist (Art. 54 Abs. 2 BIZ-Statuten). Dazu gehört auch die Verhängung einstweiliger Maßnahmen durch den/die Vorsitzende(n) oder ein von diesem/-r zu bestimmendes Mitglied des Schiedsgerichts (Abs. 3). Wenn beide Streitparteien dies wollen, kann die Streitentscheidung – entsprechend den/-r Vorgaben im Settlement-Übereinkommen – auch dem Vorsitzenden oder einem (einfachen) Mitglied des Schiedsgerichts allein überantwortet werden (Abs. 4). Die Abgabe unverbindlicher Gutachten steht dem Schiedsgericht nicht zu.[26]

Wenn nach der Auslegung der wesentlichen Rechtsakte der BIZ ein von seinen Mitgliedern gewolltes Tun oder Unterlassen rechtlich nicht zulässig

---

23 S. dazu und zur aktuellen Zusammensetzung des Gerichts, retrieved 28.10.2022, from https://pca-cpa.org/en/services/arbitration-services/bis/.

24 Zu diesem und weiteren Details des Verfahrens s. Art. XV Settlement-Übereinkommen; zum Unterschied zwischen der Stammfassung und der heutigen Version s. Alexander 2009, S. 309; zu den verfahrensrechtlichen Regelungen s. Anhang XII des Abkommens.

25 Für die Beilegung von Streitigkeiten zwischen der Schweizer Bundesregierung und der BIZ s. Abs. 11 BIZ-Grundgesetz, i.e. das Schweizer Gesetz, mit dem innerstaatlich die rechtlichen Grundlagen der BIZ niedergelegt werden; für die detaillierten Regelungen bezüglich Streitigkeiten zwischen der BIZ und privaten Akteuren cf. die Rules for Arbitration between the Bank for International Settlements and Private Parties (2001), retrieved 28.10.2022, from https://pcacases.com/web/sendAttach/648; zum 1987 eingerichteten BIZ-internen Arbeitsgericht s. Hinweise auf BIS-Webseite, retrieved 28.10.2022, from https://www.bis.org/about/at_bis.htm.

26 So jedenfalls die Ansicht des Schiedsgerichts in *Reginald H. Howe v. Bank of International Settlements*, 31. August 2001, Reports of International Arbitral Awards Bd. XXIII, 2002, S. 159, retrieved 28.10.2022, from https://legal.un.org/riaa/cases/vol_XXIII/153-296.pdf.

ist, kommt eine Änderung der betreffenden Akte in Betracht. Das Settlement-Übereinkommen kann mangels abweichender Bestimmung nur bei Willensübereinstimmung aller Signatarstaaten geändert werden. Eine Änderung der BIZ-Statuten muss gem. deren Art. 57 (welcher seit 1930 nicht geändert wurde[27]) von einer Zweidrittelmehrheit des Vorstands der Generalversammlung vorgeschlagen und von dieser mit Mehrheit angenommen werden. Ausgewählte, besonders wichtige Bestimmungen der Statuten bedürfen über die genannten Anforderungen hinaus eines das Grundgesetz ergänzenden Gesetzes (Art. 58), was wiederum die Zustimmung aller Signatarstaaten erfordert.[28]

II. Internationaler Währungsfonds

In den IWF-Articles of Agreement (IWF-AoA) ist Art. XXIX die einschlägige Bestimmung für die Beantwortung von Auslegungsfragen zwischen einem IWF-Mitglied und dem IWF oder zwischen IWF-Mitgliedern untereinander. Der Begriff „question of interpretation“ legt nahe, dass nicht nur akute Meinungsverschiedenheiten, sondern auch bloße Zweifel zur Einleitung des Verfahrens berechtigen, welches damit auch streitvorbeugend zu wirken vermag.[29] Nach dieser Bestimmung ist das Exekutivdirektorium entscheidungsbefugt.[30] Besonders betroffenen IWF-Mitgliedern kommt gem. Art. XXIX lit. a in Übereinstimmung mit Art. XII, Section 3(j) das Recht auf Vertretung im Verfahren zu. Gegen Entscheidungen des Exekutivdirektoriums kann wiederum jedes IWF-Mitglied binnen dreier Monate die Vorlage der Auslegungsfrage an den Gouverneursrat verlangen, dessen Entscheidung endgültig ist. Der

---

27 S. Alexander 2009, S. 311.

28 S. Auboin, Roger: „The Bank for International Settlements, 1930-1955“. *Essays in International Finance* 22, 1955, S. 3; s. dazu auch Schiedsgericht, *Claimants v. BIS*, Teilentscheidung vom 22.11.2002, Rn. 129 und 144-146, retrieved 28.10.2022, from https://legal.un.org/riaa/cases/vol_XXIII/153-296.pdf. Zum Grundgesetz s. Fn. 25 oben.

29 S. Hexner, Ervin P.: „Interpretation by Public International Organizations of their Basic Instruments“. In: *American Journal of International Law* 53(2), 1959, S. 343 f. und 348 zum Umstand, dass in diesem Verfahren u.U. auch Fragen geklärt werden können, „which would not be as fully matured as a case in a court of law“. Beim schiedsgerichtlichen Verfahren nach Art. XXIX lit. c IWF-AoA ist das anders: „disagreement“.

30 Auf die rezente Reform des Exekutivdirektoriums des IWF sei hier nur hingewiesen; s. dazu etwa Liu, Yan: „The Rule of Law in the International Monetary Fund: Past, Present, and Future“. In: Quayle, Peter / Gao, Xuan (Hrsg.), *Good Governance and Modern International Financial Institutions*. Brill Nijhoff: Leiden / Boston 2018, S. 64.

dem Gouverneursrat beigeordnete Auslegungsausschuss soll dem Wortlaut des Art. XXIX lit. b IWF-AoA nach alle dem Rat vorgelegten Auslegungsfragen diskutieren und auf Grundlage einer nicht stimmgewichteten Mehrheit der Mitglieder einen Entscheidungsvorschlag machen.[31] Dieser wird zur Entscheidung des Gouverneursrats, sofern nicht eine (gewichtete) Mehrheit von 85 % in diesem Gremium widerspricht.[32] Solange der Rat über die Vorlage nicht entschieden hat, kann der IWF, soweit er das für notwendig erachtet, auf Grundlage der Entscheidung des Exekutivdirektoriums handeln (lit. b).[33]

Lit. c regelt den Sonderfall, dass eine Unstimmigkeit zwischen dem IWF und einem ausgeschiedenen Mitglied oder zwischen dem IWF und einem Mitglied in der Phase der Abwicklung des IWF auftritt. Diesfalls soll ein dreiköpfiges Schiedsgericht entscheiden. Die beiden Streitparteien ernennen jeweils ein Mitglied. Der/Die Vorsitzende wird, sofern sich die Streitparteien nicht auf jemand anderen verständigen, von der IGH-Präsidentin oder von einer anderen vom IWF für diesen Fall vorgesehenen Einrichtung/Person ernannt.[34] Alle zwischen den Parteien strittigen Verfahrensfragen können vom/von der Vorsitzenden entschieden werden.

Zur Ergänzung der IWF-AoA wurden, im Stufenbau des IWF-Rechts darunter angesiedelt, vom Gouverneursrat die sog. By-laws und resolutions erlassen, zur Ergänzung des (bisher genannten) IWF-Rechts wiederum die sog. Rules and Regulations und andere Entscheidungen des Exekutivdirektoriums.[35] Diese können auch Auslegungen der AoA und der By-laws vorsehen,

---

31 S. zur seit Jahrzehnten bestehenden Dysfunktionalität des Auslegungsausschusses und damit des Berufungsverfahrens als Ganzem C.II.2.b) unten.

32 Dieses Widerspruchsverfahren oder Verfahren der umgekehrten Mehrheit ist aus anderen Bereichen des Völkerrechts und auch des Europarechts bekannt; s. etwa Van Aken, Wim / Artige, Lionel: „Reverse majority voting in comparative perspective“. In: de Witte, Bruno / Héritier, Adrienne / Trechsel, Alexander H. (Hrsg.), *The Euro crisis and the state of European democracy. Contributions from the 2012 EUDO dissemination conference*. European University Institute: Florenz 2013, S. 128.

33 Zum Sonderverfahren bei Auslegungsfragen zu Sonderziehungsrechten s. Art. XXI lit. c IWF-AoA.

34 Eine derartige Erlaubnis, die IGH-Präsidentin anzurufen, wird im IWF- VN-Relationship-Abkommen nicht erwähnt; zu diesem Abkommen s. sogleich unten.

35 Zu den historisch ersten Akten dieser Art s. Gold, Joseph: „The Techniques of Response“. In: Horsefield, J. Keith (Hrsg.), *The International Monetary Fund 1945-1965. Twenty Years of International Monetary Cooperation* (Bd. II). International Monetary Fund: Washington D.C. 1969, S. 578 f.

sind diesem Regelbestand aber hierarchisch untergeordnet.[36] An unterster Stelle sind schließlich interne Weisungen und weisungsähnliche Verhaltensanordnungen des geschäftsführenden Direktors zu nennen.[37]

Aufgrund des 1948 zwischen dem IWF und den VN abgeschlossenen sog. Relationship-Abkommens, das den Status des IWF als unabhängige IO nicht beeinträchtigen soll,[38] kann der IWF zu allen Rechtsfragen, die nicht die Beziehung zwischen ihm und den VN bzw. ihren Unterorganisationen betreffen, ein Gutachten des IGH einholen (Art. VIII).[39] Von dieser Möglichkeit hat der IWF bis dato allerdings keinen Gebrauch gemacht.[40]

Die IWF-AoA können im Rahmen des Verfahrens nach Art. XXVIII wie folgt geändert werden: Auf Vorschlag eines Mitglieds, eines/einer Gouverneurs/Gouverneurin oder des Exekutivdirektoriums wird das Verfahren eingeleitet. Die vorgeschlagenen Änderungen bedürfen für ihr Inkrafttreten der Zustimmung des Gouverneursrats (einfache Mehrheit) sowie der Zustimmung von 3/5 aller Mitglieder, die zusammen über 85 % der Stimmrechte verfügen müssen. Die USA haben damit *de facto* ein Veto-Recht.[41]

III. Weltbank-Gruppe

Für die Organisationen der Weltbank-Gruppe sind unterschiedliche Verfahren vorgesehen:

---

36 Punkt A-1. IWF-Rules and Regulations.

37 S. zum strukturierten Rechtsbestand des IWF: Liu 2018, S. 65; zur Rolle des geschäftsführenden Direktors im Allgemeinen s. Ruddigkeit 2013, S. 91 f.

38 Art. I Abs. 2 IWF-VN-Relationship-Abkommen.

39 S. zu dieser Möglichkeit Art. 65 des IGH-Statuts; zu derartigen Klauseln in der Praxis cf. Schmalenbach 2011, S. 258; zur in diesem Fall weiter reichenden Jurisdiktion (als der des Exekutivdirektoriums nach Art. XXIX IWF-AoA), die – in Kombination mit einer möglicherweise abweichenden Auslegungsmethodik des IGH – vom IWF als Gefahr wahrgenommen werden und ein Grund für die Scheu, den IGH einzubeziehen, sein könnte, s. Denters 1998, S. 14 f. m.w.N.

40 S. Schlemmer-Schulte / Pohlmann 2021, Rn. 90; kritisch zur IWF-Rechtskonformität der Einholung von IGH-Gutachten Gold, Joseph: *Interpretation: The IMF and International Law.* Kluwer Law International: Den Haag / Boston 1996, S. 254. Schon früh wurde die praktische Relevanz dieses Verfahrens – angesichts eines IWF-internen Auslegungsverfahrens – als gering eingestuft; s. Hexner 1959, S. 346, auch mit Blick auf IBRD und IFC; zur Bedeutung, die UN-Organe (und wohl auch UN-Teilorganisationen) IGH-Gutachten beimessen sollen, s. IGH, *Legal Consequences of the Construction of a Wall in the Occupied Palestinian Territory.* Advisory Opinion, ICJ Reports 2004, Rn. 146 und 160.

41 S. Schlemmer-Schulte / Pohlmann 2021, Rn. 33.

Nach Art. IX des Übereinkommens über die Internationale Bank für Wiederaufbau und Entwicklung (IBRD) ist das Exekutivdirektorium für die Entscheidung von Auslegungsfragen („any question of interpretation") zuständig, die zwischen einem IBRD-Mitglied und der IBRD selbst oder zwischen IBRD-Mitgliedern auftreten. Besonders betroffenen IBRD-Mitgliedern, die keinen Exekutivdirektor ernennen dürfen, kommt gem. Art. IX lit. a in Übereinstimmung mit Art. V, Section 4(h) das Recht auf Vertretung im Verfahren zu. Nach einer Entscheidung des Exekutivdirektoriums kann jedes IBRD-Mitglied die Vorlage der Auslegungsfrage an den Gouverneursrat beantragen, dessen Auslegung dann endgültig ist. Zwischen der Vorlage und der endgültigen Auslegung durch den Gouverneursrat kann die IBRD, soweit sie das für notwendig erachtet, auf Grundlage der Entscheidung des Exekutivdirektoriums tätig werden (lit. b).[42]

Falls ein Streit („disagreement") zwischen der IBRD und einem ausgeschiedenen Mitglied oder zwischen der IBRD und einem Mitglied in einer Phase der permanenten Aussetzung der IBRD-Tätigkeiten auftritt, ist für dessen Beilegung ein dreiköpfiges Schiedsgericht zuständig (lit. c). Die Regeln über dessen Zusammensetzung und die Kompetenzen des/der Vorsitzenden entsprechen, *mutatis mutandis*, den oben zu Art. XXIX lit. c der IWF-AoA beschriebenen.[43]

Auch die IBRD hat mit den VN ein Relationship-Abkommen abgeschlossen, das ihre Eigenschaft als unabhängige IO nicht berührt,[44] und kann, entsprechend der Regelung zum IWF (s. B.II. oben), ein Gutachten des IGH einholen (Art. VIII); ein entsprechender Antrag wurde von der IBRD bisher nicht gestellt.[45]

42 Zu Streitigkeiten mit Bezug zu zwischen der Weltbank und kreditnehmenden Staaten abgeschlossenen Darlehensverträgen s. Shihata, Ibrahim F.I.: *The World Bank in a Changing World* (Bd. III). Brill Nijhoff: Leiden / Boston 2000, S. 237 f. Für solche Streitigkeiten sind üblicherweise internationale Schiedsverfahren vorgesehen. Diese werden allerdings i.d.R. gütlich beigelegt.

43 Auch im IBRD-VN-Relationship-Abkommen wird die Erlaubnis, die IGH-Präsidentin anzurufen, nicht erwähnt.

44 Art. I Abs. 2 IBRD-VN-Relationship-Abkommen.

45 S. Schlemmer-Schulte / Pohlmann 2021, Rn. 90; zur Beziehung zwischen IBRD und VN s. auch „The Relationship between the United Nations and the World Bank". In: Shihata, Ibrahim F.I. (Hrsg.): *The World Bank Legal Papers*. Kluwer Law International: Den Haag / Cambridge 2000, S. 799; Jolly, Richard, „The UN and World Bank". In: Browne, Stephen / Weiss, Thomas G. (Hrsg.), *Routledge Handbook on the UN and Development*. Routledge: London 2021, S. 198; zur Bereitschaft des IGH, unabhängig von anderen Auslegungsmechanismen, die im Gründungsakt einer IO vorgesehen sein mögen, zu entscheiden, s. IGH, *Legality of the Use by a State of Nuclear Weapons in Armed Conflict*. Advisory Opinion, ICJ Reports 1996, Rn. 29.

Die in den Gründungsakten der Internationalen Finanz-Corporation (IFC), der Internationalen Entwicklungsorganisation (IDA) und der Multilateralen Investitions-Garantie-Agentur (MIGA) enthaltenen Regeln sind dem für die IBRD vorgesehenen Auslegungs- und Streitbeilegungsregime nachgebildet.[46] Die MIGA-Konvention sieht „unbeschadet dessen" für Streitigkeiten zwischen der MIGA und einem (aktuellen oder ausgeschiedenen) MIGA-Mitglied ein Schiedsverfahren vor, für das in Anlage II des Übereinkommens detaillierte Verfahrensregeln normiert sind.[47] IFC und IDA haben ihrerseits Relationship-Abkommen mit den VN abgeschlossen.

Nach Art. 64 des Abkommens über das Internationale Zentrum zur Beilegung von Investitionsstreitigkeiten (ICSID) sind Streitigkeiten zwischen ICSID-Vertragsstaaten über die „Auslegung oder Anwendung"[48] des Abkommens, welche nicht im Verhandlungsweg gelöst werden können, durch Antrag einer Streitpartei dem IGH vorzulegen, sofern sich die Parteien nicht auf eine andere Form der Streitbeilegung einigen.[49]

Die Änderung der IBRD- bzw. der IDA-AoA kann durch Vorschlag eines Mitglieds, eines/einer Gouverneurs/Gouverneurin oder des Exekutivdirektoriums initiiert werden. Änderungen treten in Kraft, wenn der Gouverneursrat dies mit einfacher Mehrheit beschließt und 3/5 der Mitglieder, die über 85 % (IBRD) bzw. 4/5 (IDA) der Stimmrechte verfügen, zustimmen. Die USA verfügen damit *de facto* über ein Veto-Recht.[50] Die Änderungsmodalitäten bezüglich des IFC-Abkommens in dessen Art. VII entsprechen im Wesentlichen denen der IBRD-AoA,[51] jene bezüglich der MIGA-Konvention im Wesentlichen denen der IDA-AoA.[52]

---

46 S. Art. VIII IFC-Abkommen; Art. X IDA-AoA; Art. 56 f. MIGA-Konvention.

47 Zu verfahrensrechtlichen Aspekten der Abgrenzung zwischen den beiden Regimen s. Art. 4 lit. F des Anhangs II.

48 So der Wortlaut des Art. 64 ICSID-Abkommen; zur Unterscheidung zwischen den beiden Begriffen s. A. oben.

49 Zur Unterscheidung zwischen Schiedsgerichtsbarkeit und internationaler Gerichtsbarkeit s. Amerasinghe, Chittharanjan F.: „International Arbitration: A Judicial Function?". In Wolfrum, Rüdiger / Seršić, Maja / Šošić Trpimir (Hrsg.): *Contemporary Developments in International Law. Essays in Honour of Budislav Vukas*. Brill Nijhoff: Leiden / Boston 2016, S. 677.

50 Zu den Anstrengungen, die in der Vergangenheit unternommen wurden, um den USA dieses Veto-Recht zu erhalten, s. Schlemmer-Schulte / Pohlmann 2021, Rn. 91.

51 Für die Änderung der in Art. VII lit. b genannten Bestimmungen ist Einstimmigkeit erforderlich.

52 S. Art. 59 f. MIGA-Konvention mit Hinweis auf Einstimmigkeits- oder besondere Mehrheitserfordernisse im Einzelfall.

Das ICSID-Abkommen sieht in seinem Art. 65 f. ein abweichendes Verfahren vor: Änderungen des Übereinkommens können von jedem Vertragsstaat vorgeschlagen werden. Der Verwaltungsrat kann sodann mit einer 2/3-Mehrheit seiner Mitglieder beschließen, die vorgeschlagenen Änderungen den Vertragsstaaten zur Ratifikation, Annahme oder Genehmigung vorzulegen.[53]

IV. Organisation für wirtschaftliche Zusammenarbeit und Entwicklung

Für die OECD ist, wie für andere IO – etwa die VN[54] – auch, kein formaler Auslegungsmechanismus vorgesehen. Gem. Art. 6 Abs. 1 der OECD-Konvention werden Entscheidungen der OECD-Organe, sofern nicht einstimmig etwas anderes beschlossen wurde, durch „gegenseitige[s] Einverständnis[…] sämtlicher Mitglieder" getroffen (was als „consensus", also das Fehlen eines Einwands bei gleichzeitigem Unterbleiben einer Abstimmung, interpretiert wird).[55] Eine Gegenstimme verhindert die Beschlussfassung, die bloße Stimmenthaltung hingegen nicht. Wird kein Konsens erzielt, so kann die Entscheidungsfindung an das nächsthöhere Organ (soweit vorhanden) abgetreten werden.[56] In besonderen Fällen wird Einstimmigkeit verlangt.

Ein OECD-Beschluss ist für einen Vertragsstaat so lang nicht bindend, bis er seine verfassungsrechtlichen Erfordernisse erfüllt hat, also beispielsweise eine allenfalls notwendige parlamentarische Genehmigung einer Stimmabgabe im OECD-Rat eingeholt hat. Auf den sich enthaltenden Vertragsstaat sind OECD-Entscheidungen nicht anwendbar.[57] Aus diesen Gründen spricht die h.L. der OECD die Fähigkeit ab, „externe Rechtsetzung im eigentlichen Sinne"

---

53 S. zu diesen Begriffen Art. 2 Abs. 1 lit. b WVK.

54 Zu den Hintergründen s. Hexner 1959, S. 341.

55 OECD, Revised Council Resolution on a New Governance Structure for the Organisation, Kapitel 3, Abs. 34.

56 S. Bonucci, Nicola / Kothari, Gita: „Organization for Economic Cooperation and Development". In: *Max Planck Encyclopaedia of Public International Law.* Oxford University Press: Oxford 2013, Rn. 25.

57 Art. 6 Abs. 2 OECD-Konvention. Zur „freiwillige[n] Natur" des OECD-Regimes und zum folgerichtigen Fehlen von Sanktionsbefugnissen der OECD s. Cassel, Susanne: „Global Governance in der Finanz- und Wirtschaftskrise". In: Wentzel, Dirk (Hrsg.): *Internationale Organisationen: Ordnungspolitische Grundlagen, Perspektiven und Anwendungsbereiche.* Lucius & Lucius: Stuttgart 2013, S. 61.

zu betreiben.[58] Dieser Modus reduziert die Wahrscheinlichkeit erheblich, dass Streitigkeiten zwischen der OECD und ihren Mitgliedern bzw. zwischen Mitgliedern untereinander auftreten, die auf andere Art als in dem genannten „consensus"-orientierten Beschlussverfahren gelöst werden müssen.

C. Vergleichende Betrachtung

I. Die Bedeutung der Verfahren im Völkerrecht insgesamt

Stellt man die oben unter B. dargestellten Streitbeilegungsverfahren einander gegenüber, ergeben sich folgende alternative Methoden: die Entscheidung durch ein Schiedsgericht; die Entscheidung durch ein politisches Organ der betreffenden IFI (allenfalls mit der Möglichkeit der Berufung an das politische Leitungsorgan) – eine Variante dieses Verfahrens sieht die vorgeschaltete Erstattung eines Expertengutachtens vor, das verbindlich wird, wenn das entscheidungsbefugte politische Organ ihm nicht widerspricht; ein unverbindliches Gutachten oder die verbindliche Entscheidung durch den Weltgerichtshof, den IGH. Ebenso kommt eine Streitbeilegung im Verhandlungsweg in Betracht, sei es als einzig vorgesehener Modus, sei es als stillschweigend dem eigentlichen Regime vorgelagerte Möglichkeit. Sind die Verhandlungen erfolgreich, erübrigt sich die Anwendung des formalen Verfahrens. In der Praxis der verschiedenen IFI zeigt sich aber auch darüber hinaus bisweilen eine gewisse Bereitschaft zum Abweichen vom vorgesehenen Verfahrensablauf, wenn dies politisch opportun ist. Darauf wird unter C.II. im Detail eingegangen. Zunächst soll die Bedeutung der hier vorgestellten Streitbeilegungsverfahren im Völkerrecht insgesamt, in der historischen Entwicklung und aktuell, beleuchtet werden.

Beginnen wir mit der im vorangegangenen Absatz zuletzt genannten Art der Streitbeilegung, der Verhandlung. Sie ist der mutmaßlich älteste und, zumindest *in abstracto* gesprochen, auch der naheliegendste Weg zur Konfliktlösung. Unter dem Schlagwort „Alternative Dispute Resolution" zusammengefasste, stärker strukturierte Zugänge wie etwa die Mediation sind Spielarten der Verhandlung. In einem weiten Verständnis ist die Verhandlung nicht nur ein

58 Nowrot, Karsten: „Steuerungssubjekte und -mechanismen im Internationalen Wirtschaftsrecht". In: Tietje, Christian / Nowrot, Karsten (Hrsg.): *Internationales Wirtschaftsrecht*. 3. Auflage. De Gruyter: Berlin / Boston (2021) Rn. 69 m.w.N.; zur oft langwierigen Umsetzung von OECD-Beschlüssen durch die Mitgliedstaaten s. Bonucci / Kothari 2013, Rn. 34.

möglicher Weg zur Streitbeilegung, oft fördert der ihr zugrunde liegende Meinungsaustausch das Bestehen eines Konflikts auch erst zutage. Diese klarstellende Funktion sowie der Umstand, dass der fortgesetzte Gedankenaustausch die in mehrerlei Hinsicht günstigste Methode der Konfliktlösung ist, führt dazu, dass in der Praxis eine basale Form der Verhandlung allen raffinierteren Formen der Konfliktlösung vorangestellt wird.[59] Sollten die Verhandlungen scheitern, kann immer noch auf andere, stärker formalisierte Verfahren der Streitbeilegung zurückgegriffen werden.

Zu diesen stärker formalisierten Zugängen gehört die Übertragung der Streitentscheidung auf ein Schiedsgericht. Sie ist im Völkerrecht ein seit langem, ursprünglich nur zwischen Staaten etablierter Modus: „die Erledigung von Streitigkeiten zwischen den Staaten durch Richter ihrer Wahl auf Grund der Achtung vor dem Rechte".[60] Später kam auch die Beilegung von Streitigkeiten zwischen Staaten und IO und von völkerrechtlich determinierten Streitigkeiten zwischen Einzelnen und Staaten (insbesondere im Investitionsschutzrecht) dazu. Mit der Benennung jeweils eines/einer Schiedsrichters/Schiedsrichterin oder der Einigung auf eine(n) solche(n) und allenfalls der Festlegung des Streitgegenstands endet meistens die Einflussnahme der Parteien auf den Ausgang des Verfahrens. Es kommt damit zu einer vom Willen der Parteien unabhängigen, in der Regel auf rechtlichen Überlegungen fußenden Entscheidung.[61] Im Vergleich zu ständigen internationalen Gerichten wird in der Lehre die Ansicht vertreten, Letztere gewännen in Fragen des allgemeinen Völkerrechts zunehmend an Bedeutung, während Schiedsgerichte v.a. in den wirtschaftlich

59 Im Kontext internationaler Organisationen: Schmalenbach 2011, S. 271 f.; zur Binnenstruktur von Verhandlungen s. Roberts, Simon / Palmer, Michael: *Dispute Processes. ADR and the Primary Forms of Decision-Making.* 2. Auflage. Cambridge University Press: Cambridge u.a. 2005, S. 125-132.

60 Art. 37 des Haager Übereinkommens zur friedlichen Erledigung internationaler Streitfälle 1907; zu internationalen Gerichten „als Kernforderung progressiver Völkerrechtspolitik" im historischen Aufriss: von Bogdandy, Armin / Venzke, Ingo: „Zur Herrschaft internationaler Gerichte: Eine Untersuchung internationaler öffentlicher Gewalt und ihrer demokratischen Rechtfertigung". In: *Zeitschrift für ausländisches öffentliches Recht und Völkerrecht* 70, 2010, S. 6-11.

61 Zu Zweifeln an der strengen Rechtsorientierung von Schiedsgerichten, die im Vorfeld der Gründung des StIGH vom Juristenausschuss geäußert wurden, s. Milej, Tomasz: *Entwicklung des Völkerrechts. Der Beitrag internationaler Gerichte und Sachverständigengremien.* De Gruyter: Berlin / Boston 2014, S. 69 f.; zur (schieds-)gerichtlichen Streitentscheidung im Völkerrecht und zur Kritik daran s. Schmalenbach 2011, S. 253 f.

relevanten Bereichen des Völkerrechts herangezogen würden.[62] Die Vereinigten Staaten (und hier insbesondere der Senat) hegen (seit der Zeit nach dem Ersten Weltkrieg) traditionell Vorbehalte gegenüber internationalen Gerichten, zumindest wenn es darum geht, sich selbst ihrer Jurisdiktion zu unterwerfen.[63] So engagierten sie sich zwar als Geburtshelfer des Ständigen Internationalen Gerichtshofs (StIGH), wollten aber selbst nicht seiner Gerichtsbarkeit unterliegen.[64] Auch die Beziehungen zum IGH waren stets zumindest ambivalent.[65] Einzelne, den USA nicht genehme Entscheidungen wurden schlichtweg ignoriert. Die schon bei Gründung der Welthandelsorganisation (WTO) vorgetragenen Bedenken gegen deren Streitbeilegungsmechanismus sowie die inzwischen mehrere Jahre währende Blockade des Appellate Body fügen sich ebenso ins Bild wie die unterlassene Ratifikation der UN Convention on the Law of the Sea (mit ihrem fortschrittlichen Streitbeilegungsregime).[66] Gleiches gilt für das von Anfang an friktionsbelastete Verhältnis zum Internationalen Strafgerichtshof.[67]

Der IGH als weltumspannendes ständiges internationales Gericht kann auf unterschiedliche Art in die Streitbeilegung involviert sein. Die

---

62 S. Hobe 2020, S. 288; s. auch Böckstiegel, Karl-Heinz: „Settlement of Disputes between Parties from Developing and Industrial Countries“. In: Schlemmer-Schulte, Sabine / Tung, Ko-Yung (Hrsg.): *Liber Amicorum Ibrahim F.I. Shihata. International Finance and Development Law.* Brill: Leiden 2001, S. 53 m.w.N., der auf den Rückgang ökonomisch fundierter Streitigkeiten insbesondere vor dem Weltgerichtshof nach dem Zweiten Weltkrieg hinweist.

63 S. dazu etwa den erstmals 1976 erschienenen Beitrag von Sohn, Louis B.: „U.S. Policy Toward the Settlement of Law of the Sea Disputes“. In: Fisler Damrosch, Lori (Hrsg.), *Peaceful Resolution of Disputes.* Brill Nijhoff: Boston / Leiden 2022, S. 453 f.

64 S. dazu den erstmals 1928 erschienenen Beitrag von Hudson, Manley O.: „The American Reservations and the Permanent Court of International Justice“. In: Fisler Damrosch, Lori (Hrsg.), *Peaceful Resolution of Disputes.* Brill Nijhoff: Boston / Leiden 2022, S. 261.

65 Cf. den *Connally*-Vorbehalt zwischen 1946 und 1986, die Reaktionen auf die Entscheidung in *Military and Paramilitary Activities in and against Nicaragua (Nicaragua v. United States of America)* und den darauffolgenden Widerruf der Unterwerfungserklärung.

66 S. das *Statement by Expert Panel* aus dem Jahr 1987: „U.S. Policy on the Settlement of Disputes in the Law of the Sea“. In: Fisler Damrosch, Lori (Hrsg.), *Peaceful Resolution of Disputes.* Brill Nijhoff: Boston / Leiden 2022, S. 466.

67 Retrieved 28.10.2022, from https://www.dw.com/de/usa-drohen-mitarbeitern-des-strafgerichtshofs-mit-sanktionen/a-53780569.

verbindliche Entscheidung ist Streitigkeiten zwischen Staaten vorbehalten.[68] Ein Gutachten kann demgegenüber nur von Einrichtungen eingeholt werden, die durch VN-Recht dazu ermächtigt wurden, nicht aber von Staaten.[69] Dazu zählen neben den in Art. 96 Abs. 1 SVN ausdrücklich genannten Organen Sicherheitsrat und Generalversammlung eine Vielzahl von Einrichtungen, die mit den VN kraft Gründungsstatuts oder sonstigen Abkommens verbunden sind.[70] Traten Gutachtenverfahren vor dem StIGH noch häufig auf, so ist deren Zahl, nicht notwendigerweise auch deren Bedeutung, vor dem IGH merklich zurückgegangen.[71] Die weit überwiegende Zahl der Gutachten wurde in der Vergangenheit von der VN-Generalversammlung veranlasst. Sonstige autorisierte Einrichtungen stellten nur ganz vereinzelt entsprechende Anträge.[72] Die schwächste, weil bloß indirekte Form der Einflussnahme des IGH auf die Streitbeilegung stellt die Auswahl eines/einer Vorsitzenden eines Schiedsgerichts oder eines/einer Schlichters/Schlichterin durch die IGH-Präsidentin dar.

Die Streitentscheidung durch politische Organe als weitere anzutreffende Möglichkeit gehört in IO nicht zum üblichen Repertoire[73] und wurde deshalb

68 Art. 34 Abs. 1 IGH-Statut.

69 Art. 96 SVN i.V.m. Art. 65 Abs. 1 IGH-Statut; s. näher (auch zu den ermächtigten Einrichtungen) The International Court of Justice (Registry): *Handbook*. Den Haag 2014, S. 81-84.

70 S. Oellers-Frahm, Karin: „Art. 96". In: Simma, Bruno et al. (Hrsg.): *The Charter of the United Nations: A Commentary* (Bd. II). 3. Auflage. Oxford University Press: Oxford 2012, Rn. 17-21. Zu den Vorzügen einer solchen (indirekten) Einbeziehung des IGH s. International Law Association: „Accountability of International Organizations". In: *International Organizations Law Review* 1, 2004, S. 289-291; s.auch Wolfrum, Rüdiger: „Advisory Opinions: An Alternative Means to Avoid the Development of Legal Conflicts?". In: Ruiz Fabri, Hélène (Hrsg.): *International Law and Litigation. A Look into Procedure*. Nomos: Baden-Baden, 2019, S. 99, der die Orientierung solcher Gutachten an Rechts-, nicht an Tatsachenfragen betont.

71 S. dazu die Einschätzung von Oellers-Frahm 2012, Rn. 39.

72 S. Oellers-Frahm 2012, Rn. 25.

73 S. Rittberger, Volker / Zangl, Bernhard / Kruck, Andreas, *Internationale Organisationen*. 4. Auflage. Springer: Wiesbaden, 2013, S. 137 f. Viele VN-Unterorganisationen (FAO, WHO, IMO und ICAO) sehen demgegenüber eine Befassung des IGH oder eines Schiedsgerichts vor; s. „Interpretation as Practices at the World Bank". In: Shihata, Ibrahim F.I. (Hrsg.): *The World Bank Legal Papers*. Nijhoff: Den Haag 2000, S. LVII.

bei und in den Jahren nach der Gründung von IWF und Weltbank als „remarkable and unusual“ qualifiziert.[74] Dass Verwaltungsorgane von IO in ihrer alltäglichen Entscheidungspraxis laufend einschlägiges Recht anwenden und damit auch auslegen, ist der Normalfall. Nicht normal im Sinne von üblich ist es hingegen, dass diese Organe auch im Rahmen spezifisch dafür eingerichteter, formaler Verfahren Auslegungsfragen entscheiden und dabei sogar das letzte Wort haben. Das Aussparen einer (schieds-)gerichtlichen Instanz durch die Mitgliedstaaten legt nahe, dass in die Entscheidungsfindung u.U. nicht ausschließlich rechtliche Überlegungen einfließen sollten und dass man Außenstehende keine maßgeblichen die jeweilige IO tangierenden Entscheidungen treffen lassen wollte.[75] Dem Verhandlungsteilnehmer *Hexner* zufolge sei dies tatsächlich die Absicht der Delegierten in Bretton Woods, vornehmlich Fachleute in Währungsfragen, gewesen. Diese wollten Auslegungsfragen in den Händen von Finanzexperten wissen und so eine Flexibilität ermöglichen, die dem IWF erlaubt, seine Aktivitäten an sich ändernde politische und wirtschaftliche Umstände anzupassen, ohne dabei in jedem Fall die AoA ändern zu müssen.[76] Ähnliches dürfte für die Prämissen bei der Gründung (der einzelnen Bestandteile) der Weltbank gegolten haben.

---

74 Hexner 1959, S. 343; Pan, Eric J., „Authoritative Interpretation of Agreements: Developing more Responsive International Administrative Regimes“. In: *Harvard International Law Journal* 38(2), 1997, S. 519 nennt IWF und Weltbank als zwei der ersten IO überhaupt, die diesen Streitbeilegungsmodus vorsahen; so auch Nowrot 2021, Rn. 72 zum IWF.

75 S. Schermers / Blokker 2018, Rn. 1356.

76 S. Hexner 1959, S. 343 f. und 349 mit Verweis auf die Feststellungen des Berichterstatters *Wilhelm Keilhau*. Dass es sich bei den zur Auslegung berufenen Akteuren, wie erwähnt, nicht primär um Juristen handelt, entfernt die angesprochenen Regime weiter von anderen IO; dazu im Kontext des IWF Waibel, Michael: „Interpretive Communities in International Law“. In: Bianchi, Andrea / Peat, Daniel / Windsor, Matthew (Hrsg.): *Interpretation in International Law*. Oxford University Press: Oxford 2015, S. 164 unter Bezugnahme auf das Konzept der „interpretative community“ und m.w.N.; Shaffer / Waibel 2015, S. 196; s. auch Waibel 2014, S. 399 mit Hinweis auf die Auslegung (einzelner Bestimmungen) durch nationale Gerichte; Voitovich, Sergei A., *International Economic Organizations in the International Legal Process*, Nijhoff: Dordrecht et al. 1995, S. 107 mit Hinweis auf die Entscheidung der US Federal Communications Commission aus dem Jahr 1953, wonach die Auslegungen durch die Exekutivdirektoren von IWF und Weltbank für die USA verbindlich seien.

II. Die Praxis der Streitbeilegung in IFI in ihrer historischen Entwicklung und deren rechtliche Beurteilung

1. *Bank für Internationalen Zahlungsausgleich*

Die BIZ „has grown up as a truly *European* organization“[77] und wurde erst im Laufe der Zeit international.[78] Anfang der 40er Jahre leisteten die USA unter ihren Verbündeten sogar (zunächst) erfolgreich Überzeugungsarbeit, die BIZ aufzulösen und ihre Aufgaben auf den neu zu gründenden IWF zu übertragen. Nach dem Krieg wollten insbesondere das Vereinigte Königreich und die Niederlande aber wegen ihres Sitzes in und ihrer Bedeutung für Europa doch an der BIZ festhalten.[79] Möglicherweise liegt in diesem europäischen Geist der BIZ ein Grund für die Wahl der Streitentscheidung durch ein (ständiges) Schiedsgericht.[80] Gemessen an der Zahl der ergangenen Entscheidungen, hält sich die Bedeutung der BIZ-Schiedsgerichtsbarkeit in engen Grenzen. Die mutmaßlich einzigen schiedsgerichtlichen Entscheidungen, an denen die BIZ als

77 Auboin 1955, S. 7 (Hervorhebung im Original); zu den treibenden Akteuren s. auch Koydl, Wolfgang: „Bank für Internationalen Zahlungsausgleich – Einblicke in die geheimnisvollste Bank der Welt“. Süddeutsche Zeitung 20.8.2013, retrieved 28.10.2022, from https://www.sueddeutsche.de/wirtschaft/bank-fuer-internationalen-zahlungsausgleich-einblicke-in-die-geheimnisvollste-bank-der-welt-1.1750087.

78 Die USA waren vor allem indirekt von den Reparationszahlungen Deutschlands betroffen, und zwar insofern, als sie Frankreich und Großbritannien die Rückzahlung der während des Krieges gewährten US-Kredite erlaubten; zur Rolle der USA im Zusammenhang mit der Gründung der BIZ s. Fischer Williams, John: „The Legal Character of the Bank for International Settlements“. In: *American Journal of International Law* 24, 1930, S. 672; Peters, Anne, „Die funktionale Immunität internationaler Organisationen und die Rechtsweggarantie. Zugleich Anmerkung zur Entscheidung des schweizerischen Bundesgerichts zur Immunität der Bank für Internationalen Zahlungsausgleich (BIZ) vom 12. Juli 2010 (BGE 136 III 379, 5A_360/2010)“. In: *Swiss Review of International and European Law* 21, 2011, S. 402 f. Waren zunächst lange Zeit große amerikanische Geschäftsbanken in der BIZ vertreten, stieß die Zentralbank der USA, das Federal Reserve System, formell erst 1994 zur BIZ, retrieved 28.10.2022, from https://www.sueddeutsche.de/wirtschaft/bank-fuer-internationalen-zahlungsausgleich-einblicke-in-die-geheimnisvollste-bank-der-welt-1.1750087.

79 S. Alexander 2009, S. 308; zur Forderung nach Auflösung der BIZ auf der Bretton-Woods-Konferenz s. Helleiner 2015, S. 235.

80 Zur kritischen Haltung der USA gegenüber ständigen internationalen Gerichten s. C.I. oben.

Partei beteiligt war, ergingen in der Rechtssache *Claimants v. BIS*.[81] In diesem vom Ständigen Schiedshof unterstützten Verfahren ging es um die Beschwerde von Privataktionären der BIZ, die aufgrund einer Entscheidung der Generalversammlung vom Januar 2001, wonach nur mehr Zentralbanken BIZ-Aktien halten können sollten, ihre Aktien gegen eine Entschädigung zurückgeben mussten. Die Entschädigung für die insgesamt 72.648 privat gehaltenen Aktien (das entspricht 13,73 % aller BIZ-Aktien) betrug CHF 16.000,– pro Aktie. Als Begründung dafür wurde vorgebracht, dass „[a]nders als bei einer Geschäftsbank [...] das vorrangige Ziel der BIZ nicht die Maximierung des Anlageertrags ihrer Aktionäre [sei], sondern der Einsatz der Mittel der Bank zur Unterstützung ihrer im öffentlichen Interesse liegenden Aufgaben".[82] Damit diese Ziele auf bessere und wohl auch glaubwürdigere Weise erreicht werden können, wurden private Aktionäre ausgeschlossen.[83] Im Rahmen von zwei meritorischen Beschlüssen hat das Schiedsgericht über die erhobenen Ansprüche entschieden.[84] Die den Beschwerdeführern darin zugesprochene Nachzahlung dehnte die BIZ freiwillig auf alle vormaligen Privataktionäre aus.[85]

Angesichts der kaum vorhandenen BIZ-bezogenen Judikatur lassen sich daraus keine positiven Schlussfolgerungen ableiten. *Ex negativo* könnte man allerdings argumentieren, dass die BIZ-Organe und hier insbesondere das Direktorium Meinungsverschiedenheiten intern – d.h. im Wege von Verhandlungen – beizulegen gewöhnt sind. Das würde auch dem klandestinen

---

81 Zu BIZ-bezogenen Streitigkeiten zwischen Vertragsstaaten finden sich im Online-Register des Ständigen Schiedshofs, bei dem das Schiedsgericht der BIZ eingerichtet ist, keine Einträge, retrieved 28.10.2022, from https://pca-cpa.org/en/cases/.

82 Retrieved 28.10.2022, from https://www.bis.org/press/p010108g.htm.

83 Zur Qualifikation der BIZ als IO auch vor dem Ausschluss privater Aktionäre s. Schiedsgericht, *Claimants v. BIS*, Teilentscheidung vom 22.11.2002, Rn. 116-118, retrieved 28.10.2022, from https://legal.un.org/riaa/cases/vol_XXIII/153-296.pdf.

84 Schiedsgericht, *Claimants v. BIS*, Teilentscheidung vom 22.11.2002; Schiedsgericht, *Claimants v. BIS*, Endentscheidung vom 19.9.2003; zu den *personalia* (einschließlich der Zusammensetzung des Schiedsgerichts) und anderen Details des Verfahrens s. Permanent Court of Arbitration – Bank for International Settlements, retrieved 28.10.2022, from https://pca-cpa.org/en/cases/91/.

85 S. Schenk, Catherine R.: „The Governance of the Bank for International Settlements 1973-2020". In: Borio, Claudio, et al. (Hrsg.): *Promoting Global Monetary and Financial Stability. The Bank for International Settlements after Bretton Woods, 1973-2020*. Cambridge University Press: Cambridge 2020, S. 67.

Charakter der BIZ-Aktivitäten entsprechen,[86] den allzu viele schiedsgerichtliche Entscheidungen möglicherweise gefährden könnten.

2. *Die Bretton-Woods-IFI Internationaler Währungsfonds und Weltbank*

a) *Die Konzepte der Gründerstaaten und ihre praktische Verwirklichung*

Sowohl im IWF als auch in der Weltbank-Gruppe, für die in der Folge stellvertretend die IBRD untersucht werden soll, obliegt die Streitentscheidung zunächst dem Exekutivdirektorium, also einem eminent politischen Organ.[87] Bei der Bretton Woods-Konferenz 1944 wurde die Rolle des Exekutivdirektoriums im Zusammenhang mit dem IWF ausführlich diskutiert. Danach konzeptionierte etwa die britische Verhandlungsdelegation es im Wesentlichen als beratende Einrichtung, die sich mindestens einmal alle drei Monate treffen sollte. Die USA hingegen verfochten die Position, dass das Exekutivdirektorium alle Aufgaben erfüllen sollte, die ihm vom Gouverneursrat übertragen wurden. Das Ergebnis war ein Kompromiss zwischen den verschiedenen Standpunkten, insbesondere jenen des Vereinigten Königreichs und der USA;[88] mit Blick auf das Exekutivdirektorium der IBRD blieb in der Bretton Woods-Konferenz schließlich nur wenig Zeit für Diskussionen.[89] Im Ergebnis ähneln sich die entsprechenden Organe im IWF und in der Weltbank-Gruppe stark, weswegen die in der Folge zu treffenden Aussagen oftmals, zumindest *mutatis mutandis*, auf beide Einrichtungen zutreffen.[90]

---

86 S. dazu „Bank für Internationalen Zahlungsausgleich – Die BIZ akzeptierte schmutziges Nazi-Gold". Süddeutsche Zeitung 20.8.2013, retrieved 28.10.2022, from https://www.sueddeutsche.de/wirtschaft/bank-fuer-internationalen-zahlungsausgleich-einblicke-in-die-geheimnisvollste-bank-der-welt-1.1750087-2.

87 Anders ist dies beim ICSID; s. dazu B.III. oben.

88 S. dazu Kapitel 1 und 2 von Band I und Teil I von Band III von Horsefield, J. Keith (Hrsg.): *The International Monetary Fund 1945-1965. Twenty Years of International Monetary Cooperation* (Bd. I und III). International Monetary Fund: Washington D.C. 1969; zur Bedeutung des Auslegungsmechanismus für die USA in der Frühzeit des IWF s. Hexner 1959, S. 343.

89 S. zu diesem Absatz „Role and Status of the Bank's Executive Directors, as a Board and Individually". In: Shihata, Ibrahim F.I. (Hrsg.): *The World Bank Legal Papers*. Kluwer Law International: Den Haag / Cambridge 2000, S. 641; mit Hinweis auf die Identität der Verhandler der Gründungsakte beider IO: Denters 1998, S. 21.

90 Das Exekutivdirektorium des IWF hat 24, jenes des IBRD seit kurzem 25 Mitglieder; zu den Parallelen der Entscheidungsorgane innerhalb der Weltbankgruppe (mit Ausnahme von ICSID) s. Schlemmer-Schulte / Pohlmann 2021, Rn. 116.

Den Gründungsakten von IWF und Weltbank-Gruppe ist gemein,[91] dass ihre Änderung wegen der großen erforderlichen Mehrheiten politisch anspruchsvoll ist. Diese hohe Hürde, die Änderungen in den Worten von *Shihata* „extremely difficult" macht,[92] impliziert aufgrund der von den USA gehaltenen Sperrminorität auch deren faktisches Veto-Recht.[93] So ist es zu erklären, dass die IWF-AoA bisher siebenmal, die IBRD-AoA gar nur dreimal geändert wurden und beispielsweise das IDA-Abkommen nie.[94]

Diese schwere Abänderbarkeit der Gründungsakte sollte möglicherweise durch die dynamische, an den sich allenfalls ändernden Bedürfnissen der jeweiligen IO orientierten Auslegung kompensiert werden.[95] Für diese Art der Auslegung schien den Gründerstaaten schließlich ein organisationsinternes Verfahren, in das die „policy-making organs" der IO involviert sein sollten, am besten geeignet.[96] *Gold* meinte dazu: „The drafters attached importance

---

91 Ursprünglich entsprachen die Articles of Agreement von IWF und IBRD einander weitgehend. Durch spätere Änderungen wichen sie immer mehr voneinander ab; s. Shihata, Role 2000, S. 640.

92 Shihata, Ibrahim F.I.: „The Creative Role of the Lawyer – Example: The Office of the World Bank's General Counsel". In: *Catholic University Law Review* 48(4), 1999, S. 1043.

93 Zur Rolle der USA mit Bezug auf den IWF in jüngerer Vergangenheit s. Truman, Edwin M.: „Survival of the International Monetary Fund and Global Economic Cooperation". In: *Peterson Institute for International Economics Policy Brief*, 2019, retrieved 28.10.2022, from https://www.piie.com/system/files/documents/pb19-5.pdf.

94 S. Schlemmer-Schulte / Pohlmann 2021, Rn. 33 und 91 sowie die IWF-Webseite, retrieved 28.10.2022, from https://www.imf.org/external/pubs/ft/aa/index.htm (28.10.2022); s. auch Rigo Sureda, Andres: „The World Bank and Institutional Innovation". In: Brown Weiss, Edith / Rigo Sureda, Andres / Boisson de Chazournes, Laurence (Hrsg.): *The World Bank, International Financial Institutions, and the Development of International Law*. The American Society of International Law: Washington 1999, S. 12 m.w.N.

95 S. Denters 1998, S. 11 m.w.N.; kritisch Orakhelashvili, Alexander, *The Interpretation of Acts and Rules in Public International Law*. Oxford University Press: Oxford 2008, S. 514. Ein Konflikt über die richtige Auslegung der IWF-AoA war in der Praxis für die Einleitung eines formalen Verfahrens nicht erforderlich; s. Gold 1996, S. 82 f.; zu den Vorteilen der Auslegung durch ein Exekutivorgan gegenüber der Auslegung durch ein Gericht s. auch Voitovich 1995, S. 108.

96 Shihata, Interpretation 2000, S. XLVII f. Das politisch unbeeinflusste Wirken von IWF und Weltbankgruppe (s. etwa Art. IV Abs. 10 IBRD-AoA) war seit deren Gründung ein unerreichtes Ideal; s. dazu näher in „Political Activity Prohibited". In: Shihata, Ibrahim F.I. (Hrsg.): *The World Bank Legal Papers*. Kluwer Law International: Den Haag / Cambridge 2000, S. 225-227; zur Einordnung von Akten internationaler Organisationen in die Hierarchie des Völkerrechts s. Kelsen,

to keeping disputes concerning the interpretation of the Articles within the framework of the Fund, while at the same time establishing safeguards for members".[97] Dieser Pragmatismus hat nicht nur die soeben erörterte institutionelle Komponente, sondern auch eine methodische. Sie wird durch die in Art. 1 der IWF-AoA bzw. der IBRD-AoA normierte Zweckorientierung, von der das Handeln der IO getragen sein soll, zum Ausdruck gebracht. Der IBRD-Gouverneursrat meinte zu der nach dem Norm-*telos* fragenden Auslegung bereits 1946, sie sei

> „perfectly justified both as a matter of law and as a matter of policy for a multilateral institution that, by the nature of its mandate, must be able to respond to the changing needs of its members. Variations in the Bank's functions, its modes of intervention and its lending instruments can be defended legally as long as they do not alter the Bank's overall mandate as stated in the Articles".[98]

Shihata spricht sowohl die institutionelle als auch die methodische Komponente an, wenn er meint, die berufenen Organe seien keine Gerichtshöfe und sollten die strengen Voraussetzungen der juristischen Interpretation sorgfältig gegen die politischen Voraussetzungen, wie sie sich aus den Zielen der jeweiligen IO und ihrer sich ändernden Umwelt ergäben, abwägen.[99] Dadurch kämen – anders als bei der Zuständigkeit von Gerichten – pragmatische, verhandelte Lösungen heraus.[100] Dass bei ausscheidenden Vertragsstaaten bzw. im Fall der Abwicklung der betreffenden IFI jeweils Schiedsgerichte zum Zug kommen (s. B.II. und B.III. oben), erschließt *e contrario* die Logik des regulären (politischen) Auslegungsverfahrens. Hier sucht man den Kompromiss im Interesse der gedeihlichen Zusammenarbeit innerhalb der jeweiligen IFI, dort – wo der Bruch gerade vollzogen wird – soll ein unabhängiges Organ entscheiden.

Der Vollständigkeit halber sei angemerkt, dass während der Verhandlungen in Bretton Woods sehr wohl die Gründung eines internationalen Gerichts im

---

Hans: *Principles of International Law.* 2. Auflage, überarbeitet und hrsg. von Tucker, Robert W., Holt, Rinehart and Winston: New York 1967, S. 506-508.

97 Gold 1969, S. 567.

98 Resolution 6 adopted by Bank's Board of governors on 18 March 1946.

99 Shihata, Interpretation 2000, S. XLVIII; s auch Herdegen, Matthias: *Internationales Wirtschaftsrecht.* 12. Auflage. C.H. Beck: München 2020, S. 140 mit Blick auf die Weltbank.

100 S. Shihata, World Bank 2000, S. 235; Pan 1997, S. 517 f.; zur Akzeptanz der Entscheidungen der Exekutivdirektorien von IWF und Weltbank durch US-amerikanische Organe s. Hexner 1959, S. 354-356.

Raum stand. Allerdings konnten sich die Delegierten auf dessen Zusammensetzung nicht einigen, weshalb diese Idee schließlich verworfen wurde.[101]

Bei Exekutivdirektorium und Gouverneursrat handelt es sich um Organe, die mit Mehrheiten entscheiden. Trotz der vorgesehenen Stimmgewichtung werden Entscheidungen sowohl im IWF als auch in der Weltbank-Gruppe traditionell ohne Abstimmung im Wege des *consensus*-Verfahrens getroffen.[102] Das Exekutivdirektorium nimmt insofern eine ambivalente Rolle ein, als darin einerseits Vertreter der Mitgliedstaaten (wenngleich als Individuen, nicht etwa als Botschafter oder ständige Vertreter) sitzen – und zwar ungeachtet dessen, ob sie ernannt[103] oder gewählt wurden –, die allenfalls in Absprache mit der jeweiligen Heimatregierung handeln,[104] die aber andererseits Angehörige („officials") der jeweiligen IO sind.[105] Im Gouverneursrat, der über Berufungen entscheidet, hat jeder Mitgliedstaat eine (gewichtete) Stimme. Die Entscheidungen ergehen mit einfacher Mehrheit.[106] Die politische Punzierung der Gouverneure, die in der Regel die Finanzminister oder Zentralbankpräsidenten des jeweiligen Mitgliedstaats sind, ist bei diesem Organ augenfällig.

---

101 S. Pan 1997, S. 515 m.w.H.

102 S. Tetzlaff, Rainer: *Weltbank und Währungsfonds – Gestalter der Bretton-Woods-Ära.* Leske + Budrich: Opladen 1996, S. 62 f. und 82 m.w.N.; Shaffer / Waibel 2015, S. 196 zu IWF (und WTO); White, Nigel D.: *Decision-making.* In: Klabbers, Jan / Wallendahl, Åsa (Hrsg.): *Research Handbook on the Law of International Organizations.* Edward Elgar: Cheltenham / Northampton 2011, S. 229.

103 Art. V Abs. 4 lit. b IBRD-AoA sieht für die größten Vertragsstaaten ernannte Exekutivdirektoren vor. Zur Wahl aller IWF-Exekutivdirektoren seit der IWF-Reform 2016 s. Schlemmer-Schulte / Pohlmann 2021, Rn. 37.

104 Der Einfluss der Vertragsstaaten auf die Exekutivdirektoren ist erheblich und wurde und wird vielfach, i.Z.m. dem IWF etwa prominent in einem der sog. Genfer Berichte kritisiert; De Gregorio, José, et al.: *An Independent and Accountable IMF.* Centre for Economic Policy Research: Genf et al. 1999.

105 S. Shihata, Role 2000, S. 653-657 m.w.H., u.a. darauf, dass die Mitglieder des Exekutivdirektoriums von der IBRD, nicht von den jeweiligen Staaten bezahlt werden; Gold 1996, S. 121; s. auch Nestor, Stilpon: „Board Effectiveness in International Financial Institutions: A Comparative Perspective on the Effectiveness Drivers in Constituency Boards". In: Quayle, Peter / Gao, Xuan (Hrsg.), *Good Governance and Modern International Financial Institutions.* Brill: Leiden / Boston 2018, S. 64; Weltbank-Webseite, retrieved 28.10.2022, from https://www.worldbank.org/en/about/leadership/directors/board-facts.

106 Art. XII Abs. 2 und 5 IWF-AoA; Art. V Abs. 2 f. IBRD-AoA.

b) Explizite (formale) und implizite Auslegung

Beim IWF wurde das explizite (formale) Auslegungsverfahren in der Frühzeit der Organisation (bis 1959) zehnmal bemüht (einmal sogar einschließlich einer Berufungsentscheidung des Gouverneursrats[107]),[108] wohingegen das Exekutivdirektorium über 13.000 Entscheidungen getroffen hat, mit denen die IWF-AoA und anderes IWF-Recht nur *en passant* (also ohne Berufung auf das formale Auslegungsverfahren[109]) ausgelegt wurden.[110] Diese Praxis wurde nicht erst nach der frühen Phase der formalen Auslegungsverfahren, sondern – ohne dass dies stets Gegenstand einer bewussten Entscheidung gewesen wäre – bereits parallel dazu gepflogen.[111] *Hexner* formuliert in diesem Zusammenhang treffend:

> „Every international organization is, of course, interpreting its basic instrument in its daily routine work. In this sense the application of the provisions of the basic instruments is co-extensive with their interpretation. Differences of opinion arising in the course of the routine application of the basic instruments can be settled frequently by informal discussion and consultation, and therefore do not require final interpretation and do not constitute a controversy in the sense here considered".[112]

So wurde etwa die Handhabung und der Umfang der Konditionalität („Washington-Konsens"-Konditionalität[113]) sowie die Ausweitung der Zielsetzung des IWF um wirtschaftliches Wachstum ganz wesentlich durch implizite Auslegungsentscheidungen geprägt.[114] Auslegungen, die nicht auf dem formalen Verfahren

---

107 Dabei ging es um den erzwungenen Austritt der Tschechoslowakei aus dem IWF; s. Gold 1996, S. 83-85.

108 Zu diesen frühen Fällen im Einzelnen s. Gold 1969, S. 567-570; Hexner 1959, S. 358-366; zu einem eigenen Auslegungsausschuss, dessen sich das Exekutivdirektorium hierbei i.d.R. bediente, s. Gold 1996, S. 225 ff.

109 In der Lit. wird in diesem Zusammenhang vereinzelt die Existenz eines informellen Auslegungsverfahrens angenommen; s. Nachweise bei Ruddigkeit 2013, S. 103.

110 S. Schlemmer-Schulte / Pohlmann 2021, Rn. 32; Liu 2018, S. 76; Ruddigkeit 2013, S. 102 m.w.N.; Denters, Erik: *Law and Policy of IMF Conditionality*, Brill Nijhoff: Leiden / Boston 1996, S. 199.

111 S. Gold 1969, S. 570-571.

112 Hexner 1959, S. 341.

113 S. näher (auch zur Begriffsherkunft) bei Schlemmer-Schulte / Pohlmann 2021, Rn. 57 f.

114 S. zur Konditionalität die Zusammenfassung der einschlägigen IWF-Praxis in den Guidelines on Conditionality 2002 in der geltenden Fassung und von der Entwicklung von der Maßnahmen- zur Zielorientierung Herdegen 2020, § 26, Rn. 8; zum wirtschaftlichen Wachstum als Ziel des IWF Gold 1996, S. 481 ff.; Denters 1998, S. 3.

fußten, wurden *Gold* zufolge auch innerhalb des IWF keineswegs als Auslegungen zweiter Ordnung gesehen.[115] Ein Grund für die vom formalen Verfahren abweichende Praxis sei gewesen, dass Rechtsbefolgung keiner „maximum solemnity" der Auslegungsentscheidungen bedürfe und dass die Gewissheit der Mitglieder, jederzeit das formale Verfahren einleiten zu können, möglicherweise das Bedürfnis nach deren Inanspruchnahme reduziert habe.[116]

In dieser Entwicklung stellt das Jahr 1969 eine Zäsur dar. In diesem Jahr wurde in den IWF-AoA das Erfordernis eines Auslegungsausschusses eingefügt, der beim Gouverneursrat einzurichten ist und mit nicht stimmgewichteter Mehrheit einen Auslegungsvorschlag zu unterbreiten hat. Grund dafür war, dass die damaligen Mitgliedstaaten der Europäischen Wirtschaftsgemeinschaft, allen voran Frankreich, Einwände gegen die weitreichenden Befugnisse des Exekutivdirektoriums und auch die konkrete (angeblich allzu amerikanophile) Auslegungspraxis hatten.[117] Der Gouverneursrat konnte sich in der Folge allerdings nicht auf Zusammensetzung, Verfahren und Abstimmungsmehrheit des Ausschusses einigen.[118] Ein Berufungsverfahren – aufgrund dessen der Gouverneursrat schließlich einen entsprechenden Ausschuss hätte einrichten müssen – wäre also mit einigen Unwägbarkeiten verbunden (gewesen). Da das Berufungsverfahren damit praktisch nicht zur Verfügung stand bzw. steht, ist auch die Praxis der (vorgeschalteten) formalen Auslegungen durch das Exekutivdirektorium zum Erliegen gekommen.[119]

Gleichgültig, ob im formalen Verfahren oder implizit im Rahmen der laufenden Entscheidungspraxis, wurde bei der Auslegung, getreu Art. 1 IWF-AoA, den Zwecken der Organisation stets in besonderer Weise Rechnung getragen.[120]

---

115 S. Gold 1969, S. 570 f.

116 S. Gold 1969, S. 571.

117 S. dazu Gold 1996, S. 124 ff.; Pan 1997, S. 519; Denters 1996, S. 199 und 201 f.; s. auch Shihata, Interpretation 2000, S. LVII; zu den beratenden Ausschüssen im IWF und ihrer Entwicklung im Allgemeinen s. Chelsky, Jeff: „The Role and Evolution of Executive Board Standing Committees in IMF Corporate Governance". In: Lamdany, Ruben / Martinez-Diaz, Leonardo (Hrsg.): *Studies on IMF Governance. A Compendium*. International Monetary Fund: Washington D.C. 2009, S. 173; Martinez-Diaz, Leonardo: „Executive Boards in International Organizations: Lessons for Strengthening IMF Governance". *IEO Background Paper*, 2008, retrieved 28.10.2022, from https://policydialogue.org/files/events/background-materials/Martinez-Diaz_strengthening_IMF_gov.pdf.

118 S. dazu Art. XXIX lit. b IWF-AoA.

119 S. dazu Ruddigkeit 2013, S. 103 f. m.w.N.

120 S. Gold 1969, S. 571 f.

In der IBRD erstattete das Exekutivdirektorium 1946 drei explizite oder formale Auslegungsentscheidungen aufgrund der Empfehlung des bei ihm eingerichteten Auslegungsausschusses.[121] Danach wurden bis 1964 formale Auslegungen direkt vom Exekutivdirektorium unter Beratung durch den General Counsel erlassen. Seither erging, mit Ausnahme der Entscheidung zum Goldstandard 1986 – übrigens der einzige Fall, bei dem eine Berufung an den Gouverneursrat zumindest in Aussicht gestellt (letztlich aber nicht durchgeführt) wurde[122] – keine formale Auslegungsentscheidung mehr. Stattdessen ist das Exekutivdirektorium, wohl im Interesse einer größeren Flexibilität, dazu übergegangen, Auslegungsfragen im Lichte des Rechtsstandpunkts des General Counsel zu diskutieren und damit nur indirekt Auslegungshinweise zu geben.[123] Auf diese Weise wurden bedeutende Richtungsentscheidungen gefällt, etwa dass die IBRD im Rahmen der Konditionalität auch „governance"-Aspekte in den kreditnehmenden Ländern berücksichtigen dürfe, wenn der wirtschaftliche Effekt klar erkennbar sei (z.B. die Verbesserung der Rechtsstaatlichkeit oder Reformen des öffentlichen Sektors, nicht hingegen politische Reformen), oder dass Weltbankgeld auch zur Reduzierung von Staatsschulden verwendet werden dürfe, wenn dadurch – als Folge der Konditionalität – auch nachhaltiges Wachstum ermöglicht würde.[124] Vor diesem Hintergrund formulierte *Shihata*, die IBRD-AoA seien seit ihrem Inkrafttreten 1944 „subject to frequent interpretations, formal and informal, explicit and implied" gewesen.[125] Die starke Einbeziehung des General Counsel mag die Autorität von dessen Gutachten erhöhen, doch beruht diese weiterhin auf der zumindest impliziten Unterstützung durch das Exekutivdirektorium. Dass diese Unterstützung regelmäßig gewährt wird, rührt wohl daher, dass sich der General Counsel traditionell um einen konsensfähigen Rechtsstandpunkt bemüht.[126] Zwar zollten die verschiedenen Amtsinhaber auch der historischen Auslegung Tribut, doch

121 Der IWF-Auslegungsausschuss ist demgegenüber beim Gouverneursrat eingerichtet und wird in den IWF-AoA ausdrücklich genannt; s. auch Shihata, Interpretation 2000, S. LVIII.

122 S. Shihata, World Bank 2000, S. 234.

123 Für Beispiele von dynamischen Auslegungen, die in diesem Verfahren erfolgt sind, s. Rigo Sureda 1999, S. 14 ff.

124 S. Rigo Sureda 1999, S. 14-17.

125 Shihata, Interpretation 2000, S. LVIII.

126 S. Shihata, World Bank 2000, S. 236 f. Das persönliche Engagement eines Einzelnen, nämlich des General Counsel, erlangt damit für das Funktionieren des Verfahrens besondere Bedeutung; s. Rigo Sureda 1999, S. 13 f.

stand eine an Zweck und Mandat der IBRD orientierte Auslegung stets im Vordergrund.[127]

Den vielfachen, z.T. weitreichenden Auslegungen der jeweiligen AoA in IWF und IBRD stand eine vergleichsweise geringe Zahl an Änderungsverfahren gegenüber (s. bereits C.II.2.a) oben). Die Nähebeziehung zwischen Auslegung einerseits und Änderung andererseits illustriert gut das Beispiel der Aufhebung der Goldbindung des US-Dollars 1971 und schließlich die Abschaffung des Goldstandards im internationalen Währungssystem, die eine Zäsur in der Weltwirtschaftsordnung nach dem Zweiten Weltkrieg darstellte.[128] IWF und IBRD reagierten unterschiedlich darauf. Während die Einführung von Sonderziehungsrechten in Erwartung des Zusammenbruchs des Bretton-Woods-Systems im IWF durch eine formale Änderung der AoA erfolgte,[129] sperrten sich im Falle der IBRD insbesondere die USA lang gegen eine Adaptierung. 1986 wurden die AoA schließlich doch an die neuen Verhältnisse angepasst, allerdings nicht mittels Änderung, sondern lediglich durch eine formale „Auslegung".[130]

c) *Rechtliche Beurteilung*

Wie gezeigt, entscheiden bei IWF und IBRD dieselben Organe, die – gleichgültig, ob im formalen oder im impliziten Verfahren – die Finanzierung von Projekten und andere Handlungen von großer Tragweite beschließen, auch darüber, ob sich diese Maßnahmen im Rahmen der jeweiligen Rechtsgrundlagen bewegen.[131] Sie sind damit „the sole judge of whether a decision taken

---

127 S. zu diesem Absatz Shihata, Interpretation 2000, S. LVIII f.

128 S. dazu Krajewski, Markus: *Wirtschaftsvölkerrecht*. 5. Auflage, C.F. Müller: Heidelberg 2021, S. 245 ff.

129 S. dazu im Detail Ruddigkeit 2013, S. 25 f.; zur Aufgabe der festen Wechselkurse nach 1971 bis zur entsprechenden Änderung der AoA 1978 s. Petersmann, Ernst-Ulrich: „Völkerrechtliche Fragen der Weltwährungsreform: Wirtschaftliche Dynamik als Völkerrechtsproblem in der Praxis des Internationalen Währungsfonds". In: *Zeitschrift für ausländisches öffentliches Recht und Völkerrecht* 34, 1974, S. 452; zu einem anderen Fall, in dem das IWF-Exekutivdirektorium die formale Auslegung nach längerer Diskussion ablehnte, s. Viterbo, Annamaria: *International Economic Law and Monetary Measures. Limitations to States' Sovereignty and Dispute Settlement*. Edward Elgar: Cheltenham / Northampton 2012, S. 174-176.

130 S. Shihata, World Bank 2000, S. 235 f.; ausführlich zu dieser Entscheidung: id., „The 'Gold Dollar' as a Measure of Capital Valuation after Termination of the Par Value System: The Case of IBRD Capital". In: *German Yearbook of International Law* 32, 1989, S. 55; Weltbank: *Annual Report 1987*, 13 f.

131 S. Schlemmer-Schulte / Pohlmann 2021, Rn. 32 und 90.

by one of its organs is consistent with the Articles of Agreement".[132] Dieser Modus – *Schermers* und *Blokker* verwenden dafür den Begriff „internal supervision"[133] – ist gerade auf Ebene des Völkerrechts, wo ein ausgeklügeltes System von „checks and balances" (wie es vielfach auf nationaler Ebene oder auch auf Ebene der EU anzutreffen ist) fehlt und ein Zurückfallen auf die bloße Selbstkontrolle durch die jeweils handelnden Akteure verbreitet ist, für sich genommen kein Grund zu rechtlichen Bedenken.[134] Bemerkenswert ist der im Allgemeinen starke Verlass auf die organisationsinternen Rechtsabteilungen.[135] Dies dürfte mindestens zum Teil den zwei langjährigen Leitern der jeweiligen Rechtsabteilung – *Joseph Gold* im IWF und *Ibrahim Shihata* in der IBRD – geschuldet sein, deren hohe fachliche Autorität im Amt des General Counsel,[136] das längst andere innehaben, nachzuwirken scheint. *Liu* zufolge habe sich dieses System der „internal supervision" bewährt und es gebe keinen Hinweis darauf, dass der Grundsatz der Rechtsstaatlichkeit in der Entscheidungsfindung mangels gerichtlicher Kontrolle nicht beachtet werde.[137]

In der Folge soll im Besonderen auf drei Aspekte näher eingegangen werden: das weitgehende Außerachtlassen des formalen Auslegungsverfahrens in den vergangenen Jahrzehnten; die Beziehung zwischen der Auslegung und der Änderung der jeweiligen AoA; die Mehrheitserfordernisse in den hier relevanten Gremien.

Ob das in den letzten Jahrzehnten gepflogene Außerachtlassen des formalen Auslegungsverfahrens beim IWF bzw. bei der IBRD rechtskonform ist, ist unklar. Man könnte argumentieren, dass die ausdrücklichen Ausführungen über das formale Auslegungsverfahren als *lex specialis* gegenüber der Berechtigung zur impliziten Auslegung, wie sie sich im laufenden Organhandeln widerspiegelt, qualifiziert werden müssen. Dieses Argument hat allerdings den Haken, dass nach dem Wortlaut dieser Bestimmungen keine Pflicht zur

132 Liu 2018, S. 76 zum IWF; s. auch Hexner 1959, S. 367-370, der in diesem Zusammenhang den Rechtsgrundsatz *nemo iudex in re sua* diskutiert.

133 Schermers / Blokker 2018, Rn. 1392.

134 Cf. Denters 1996, S. 194.

135 S. zu Rolle und Rang des/der Leiters/Leiterin der Rechtsabteilungen in IO im Allgemeinen und im IWF im Besonderen Gold 1996, S. 592 ff.; s. auch Edwards, Richard W. Jr.: „The Role of the General Counsel of an International Financial Institution": In: *Kansas Journal of Law & Public Policy* 17, 2007, S. 254.

136 Das reiche Schrifttum der beiden wurde als „unofficial commentaries" zum Recht der jeweiligen Organisation gehandelt; s. Schermers / Blokker 2018, Rn. 1359.

137 S. Liu 2018, S. 76 f.; s. schon Hexner 1959, S. 367 zum IWF.

Einleitung eines formalen Auslegungsverfahrens zu bestehen scheint. Der Wortlaut „[a]ny question of interpretation [...] shall be submitted" ist ambivalent: Das Wörtchen „shall" drückt gewöhnlich eine Verpflichtung aus, doch deutet die Notwendigkeit der „submission" die Möglichkeit an, davon abzusehen.[138] Die implizite Auslegung im Rahmen der laufenden Vollziehung ist demnach ebenso erlaubtes Mittel. Das Verhältnis zwischen den beiden Kategorien der Auslegungsberechtigung kann also nicht hierarchisch gegliedert werden, weshalb die Rede von der *lex specialis* zumindest irreführend ist. *Prima facie* stehen beide Arten von Verfahren einander gleichberechtigt gegenüber. Die schiere Existenz eines anspruchsvolleren Verfahrens in Verbindung mit einer dementsprechenden frühen Praxis beider IFI legt allerdings nahe, dass besonders wichtige und/oder strittige Fragen, die einer (mehr oder weniger) endgültigen Lösung bedürfen,[139] im formalen Verfahren geklärt werden sollten.[140] Insofern könnte eine unzulässige Umgehung vorliegen, wenn das Exekutivdirektorium aus Bequemlichkeit – d.h. um das aufwendigere formale Verfahren zu vermeiden und um sich für die Zukunft nicht zu binden – dazu übergeht, auch wichtige und/oder strittige Auslegungsfragen implizit zu klären. Ein Blick auf die Praxis zeigt, dass es nicht um ein oder zwei unklare Fälle geht, sondern es ist die jahrzehntelange Nichtanwendung des formalen Verfahrens, die den Schluss des bewussten Außerachtlassens nahelegt.

Nach einer allgemeinen völkerrechtlichen Regel ist bei der Auslegung eines internationalen Abkommens jede spätere Übung bei dessen Anwendung, aus der die Übereinstimmung der Vertragsparteien über seine Auslegung hervorgeht, zu berücksichtigen.[141] Diese spätere Übung kann auch von IO bzw. deren Organen ausgehen, solange darin der Wille der Vertragsstaaten zum Ausdruck kommt.[142] Dieses Argument könnte zur Legitimierung der beschriebenen Praxis vorgebracht werden. Es steht allerdings in Zweifel, ob ein Beschluss des

138 Differenziert Denters 1996, S. 200.

139 Zur ungeklärten Frage, ob formale Auslegungen durch nachfolgende, anders lautende formale Auslegungen ersetzt werden dürfen, s. Gold 1996, S. 90 ff.

140 Zur tatsächlichen Motivation für die Einleitung der insgesamt zehn formalen Verfahren beim IWF s. die fundierte Analyse von Gold 1996, S. 85 ff.

141 Art. 31 Abs. 3 lit. B WVK; zur Rolle der späteren Praxis als Beweismittel für den originären Willen der Vertragsstaaten einerseits und als Auslegungsfaktor andererseits s. Karl 1983, S. 122 ff.

142 IGH, *Legality of the Use by a State of Nuclear Weapons in Armed Conflict.* Advisory Opinion, ICJ Reports 1996, Rn. 19; Berichte der WTO-Panels und des Appellate Body etwa sind nicht als spätere Übung zu qualifizieren; Ruiz Fabri 2005, S. 152.

Exekutivdirektoriums i.S. des Art. 31 Abs. 3 lit. b WVK den Vertragsstaaten (von IWF und IBRD) zugeordnet werden kann; dies aus drei Gründen: einerseits wegen der Zwitterstellung der Exekutivdirektoren von IWF und Weltbank als Staatenvertreter und Angehörige der jeweiligen IFI;[143] andererseits aufgrund des Umstands, dass nicht alle Vertragsstaaten Exekutivdirektoren stellen; wiederum andererseits wegen der Möglichkeit von Mehrheitsentscheidungen bzw. der Praxis des *consensus*, welche mit dem Formalerfordernis der Einstimmigkeit nicht gleichgesetzt werden kann. Um die für die spätere Übung gem. der *lex citata* notwendige Übereinstimmung der Vertragsstaaten festzustellen, bedarf es also weiterer Indizien.[144] Ein gewichtiges Indiz ist der Umstand, dass die Vertragsstaaten in aller Regel nicht von ihrem Recht Gebrauch machen, ein formales Auslegungsverfahren einzuleiten – denn dieses Recht kommt allen Vertragsstaaten zu. Insofern kann deren Schweigen zumindest bei der IBRD als Zustimmung zur davon abweichenden Praxis gedeutet werden.[145] Im Falle des IWF ist dies zweifelhaft, weil im Rahmen des formalen Verfahrens erneut (nur) das Exekutivdirektorium entscheiden würde und das Berufungsverfahren *de facto* nicht zur Verfügung steht. Insofern stellt sich für unzufriedene Vertragsstaaten die Frage, ob ihr Ansinnen, auf eine anderslautende Auslegung hinzuwirken, überhaupt Aussicht auf Erfolg hat.

Geht man von der schweigenden Zustimmung der Vertragsstaaten aus, so bedeutet diese keine Festlegung in dem Sinne, dass in Zukunft auf das formale Verfahren nicht mehr zurückgegriffen werden dürfte (keine *desuetudo*).[146] Man kann den undifferenziert schweigenden Staaten ihre Zustimmung zum *status*

---

143 Zur Wahl aller Exekutivdirektoren seit der IWF-Reform 2016 s. Fn. 103 oben. Das Recht von nicht im Exekutivdirektorium repräsentierten Vertragsstaaten, sich im formalen Auslegungsverfahren vertreten zu lassen, legt nahe, dass die Vertragsstaaten „ihre" Exekutivdirektoren als Vertreter der eigenen Interessen erachten.

144 S. Dörr, Oliver: „Art. 31". In: Dörr, Oliver / Schmalenbach, Kirsten (Hrsg.): *Vienna Convention on the Law of Treaties. A Commentary.* 2. Auflage. Springer: Berlin 2018, Rn. 87 m.w.N.

145 S. Dörr 2018, Rn. 88 m.w.N.; zum Prinzip der Zustimmung durch Schweigen s. Art. X IBRD-AoA; zur Nähebeziehung von authentischer Interpretation und nachfolgender Übung s. Voïcu 1968, S. 105; zu den Möglichkeiten und Schwierigkeiten der schweigenden Zustimmung durch Staaten s. Matz-Lück, Nele: „Norm Interpretation across International Regimes: Competences and Legitimacy". In: Young, Margaret A. (Hrsg.): *Regime Interaction in International Law. Facing Fragmentation.* Cambridge University Press: Cambridge / New York 2012, S. 219 f.

146 S. auch Gold 1996, S. 165 f.

quo unterstellen, nicht aber, dass sie das formale Verfahren für alle Zukunft abschaffen wollten.[147] Die schweigende Zustimmung würde angesichts des nach dem Wortlaut der AoA unklaren Verhältnisses zwischen formaler und impliziter Auslegung lediglich für die freie Wahl der involvierten Akteure zwischen den beiden Verfahren sprechen.

Auch die Beziehung zwischen der Auslegung und der Änderung der AoA von IWF und IBRD verdient in diesem Zusammenhang eingehendere Betrachtung.[148] Der Umstand, dass über Auslegungsfragen im Exekutivdirektorium mit einfacher (gewichteter) Stimmenmehrheit entschieden wird, bewirkt ein Risiko, dass damit eine als Auslegung getarnte Änderung der AoA einhergeht.[149] Damit würde nämlich die für die formale Änderung erforderliche qualifizierte Mehrheit der Mitglieder – *de facto* haben die USA hier ein Veto-Recht – und der darin liegende Schutz der mitgliedstaatlichen Souveränität ausgehebelt. In der IBRD, in der nicht-kreditnehmende Länder im Exekutivdirektorium eine Mehrheit haben, ist das besonders problematisch, weil somit kreditnehmende Länder plötzlich mit schlechteren Bedingungen konfrontiert sein könnten als denjenigen, denen sie beim Beitritt zur IBRD bzw. bei Eingehen der Verbindlichkeiten zugestimmt haben.[150] Diese Gefahr ist eher theoretischer Natur, weil in der Praxis konsensuale Entscheidungen getroffen werden und nur selten abgestimmt wird.[151] Doch selbst wenn sich alle Vertragsstaaten einig sind, dass mit einer (formalen oder impliziten) „Auslegung" tatsächlich eine Änderung des Rechtsbestands herbeigeführt werden soll, würde dies eine rechtlich fragwürdige Umgehung des anspruchsvollen Änderungsverfahrens, ein „détournement de pouvoir" bedeuten.[152]

Zu guter Letzt ist auf die Mehrheitserfordernisse in den relevanten Gremien einzugehen. Wie bereits ausgeführt, sind sowohl in den Exekutivdirektorien als auch in den Gouverneursräten von IWF und IBRD – auch bei der Auslegung – stimmgewichtete Entscheidungen vorgesehen,[153] die in der Praxis regelmäßig durch konsensuale Beschlussfassung (keine Abstimmung)

147 Cf. Matz-Lück 2012, S. 221.
148 Zur Unterscheidung s. A. oben.
149 Zum zweifelhaften Fall des Goldstandards s. bereits C.II.2.b) oben.
150 S. Shihata, Interpretation 2000, S. LVI.
151 S. Shihata, World Bank 2000, S. 235.
152 S. dazu Denters 1996, S. 196.
153 Das Absehen von der souveränen Gleichheit der Vertragsstaaten wurde im Fall von IWF und Weltbank als Wechsel vom Prinzip „one state, one vote" zu „one Dollar, one vote" beschrieben; White 2011, S. 225.

getroffen werden. Die unterschiedliche Stimmkraft der Vertragsstaaten, die in den Verhandlungen – selbst wenn schließlich im Wege des „consensus" entschieden wird – durchaus präsent sein dürfte,[154] verstärkt den politischen Charakter der (Auslegungs-)Entscheidungen und entfernt den in IWF und IBRD gewählten Auslegungsmodus noch ein Stück weiter vom Gerichtsverfahren.[155] Die Ungleichheit der Vertragsstaaten, die diesen Abstimmungsverfahren inhärent ist, wird durch die Exklusivität des Exekutivdirektoriums noch verstärkt. Durchbrechungen dieser Systementscheidung finden sich – im Zusammenhang mit der Auslegung – in zwei Fällen. Der (niemals eingerichtete) Auslegungsausschuss beim Gouverneursrat des IWF soll keine Stimmgewichtung vorsehen. Aufgrund des Widerspruchsverfahrens wäre im IWF-Berufungsverfahren *de facto* Gleichheit hergestellt.[156] Um wessen Gleichheit – die von Vertretern der Vertragsstaaten oder doch die von unabhängigen Fachleuten – es sich handeln würde, muss unbeantwortet bleiben, weil der Gouverneursrat noch nicht über die Zusammensetzung des Ausschusses entschieden hat.[157] Der zweite Fall ergibt sich aus der hervorgehobenen Rolle des General Counsel, in dessen Empfehlungen sich oft bereits eine Kompromisslösung findet, der sich das Exekutivdirektorium regelmäßig anschließt. Diese Praxis räumt einer Person – dem General Counsel (samt der dahinter stehenden Rechtsabteilung) – eminente Bedeutung bei der Problemlösung ein, die die Verhandlungen im Exekutivdirektorium (und damit das Potential der Stimmgewichtung) in so manchem Fall obsolet machen dürfte.

3. *Organisation für wirtschaftliche Zusammenarbeit und Entwicklung*

Das Vorherrschen von Konsens- bzw. einstimmigen Entscheidungen in der OECD führt dazu, dass Meinungsverschiedenheiten unter den Mitgliedern in der Regel im Rahmen der Entscheidungsfindung, also im Verhandlungsweg ausgetragen werden.[158] Das Aufgabengebiet der Organisation ist in der

154 Cf. Roberts / Palmer 2005, S. 114.

155 Cf. Hobe 2020, S. 100 f.

156 Das nahezu unerreichbare Konsensquorum von 85 % der gewichteten Stimmen im Gouverneursrat müsste der Empfehlung des Auslegungsausschusses widersprechen, damit diese nicht zur Entscheidung des Rates wird; s. dazu auch Denters 1996, S. 200.

157 Es scheint ursprünglich aber doch an eine Besetzung mit (ausgewählten) Gouverneuren gedacht worden zu sein; s. Art. XXI lit. c IWF-AoA.

158 Auf den unteren Entscheidungsebenen forciert die OECD im Interesse ihrer Handlungsfähigkeit die Beschlussfassung mit qualifizierter Mehrheit; s. OECD, *Revised*

OECD-Konvention weit gefasst, was ein Grund dafür sein mag, dass sie seit ihrer Verabschiedung 1960 nicht mehr geändert wurde. Da ein formales Auslegungsverfahren nicht vorgesehen ist, erfolgt die Auslegung des OECD-Rechts im Rahmen der laufenden Vollziehung. Doch es lassen sich auch Beispiele für eine explizite Auslegung finden: Bei der Verabschiedung bzw. Überarbeitung der OECD-Geschäftsordnung (GO) in den Jahren 1961, 1968 und 2008 hat der OECD-Rat einige Auslegungen dieses Rechtsakts vorgenommen. Sie sind heute im Anhang I zur GO aufgeführt. Darüber hinaus hat der OECD-Rat die GO durch ergänzende Akte, die der GO angefügt sind, näher ausgeführt: durch die Überarbeitete Ratsresolution über eine neue Führungsstruktur der OECD, die Resolution über Partnerschaften in OECD-Einrichtungen, die Richtlinien zu den formalen Bestandteilen von OECD-Dokumenten (z.B. Kontaktperson und Telefonnummer) sowie die Resolution zum historischen Archiv der OECD.

Mit dieser Praxis vermochte es der OECD-Rat, einzelnen seiner (Auslegungs-)Entscheidungen durch ihren generell-abstrakten Charakter besonderes Gewicht zu verleihen und damit ein Präjudiz für künftige Fälle zu schaffen, ohne dass der Gründungsakt der Organisation dafür ein spezielles Verfahren vorsehen würde. Insofern könnte man diese Praxis als den umgekehrten Fall von IWF/IBRD bezeichnen: Bei IWF und IBRD wird ein rechtlich vorgesehenes formales Auslegungsverfahren kaum genützt und größtenteils durch die implizite Auslegung ersetzt, während bei der OECD unterschiedliche Kategorien von Auslegungsentscheidungen nach ein und demselben Verfahren erlassen werden.

D. Schlussfolgerungen

Bei der Untersuchung der Auslegungsmechanismen in den hier ausgewählten IO hat sich gezeigt, dass im internationalen Finanzrecht dazu verschiedene Organe berufen sind. Während die 1930 gegründete BIZ ein Schiedsgericht für die Klärung von Auslegungsfragen vorsieht, haben die deutlich später, nämlich Mitte und Ende der 40er Jahre gegründeten IFI IWF, IBRD und OEEC (als Vorgängerin der 1961 gegründeten OECD) politische Organe betraut. Bei der OECD ist dies der Rat als Versammlung aller Vertragsstaaten, bei IWF und Weltbank sind es jeweils primär die Exekutivdirektorien. Die Gründe für die Wahl des spezifischen Auslegungsorgans bzw. des anzuwendenden Verfahrens können teilweise durch den Blick in die Gründungsakte bzw. durch Aussagen

Council Resolution on a New Governance Structure for the Organisation, Kapitel 3, Abs. 25 und 35 f.

von deren Verhandlern nachvollzogen, teilweise – wie etwa im Fall der OECD – zumindest erahnt werden.

Anstatt die in diesem Beitrag gewonnen und bereits diskutierten Erkenntnisse zu rekapitulieren, sollen hier drei grundsätzlichere Folgerungen ausgeführt werden:

Zum einen ist die Existenz von Auslegungsergebnissen mit unterschiedlicher Autorität festzustellen. Neben der authentischen Auslegung und der alltäglichen Auslegung im Rahmen der laufenden Vollziehung existiert offenbar eine Mischform, die man autoritative Auslegung nennen könnte. Die authentische Auslegung erfolgt durch alle Vertragsstaaten oder, wenn dies im bezüglichen Abkommen vorgesehen ist, durch deren Mehrheitsbeschluss, etwa im prominenten Fall des Art. IX Abs. 2 WTO-Abkommen. Sie bindet die Vertragsstaaten und die betroffene IO sowie deren Organe und geht, unabhängig von ihrer Form, anderen Interpretationen vor.[159] Die alltägliche Auslegung erfolgt durch die Organe der IO oder durch die einzelnen Vertragsparteien bzw. deren Organe (etwa das Außenministerium oder nationale Gerichte) – in der Literatur ist hierfür der Ausdruck „Autointerpretation" in Verwendung.[160] Dazwischen steht die autoritative Auslegung, die stärker als die alltägliche Auslegung über den konkreten Einzelfall hinaus wirkt. Die Wahrscheinlichkeit, dass sie als Präjudiz angesehen wird, ist demnach höher. Dazu ist die Auslegung durch ein im Vertrag vorgesehenes Schiedsgericht oder die Auslegung durch politische Organe der jeweiligen IO in einem speziell dafür vorgesehenen Verfahren zu zählen.[161]

In der OECD muss jede Auslegung des Rats als authentische Interpretation gelten. Im Fall von IWF und Weltbank kommt die autoritative Interpretation der authentischen sehr nahe.[162] Dass bei der autoritativen Auslegung durch die

159 S. Orakhelashvili 2008, S. 515 m.w.N.

160 Orakhelashvili 2008, S. 511; Waibel 2014, S. 384 mit Hinweis auf die Rolle der Außenministerien von Vertragsstaaten; s. dazu auch ibid. 398.

161 Zum Gegensatz zwischen authentischer und autoritativer Auslegung s. Orakhelashvili 2008, S. 513 ff. Auch die authentische Interpretation kann im Rahmen von politischen Organen erfolgen; cf. CETA Joint Committee, das sich aus dem/der kanadischen Minister(in) für internationalen Handel sowie dem/der in diesem Bereich zuständigen EU-Kommissar(in) oder von diesen benannten Personen zusammensetzt und für die sowohl für das CETA-Gericht (für Investitionsschutzfragen) als auch für CETA-Schiedsgerichte (zur Streitbeilegung zwischen den Vertragsparteien) verbindliche Auslegung von CETA zuständig ist; s. Art. 26.1 Abs. 5 lit. e CETA.

162 Cf. Shihata 1999, S. 1048, der im Kontext der Entscheidungen der Weltbank-Exekutivdirektoren von einer authentischen Interpretation spricht.

politischen Organe dieser IO nicht alle Vertragsstaaten zustimmen müssen, ist, wie erwähnt, unbedenklich. Dass in den Exekutivdirektorien von IWF und Weltbank nicht alle Vertragsstaaten stimmberechtigt sind, schwächt die Nähe zur authentischen Auslegung allerdings ab. Denn die authentische Interpretation verlangt ein Mitspracherecht aller, mögen sie letztlich auch überstimmt werden. Während eine Auslegungsentscheidung des Gouverneursrats als authentische Interpretation zu qualifizieren ist, erhebt die bloße Möglichkeit der Berufung formale Auslegungen des Exekutivdirektoriums noch nicht in diesen Rang. Schiedsgerichtliche Entscheidungen im Kontext der BIZ zählen zur autoritativen Auslegung.

Ein weiterer hier anzusprechender Punkt ist die Unterscheidung zwischen Auslegung und Streitbeilegung. Wenn über eine Auslegungsfrage eine Meinungsverschiedenheit entbrannt ist, die durch eine Entscheidung des dazu berufenen Organs beigelegt wird, ist dies eine Form der Streitbeilegung. Üblicherweise umfasst die Befugnis zur Streitbeilegung allerdings auch die Kompetenz zur Feststellung eines Sachverhalts und zur endgültigen Streitentscheidung. Die Auslegung des anzuwendenden Rechts ist somit nur ein Schritt in diesem Verfahren. Von den hier untersuchten Mechanismen dienen das in den BIZ-Statuten vorgesehene Schiedsgerichtsverfahren und wohl auch die Schiedsgerichtsverfahren nach Art. XXIX lit. c IWF-AoA und Art. IX lit. c IBRD-AoA („disagreement") über die Auslegung hinaus auch der Streitbeilegung in diesem weiten Verständnis. Die übrigen Mechanismen bezwecken allein die Klärung von Auslegungsfragen.

Schließlich ist bei der Untersuchung der hier interessierenden Auslegungsmechanismen auf die große Bedeutung von deren praktischer Handhabung hinzuweisen. Ein Blick auf die Praxis hat etwa gezeigt, dass das schiedsgerichtliche Verfahren bei der BIZ in quantitativer Hinsicht eine ganz untergeordnete Rolle spielt. Es steht zu vermuten, dass Auslegungsfragen, die in der BIZ auftreten, in der Regel im Direktorium geklärt werden. Weiters hat sich herausgestellt, dass die Exekutivdirektorien von IWF und IBRD die Anwendung des formalen oder des impliziten Verfahrens weitgehend in ihr Belieben stellen. Schließlich ist zu konstatieren, dass der OECD-Rat ohne ausdrückliche Grundlage in der OECD-Konvention einen Weg gefunden hat, einzelne seiner Auslegungsentscheidungen mit besonderer Autorität auszustatten. Diese Praxis lässt die bei einer am Buchstaben des Gesetzes orientierten Betrachtung so deutlich hervorgetretenen Unterschiede zwischen den vier IFI verschwimmen. Der (in den allermeisten Anwendungsfällen) bevorzugte Modus scheint in allen vier IFI die Klärung von Auslegungsfragen durch politische Organe im Rahmen der laufenden Vollziehung zu sein.

Dominik Jordi Ornig

Chivo, Sango und die Erschließung des souveränen Metaversums

Wie die Finanzdigitalisierung zu einer neuen Ära von Investitionsstreitigkeiten führen wird

1. Einleitung

Die Digitalisierung des Finanzwesens ist auf dem Vormarsch und wird völlig neue Formen von Auslandsinvestitionen ermöglichen, weil die Grenzen zwischen den verschiedenen Typen von Vermögenwerten, aber auch zwischen privaten und öffentlichen Zahlungsnetzwerken verschwimmen. In dem vorliegenden Beitrag werden die rechtlichen Schwierigkeiten im Zusammenhang mit der Einordnung von digitalen Vermögenswerten aufgezeigt und einige der innovativsten Projekte beschrieben – beides vor dem Hintergrund der korrespondierenden investitionsschutzrechtlichen Auswirkungen – bevor auf die vermutlich ersten Arten von Investitionsstreitigkeiten mit Bezug zu digitalen Vermögenswerten eingegangen wird.

Privat ausgegebene digitale Vermögenswerte haben in den letzten Jahren die Welt im Sturm erobert. Im Mittelpunkt dieses Sturms stehen zwei neue technologische Lösungen. Einerseits ermöglicht die sogenannte Distributed Ledger Technology („DLT“) die dezentrale Führung von Aufzeichnungen auf verschiedenen Computern, was die Authentifizierung von Aufzeichnungen durch den Vergleich der Kopien auf verschiedenen Servern erleichtert. Andererseits ermöglichen Konsensalgorithmen die Sicherung von Netzwerken durch die Lösung von Konflikten, die zwischen verschiedenen Kopien entstehen können.

Die Weltbank vermutet, dass DLT „den Finanzsektor grundlegend verändern und ihn effizienter, widerstandsfähiger und zuverlässiger machen könnte“.[1]

1 Siehe auch die kurze Erklärung in einfachem Englisch der Weltbank: The World Bank: *Blockchain & Distributed Ledger Technology (DLT)*, retrieved 30.6.2021, from https://www.worldbank.org/en/topic/financialsector/brief/blockchain-dlt. Alle Zitate in diesem Beitrag sind vom Autor aus dem englischen Original übersetzt worden.

Eine aktuelle Studie von Accenture beziffert die Effizienzgewinne durch den Einsatz von DLT für Investmentbanking auf durchschnittliche Kosteneinsparungen von 30 %.[2]

DLT hat sich in der Tat als besonders nützlich erwiesen, um die Effizienz und Transparenz bei der Überwachung von Prozessen zu steigern – die Anwendungen reichen von der Schifffahrtsindustrie bis hin zur Verwaltung von Gerichts- bzw. Schiedsverfahren.[3] Die verfahrenstechnischen Auswirkungen digitaler Ökosysteme können gar nicht hoch genug eingeschätzt werden, denn sie bieten ein beispielloses Potenzial zur Automatisierung verschiedener Verfahrensabschnitte, einschließlich der Entscheidungsfindung,[4] des Beweisverfahrens und der Erleichterung, Behinderung oder sogar Automatisierung der Vollstreckung.[5]

Es ist daher keine Überraschung, dass sich Regierungen auf der ganzen Welt darum bemühen, DLT in immer größeren Ökosystemen einzusetzen, die von Mechanismen zur Identitätsüberprüfung bis hin zu Zahlungssystemen reichen. Die Bank of England schätzt etwa, dass die USA durch „die Ausgabe von CBDC […] das BIP dauerhaft um bis zu 3 % erhöhen könnte[n]".[6] Tatsächlich prüfen die meisten Zentralbanken rund um den Globus aktiv die Ausgabe sogenannter digitaler Zentralbankwährungen (englisch Central Bank Digital Currency, „CBDC"), einschließlich einer Reihe laufender Pilotprojekte und

2 Accenture: *Banking on Blockchain. A Value Analysis for Investment Banks*, S. 5, retrieved 23.8.2020, from https://www.accenture.com/t20170120T074124Z__w__/us-en/_acnmedia/Accenture/Conversion-Assets/DotCom/Documents/Global/PDF/Consulting/Accenture-Banking-on-Blockchain.pdf%23zoom=50.

3 Reuters: „From Bikes to Blockchain: Shipping Industry Goes Digital in Lockdown". *Reuters* 28.5.2020, retrieved 28.3.2021, from https://www.reuters.com/article/idUSKBN2340YW.

4 Ornig, Dominik Jordi: „Automation of Decision-Making". In: Ruiz Fabri, Hélène (Hrsg.): *Max Planck Encyclopedias of International Law.* Oxford University Press: Oxford 2021, retrieved 6.5.2022, from https://opil.ouplaw.com/view/10.1093/law-mpeipro/e3194.013.3194/law-mpeipro-e3194.

5 Ornig, Dominik Jordi: „Digital Assets in International Adjudication". In: Ruiz Fabri, Hélène (Hrsg.): Max Planck Encyclopedias of International Law. Oxford University Press: 2023, https://opil.ouplaw.com/display/10.1093/law-mpeipro/e3941.013.3941/law-mpeipro-e3941.

6 Barrdear, John / Kumhof, Michael: „The Macroeconomics of Central Bank Issued Digital Currencies" S. 3 (Bank of England 2016) *Staff Working Paper No. 605*, retrieved 21.1.2023, from https://www.bankofengland.co.uk/-/media/boe/files/working-paper/2016/the-macroeconomics-of-central-bank-issued-digital-currencies.pdf.

bereits vollständig eingeführter CBDCs.[7] Im Folgenden sollen daher CBDCs als Hauptbeispiel für digitale Vermögenswerte dienen.

Die politischen Veränderungen in der Europäischen Union veranschaulichen deutlich, wie sich das Wettrüsten um die Ausgabe von CBDCs in der jüngsten Vergangenheit beschleunigt hat.[8] Ende 2018 vertrat ein Mitglied des Direktoriums der Europäischen Zentralbank („EZB") noch die Auffassung, dass die Ausgabe von CBDCs „innerhalb des nächsten Jahrzehnts unwahrscheinlich" sei.[9] Ende 2020 hatte die EZB dann bereits ihren ersten „Bericht über einen digitalen Euro" veröffentlicht,[10] und Anfang 2023 befindet sich die EZB in der Endphase ihrer mehrjährigen CBDC-Untersuchung, die noch im Jahr 2023 in die Realisierungsphase eintreten könnte.[11]

CBDCs sind jedoch nur eine der möglichen staatlichen Anwendungen für DLT. Vom simplen Informationsaustausch über die Abwicklung von Wertpapiertransaktionen zwischen Banken bis hin zu Maßnahmen zur Bekämpfung der Geldwäsche kann DLT auch für eine Reihe anderer Zwecke eingesetzt werden.[12] Es ist jedoch noch offen, wie die CBDCs gestaltet werden. „Es gibt keinen inhärenten Grund, warum [CBDCs] nicht mit einer konventionellen zentralisierten Technologie aufgebaut werden könnten", obwohl eine dezentralisierte

---

7 Mikhalev, Igor et al.: *Central Bank Digital Currency (CBDC) Tracker*, retrieved 11.6.2021, from https://cbdctracker.org/.

8 Das digitale Euro Projekt könnte bspw. die Durchsetzung von in Euro denominierten Ansprüchen revolutionieren und eine gemeinsame Basis für verschiedenste Wirtschaftszweige und öffentliche Anwendungen schaffen. Siehe dazu auch: Ornig, Dominik Jordi: „The Digital Euro's Potential to Drive Procedural Efficiency across the European Union". *EU Law Live – Weekend Edition* (13.5.2023).

9 Reuters: „Digital Central Bank Money Is for the Distant Future: Coeure" *Reuters 15.11.2018,* retrieved 22.3.2021, from https://www.reuters.com/article/us-cenbank-digital/digital-central-bank-money-is-for-the-distant-future-coeure-idUSKCN1NK1P7.

10 European Central Bank: *Report on a Digital Euro* (2020), retrieved 7.4.2022, from https://www.ecb.europa.eu/pub/pdf/other/Report_on_a_digital_euro~4d7268b458.en.pdf.

11 European Central Bank: *Where Do We Stand? Digital Euro Project Timeline*, retrieved 19.1.2023, from https://www.ecb.europa.eu/paym/digital_euro/shared/pdf/Digital_euro_project_timeline.en.pdf.

12 World Economic Forum: *Central Banks and Distributed Ledger Technology. How Are Central Banks Exploring Blockchain Today*?, S. 7, retrieved 16.5.2020, from https://www3.weforum.org/docs/WEF_Central_Bank_Activity_in_Blockchain_DLT.pdf.

Struktur die Widerstandsfähigkeit erhöhen und die Implementierung von Smart Contracts in digitale Währungen ermöglichen könnte.[13]

Die Fülle an Anwendungsfällen und Gestaltungsmöglichkeiten führt auch dazu, dass die Grenzen zwischen den traditionellen Typen von Vermögenswerten verschwimmen, was die Einordnung von digitalen Vermögenswerten erschwert und grundlegende Fragen zu digitalen Vermögenswerten, insbesondere zu souveränen digitalen Vermögenswerten wie CBDC, im Kontext des Investitionsschutzrechts aufwirft. Insbesondere ihre Einstufung als Investitionen und ihre Auswirkungen auf die Verfahrensdynamik sind noch nicht geklärt, weil kaskadierende indirekte Investitionen, die Rechtmäßigkeit von Investitionen in digitale Vermögenswerte, der Beitrag zur wirtschaftlichen Entwicklung des Investitionsstaats und die territoriale Anknüpfung digitaler Investitionen komplexe Fragestellungen aufwerfen.

Diese Fragen werden sich wie ein roter Faden durch diesen Beitrag ziehen. Abschnitt zwei veranschaulicht die Auswirkungen der Adoption von privaten Kryptowährungen als gesetzliche Zahlungsmittel am Beispiel von El Salvador, dem ersten Land, welches Bitcoin („BTC") als gesetzliches Zahlungsmittel neben dem US-Dollar („USD") eingeführt hat. In Abschnitt drei werden dann die Tokenisierung von Vermögenswerten und die Auswirkungen von staatlichen Metaverse-Investitionen am Beispiel des Sango-Projekts in der Zentralafrikanischen Republik untersucht, wo Bitcoin ebenfalls als gesetzliches Zahlungsmittel eingeführt wurde. Schließlich wagt Abschnitt vier eine Prognose zur Frage, welche Art von Investitionsstreitigkeiten im Zusammenhang mit digitalen Vermögenswerten wohl als erste vor Tribunale gebracht werden könnte, und erläutert die Prozesse, auf denen die meisten Netzwerke für digitale Vermögenswerte basieren.

2. Chivo und gesetzliche Zahlungsmittel

2.1. Adoption von Kryptowährungen

Die wohl einfachste Methode zur Einführung einer Kryptowährung als gesetzliches Zahlungsmittel besteht darin, bereits im Umlauf befindliche (private)

---

13 Bank of England: *Discussion Paper: Central Bank Digital Currency. Opportunities, Challenges and Design*, S. 6, retrieved 3.7.2020, from https://www.bankofengland.co.uk/-/media/boe/files/paper/2020/central-bank-digital-currency-opportunities-challenges-and-design.pdf?la=en&hash=DFAD18646A77C00772AF1C5B18E63E71F68E4593.

digitale Vermögenswerte als solches zu adoptieren. Bis vor kurzem wurde diese Idee nur im Zusammenhang mit libertären Projekten, wie z.B. Krypto-Gemeinschaften auf hoher See, erwogen.[14] Die beträchtliche Zunahme der Nutzung von privaten Kryptowährungen hat jedoch Regierungen auf der ganzen Welt dazu veranlasst, diese Idee zu überdenken.

Bis Anfang 2023 hatten zwei Länder private Kryptowährungen als gesetzliche Zahlungsmittel eingeführt: El Salvador und die Zentralafrikanische Republik. Beide haben sich für BTC entschieden, weil dessen Marktkapitalisierung weiterhin jene aller anderen Netzwerke in den Schatten stellt. Der Abstand zu Ethereum verringerte sich jedoch beträchtlich nach dem sogenannten „Merge", dem Wechsel des Konsensalgorithmus des Ethereum-Netzwerks Ende 2022.[15]

Natürlich ist dies eher eine Option für kleinere Volkswirtschaften oder Länder mit niedrigerem Einkommensniveau, die nicht – wie beispielsweise oben beschrieben die EZB – bereit sind, in die Entwicklung eines eigenen CBDC-Ökosystems zu investieren. Entwicklungsländer haben sich als „fruchtbarer Boden" für die Einführung von Kryptowährungen erwiesen, weil die Kosten für Überweisungen, z.B. in afrikanische Länder südlich der Sahara, mehr als 80 % niedriger sein können, wenn Kryptowährungen anstelle traditioneller Kanäle verwendet werden.[16] Die wichtigsten Entscheidungsparameter sind in diesem Zusammenhang folglich die generelle Marktkapitalisierung, die den anhaltenden Nutzen einer bestimmten Kryptowährung gewährleistet, sowie die jeweiligen Transaktionskosten auf einem Netzwerk.

Mitte 2021 verabschiedete El Salvador ein Gesetz, das BTC den Status eines gesetzlichen Zahlungsmittels verleiht, den Umtausch von USD in BTC von der Steuerpflicht befreit und Händler verpflichtet, Zahlungen in BTC zu

---

14 Elmhirst, Sophie: „The Disastrous Voyage of Satoshi, the World's First Cryptocurrency Cruise Ship". *The Guardian* 7.9.2021, retrieved 20.1.2022, from https://www.theguardian.com/news/2021/sep/07/disastrous-voyage-satoshi-cryptocurrency-cruise-ship-seassteading.

15 Singh, Medha / Mattackal, Lisa Pauline: „Cryptoverse: Ether Snaps at Bitcoin's Heels in Race for Crypto Crown". *Reuters* 13.9.2022, retrieved 13.9.2022, from https://www.reuters.com/technology/cryptoverse-ether-snaps-bitcoins-heels-race-crypto-crown-2022-09-13/.

16 Wheatley, Jonathan / Klasa, Adrienne: „Cryptocurrencies: Developing Countries Provide Fertile Ground". *Financial Times* 5.9.2021, retrieved 5.9.2021, from https://www.ft.com/content/1ea829ed-5dde-4f6e-be11-99392bdc0788.

akzeptieren.[17] Um die Einführung zu erleichtern, rief die Regierung auch eine staatliche Krypto-Börse ins Leben, auf welcher der Umtausch zwischen BTC und USD ermöglicht wird und diese Währung aufbewahrt werden kann, die sogenannte „Chivo"-Wallet.[18]

Der Betrieb einer solchen Krypto-Börse erfordert zwangsläufig den Besitz beider Währungen. Trotz anfänglicher Behauptungen, El Salvador plane nicht, BTC in seinen nationalen Reserven zu halten,[19] erwarb El Salvador mehrere hundert BTC, bevor das Gesetz Anfang September 2021 in Kraft

---

17 Das Salvadorianische Bitcoin-Gesetz lautet in der ursprünglich beschlossenen (jedoch vom Autor aus dem originalen Spanisch übersetzten) Fassung vom 8. Juni 2021, wie folgt:

Art. 1 Der Zweck des Gesetzes ist es, Bitcoin als gesetzliches Zahlungsmittel zu regulieren, das uneingeschränkt und mit unbegrenzter Laborkraft in jeder Transaktion und in jeder Funktion, die Menschen benötigen, eingesetzt werden kann.

Art. 2 Die Art des Umtausches zwischen Bitcoin und dem US-Dollar wird frei auf dem Markt festgelegt.

Art. 3: Jeder Preis kann in Bitcoin ausgedrückt werden.

Art. 4: Steuern können in Bitcoin abgeführt werden.

Art. 5: Der Umtausch von Bitcoin unterliegt keinerlei Kapitalertragssteuer, so wie dies bei allen anderen gesetzlichen Zahlungsmitteln der Fall ist.

Art. 6: Der US-Dollar dient als Referenzwährung für die Buchhaltung.

Art. 7: Jeder Unternehmer ist verpflichtet Bitcoin als Zahlungsmittel zu akzeptieren, wenn der Käufer einer Ware oder Dienstleistung dies als Zahlungsmittel anbietet.

Art. 8: Ohne private Unternehmen einzuschränken, wird der Staat Alternativen zur Durchführung von Transaktionen in Bitcoin sowie zum automatischen und sofortigen Tausch zwischen Bitcoin und US-Dollar vorantreiben.

Art. 9: Die Beschränkungen und Funktionsweise der vom Staat angebotenen Alternativen zum automatischen und sofortigen Tausch zwischen Bitcoin und US-Dollar werden einer, zu diesem Zweck zu erlassenden Verordnung, festgelegt.

Art. 10: Die Exekutive schafft die notwendige institutionelle Struktur für die Umsetzung dieses Gesetzes.

Asamblea Legislativa de la República de El Salvador: *El Salvador, Primer País Del Mundo En Reconocer al Bitcoin Como Moneda de Curso Legal*, retrieved 31.8.2021, from https://www.asamblea.gob.sv/node/11282.

18 Chivo Wallet: *Chivo – First El-Salvador Crypto Wallet*, retrieved 30.8.2021, from https://chivo.id/.

19 Arnold, Tom / Strohecker, Karin: „El Salvador Bitcoin Plan 'Bulletproof', President Says". *Reuters* 23.6.2021, retrieved 24.6.2021, from https://www.reuters.com/business/el-salvador-bitcoin-plan-bulletproof-president-says-2021-06-23/.

trat,[20] und kaufte in den darauffolgenden Monaten bei Kurseinbrüchen hunderte weitere BTC.[21] Mitte Mai 2022 ergab eine Analyse der veröffentlichten BTC-Käufe einen Bestand von mindestens 2.280 BTC zu einem durchschnittlichen Kaufpreis von 44.500 USD.[22] Mitte Juni 2022 entsprach dies einem geschätzten Verlust von mehr als 50 Mio. USD oder dem Äquivalent von weniger als einem Prozent des Jahresbudgets der Regierung.[23] Dennoch begann El Salvador Mitte November 2022 mit dem Kauf von einem BTC pro Tag.[24]

2.2. Bitcoin-City und die Vulkananleihen

El Salvador hat zahlreiche populäre Projekte mit den Erlösen aus staatlichen Krypto-Investitionen verknüpft, vermutlich um der wachsenden Skepsis im Land entgegenzuwirken.[25] Dazu gehört zum Beispiel ein

---

20 Reuters: „El Salvador Holds 400 Bitcoin, Price Jumps". *Reuters* 7.9.2021, retrieved 7.9.2021, from https://www.reuters.com/technology/el-salvador-buys-its-first-200-bitcoins-president-says-2021-09-06/.

21 Reuters: „Bukele Says El Salvador 'bought the Dip' and Purchased 100 Extra Bitcoins". *Reuters* 26.11.2021, retrieved 6.12.2021, from https://www.reuters.com/markets/us/bukele-says-el-salvador-bought-dip-purchased-100-extra-bitcoins-2021-11-26/; Reuters: „Bukele Steps up El Salvador's Bet on Sliding Bitcoin; Buys Another 150 Coins". *Reuters* 5.12.2021, retrieved 6.12.2021, from https://www.reuters.com/markets/us/bukele-steps-up-el-salvadors-bet-sliding-bitcoin-buys-another-150-coins-2021-12-05/.

22 Wigglesworth, Robin: „El Bagholder Strikes Again". *Financial Times* 10.5.2022, retrieved 10.5.2022, from https://www.ft.com/content/0da21b10-bfff-4efc-9c7c-1711bdba34aa?; Für einen Live-Tracker der angekündigten BTC-Käufe einschließlich der aktuellen Performance des Portfolios siehe: nayibtracker.com: *Nayib Bukele Portfolio Tracker*, retrieved 20.11.2022, from https://nayibtracker.com/.

23 Reuters: „El Salvador's Bitcoin Holdings Value Slashed in Half by Sell-Off". *Reuters* 14.6.2022, retrieved 15.6.2022, from https://www.reuters.com/markets/us/el-salvadors-bitcoin-holdings-value-slashed-half-by-sell-off-2022-06-14/; Reuters: „El Salvador Minister Says Bitcoin Crash Poses 'extremely Minimal' Fiscal Risk". *Reuters* 14.6.2022, retrieved 15.6.2022, from https:/www.reuters.com/markets/us/el-salvador-minister-says-bitcoin-crash-poses-extremely-minimal-fiscal-risk-2022-06-13/.

24 Bukele, Nayib: „We Are Buying One #Bitcoin Every Day Starting Tomorrow. [@nayibbukele]". *Twitter* 17.11.2022, retrieved 20.11.2022, from https://twitter.com/nayibbukele/status/1593113857261965312.

25 Youkee, Mat: „Scepticism Grows in El Salvador over Pioneering Bitcoin Gamble". *The Guardian* 30.8.2021, retrieved 31.8.2021, from https://www.theguardian.com/world/2021/aug/30/scepticism-grows-in-el-salvador-over-pioneering-bitcoin-gamble.

Veterinärkrankenhaus.[26] Am bemerkenswertesten ist jedoch, dass die Einführung von BTC als gesetzliches Zahlungsmittel von Plänen begleitet wurde, eine Sonderwirtschaftszone mit dem Namen „Bitcoin City" zu errichten, die durch die Ausgabe von sogenannten „Vulkananleihen" finanziert wird, die ihren Namen vom „geothermischen Bitcoin Mining [ableiten], das die Energie der aktiven Vulkane des Landes nutzt".[27]

Beginnend mit einer „ersten 10-jährigen [Anleihen] Ausgabe, bekannt als „Vulkananleihe" […] im Wert von 1 Milliarde Dollar", kündigte El Salvador ein 300.000 BTC schweres Infrastrukturprojekt an, bei dem im Jahr 2022 eine Steueroase mit vulkanischer Energie namens „Bitcoin City" gebaut werden sollte.[28] Da jedoch im Jahr 2022 eine Baisse bei digitalen Vermögenswerten einsetzte, wurden die angekündigten „Vulkananleihen" nicht wie ursprünglich angekündigt ausgegeben,[29] sondern wiederholt verschoben. Nach der Verabschiedung des entsprechenden Rechtsrahmens kündigte der ausgewählte

---

26 Renteria, Nelson: „El Salvador to Use Bitcoin Gains to Fund Veterinary Hospital, President Says". *Reuters* 10.10.2021, retrieved 11.10.2021, from https://www.reuters.com/business/finance/el-salvador-use-bitcoin-gains-fund-veterinary-hospital-president-says-2021-10-10/.

27 iFinex Inc.: *El Salvador's Historic Digital Asset Securities Law Passes!,* retrieved 26.1.2023, from https://blog.bitfinex.com/announcements/el-salvadors-historic-digital-asset-securities-law-passes/; siehe auch die damit verbundene Kritik an der Nutzung von geothermischer Energie für Mining-Betriebe: Ayala, Edgardo: „El Salvador's Bitcoin Mining Proposal Faces Many Hurdles". *Inter Press Service,* retrieved 31.8.2021, from https://www.ipsnews.net/2021/07/el-salvadors-bitcoin-mining-proposal-faces-many-hurdles/.

28 Presidencia de la República de El Salvador: *Presidente Nayib Bukele anuncia construcción de "Bitcoin City" en el cierre de Bitcoin Week "Feel The Bit",* retrieved 7.12.2021, from https://www.presidencia.gob.sv/presidente-nayib-bukele-anuncia-construccion-de-bitcoin-city-en-el-cierre-de-bitcoin-week-feel-the-bit/; Murray, Christine: „El Salvador Plans 'Bitcoin City' Powered by Volcano". *Financial Times* 21.11.2021, retrieved 21.11.2021, from https://www.ft.com/content/67515f23-ccdc-4dbc-a184-70848e183ac3; Renteria, Nelson: „El Salvador Plans First 'Bitcoin City', Backed by Bitcoin Bonds". *Reuters* 21.11.2021, retrieved 21.11.2021, from https://www.reuters.com/markets/rates-bonds/el-salvador-plans-first-bitcoin-city-backed-by-bitcoin-bonds-2021-11-21/.

29 Reuters: „El Salvador Says Ukraine Is Factor in Bitcoin-Backed Bond Timing". *Reuters* 11.3.2022, retrieved 14.3.2022, from https://www.reuters.com/technology/el-salvador-says-could-launch-bitcoin-sovereign-bond-between-march-15-20-2022-03-11/.

Technologieanbieter jedoch an, dass das Anleiheprojekt nun in Form eines Tokens vorangetrieben würde.[30]

2.3. Investitionen in Bitcoin und Vulkan-Token

Die Einführung von BTC als gesetzliches Zahlungsmittel durch El Salvador ist besonders bemerkenswert, weil es sich um die erste Einführung einer Währung handelt, die weder auf Rohstoffen basiert noch der Kontrolle des Staates unterliegt, der sie als gesetzliches Zahlungsmittel einführt. Eine Regierung, die eine solche private Kryptowährung als gesetzliches Zahlungsmittel einführt, die auf einer dezentralen Struktur ähnlich der von BTC beruht, kann darüber wohl weniger Kontrolle ausüben als über Aktien oder andere (traditionelle) Finanzinstrumente, die ihrer Jurisdiktion unterliegen.

Tatsächlich kann El Salvador nicht einmal die Ausgabe neuer BTC-Einheiten beeinflussen, weder in Bezug auf Quantität noch auf Qualität. Dies scheint der Ausgabe von Staatsanleihen nach ausländischem Recht nicht unähnlich zu sein, weil beide Maßnahmen das Vertrauen in den Wert des emittierten Vermögenswerts stärken sollen, jedoch mit dem bemerkenswerten Unterschied, dass im Falle von dezentralen Vermögenwerten eine Verletzung der programmierten Bedingungen de facto unmöglich sein kann und sich damit auch die Dynamik der Anspruchsdurchsetzung erheblich verändern kann.[31]

Dies wirft die Frage auf: Wäre der Erwerb von BTC oder Vulkan-Tokens im aktuellen Investitionsschutzregime als Investition in El Salvador geschützt? Mehrere ICSID Tribunale haben (traditionelle) Finanzinstrumente als Investitionen klassifiziert, doch ihre Einstufung und die diesbezüglichen Grenzen sind nach wie vor unklar, wobei die „beiden *Salini*-Kriterien – Risiko und Beitrag – wichtige Streitpunkte" waren und das letztere Kriterium manchmal gemeinsam mit dem territorialen Zusammenhang der Investition analysiert wurde.[32]

Im Fall *Fedax/Venezuela* stellte das Tribunal beispielsweise fest, dass „[e]s ein Standardmerkmal vieler internationaler Finanztransaktionen ist, dass die betreffenden Gelder nicht physisch in das Hoheitsgebiet des Empfängers

30 iFinex Inc.: *El Salvador's Historic Digital Asset Securities Law Passes!*, Web.

31 Ornig, Dominik Jordi: „Digital Assets in International Adjudication". In: Ruiz Fabri, Hélène (Hrsg.): Max Planck Encyclopedias of International Law. Oxford University Press: 2023, https://opil.ouplaw.com/display/10.1093/law-mpeipro/e3941.013.3941/law-mpeipro-e3941.

32 Waibel, Michael: „Subject Matter Jurisdiction: The Notion of Investment". *SSRN Electronic Journal* 2021, paras 109 ff., 111, retrieved 9.12.2021, from https://www.ssrn.com/abstract=3763725.

transferiert werden, sondern ihm anderswo zur Verfügung gestellt werden".[33] Im Fall *Abaclat/Argentinien* stellte das Tribunal fest:

> Bei Investitionen rein finanzieller Art sollte das relevante Kriterium sein, wo und/oder zu wessen Gunsten die Mittel letztlich verwendet werden, und nicht der Ort, an dem die Mittel ausgezahlt oder überwiesen wurden. Die relevante Frage ist also, wo die investierten Mittel letztendlich dem Aufnahmestaat zur Verfügung gestellt wurden und ob sie dessen wirtschaftliche Entwicklung gefördert haben.[34]

Bei dem Erwerb von BTC ist dieser Beitrag zu der wirtschaftlichen Entwicklung des Gastlandes weniger eindeutig als bei (traditionellen) Finanzinvestitionen wie Schuldverschreibungen oder Staatsanleihen, die Gegenstand mehrerer bisheriger ICSID-Verfahren waren. El Salvador hat BTC nicht ausgegeben, sondern lediglich als gesetzliches Zahlungsmittel adoptiert. Trotz eines eventuell gegenteiligen Eindrucks macht die große Anzahl der im Umlauf befindlichen Einheiten oder deren kryptographische Absicherung die Rückverfolgung von Transaktionen nach El Salvador jedoch nicht unmöglich. Das BTC-Netzwerk basiert auf dem so genannten UTXO-Modell (englisch für „unspent transaction output", „UTXO"),[35] das nicht nur die Rückverfolgung von Transaktionen bis zu ihrem Ursprung in einem „geminten" Block ermöglicht, sondern auch die Rückverfolgung einzelner Untereinheiten, sogenannten „Satoshis", durch alle Transaktionen hinweg, an denen diese jemals beteiligt waren.[36]

Während sich auf diese Art der Zu- bzw. Abfluss von Investitionen nach/aus El Salvador relativ leicht nachverfolgen lässt, ist weniger klar, wie diese Investitionen zur wirtschaftlichen Entwicklung des Landes beitragen oder einem über die Marktvolatilität hinausgehenden Risiko ausgesetzt sein könnten. Vor

---

33 „Fedax N.V. and The Republic of Venezuela, ICSID Case No. ARB/96/3, Decision of the Tribunal on Objections to Jurisdiction" para 41, retrieved 8.8.2022, from https://www.italaw.com/sites/default/files/case-documents/ita0315_0.pdf.

34 „Abaclat and Others and The Argentine Republic, ICSID Case No. ARB/07/5, Decision on Jurisdiction and Admissibility" para 374, retrieved 9.8.2022, from https://www.italaw.com/sites/default/files/case-documents/ita0236.pdf.

35 CipherTrace: *CipherTrace Whitepaper: UTXO vs Wallet-to-Wallet Tracing in Bitcoin Investigations. How Unspent Transactions Tracing Enhances Bitcoin Investigations While Wallet-to-Wallet Tracing Can Produce False Positives and Violate User Privacy*, retrieved 19.2.2022, from https://info.ciphertrace.com/hubfs/Content/CipherTraceUTXOWhitepaper.pdf.

36 Dies ist auch die technologische Grundlage für den aufstrebenden Markt der sogenannten Bitcoin-Originals, die mit Non-Fungible Tokens („NFTs") auf anderen Netzwerken vergleichbar sind.

diesem Hintergrund ist schwer zu erkennen, wie der bloße Erwerb von BTC als Investition in El Salvador oder, wie unten erläutert wird, der Zentralafrikanischen Republik geschützt sein könnte. Anders sieht es jedoch bei Investitionen in die staatlichen Krypto-Börse Chivo aus, bei dem ein Mittelzufluss das ausdrückliche politische Ziel, die Liquidität und Akzeptanz beider gesetzlicher Zahlungsmittels zu erhöhen, fördern würde.

Das genaue Design der Vulkan-Token wurde bisher noch nicht veröffentlicht. Wie der ursprüngliche Name „Vulkananleihe“ bereits andeutet, haben die salvadorianischen Token jedoch starke Ähnlichkeit mit Staatsanleihen, weil sie auch von einer staatlichen Einrichtung ausgegeben werden und ihr ausdrücklicher Zweck darin besteht, Mittel für öffentliche Infrastrukturprojekte zu sammeln. Die derzeit veröffentlichen Informationen deuten nicht darauf hin, dass die Vulkan-Token aufgrund der eingesetzten Technologie zur Emission anders als herkömmliche Staatsanleihen eingestuft werden können. Stattdessen würden sie wohl aufgrund derselben Argumente wie Staatsanleihen als Investitionen geschützt werden.[37]

3. Sango und das Metaversum

3.1. Tokenisierung von Vermögenswerten

Die Tokenisierung von Vermögenswerten ähnelt insofern der Schaffung eines digitalisierten Aktienmarktes, als sie es ermöglicht, die Liquidität von Vermögenswerten, einschließlich physischer Vermögenswerte, die ansonsten aufgrund ihres hohen Wertes, ihrer Größe oder anderer Beschränkungen nicht so leicht vermarktet werden könnten, durch Umwandlung und Aufteilung der Eigentumsrechte zu erhöhen.[38] So können beispielsweise beliebte, an der

37 Waibel, Michael: „Opening Pandora's Box: Sovereign Bonds in International Arbitration“. *American Journal of International Law* 101 (4), 2007, S. 711; Ortolani, Pietro: „Are Bondholders Investors? Sovereign Debt and Investment Arbitration after *Poštová*“. *Leiden Journal of International Law* 30 (2), 2017, S. 383; Montanaro, Francesco: „Poštova Banka SA and Istrokapital SE v Hellenic Republic: Sovereign Bonds and the Puzzling Definition of 'Investment' in International Investment Law“. *ICSID Review* 30 (3), 2015, S. 549.

38 Eine kurze Erklärung in einfachem Englisch findet sich in: Sazandrishvili, George: „Asset Tokenization in Plain English“. *Journal of Corporate Accounting & Finance* 31 (2), 2020, S. 68.

NASDAQ notierte Aktien auch auf der Grundlage von Token gehandelt werden,[39] wodurch ihre Liquidität noch weiter erhöht wird.

Die Tokenisierung wird auch für eine Reihe anderer Vermögenswerte genutzt, von Token-basierten Teilinvestitionen in Immobilien,[40] Wäldern,[41] bis hin zu wertvollen Kunstsammlungen.[42] Wichtige Akteure auf den Finanzmärkten vermuten, dass diese Technologie die Art und Weise, wie (Finanz-) Investitionen getätigt werden, stark verändern wird, und gehen davon aus, dass auf diese Weise erhebliche Volumina an Vermögenswerten auf Blockchains gespeichert werden.[43]

Im Zusammenhang mit staatlichen Finanzinstrumenten erinnert die Tokenisierung an eine Rückkehr zum Goldstandard. Eines der ersten CBDC-Projekte, die venezolanische Kryptowährung „Petro", war bspw. mit einem Korb von Rohstoffen, inklusive dem namensgebenden Rohöl, hinterlegt, um das Vertrauen in den Token zu stärken.[44]

---

39 Browne, Ryan: „Apple and Tesla Shares on the Blockchain Could Be the next Big Thing in Crypto". *CNBC* 8.1.2019, retrieved 15.3.2021, from https://www.cnbc.com/2019/01/07/bitcoin-security-token-and-sto-explained.html.

40 RealT: *FAQ – What Is RealT*, retrieved 15.3.2021, from https://realt.co/faq/?faq-topic=realt-basics&faq-question=what-is-realt; Zheng, Max / Sandner, Philipp: „Asset Tokenization of Real Estate in Europe". In: Lacity, Mary C / Treiblmaier, Horst (Hrsg.): *Blockchains and the Token Economy.* Springer International Publishing 2022, retrieved from https://link.springer.com/10.1007/978-3-030-95108-5_7.

41 Econos Invest GmbH: *Wald in Fleetmark*, retrieved 28.2.2022, from https://econos.green/invest/fleetmarkwald/; Econos Wald Fleetmark GmbH: *Basisinformationsblatt Fleetmark*, retrieved 28.2.2022, from https://econos.green/wp-content/uploads/2022/02/BIB_Wald_Fleetmark.pdf.

42 Maecenas: *The Art Investment Platform. Build Your Own Portfolio of Tokenised Masterpieces*, retrieved 2.9.2021, from https://www.maecenas.co/.

43 Tummala, Rajeev / Roch, Rachel / Tan, Xin Yi: *The 10x Potential of Tokenisation. Democratising Investment Opportunities*, retrieved 6.10.2022, from https://www.gbm.hsbc.com/-/media/gbm/insights/attachments/potential-of-tokenisation.pdf; Laurent, Patrick et al.: „The Tokenization of Assets Is Disrupting the Financial Industry. Are You Ready?". *Deloitte Inside Magazine* Issue 19, retrieved 23.8.2020, from https://www2.deloitte.com/content/dam/Deloitte/lu/Documents/financial-services/lu-tokenization-of-assets-disrupting-financial-industry.pdf.

44 Gobierno Bolivariano de Venezuela and Superintendencia Nacional de Cripoactivos y Actividades Conexas: *Whitepaper: Petro. Hacia La Revolución Digital Económica*, retrieved 6.9.2021, from https://www.petro.gob.ve/static/images/petro-whitepaper.pdf.

3.2. Das Sango-Projekt

Eines der bisher ehrgeizigsten staatlichen Währungsprojekte wird derzeit in der Zentralafrikanischen Republik entwickelt, die im Jahr 2022 ebenfalls BTC als gesetzliches Zahlungsmittel eingeführt hat.[45] Dies ist Teil einer umfassenderen Krypto-Initiative namens „Sango", die darauf abzielt, die Zentralafrikanische Republik als Drehscheibe für die globale Kryptowirtschaft zu etablieren.[46] Darüber hinaus hat die Zentralafrikanische Republik damit begonnen, ihre eigene Kryptowährung „Sango" auszugeben, die auf dem BTC-Netzwerk in der Form eines sogenannten „Layer-2"-Netzwerks aufbaut.[47] Ähnlich wie der venezolanische Petro ist die Kryptowährung der Zentralafrikanischen Republik, der Sango,[48] durch Rohstoffvorkommen gesichert.[49] Diese Rohstoffe sind jedoch noch nicht abgebaut worden, sondern der Abbau soll erst durch die Einnahmen aus den Token-Verkäufen ermöglicht werden.

Das Sango-Projekt geht weit über die Chivo- oder Petro-Initiativen hinaus und umfasst auch Pläne zur Entwicklung einer großen Erweiterung der Hauptstadt Bangui, die sowohl in ihrer physischen Form als auch in einer identischen Darstellung im Metaversum gebaut werden soll. „Durch die Hinterlegung einer festen Besicherung in Form von Sango-Token" sollen die Nutzer auch die

---

45 Droit Afrique, Loi N° 22.004 Du 22 Avril 2022 Régissant La Cryptomonnaie En République Centrafricaine, retrieved 15.6.2022, from https://www.droit-afrique.com/uploads/RCA-Loi-2022-04-cryptomonnaie.pdf; BBC News: „Bitcoin Becomes Official Currency in Central African Republic". *BBC News* 27.4.2022, retrieved 27.4.2022, from https://www.bbc.com/news/world-africa-61248809.

46 Sango.org: *Sango. Paving the Way to a Digital Future of Endless Possibilities. Resources*, retrieved 4.6.2022, from https://sango.org/initiative; Savage, Rachel: „Central African Republic Launches 'Sango Coin' Cryptocurrency amid Industry Rout". *Reuters* 15.7.2022, retrieved 9.8.2022, from https://www.reuters.com/world/africa/central-african-republic-launches-sango-coin-cryptocurrency-amid-industry-rout-2022-07-15/.

47 Sango.org: *Sango Genesis Paper*, S. 24-25, retrieved 15.7.2022, from https://sango.org/genesis-paper.pdf.

48 Sango ist eine Layer-2-Lösung auf der Blockchain, benannt nach „einer Handelssprache, die zum östlichen Adamawa-Zweig der Niger-Kongo-Familie gehört". Siehe ibid S. 5, 16.

49 Sango.org: Sango. Resources Deck, retrieved 6.7.2022, from https://sango.org/car-resources.

Staatsbürgerschaft oder elektronische Steueransässigkeit in der Zentralafrikanischen Republik sowie Immobilien erwerben können.[50]

Ähnlich wie die salvadorianischen Vulkan-Token wurde auch die Ausgabe der Sango-Token der Zentralafrikanischen Republik mehrfach unter Hinweis auf ungünstige Marktbedingungen verschoben.[51] Darüber hinaus erklärte das Verfassungsgericht des Landes mehrere Aspekte der Initiative, darunter den Verkauf von Staatsbürgerschaften, Immobilien und Rohstoffen sowie die (ausschließliche) Verwendung der englischen Sprache im Whitepaper der Initiative für verfassungswidrig, wodurch die Zukunft der Initiative bereits kurz nach ihrem Start stark in Frage gestellt wurde.[52] Als Reaktion darauf wurden die ersten Sango-Verkaufszyklen verlängert.[53] Bis zum Zeitpunkt der Erstellung dieses Beitrages wurden noch keine Pässe, Landtitel oder Aufenthaltsgenehmigungen ausgestellt.

3.3. Metaverse Investitionen

Der Science-Fiction-Autor Neal Stephenson, dem die Erfindung des Konzepts eines Metaversums in seinem 1992 erschienenen Roman „Snow Crash“ zugeschrieben wird,[54] leitet jetzt ein Unternehmen namens „Lamina1“, mit dem Ziel, „eine Brücke zwischen der Welt des [physischen]Raums/Metaversums und der

50 Sango.org: *Sango. Paving the Way to a Digital Future of Endless Possibilities. Resources'*, Web.

51 Savage, Rachel / Howcroft, Elizabeth: „Central African Republic Delays Crypto Token Listing, Cites 'Market Conditions'“. *Reuters* 20.12.2022, retrieved 22.12.2022, from https://www.reuters.com/technology/central-african-republic-delays-crypto-token-listing-cites-market-conditions-2022-12-20/.

52 Für den vollständigen Text des Urteils siehe: Yamale, Edouard: „Centrafrique, cryptomonnaie et souveraineté : requête et décision de la Cour constitutionnelle“. *Le Tsunami* 31.8.2022, retrieved 12.9.2022, from https://letsunami.net/centrafrique-cryptomonnaie-et-souverainete-requete-et-decision-de-la-cour-constitutionnelle/; siehe auch Reuters: „Central African Republic Top Court Blocks Purchases with New Cryptocurrency“. *Reuters* 29.8.2022, retrieved 5.9.2022, from https://www.reuters.com/technology/central-african-republic-top-court-blocks-purchases-with-new-cryptocurrency-2022-08-29/.

53 Sango.org: *Sango Announcement Constitutional Court Decision (10.9.2022)*, retrieved 12.9.2022, from https://perma.cc/8QBQ-HWCP archived 12 September 2022.

54 Thornhill, John: „The Metaverse Is Evolving from Fiction into Fact“. *Financial Times* 1.9.2022, retrieved 5.9.2022, from https://www.ft.com/content/ddbefa19-6162-4bf4-b93c-a63df4543764.

Kryptowelt zu schlagen".[55] In ihrem Whitepaper stellt Lamina1 die Schaffung von „interoperierenden dezentralen Diensten" in Aussicht, die schließlich ein „Metaverse-as-a-Service" anbieten sollen.[56]

Das Aufkommen des ersten souveränen, also durch einen souveränen Akteur kontrolliertes, Metaversums, das gleichermaßen mit Krypto-Vermögenswerten verflochten ist, wirft viele Fragen für internationale Investitionsstreitigkeiten auf. Dies beginnt mit verfahrenstechnischen Fragen der Streitbeilegung im Metaversum, etwa ob es als Sitz für ein Schiedsverfahren gewählt werden könnte, ob Zeugenaussagen auf der Grundlage von Avataren angemessen bewertet werden könnten, wie Beweise im Metaverse gesammelt und aufbewahrt werden oder wie Fragen der Vollstreckung im Metaversum gelöst werden könnten.[57] So wie Kritiker CBDC als Weg in die „digitale Leibeigenschaft" sehen,[58] könnte ein Metaversum als Plattform für soziale und wirtschaftliche Interaktionen eine noch stärkere Kontrolle durch dessen Betreiber ermöglichen. Darüber hinaus stellen sich im Metaversum dieselben materiellen Fragen wie bei digitalen Vermögenswerten im Allgemeinen, möglicherweise jedoch in Kombination mit den zusätzlichen metaversebezogenen Fragen.

4. Krypto-Mining und digitale Netzwerke

Bislang wurden noch keine Schiedsklagen in Bezug auf den Schutz von Investitionen im Zusammenhang mit digitalen Vermögenswerten veröffentlicht. Es ist jedoch wahrscheinlicher, dass nicht die digitalen Vermögenswerte selbst, sondern ein entscheidender Teil ihres Lebenszyklus Gegenstand der ersten Investitionsansprüche sein werden: die Mining-Betriebe. Als die Preise und die Marktkapitalisierung digitaler Vermögenswerte zu Beginn der

---

55 Lamina1: *LAMINA1 – Building the Open Metaverse Together*, retrieved 5.9.2022, from https://www.lamina1.com/; Lamina1: „Announcing LAMINA1 – A Little over Ten Years Ago, I Convened…". *Medium* 8.6.2022, retrieved 5.9.2022, from https://medium.com/@LAMINA1/announcing-lamina1-bb7119d19a0d.

56 Lamina1: *Lamina1 – Whitepaper 1.1*, retrieved 21.10.2022, from https://www.lamina1.com/docs/Lamina1_Whitepaper_1.1.pdf.

57 Watanabe, Mayu / Rule, Colin: „ODR in the Metaverse". *International Journal on Online Dispute Resolution* 9 (1), 2022, S. 21; Chan, Elizabeth / Hay, Emily: „Something Borrowed, Something Blue: The Best of Both Worlds in Metaverse-Related Disputes". *Contemporary Asia Arbitration Journal* 15(2), 2022, S. 205.

58 Kaminska, Izabella: „A Comprehensive Critique of 'Britcoin'. You're Welcome". *The Blind Spot* 11.2.2023, retrieved 16.2.2023, from https://the-blindspot.com/a-comprehensive-critique-of-britcoin-youre-welcome/.

Covid-19-Pandemie in die Höhe schnellten, entstand eine beträchtliche Anzahl von groß-industriellen Mining-Betrieben.[59] Im Gegensatz zu den Interaktionen in den jeweiligen Netzwerken, die sie ermöglichen, haben Mining-Betriebe jedoch einen sehr sichtbaren und territorial einfach zuordenbaren Fußabdruck, oft in Form von industriellen Rechenzentren. Gleichzeitig hat der zunehmende politische Druck aufgrund von Umwelt- oder Geldwäschebedenken zu beispiellosen Gegenreaktionen von staatlichen Behörden geführt.

4.1. Konsens und Umwelt

Die Größe des ökologischen Fußabdrucks von Netzwerken für digitale Vermögenswerte hängt von dem jeweiligen Konsensalgorithmus ab, der zur Sicherung des Netzwerks eingesetzt wird.[60] Diese Algorithmen setzen in der Regel auf limitierte Ressourcen, um das Verfälschen der Integrität des Netzwerks komplexer und unwirtschaftlich zu machen.[61] Auf der Suche nach der geeignetsten

---

59 Farooq, Umar: „Pakistani Province Plans to Build Pilot Crypto Currency Mining Farms". *Reuters 18.3.2021,* retrieved 18.3.2021, from https://www.reuters.com/article/us-crypto-currency-pakistan/pakistani-province-plans-to-build-pilot-crypto-currency-mining-farms-idUSKBN2BA0KW; Reuters: „Kazakhstan in Talks on $700 Mln in Cryptocurrency Mining Projects". *Reuters* 2.9.2020, retrieved 18.3.2021, from https://www.reuters.com/article/idUSL8N2FZ0NB; Security Service of Ukraine: *SBU Exposes Massive Crypto Mining in Ukraine*, retrieved 6.8.2021, from https://ssu.gov.ua/en/novyny/sbu-vykryla-naibilshu-kryptofermu-v-ukraini-maizhe-5-tys-kompiuteriv-mainyly-hroshi-na-vinnytsiaoblenerho; Marrow, Alexander: „Remote Siberian Data Center Reaps Rewards of Bitcoin Rally". *Reuters* 9.3.2021, retrieved 18.3.2021, from https://www.reuters.com/article/us-russia-cryptocurrencies-bitriver/remote-siberian-data-center-reaps-rewards-of-bitcoin-rally-idUSKBN2B11RJ.

60 Azbeg, Kebira et al.: „An Overview of Blockchain Consensus Algorithms: Comparison, Challenges and Future Directions". In: Saeed, Faisal et al. (Hrsg.): *Advances on Smart and Soft Computing.* (Advances in Intelligent Systems and Computing 1188). Springer: Singapore 2021, S. 365-366, retrieved from https://link.springer.com/10.1007/978-981-15-6048-4_31.

61 Einer der häufigsten Angriffe, der so genannte Sybil-Angriff, würde beispielsweise hohe Kosten in Form von Rechenleistung für Proof-of-Work-Netzwerke verursachen, die die Vorteile, die sich aus einem solchen Angriff ergeben könnten, zunichte machen könnten. Siehe Douceur, John R: „The Sybil Attack". In Druschel, Peter / Kaashoek, Frans / Rowstron, Antony (Hrsg.): *Peer-to-Peer Systems.* (Lecture Notes in Computer Science 2429). Springer: Berlin Heidelberg 2002, retrieved from http:/link.springer.com/10.1007/3-540-45748-8_24; Ferdous, Md Sadek / Chowdhury, Mohammad Jabed Morshed / Hoque, Mohammad A: „A Survey of Consensus Algorithms in

Lösung für CBDC haben staatliche Projekte bisher mit einer Reihe verschiedener Netzwerke (und Konsensalgorithmen) experimentiert.[62]

Der gemeinsame Nenner der oben beschriebenen Projekte Chivo und Sango ist das BTC-Netzwerk, das einen sogenannten „Proof-of-Work"-Algorithmus verwendet, der Rechenleistung und die damit verbundene Energie zur Sicherung des Netzwerks nutzt. Daher verbraucht es große Mengen an Energie und kann nur mit speziellen Computern wirtschaftlich „gemint" werden. In der Tat verbraucht das BTC-Netzwerk derzeit mehr Energie als ganze Volkswirtschaften.[63] BTCs werden oft mit „digitalem Gold" verglichen, doch Studien haben ergeben, „dass [die Erzeugung von] Bitcoin […] mehr Energie pro erzeugtem US-Dollar verbraucht als Kupfer, Gold, Platingruppenmetalle und seltene Erden.[64] Der ökologische Fußabdruck von BTC ist daher näher an „digitalem Rohöl" als an „digitalem Gold",[65] nicht zuletzt da die Mining-Betriebe überwiegend mit fossilen Brennstoffen betrieben werden.[66]

Auch der ökologische Fußabdruck pro Transaktion ist selbst innerhalb desselben Netzwerks und Konsensalgorithmus möglicherweise nicht konstant. Der Proof-of-Work-Algorithmus des BTC-Netzwerks beispielsweise kalibriert sich etwa alle zwei Wochen auf der Grundlage der Zeit, die das Netzwerk zur Berechnung der erwarteten Anzahl von Blöcken benötigte, um unabhängig von der aktuellen Rechenleistung der Mining-Betriebe eine konstante Anzahl

Public Blockchain Systems for Crypto-Currencies". *Journal of Network and Computer Applications* 182, 2021 No. 103035, S. 5-6.

62 Chantry, Simon: *The Importance of Interoperability in CBDCs*, Bitt Inc 2022, S. 4, retrieved 28.1.2023, from https://www.bitt.com/assets/pdfs/Interoperability-Thought-LeadershipDec22.pdf.

63 Cambridge Centre for Alternative Finance: *Cambridge Bitcoin Electricity Consumption Index (CBECI)*, retrieved 28.1.2023, from https://ccaf.io/cbeci/index/comparisons.

64 Krause, Max J / Tolaymat, Thabet: „Quantification of Energy and Carbon Costs for Mining Cryptocurrencies". *Nature Sustainability* 1, 2018, S. 711, 714.

65 Jones, Benjamin A / Goodkind, Andrew L / Berrens, Robert P: „Economic Estimation of Bitcoin Mining's Climate Damages Demonstrates Closer Resemblance to Digital Crude than Digital Gold". *Scientific Reports* 12, 2022, No. 14512; Hern, Alex: „Bitcoin Climate Impact Greater than Gold Mining, Study Shows". *The Guardian* 29.9.2022, retrieved 30.9.2022, from https://www.theguardian.com/technology/2022/sep/29/bitcoin-climate-impact-gold-mining-environmental-damage-cryptocurrency.

66 Cambridge Centre for Alternative Finance: *Cambridge Bitcoin Electricity Consumption Index (CBECI). Greenhouse Gas Emissions*, retrieved 27.9.2022, from https://ccaf.io/cbeci/ghg/index.

von Blöcken über die Zeit zu gewährleisten.[67] Allerdings haben Anpassungen der Mining-Schwierigkeit zuweilen auch zu längeren Intervallen geführt, in denen kein einziger Block gefunden wurde,[68] ohne jedoch notwendigerweise den Energieverbrauch zu senken.

4.2. Chinesisches Verbot und globale Verschiebung

Dieser enorme Energieverbrauch von Netzwerken für digitale Vermögenswerte wie BTC, aber auch die geringere staatliche Kontrolle über die Finanzströme, hat in vielen Ländern der Welt eine größere regulatorische Aufmerksamkeit erregt. China hat beispielsweise bereits 2013 „Drittanbietern die Verwendung der virtuellen Währung untersagt".[69] Die Mining-Betriebe wurden aber bis 2021 weiterhin geduldet, bevor (private) Kryptowährungen samt Mining in China gänzlich verboten wurden, was vermutlich auf die enormen CO_2-Emissionen abzielte, die durch BTC-Mining in China entstanden,[70] oder auch die Förderung des chinesischen CBDC-Projekts im Blick hatte.[71] Infolgedessen wurden

67 Dies entspricht 2016 Blöcken, für welche die Zielvorgabe 20.160 Minuten bzw. zwei Wochen beträgt, basierend auf einer Blockzeit von 10 Minuten. Wenn die tatsächliche benötigte Zeit dieses Ziel übersteigt, sinkt die Schwierigkeit und wenn sie unter dem Ziel liegt, steigt sie. Siehe Antonopoulos, Andreas M: *Mastering Bitcoin: Programming the Open Blockchain*. O'Reilly Media: Sebastopol Second edition 2017, S. 236, retrieved 5.1.2022, from https://github.com/bitcoinbook/bitcoinbook.

68 Knight, Oliver: „Bitcoin Fails to Produce 1 Block for Over an Hour". *Coindesk* 17.10.2022, retrieved 20.10.2022, from https://www.coindesk.com/business/2022/10/17/bitcoin-fails-to-produce-1-block-for-over-an-hour/.

69 Clinch, Martin: „Bitcoin Price Halves as China Clampdown Escalates". *CNBC* 18.12.2013, retrieved 28.7.2021, from https:/www.cnbc.com/2013/12/18/bitcoin-price-halves-as-china-clampdown-escalates.html.

70 Jiang, Shangrong et al., „Policy Assessments for the Carbon Emission Flows and Sustainability of Bitcoin Blockchain Operation in China". *Nature Communications* 12, 2021, No. 1938.

71 Farrer, Martin: „Currency and Control: Why China Wants to Undermine Bitcoin". *The Guardian* 9.7.2021, retrieved 28.7.2021, from https://www.theguardian.com/world/2021/jul/09/currency-and-control-why-china-wants-to-undermine-bitcoin. Siehe auch: The statement by the Chinese State Council underscoring the goal of blocking mining operations: The State Council of the People's Republic of China: *Fifty-First Meeting of the State Council's Financial Stability Development Committee,* retrieved 28.7.2021, from https://www.gov.cn/guowuyuan/2021-05/21/content_5610192.htm.

Unternehmen geschlossen,[72] Gewinne aus dem Handel mit Kryptowährungen konnten nicht mehr auf chinesische Bankkonten überwiesen werden,[73] chinesische Angestellte oder Kunden von Krypto-Börsen im Ausland riskierten Strafverfolgung oder verloren ihren Zugang,[74] all dies inmitten fallender Kryptopreise.[75]

Natürlich sind die regulatorischen Durchsetzungsmaßnahmen gegen Krypto-Mining-Betriebe nicht auf China beschränkt. Große Krypto-Mining-Betriebe wurden von den Behörden auch wegen Energiediebstahls oder aufgrund von Geldwäschevorwürfen beschlagnahmt oder geschlossen, beispielsweise in der Ukraine,[76] Malaysia[77] oder Pakistan.[78] Bis zum harten Durchgreifen gegen das Kryptowährungs-Mining hatte China jedoch eine einzigartig

72 China People's Bank: *Risk Tips on Preventing Virtual Currency Trading Activities*, retrieved 28.7.2021, from https://mp.weixin.qq.com/s/jJbuBjDYMxvbZdR71jBKlQ; Sigalos, MacKenzie: „China's War on Bitcoin Just Hit a New Level with Its Latest Crypto Crackdown". *CNBC 7.7.2021*, retrieved 28.7.2021, from https://www.cnbc.com/2021/07/06/china-cracks-down-on-crypto-related-services-in-ongoing-war-on-bitcoin.html.

73 Olcott, Eleanor: „Chinese Cryptocurrency Traders Look for Ways around Ban". *Financial Times* 20.10.2021, retrieved 17.11.2021, from https://www.ft.com/content/e7d3b78c-a479-4d4a-9f99-b6f0f90b0935.

74 Olcott, Eleanor / Szalay, Eva: „China Expands Crackdown by Declaring All Crypto Activities 'Illegal'". *Financial Times* 24.9.2021, retrieved 24.9.2021, from https://www.ft.com/content/31f7edf7-8e05-46e1-8b13-061532f8db5f; McMorrow, Ryan / Kinder, Tabby: „Cryptocurrency Exchanges Start Cutting off Chinese Users". *Financial Times* 27.9.2021, retrieved 27.9.2021, from https://www.ft.com/content/9c42c660-7e80-47c2-8b3b-3398c6a22eaf.

75 Wilson, Tom: „Bitcoin Slips after China Central Bank Vows to Crack down on Crypto Trading". *Reuters* 24.9.2021, retrieved 24.9.2021, from https://www.reuters.com/article/fintech-cryptocurrency-bitcoin/bitcoin-slips-after-china-central-bank-vows-to-crack-down-on-crypto-trading-idUSKBN2GK0RM.

76 Security Service of Ukraine: *SBU Exposes Massive Crypto Mining in Ukraine, Web.*

77 The Star: „Eight Arrested over Power Theft, 1,069 Bitcoin Mining Machines Worth RM5.3mil Seized". *The Star* 16.7.2021, retrieved 6.8.2021, from https://www.thestar.com.my/news/nation/2021/07/16/eight-arrested-over-power-theft-1069-bitcoin-mining-machines-worth-rm53mil-seized.

78 Farooq, Umar: „Pakistan Moves to Bring Cryptocurrency Boom out of the Dark". *Reuters* 16.7.2021, retrieved 28.7.2021, from https://www.reuters.com/technology/pakistan-moves-bring-cryptocurrency-boom-out-dark-2021-07-16/.

dominante Position inne und beherbergte bis zu drei Viertel der Rechenleistung, die das BTC-Netzwerk sicherte.[79]

Proof-of-Work-Mining erfordert heutzutage meistens spezielle Hardware, um wettbewerbsfähig zu sein und wirtschaftlich operieren zu können. Sogenannte ASICs (englisch für „application specific integrated circuits", „ASIC") sind Computer, die für Effizienz und Leistung bei der Berechnung bestimmter Konsensalgorithmen optimiert wurden. Einige Konsensalgorithmen wurden so konzipiert, dass sie gegen ASIC-Mining resistent sind, wie z.B. der Algorithmus des Monero Netzwerks, RandomX.[80] Für das Mining des nach Marktkapitalisierung zweitgrößten Netzwerks für digitale Vermögenswerte, Ethereum, wurden früher überwiegend Grafikprozessoren („GPUs") verwendet, die nach der Änderung des Algorithmus wiederverwendet werden konnten.[81]

Aufgrund der großen Menge an Rechenleistung, die auf das Netzwerk abzielt, ist es sehr unwahrscheinlich, dass BTC-Mining ohne ASICs profitabel ist. Im Gegensatz zu anderen Rechenzentren können Mining-Aktivitäten mit ASICs jedoch nicht einfach für andere Zwecke wiederverwendet werden. Daher wurden Millionen von ASICs, die zum Zeitpunkt des Inkrafttretens des chinesischen Mining-Verbots noch Gewinn abwerfen konnten, ins Ausland verschifft; die überwältigende Mehrheit davon landete in Russland.[82] Dies schürte bald Befürchtungen, dass Russland damit Sanktionen umgehen könnte.[83]

---

79 Cambridge Centre for Alternative Finance: *Cambridge Bitcoin Electricity Consumption Index (CBECI). Bitcoin Mining Map,* retrieved 28.1.2023, from https://ccaf.io/cbeci/mining_map.

80 Monero Outreach: *Monero's RandomX*, retrieved 12.2.2022, from https://www.monerooutreach.org/stories/RandomX.html; tevador: *RandomX*, retrieved 12.2.2022, from https://github.com/tevador/RandomX; The Monero Project: *Moneropedia. RandomX,* retrieved 12.2.2022, from https://www.getmonero.org//resources/moneropedia/randomx.html.

81 Muir, Martha: „Ether Miners Repurpose Tools Following the 'Merge'". *Financial Times* 1.11.2022, retrieved 1.11.2022, from https://www.ft.com/content/61c15ce0-7d36-4602-9c54-fd8e5909a4ef.

82 Muir, Martha: „China's Exiled Crypto Machines Fuel Global Mining Boom". *Financial Times* 22.11.2021, retrieved 22.11.2021, from https://www.ft.com/content/0dbe4f9f-a433-4288-858e-c4b852f4c340.

83 International Monetary Fund: *Shockwaves from the War in Ukraine Test the Financial System's Resilience,* April 2022, retrieved 28.1.2023, from https://www.imf.org/-/media/Files/Publications/GFSR/2022/April/English/text.ashx; Wronka, Christoph: „Digital Currencies and Economic Sanctions: The Increasing Risk of Sanction Evasion". *Journal of Financial Crime* 29 (4), 2022, S. 1269.

Ein großer Teil derjenigen, die nicht nach Russland verlagert wurden, wurde in Teilen der USA aufgestellt, wo sowohl die Infrastruktur als auch Strom am billigsten waren.[84] Die Verlagerung der Mining-Betriebe weg von China führte auch zu einem Rentabilitätsanstieg von bis zu 50 % für Mining-Betriebe in anderen Ländern, wobei „die Mining-Betriebe [...] sich auf Orte mit reichlich erneuerbaren Energiequellen wie Norwegen und Kanada konzentrieren" und „spezialisierte Standortbetreiber Schwierigkeiten haben, Anlagen schnell genug zu bauen."[85] Auch mehrere andere Länder bemühten sich, die Nachfrage nach Mining-Betrieben, die durch diesen Aufschwung entstanden sind, mit nachhaltigeren Energiequellen zu befriedigen.[86]

4.3. Investitionen in Mining-Betriebe

Ähnlich wie traditionelle Minen, haben auch Krypto-Mining-Betriebe einen beträchtlichen physischen Fußabdruck im Investitionsstaat. Folglich sind die damit verbundenen Investitionen gerade nicht mit denselben Problemen in Bezug auf ihre territoriale Verbindung oder ihren Beitrag zur wirtschaftlichen Entwicklung des Gaststaates verbunden, welche oben zur Kategorisierung von

84 Brown, Dalvin: „Bitcoin Miners Break New Ground in Texas, a State Hailed as the New Cryptocurrency Capital". *The Washington Post* 8.7.2021, retrieved 26.8.2021, from https://www.washingtonpost.com/technology/2021/07/08/bitcoin-mining-texas-electricity/; Sigalos, MacKenzie: „China Is Kicking out More than Half the World's Bitcoin Miners – and a Whole Lot of Them Could Be Headed to Texas". *CNBC* 15.6.2021, retrieved 28.7.2921, from https://www.cnbc.com/2021/06/15/chinas-bitcoin-miner-exodus-.html; Aratani, Lauren: „Why Bitcoin Entrepreneurs Are Flocking to Rural Texas". *The Guardian* 17.8.2021, retrieved 24.8.2021, from https://www.theguardian.com/technology/2021/aug/17/bitcoin-cryptocurrency-mining-texas.

85 Szalay, Eva: „China's Crypto Crackdown Delivers Windfall to Global Bitcoin 'Miners'". *Financial Times* 24.8.2021, retrieved 24.8.2021, from https://www.ft.com/content/1188803d-4327-4628-9dec-f30f38a03d94.

86 Reed, John: „Hydropower-Rich Laos Pushes into Crypto as It Authorises Mining and Trading". *Financial Times* 16.9.2021, retrieved 16.9.2021, from https://www.ft.com/content/3a820200-0128-42b3-be6c-f5abd6381efa; Reuters: „Uzbekistan Legalises Solar-Powered Crypto Mining". *Reuters* 4.5.2022, retrieved 6.5.2022, from https://www.reuters.com/business/finance/uzbekistan-legalises-solar-powered-crypto-mining-2022-05-04/; Reuters: „Tesla, Block and Blockstream to Mine Bitcoin off Solar Power in Texas". *Reuters* 8.4.2022, retrieved 9.4.2022, from https://www.reuters.com/technology/tesla-block-blockstream-mine-bitcoin-off-solar-power-texas-cnbc-2022-04-08/.

digitalen Vermögenswerten besprochen wurden. Andererseits werden Mining-Betriebe aufgrund ihres ökologischen Fußabdrucks, ihrer Rolle für die Stabilität der Energienetze oder ihrer Rolle auf den Finanzmärkten immer stärker reguliert oder wie im Fall von China sogar verboten. Die Durchsetzung dieser Vorschriften könnte damit Anlass für Investitionsschutzstreitigkeiten geben.

Die Verluste, die durch diese Regulierungsbemühungen entstanden sind, sind jedenfalls beträchtlich. Allein nach dem chinesischen Mining-Verbot wurden schätzungsweise 700.000 ASICs nicht wieder in Betrieb genommen und Millionen von Maschinen mussten ins Ausland verschifft werden.[87] Dies würde es für Miner wirtschaftlich interessant machen, Investitionsansprüche zu prüfen.

5. Schlussfolgerung

Beide oben diskutierten Initiativen für souveräne digitale Vermögenswerte haben ebenfalls Verbindungen zum Krypto-Mining: Vulkan-Token sollen direkt den Aufbau von Mining-Betrieben finanzieren, Sango-Token benötigen das Bitcoin-Netzwerk als Layer-1 Blockchain, das Metaversum der Zentralafrikanischen Republik wird die Prägung digitaler Vermögenswerte für die Verwendung darin erfordern, und beide Länder sind auf den kontinuierlichen Betrieb des Netzwerks angewiesen, um das sekundäre gesetzliche Zahlungsmittel nutzen zu können.

Viele dieser neuen und vielfältigen Fragen für internationale Investmentschutzverfahren sind noch zu klären. Diese reichen vom Investmentschutz bestimmter Finanzinstrumente durch die geltenden Investitionsschutzregelungen über das anwendbare Verfahrensrecht für abweichend zusammengesetzte Smart Contracts als Teil von selbst-exekutierenden Vermögenswerten bis hin zu den Auswirkungen auf die Souveränität in Bezug auf Durchsetzungsmaßnahmen gegen Zentralbanken oder kritische Infrastrukturen, die zur Unterstützung eines digitalen Finanzinstruments verwendet wurden. Dies könnte einen Paradigmenwechsel für internationale Finanzstreitigkeiten und vor allem für internationale Investitionsstreitigkeiten bedeuten.

87 Muir, Martha: „China's Exiled Crypto Machines Fuel Global Mining Boom" 22.11.2021, Web.

Judith Sild[1]

Rechtsdurchsetzung menschenrechtlicher Standards in Lieferketten

Eine Einordnung aktueller Entwicklungen

A. Einleitung

Die Thematik der „Lieferketten“ ist in den letzten Jahren ein zunehmend prominentes Gebiet für politische und wissenschaftliche Betätigungen. In einer immer mehr globalisierten Welt mit einer immer mehr vernetzten Weltwirtschaft überrascht das nicht wirklich. Vielmehr erstaunt, dass der Zweck, der mit der Pflicht der genaueren Betrachtung der eigenen Lieferketten einhergeht, noch immer so untergeordnet scheint. Menschenrechtliche Standards und deren Einhaltung halten bei weitem nicht Schritt mit der zunehmenden Verschränkung von wirtschaftlichen Beziehungen und Handelswegen.

So waren Schätzungen zufolge im Jahr 2020 rund 160 Millionen Kinder von Kinderarbeit betroffen; die Arbeitsbedingungen, denen sie ausgesetzt sind, sind zumeist ausbeuterisch und menschenverachtend.[2] Darüber hinaus befinden sich rund 40 Millionen Menschen in moderner Sklaverei – darunter versteht man unter anderem Zustände politischer Gefangenschaft, Zwangsprostitution, Rekrutierung von Kindersoldaten sowie immer noch klassische Formen der Leibeigenschaft und der wirtschaftlichen Ausbeutung.[3] Wirtschaftlich gesehen wird mit Zwangsarbeit fast so viel Umsatz erwirtschaftet wie mit dem Drogenhandel.[4]

---

1 Der Beitrag gibt ausschließlich die persönliche Ansicht der Autorin wieder.

2 ILO & Unicef: *Child Labour, Global Estimates 2020, Trends and the road forward*, S. 8, retrieved 28.4.2023, from https:/unicef.at/fileadmin/media/Infos_und_Medien/Info-Material/Lage_der_Kinder_weltweit/UNICEF-ILO-Bericht-Kinderarbeit-2021.pdf.

3 ILO: *Moderne Sklaverei und Kinderarbeit*, 19.9.2017, retrieved 28.4.2023, from https://www.ilo.org/berlin/presseinformationen/WCMS_575502/lang--de/index.htm.

4 Nach einer 2014 veröffentlichten Studie der ILO wirft Zwangsarbeit einen jährlichen Profit von rund 150 Milliarden USD ab, ILO: *Profity and Poverty: The Economics of Forced Labour (2014)*, S. 13, retrieved 28.4.2023, from https://www.ilo.org/wcmsp5/groups/public/---ed_norm/---declaration/documents/publication/wcms_243391.pdf.

Daneben häufen sich Fälle von schweren Industrieunfällen, vor allem in den Produktionsstaaten des globalen Südens. Westliche Konzerne lassen oftmals unter (wissentlicher?) Missachtung jeglicher menschen- und umweltrechtlicher Standards zu Billigstpreisen produzieren. Beispielhaft sei nur hingewiesen auf die Gastank-Explosion 1984 in Bhopal,[5] den Textilfabrikbrand 2012 in Karatschi,[6] den Einsturz des Rana Plaza 2013 in Bangladesch[7] oder die Fälle der Zwangsarbeit auf Baumwollplantagen in der chinesischen Provinz Xinjiang.[8] Solche Vorwürfe und Mitteilungen häufen sich. Es ist jedoch nicht Ziel dieses Beitrags, mögliche Schlagzeilen zu wiederholen oder generell Fälle von Rechtsverletzungen aufzulisten. Vielmehr stellt sich die grundlegende Frage der rechtlichen Greifbarkeit. Denn deutlich wird durch all diese Beispiele, dass immer mehr Menschenrechtsverletzungen und Umweltschäden nicht mehr vom Staat in Ausübung seiner Hoheitsgewalt begangen werden – wie es der klassischen Grundrechtsdogmatik zugrunde liegt –, sondern durch wirtschaftliche

5 Bei der Explosion eines Gastanks in einer Pestizid-Fabrik starben bis zu 25.000 Menschen und rund 500.000 trugen irreversible Gesundheitsschäden davon. Das Unternehmen und die leitenden Manager erhielten Jahre später minimale Strafen. Die Folgen auch in der nahen Umwelt sind noch immer verheerend, Stark, Florian: „Die größte Gas-Katastrophe geschah im Frieden“. *Die Welt* 3.12.2014, retrieved 28.4.2023, from https://www.welt.de/geschichte/article134964811/Die-groesste-Gas-Katastrophe-geschah-im-Frieden.html.

6 Dort starben 256 Menschen, weil Notausgänge verriegelt und Fenster vergittert waren. Die Klagen gegen den Konzern *Kik* in Deutschland als Hauptabnehmer wurden wegen Verjährung (nach pakistanischem Recht) abgewiesen. Siehe e.g. Zimmermann, Konstantin: „Todesstrafe für zwei Männer nach Fabrikbrand in Karatschi“. *Die Zeit* 22.9.2020, retrieved 28.4.2023, from https://www.zeit.de/gesellschaft/zeitgeschehen/2020-09/pakistan-textilfabrik-brand-todesstrafe-hauptverdaechtige-textildiscounter-kik-karachi?utm_referrer=https%3A%2F%2Fwww.google.com%2F.

7 Beim Einsturz eines mehrstöckigen Fabrikgebäudes starben mehr als 1.000 Menschen. In dem Gebäude wurden Textilien hauptsächlich für europäische und amerikanische Modehersteller produziert. Der Einsturz löste eine weltweite Debatte aus. Erstmals wurde ein Kompensationsabkommen zur Entschädigung der Opfer abgeschlossen. Allerdings haben sich nicht alle betroffenen Modehersteller an diesem Abkommen beteiligt. Siehe e.g. Public Eye: *Rana Plaza – Fabrikeinsturz in Bangladesch,* retrieved 28.4.2023, from https://www.publiceye.ch/de/themen/mode/gesundheit-sicherheit-arbeitsplatz/bangladesch/rana-plaza.

8 Es ging hier um die Zwangsarbeit der Volksgruppe der Uiguren in China, Petsche-Demmel, Simone / Pollak, Andreas: „Made in China: Strafe wegen Menschenhandels?“. *DiePresse* 21.9.2021, retrieved 28.4.2023, from https://www.diepresse.com/6035959/made-in-china-strafe-wegen-menschenhandels.

Tätigkeiten privater Akteure verursacht sind, womit die Frage der Verantwortung in den Vordergrund drängt.

B. (Völker-)Rechtliche Grundlagen

Zum Schutz der Menschenrechte und der Umwelt bestehen grundsätzlich viele Regelungen. So sind das Recht auf Leben, die körperliche Unversehrtheit oder das Recht, sich zu versammeln, als Grund- und Menschenrechte auf vielen Ebenen in unterschiedlichsten Übereinkommen sowohl national, kontinental oder weltweit anerkannt. Ganz grundlegend ist an Art. 4 der Allgemeinen Erklärung der Menschenrechte zu denken: „Niemand darf in Sklaverei oder Leibeigenschaft gehalten werden; Sklaverei und Sklavenhandel in allen ihren Formen sind verboten." Art. 4 Abs. 1 EMRK hält dies rechtlich verbindlich für die europäische Ebene fest; Art. 5 der Grundrechtecharta der Europäischen Union (EU) für ihre Mitgliedstaaten. Die nationalen Grundrechtskataloge ergänzen dies weiter. Neben klassischen menschenrechtlichen Garantien ist der Schutz der Umwelt mittlerweile ebenso in diversen internationalen Übereinkommen verankert[9] und sogar in manchen Grundrechtskatalogen ausdrücklich (zumindest) als Grundsatz enthalten.[10]

Es fehlt daher prinzipiell nicht an einer rechtlichen Verankerung dieser Grundsätze. Allerdings sind zwei Probleme festzustellen. Erstens weist das Territorialitätsprinzip Grenzen auf. Internationale Verträge sind nur für jene Staaten bindend, die das entsprechende Übereinkommen unterzeichnet und ratifiziert haben.[11] Die kontinentalen Menschenrechtskataloge weisen zwar

---

9 Statt vieler siehe Übereinkommen von Minamata über Quecksilber aus 2013, retrieved 28.4.2023, from https://mercuryconvention.org/en; POP-Übereinkommen (Stockholmer Übereinkommen) aus 2001, retrieved 28.4.2023, from http://www.pops.int; Basler Übereinkommen aus 1989, retrieved 28.4.2023, from http://www.basel.int; Wiener Übereinkommen zum Schutz der Ozonschicht aus 1985.

10 Siehe etwa Art. 37 GRC. Mit Verweis auf die schwierigen politischen Verhandlungen zu diesem Grundsatz und dessen Aufnahme in die GRC, Calliess, Christian: „Art. 37 GRC". In Calliess, Christian / Ruffert, Matthias (Hrsg.): *EUV/AEUV*. C.H. Beck: München 6. Auflage 2022, Rn. 1 ff.; ähnlich Streinz, Rudolf: „Art. 37 GRC". In Streinz, Rudolf (Hrsg.): *EUV/AEUV*. C.H. Beck: München 3. Auflage 2018, Rn. 1 ff.

11 Cf. Krajewski, Markus: „Menschenrechte und transnationale Unternehmen". In Möseneder, Karl (Hrsg.): *Menschenrechte – Erlanger Universitätstage 2012*. (Erlanger Forschungen – Reihe A: Geisteswissenschaften). FAU University Press: Erlangen 2013, S. 49 (56). Staaten werden grundsätzlich nur hinsichtlich ihres Hoheitsgebiets verpflichtet, siehe Art. 29 Wiener Vertragsrechtskonvention (WVK).

einen großen Geltungsbereich auf, die Durchsetzungsmechanismen variieren jedoch stark.[12] So gelten längst nicht alle bzw. inhaltlich äquivalente Übereinkommen in allen Staaten der Welt. Insbesondere in den sog. „Produktionsstaaten" der südlichen Hemisphäre ist regulatorisch noch einiges an Spielraum vorhanden.[13]

Zweitens verpflichten diese internationalen Übereinkommen die Staaten. Nur die Staaten bzw. staatliche Akteure sind Adressaten der jeweiligen völkerrechtlichen Norm. Private Unternehmen sind grundsätzlich nicht durch solche Abkommen verpflichtet. Unternehmen – auch transnationalen Unternehmen – kommt nach herrschender Auffassung keine Völkerrechtssubjektivität zu.[14]

C. Der klassische Dreiklang „*Protect – Respect – Remedy*"

Der Staat ist als Völkerrechtssubjekt unmittelbar an die Menschenrechte gebunden. Er ist jedoch nicht nur für sein eigenes Handeln verantwortlich. Ihm kommt darüber hinaus eine Schutzpflicht zu. Er hat somit dafür zu sorgen, dass

---

12 Während die Europäische Menschenrechtskonvention (EMRK) durch den Europäischen Gerichtshof für Menschenrechte (EGMR) umfassend geschützt ist und auch eine Individualbeschwerde zulässt, scheint dieser Standard auf den anderen Kontinenten noch unerreicht. Dem Amerikanischen Gerichtshof für Menschenrechte fehlt mit Kanada und den USA die Anerkennung zwei der wichtigsten Staaten des Kontinents. Die Individualbeschwerde ist im Rahmen des Afrikanischen Menschenrechtsgerichtshofs noch schwach ausgeprägt. Ansätze eines arabischen oder asiatischen Menschenrechtsschutzsystems sind erst zaghaft vorhanden. Detailliert dazu Fremuth, Michael L.: *Menschenrechte.* BWV Berliner Wissenschaftsverlag: Berlin 2020, S. 136 ff.

13 Beispielsweise kann der asiatische Menschenrechtsschutz noch keinen dem europäischen Niveau gleichwertigen Standard bieten, auch wenn mittlerweile diverse vor allem „soft law"-Ansätze existieren, dazu Fremuth, S. 150 ff.

14 Folglich können *de iure* keine Menschenrechtsverletzungen durch Unternehmen begangen werden. Korrekterweise müsste man daher von „Menschenrechtsverletzungen in Zusammenhang mit wirtschaftlichen Aktivitäten von Unternehmen" sprechen, so Massoud, Sofia: *Menschenrechtsverletzungen im Zusammenhang mit wirtschaftlichen Aktivitäten von transnationalen Unternehmen.* (Interdisciplinary Studies in Human Rights 2). Springer: Berlin 2018, S. 2. Um diese Problematik zu umgehen, gibt es mittlerweile vermehrt Stimmen, die eine solche Völkerrechtssubjektivität von transnationalen Unternehmen fordern. Im Detail etwa auch Haider, Katharina: *Haftung von transnationalen Unternehmen und Staaten für Menschenrechtsverletzungen.* (Studien zum Internationalen Wirtschaftsrecht 26). Nomos: Baden-Baden 2019, S. 195 ff., insbesondere S. 199 ff.

menschen- und umweltrechtliche Standards, denen er selbst verpflichtet ist, auch vor privaten Eingriffen geschützt sind; sei dies durch eine entsprechende nationale Regulierung, Zulassungs- und Aufsichtsverfahren, Sanktionen oder auf andere geeignete Weise. Im völkerrechtlichen Kontext spricht man diesbezüglich von der „Duty to Protect“.[15]

Unternehmen hingegen kommt lediglich eine Verantwortung zur Achtung der Grund- und Menschenrechte zu. Sie sind nicht direkt verpflichtet, d.h. die Völkerrechtspflichten sind für Unternehmen nicht unmittelbar anwendbar; aber Unternehmen sind dennoch angehalten, die Standards entsprechend zu respektieren. Die UN-Leitlinien für Wirtschaft und Menschenrechte, die der UN-Menschenrechtsrat am 16.6.2011 per Resolution beschlossen hat und die in diesem Bereich als maßgebende Handlungsmaxime angesehen werden können, sprechen hierbei von einer „Corporate Responsibility to Respect“.[16]

Als Ergänzung zu den zwei erstgenannten Kategorien sollen angemessene gerichtliche sowie außergerichtliche Abhilfemaßnahmen geschaffen werden, um menschenrechtliche Standards gleichsam im wirtschaftlichen Kontext gebührend zu schützen („Access to Remedy“).[17] Die Trias „Protect – Respect – Remedy“ zieht sich als anerkanntes Leitprinzip durch alle weiterführenden Rechtsdokumente. Dies nicht nur im Bereich des Völkerrechts und des „soft law“, sondern auch im später zu diskutierenden gesetzlichen Umfeld bestehender und geplanter (nationaler) Regulierungen.

Neben rechtlich verbindlichen Dokumenten bedienen sich somit ebenso „soft law“ Instrumente dieses Mantras. So enthalten etwa die (ebenfalls 2011 neugefassten) OECD-Leitsätze für multinationale Unternehmen umfassende Empfehlungen für ein verantwortungsvolles unternehmerisches Handeln.[18]

---

15 Cf. Hamm, Brigitte: „Die UN-Leitprinzipien für Wirtschaft und Menschenrechte – Auswirkungen auf das Menschenrechtsregime“. *Kritische Justiz* 49 (4), 2016, S. 479 (487 f.); Krajewski, S. 49 (57).

16 Hamm, S. 479 (488 f.). Zur Thematik ausführlich auch Hilpold, Peter: „Maßnahmen zur effektiven Durchsetzung von Menschen- und Arbeitsrechten – Völkerrechtliche Anforderungen“. In: Reinisch, August et al. (Hrsg.): *Unternehmensverantwortung und Internationales Recht.* (Berichte der deutschen Gesellschaft für Internationales Recht 50). C.F. Müller: Heidelberg 2020, S. 185.

17 Siehe unter anderem Stöbener de Mora, Patricia S. / Noll, Paul: „Grenzenlose Sorgfalt? – Das Lieferkettensorgfaltspflichtengesetz, Teil 1“. *Neue Zeitschrift für Gesellschaftsrecht* 24 (28), 2021, S. 1237 (1238); ausführlich dazu Hamm, S. 479 (489 f.); ebenso Massoud, S. 13 ff., mit Ausführungen zur Entstehungsgeschichte.

18 Unter Verweis auf die UN-Leitlinien für Wirtschaft und Menschenrechte halten auch sie die Unternehmen an, die Menschenrechte zu achten, eine Verletzung

Gleichzeitig stellt der UN Global Compact zehn Leitprinzipien in den Bereichen Menschenrechte, Arbeit, Umwelt und Anti-Korruption auf.[19] Alle diese Initiativen sind als unverbindliches „soft law" anzusehen.[20] Dies gilt gleichermaßen für die Ziele der UN-Agenda 2030.[21] Ziel 8 der Sustainable Development Goals (SDGs) stellt auf „Menschenwürde, Arbeit und Wirtschaftswachstum" ab. Konkreter gibt das Unterziel 8.7 vor, dass sofortige und wirksame Maßnahmen zur Abschaffung der Zwangsarbeit, zur Beendigung der modernen Sklaverei und des Menschenhandels sowie zur Gewährleistung des Verbots und der Abschaffung der schlimmsten Formen der Kinderarbeit unternommen werden sollen.[22] Dennoch bleibt der zusammenfassende Befund der gleiche. Die Ziele der Agenda 2030 sind primär an Staaten gerichtet.

D. Ansatzpunkte für eine (rechtliche) Unternehmensverantwortung

I. Gescheiterte regulatorische Initiativen

Rechtsverbindliche Dokumente, die unmittelbare Pflichten transnationaler Unternehmen statuieren, sind bisher allesamt gescheitert. Prominent wurden 2003 vom Unterausschuss der UN-Menschenrechtskommission „Draft Norms on the Responsibilities of Transnational Corporations" vorgeschlagen, die allerdings vorrangig bei NGOs Anklang fanden und von vielen

---

der Menschenrechte anderer zu vermeiden und negative Auswirkungen auf die Menschenrechte nach bestem Gewissen zu vermeiden oder zu minimieren. Siehe OECD: *OECD-Leitsätze für multinationale Unternehmen*, retrieved 28.4.2023, from https://mneguidelines.oecd.org/48808708.pdf.

19 Siehe UN Global Compact: *The Ten Principles of the UN Global Compact*, retrieved 28.4.2023, from https://www.unglobalcompact.org/what-is-gc/mission/principles.

20 Ergänzend basiert die ILO auf fünf Grundprinzipien, die sowohl die Beseitigung der Zwangsarbeit als auch die Abschaffung der Kinderarbeit beinhalten. Zur Verwirklichung dieser Ziele wurden unter anderem internationale Übereinkommen geschlossen, die die Mitgliedstaaten zur Umsetzung der darin enthaltenen Vorgaben in nationales Recht verpflichten. Eine Pflicht der Unternehmen ist also ebenso nicht vorgesehen. Siehe ILO: *Kernarbeitsnormen*, retrieved 28.4.2023, from https://www.ilo.org/berlin/arbeits-und-standards/kernarbeitsnormen/lang--de/index.htm.

21 Allgemein dazu etwa Vereinte Nationen: *Ziele für nachhaltige Entwicklung*, retrieved 28.4.2023, from https://unric.org/de/17ziele/.

22 Siehe die offizielle Resolution der Generalversammlung vom 25.9.2015, A/RES/70/1, retrieved 28.4.2023, from https://www.un.org/depts/german/gv-70/band1/ar70001.pdf.

Staaten und vor allem dem Privatsektor vehement abgelehnt wurden. Die UN-Menschenrechtskommission nahm den Vorschlag daher nicht an. In weiterer Folge wurde 2005 jedoch *John Gerard Ruggie* als Sonderberichterstatter eingesetzt, der bereits bei der Ausarbeitung des UN Global Compact beteiligt war. Mit einem breit angelegten Multistakeholder-Ansatz konnte er erfolgreich ein UN-Rahmenwerk (Policy Framework) erarbeiten, das mit seinen drei Säulen „Protect – Respect – Remedy" noch immer die maßgebende Grundlage darstellt.[23]

Ein weiterer Versuch scheiterte bislang. Zwar gibt es eine vom Menschenrechtsrat der Vereinten Nationen eingesetzte unbefristete zwischenstaatliche Arbeitsgruppe, deren Mandat darin besteht, ein internationales rechtsverbindliches Instrument zur Regelung der Tätigkeiten transnationaler Unternehmen und anderer Wirtschaftsunternehmen im Rahmen der internationalen Menschenrechtsvorschriften auszuarbeiten. Sie wurde 2015 eingesetzt und sitzt jährlich zusammen. 2018 veröffentlichte diese Arbeitsgruppe einen sehr weitgehenden Entwurf zur Unternehmensverantwortung, der umfassende Vorgaben zur Due Diligence und zu einem effektiven Rechtsschutz im Schadensfall enthielt. Dem Vorschlag mangelte es jedoch an einer Abstimmung mit geltenden Grundsätzen des Zivilrechts und des internationalen Zivilprozessrechts. Zudem wurde neben vielen weiteren Aspekten die Fokussierung auf transnationale Unternehmen – anstatt alle Unternehmen in die Pflicht zu nehmen – kritisiert.[24] Es überrascht nicht, dass diesem Vorstoß eine mehrheitliche Zustimmung (besonders der Industriestaaten) gleichsam verwehrt blieb. Mittlerweile liegt seit 2021 ein dritter Entwurf eines rechtsverbindlichen Dokuments vor, der allerdings – anders als der Entwurf von 2015 – keine unmittelbar anwendbaren völkerrechtlichen Pflichten für Unternehmen mehr vorsieht, sondern eine Verdichtung staatlicher Verantwortung gegenüber Unternehmen beinhaltet. Nichtsdestotrotz scheint auch dafür ein Konsens der verschiedenen Parteien noch immer nicht in Sicht.[25]

---

23 Cf. ausführlich Hamm, S. 479 (485 f.); Massoud, S. 12 ff.

24 Dazu Stöbener de Mora, Patricia: „Menschenrechte: Diskussion eines UN-Vertrags zu Wirtschaft und Menschenrechten". *Europäische Zeitschrift für Wirtschaftsrecht* 29 (23), 2018, S. 963 f.

25 Siehe zur Arbeitsgruppe samt Verweise auf den Entwurf, UN Human Rights Council: *Open-ended intergovernmental working group on transnational corporations and other business enterprises with respect to human rights*, retrieved 28.4.2023, from https://www.ohchr.org/en/hr-bodies/hrc/wg-trans-corp/igwg-on-tnc.

II. Internationale Ansätze

De lege lata ist damit eindeutig, dass transnationale Unternehmen nicht unmittelbar an die internationalen Abkommen zum Schutz der Menschenrechte und der Umwelt gebunden sind.[26] Immer wieder wird aber versucht, Ansatzpunkte zu finden, Unternehmen zumindest über Umwege einer Verantwortung zu unterziehen.

De lege ferenda könnte angedacht werden, das internationale Investitionsschutzrecht zu nutzen. Dies würde jedoch ein massives Umdenken voraussetzen. Möchte man eine Unternehmensverantwortung forcieren, so dürfte nicht mehr nur der Fokus darauf liegen, ausländische Investoren zu schützen. Denn das derzeit geltende Investitionsschutzrecht ist – wie der Name schon sagt – auf den Schutz der Investoren ausgerichtet. Weder direkte Verpflichtungen der Unternehmen noch weitergehende Schutzpflichten der betroffenen Staaten sind zumeist vorgesehen. Allerdings sind Reformen und neue Denkansätze durchaus in Diskussion.[27] So ermöglicht das IISD-Musterabkommen etwa die Widerklage eines Gaststaates, wenn das investierende Unternehmen Pflichten nicht einhält. Ebenso soll durch Konformitätsklauseln das Unternehmen zur Einhaltung der Rechtsordnung im Gaststaat angehalten werden.[28] Eine Pflicht zur Einhaltung vor allem der Menschenrechte und der Vorgaben des Umweltschutzes würde dennoch einen Paradigmenwechsel begründen. Gleichwohl hätte dies für die Betroffenen rechtswidriger wirtschaftlicher Praktiken den Vorteil, dass gegebenenfalls Klagen vor internationalen Schiedsgerichten eröffnet werden könnten.[29]

---

26 Das Völkerrecht ist traditionell auf staatliche Akteure ausgelegt und bezieht nur zaghaft und in bestimmten Fällen nicht-staatliche Organisationen oder gar Individuen mit ein. Allgemein zu Völkerrechtssubjekten Arnauld, Andreas von: *Völkerrecht.* C.F. Müller: Heidelberg 5. Auflage 2023, Rn. 59 ff., zu transnationalen Unternehmen Rn. 637 f.

27 Ausführlich zur Thematik des Investitionsschutzes Massoud, S. 123 ff., und mit Fokus *de lege ferenda* Massoud, S. 148 ff.

28 Zur abweichenden Handhabung solcher Klauseln in der Praxis siehe Haider, S. 94 f.

29 So etwa Massoud, S. 143 ff. Grundlegend zu diesem Thema aus IPR-Perspektive Huber, Stefan: „Die Stellung von Unternehmen in der Investitionsschiedgerichtsbarkeit (unter besonderer Berücksichtigung von Korruptionsproblemen)". In: Reinisch, August et al. (Hrsg.): *Unternehmensverantwortung und Internationales Recht.* (Berichte der deutschen Gesellschaft für Internationales Recht 50). C.F. Müller: Heidelberg 2020, S. 303; sowie aus völkerrechtlicher Perspektive Vöneky, Silja: „Die Stellung von Unternehmen in der Investitionsschiedgerichtsbarkeit unter besonderer Berücksichtigung von Korruptionsproblemen". In: Reinisch, August et al.

Ebenso keine Option im geltenden Recht ist der Bezug zum Völkerstrafrecht. Insbesondere Verbrechen gegen die Menschlichkeit könnten materiell in Betracht kommen und zu einem Verfahren vor dem Internationalen Strafgerichtshof führen. Allerdings sieht Art. 25 Abs. 1 des Römischen Statuts nur die Verantwortlichkeit natürlicher Personen vor. Eine indirekte Verantwortlichkeit wäre demnach nur über die Strafbarkeit von (leitenden) Angestellten denkbar.[30] Trotzdem scheint das Völkerstrafrecht nicht als taugliches Mittel. Gleiches gilt für das WTO-Recht, das grundsätzlich rein zwischenstaatlich ausgerichtet und darüber hinaus nicht protektionistisch ausgestaltet ist, weshalb es einer Verknüpfung mit menschenrechtlichen Schutzklauseln, im Konkreten Arbeitsrechtsstandards, eher ablehnend gegenübersteht.[31]

Schließlich ist das Konzept der „extraterritorialen Staatenpflichten" in Betracht zu ziehen. Dieses sieht vor, dass Staaten nicht nur für Menschenrechtsverletzungen auf ihrem eigenen Territorium zuständig sein sollen, sondern auch Menschenrechtsverletzungen verhindern bzw. ahnden sollen, die durch wirtschaftliche Aktivitäten „ihrer" Unternehmen im Ausland verursacht werden. D.h., es sollen neben den Schutzpflichten der Staaten, in denen die Unternehmen agieren und produzieren, ebenso jene Staaten, in denen die Unternehmen beheimatet sind, einer „erweiterten" Schutzpflicht außerhalb ihres Hoheitsgebiets unterliegen.[32] Ergänzend zur Schutzpflicht des klassischen Völkerrechts soll der „Heimat"-Staat damit völkerrechtlich verpflichtet werden, national tätig zu werden, um die Menschenrechtsverletzung „weltweit" zu verhindern.[33] Obwohl noch nicht universell anerkannt, ist eine Tendenz zur Annahme solcher extraterritorialer Staatenpflichten zu erkennen. Hinzuweisen ist hier insbesondere auf die Maastrichter Prinzipien im Bereich der wirtschaftlichen, sozialen und kulturellen Rechte, die 2011 von namhaften Experten verfasst wurden und extraterritoriale Staatenpflichten explizit befürworten.[34]

(Hrsg.): *Unternehmensverantwortung und Internationales Recht.* (Berichte der deutschen Gesellschaft für Internationales Recht 50). C.F. Müller: Heidelberg 2020, S. 339.

30 Cf. Haider, S. 214 f.; Massoud, S. 53, jeweils m.w.H.

31 Wiederum Massoud, S. 53 f.

32 Ausführlich Massoud, S. 164 ff.; Haider, S. 114 ff.

33 Siehe Beckers, Anna / Micklitz, Hans-Wolfgang: „Eine ganzheitliche Perspektive auf die Regulierung globaler Lieferketten". *Europäisches Wirtschafts- und Steuerrecht* 2020, S. 324, mit Verweis auf die Vorgaben der UN-Leitprinzipien (Fn. 2).

34 Maastricht Principles on Extraterritorial Obligations of States in the area of Economic, Social and Cultural Rights, siehe Schutter, Olivier de et al.: „Commentary to the Maastricht Principles on Extraterritorial Obligations of States in the Area of Economic, Social and Cultural Rights". *Human Rights Quarterly* 34 (4), 2012,

Zwar gibt es vielfache Anknüpfungspunkte für die Annahme solcher extraterritorialen Staatenpflichten, die praktische Umsetzung ist derzeit jedoch noch sehr umstritten. Nichtsdestotrotz führen solche Überlegungen dazu, die nationale Rechtsordnung genauer in den Fokus zu nehmen.[35]

III. Nationale und sektorale Ansätze

Unabhängig von der Extraterritorialität nationaler Regelungen, gibt es mittlerweile diverse Regulierungen, die sich der Thematik der Einhaltung menschen- und umweltrechtlicher Standards durch Unternehmen annehmen. In der Regel fokussieren die meisten nationalen Vorstöße allerdings auf spezielle Problemfelder oder Sektoren und/oder enthalten nur zaghafte Verpflichtungen an die Unternehmen.[36]

Die Niederlande hat bereits 2018 ein eigenes Gesetz gegen Kinderarbeit (Wet Zorgplicht Kinderarbeid) erlassen, das 2020 in Kraft getreten ist. Dieses sieht jedoch lediglich eine Sorgfaltsprüfung vor, der im Falle eines Verdachts ein Aktionsplan zu folgen hat und schlussendlich zu einer Erklärung des Unternehmens führt.[37] Großbritannien besitzt seit 2015 ein Gesetz gegen moderne Sklaverei (UK Modern Slavery Act), das ebenso im Wesentlichen die Abgabe einer Erklärung vorsieht.[38] Eine ähnliche Rechtslage besteht in Australien.[39]

Mit dem Dodd Frank Act aus dem Jahre 2010 (Inkrafttreten 2012) reagierte die USA eigentlich auf die Finanzkrise 2007/2008. Dennoch enthält dieses

---

S. 1084 ff. Dazu Massoud, S. 176 ff. Als weiteres Beispiel ist der US-Alien Tort Claims Act (ATCA) heranzuziehen, cf. Haider, S. 127 ff.

35 Ausführlich dazu auch Krisch, Nico: „Entgrenzte Jurisdiktion". In: Reinisch, August et al. (Hrsg.): *Unternehmensverantwortung und Internationales Recht.* (Berichte der deutschen Gesellschaft für Internationales Recht 50). C.F. Müller: Heidelberg 2020, S. 11.

36 Dies gilt insbesondere für deren extraterritorialen Aktivitäten. Übersichtsmäßig Stöbener de Mora / Noll, S. 1285 (1288 f.).

37 Wet van 24 oktober 2019 houdende de invoering van een zorgplicht ter voorkoming van de levering van goederen en diensten die met behulp van kinderarbeid tot stand zijn gekomen (Wet zorgplicht kinderarbeid), retrieved 28.4.2023, from https://zoek.officielebekendmakingen.nl/stb-2019-401.html. Hervorzuheben ist, dass dieses Gesetz auch für ausländische Unternehmen gilt, wenn sie zumindest zwei Mal innert eines Jahres in den Niederlanden tätig waren.

38 Modern Slavery Act 2015, retrieved 28.4.2023, from https://www.legislation.gov.uk/ukpga/2015/30/contents/enacted.

39 Modern Slavery Act 2018, retrieved 28.4.2023, from https://www.legislation.gov.au/Details/C2018A00153.

Gesetz Pflichten in Bezug auf Konfliktmaterialen (wie Zinn, Tantal, Wolfram, Gold) und statuiert weitgehende Berichtspflichten für börsennotierte Unternehmen in Bezug auf die Herkunft der von ihnen gehandelten Produkte.[40]

Mit vergleichbarem Fokus erließ die EU bereits 2017 eine Verordnung über Konfliktmaterialien, die EU-Importeure in die Pflicht nimmt.[41] Diese Verordnung ist seit 1.1.2021 anwendbar. Sie legt zwar gewisse Sorgfaltspflichten fest, kritisiert wird aber vor allem der beschränkte Geltungsbereich der Verordnung.[42] Ähnlich eingeschränkt stellte die sog. Holzhandels-Verordnung aus dem Jahre 2010 nur auf die Verhinderung bzw. Minimierung der Einfuhr von illegal geschlagenem Holz ab, nicht aber auf die Eindämmung der Entwaldung *per se*.[43] Daher wurde sie nun durch eine Verordnung über entwaldungsfreie Produkte ersetzt, die wiederum spezielle Sorgfaltspflichten hinsichtlich der jeweiligen Lieferkette vorgibt. Neben Dokumentationspflichten wird ein Risikomanagementsystem eingeführt und müssen von den Marktteilnehmern diverse Risikobewertungen vorgenommen sowie eine Sorgfaltserklärung abgegeben werden. Zur Durchsetzung können Marktüberwachungsbehörden Korrekturmaßnahmen anordnen, die bis zum Rückruf der Ware und sogar der Vernichtung oder Spende der Ware gehen.[44] Die Verordnung trat grundsätzlich

40 Siehe Küblböck, Karin: „Die EU-Konfliktmineralienverordnung – ein Probelauf für verantwortungsvolle Beschaffung im Rohstoffsektor?". *Österreichische Forschungsstelle für Internationale Entwicklung*, Policy Note 36/2021, S. 1.

41 Verordnung (EU) 2017/821 des Europäischen Parlaments und des Rates vom 17. Mai 2017 zur Festlegung von Pflichten zur Erfüllung der Sorgfaltspflichten in der Lieferkette für Unionseinführer von Zinn, Tantal, Wolfram, deren Erzen und Gold aus Konflikt- und Hochrisikogebieten, ABl. 2017 L 130/1.

42 Mit Aufkommen der E-Mobilität wurde etwa Kobalt zu einem überaus wichtigen Rohstoff, der zumeist im Kongo abgebaut wird und nicht unter die EU-Verordnung fällt, siehe Unicef: *Child Labour and Responsible Business Conduct*, 2022, S. 17, retrieved 28.4.2023, from https://www.unicef.de/_cae/resource/blob/308738/2844999aa26db2f6c5ca0146e46c1664/unicef-bericht-kinderarbeit-download-data.pdf. Ebenso Küblböck, S. 2.

43 Verordnung (EU) Nr. 995/2010 des Europäischen Parlaments und des Rates vom 20. Oktober 2010 über die Verpflichtungen von Marktteilnehmern, die Holz und Holzerzeugnisse in Verkehr bringen, ABl. 2010 L 295/23.

44 Verordnung (EU) 2023/1115 des Europäischen Parlaments und des Rates vom 31. Mai 2023 über die Bereitstellung bestimmter Rohstoffe und Erzeugnisse, die mit Entwaldung und Waldschädigung in Verbindung stehen, auf dem Unionsmarkt sowie ihre Ausfuhr aus der Union und zur Aufhebung der Verordnung (EU) Nr. 995/2010, ABl. 2023 L 150/206. Dazu Ruttloff, Marc / Wagner, Eric / Hahn,

am 29.6.2023 in Kraft. Nach deren Art. 38 gelten aber diverse Übergangsbestimmungen, sodass die Pflichten der Marktteilnehmer erst ab 30.12.2024 in Kraft treten. Für KMUs gibt es ebenso weitergehende Übergangsbestimmungen.

IV. Nationale Ansätze einer umfassenden (rechtlichen) Unternehmensverantwortung

Im Gegensatz zu den zuvor beschriebenen eher sektoral geprägten Gesetzen verfolgen insbesondere die Legislativakte in Frankreich, Deutschland und der EU einen ganzheitlicheren Ansatz.[45] 2017 hat Frankreich mit dem Loi de vigilance bereits umfassend Sorgfaltspflichten für Unternehmen festgelegt.[46] Deutschland hat 2021 mit dem sog. Lieferkettensorgfaltspflichtgesetz (LkSG) nachgezogen.[47] Dies enthält einen umfassenden Pflichtenkatalog, der unter anderem ein Risikomanagement, eine Risikoanalyse und eine Grundsatzerklärung über die Menschenrechtsstrategie des Unternehmens verlangt. Die

---

Matthias: „Verordnungsvorschlag der EU-Kommission über entwaldungsfreie Lieferketten – noch mehr Lieferketten-Compliance?“. *Compliance Berater* 12 (3), 2022, S. 64.

45 Österreich hinkt hier hinterher. Siehe etwa die Diskussion des EU-Vorschlags im Nationalrat am 23.2.2022; Entschließungsantrag vom 25.3.2021, 1454/A(E) XXVII. GP. Im April 2023 lag ein Volksbegehren auf, das – dem Beispiel Deutschlands folgend – den Erlass eines Lieferkettengesetzes verlangte. Siehe dazu Bundesministerium für Inneres: *Lieferkettengesetz Volksbegehren*, retrieved 28.4.2023, from https://www.bmi.gv.at/411/Volksbegehren_der_XX_Gesetzgebungsperiode/Lieferkettengesetz_Volksbegehren/start.aspx. In Summe erreichte das Begehren rund 120.000 Stimmen, womit es zumindest im Nationalrat zu behandeln war. Siehe Bundesministerium für Inneres: *Endgültiges Gesamtergebnis,* retrieved 1.8.2023, from https://www.bmi.gv.at/411/Volksbegehren_der_XX_Gesetzgebungsperiode/Lieferkettengesetz_Volksbegehren/files/Lieferkettengesetz_Volksbegehren_E.pdf. Perspektiven für Österreich zeigen z.B. Hauser, Werner / Hauser, Wilma: „‚Lieferkettengesetz‘ – Grundlagen, Implikationen und Perspektiven für Österreich“. *Nachhaltigkeitsrecht* 2022, S. 116 (120 f.), auf.

46 LOI n° 2017-399 du 27 mars 2017 relative au devoir de vigilance des sociétés mères et des entreprises donneuse d'ordre, retrieved 28.4.2023, from https://www.legifrance.gouv.fr/jorf/id/JORFTEXT000034290626/. Siehe generell Sahbatou, Johanna: „Nachhaltige Unternehmensführung in Frankreich“. *Europäische Zeitschrift für Wirtschaftsrecht* 33 (2), 2022, S. 59; ausführlich Nasse, Laura: *Loi de vigilance: Das französische Lieferkettengesetz.* Mohr Siebeck: Tübingen 2022.

47 Gesetz über die unternehmerischen Sorgfaltspflichten in Lieferketten vom 16.7.2021, BGBl. 2021 I 46, 2959.

Unternehmen müssen, sofern sie ein Risiko für eine Menschenrechtsverletzung erkennen, Präventions- und, falls notwendig, Abhilfemaßnahmen ergreifen. Für die Durchsetzung sind ein unternehmensinternes Beschwerdeverfahren und ein Ordnungswidrigkeitenkatalog vorgesehen. Eine zivilrechtliche Haftung für Verstöße gegen das LkSG ist nicht vorgesehen.[48] Darüber hinaus unterliegen die Unternehmen umfassenden Dokumentations- und Berichtspflichten.[49] Unterdessen laufen die Verhandlungen für einen EU-Rechtsakt. Anfang 2022 veröffentlichte die Kommission einen Vorschlag für eine Richtlinie über die Sorgfaltspflichten von Unternehmen im Hinblick auf Nachhaltigkeit.

Darin schlägt die Kommission keine sektoralen Regelungen, sondern eine horizontale Lieferketten- bzw., um den EU-Begriff zu verwenden, Wertschöp-fungsketten-Regulierung, vor. Der Rat einigte sich am 30.11.2022 auf einen „General Approach“[50].[51] Die Trilog-Verhandlungen können damit starten, sobald das Europäische Parlament seine Verhandlungsposition festgelegt hat.

V. Der EU-Vorschlag im Detail

Unabhängig von wichtigen nationalen Bemühungen zur Regulierung von Sorgfaltspflichten wird zukünftig die EU-Regulierung im Europäischen

---

48 Cf. Ehmann, Erik / Berg, Daniel F.: „Das Lieferkettensorgfaltspflichtengesetz (LkSG): ein erster Überblick“. *Gesellschafts- und Wirtschaftsrecht* 13 (15), 2021, S. 287 (291).

49 Neben der mittlerweile schier unüberschaubaren Literatur dazu siehe stellvertretend die Kommentierungen Fleischer, Holger / Mankowski, Peter (Hrsg.): *Lieferkettensorgfaltspflichtengesetz.* C.H. Beck: München 2023; Berg, Daniel F. / Kramme, Malte (Hrsg.): *Lieferkettensorgfaltspflichtengesetz.* C.H. Beck: München 2023; Depping, André / Walden, Daniel (Hrsg.): *Lieferkettensorgfaltspflichtengesetz.* C.H. Beck: München 2022.

50 Vorschlag für eine Verordnung des Europäischen Parlaments und des Rates über die Sorgfaltspflichten von Unternehmen im Hinblick auf Nachhaltigkeit und zur Änderung der Richtlinie (EU) 2019/1937, COM(2022) 71 final.

51 Rat, Vorschlag für eine Verordnung des Europäischen Parlaments und des Rates über die Sorgfaltspflichten von Unternehmen im Hinblick auf Nachhaltigkeit und zur Änderung der Richtlinie (EU) 2019/1937, COM(2022) 71 final – Allgemeine Ausrichtung, 15024/1/22, retrieved 28.4.2023, from https://data.consilium.europa.eu/doc/document/ST-15024-2022-REV-1/de/pdf.

Binnenraum maßgebend sein.[52] Zentraler Punkt des Vorschlags ist, transnationale Unternehmen nicht nur zur Achtung, sondern zur Etablierung verbindlicher Sorgfaltspflichten in Bezug auf menschen- und umweltrechtliche Standards zu verpflichten; und dies nicht nur in ihrem eigenen unmittelbaren Handeln, sondern vor allem auch innerhalb ihrer Lieferketten.[53]

1. Anwendungsbereich

Durch die vorgeschlagene Richtlinie sollen große Unternehmen, von denen man ausgeht, dass sie transnational tätig sind, verpflichtet werden. Nach Ansicht der EU soll dies zutreffen auf EU-Unternehmen ab 500 Beschäftigten und einem weltweiten jährlichen Nettoumsatz von 150 Millionen EUR bzw. 250 Beschäftigten und einem weltweiten jährlichen Nettoumsatz von 40 Millionen EUR, sofern 40 % dieses Umsatzes in besonders gefährdeten Produktionszweigen erwirtschaftet wurden (z.B. Textilindustrie, Landwirtschaft, Gewinnung mineralischer Rohstoffe). Darüber hinaus sind auch Drittstaatsunternehmen erfasst, wenn sie in der EU einen jährlichen Nettoumsatz von mehr als 150 Millionen EUR oder mehr als 40 Millionen EUR, davon mindestens 50 % in den obgenannten Sektoren, aufweisen. Die EU-Richtlinie bereitet daher den Weg für eine Art globale Erfassung transnationaler Unternehmen.[54] Im Sinne der Verhältnismäßigkeit sollen hingegen KMU nicht den Sorgfaltspflichten unterliegen.[55]

Hervorzuheben ist, dass der Umfang der Sorgfaltspflichten die gesamte Wertschöpfungskette umfasst. Die EU spricht hier – ähnlich dem französischen Gesetz – von Wertschöpfungsketten im Rahmen von

52 Als Referenzpunkt dient in diesem Beitrag der Vorschlag der Kommission. Der „General Approach“ des Rates weicht zwar in einigen Punkten davon ab. Ein finaler Text ist jedoch ohnehin erst nach den Trilog-Verhandlungen verfügbar.

53 Eine direkte und unmittelbare Verpflichtung aus den obgenannten völkerrechtlichen Übereinkommen ist aber weiterhin nicht vorgesehen (auch weil die EU eine solche nicht einseitig festlegen kann).

54 Nach Schätzungen der EU-Kommission sollen 13.000 EU-Unternehmen und 4.000 Unternehmen aus Drittstaaten unter den Anwendungsbereich der Richtlinie fallen, siehe COM(2022) 71 final, S. 20.

55 Damit scheint die EU-Regulierung dennoch einen breiteren Anwendungsbereich vorzusehen wie etwa in Deutschland oder Frankreich. Deutschland zieht die Grenze bei Unternehmen mit mehr als 3.000 Arbeitnehmer (bzw. ab 1.1.2024 ab 1.000 Arbeitnehmer), Frankreich erst bei 5.000 Arbeitnehmer.

etablierten Geschäftsbeziehungen sowohl vor- als auch nachgelagert („up- & downstream").[56] Damit gehen diese Regulierungen wohl weiter als etwa das deutsche LkSG, das seinen Fokus auf die unmittelbaren Zulieferer und bei Verdacht die mittelbaren Zulieferer, demnach „upstream"-Tätigkeiten, setzt. Der deutsche Gesetzgeber versucht auf diese Weise die unterschiedlichen Einflussmöglichkeiten der verpflichteten Unternehmen abzubilden.[57]

2. *Pflichten*

Grundsätzlich sieht der EU-Richtlinienvorschlag eine weitreichende Sorgfaltspflicht vor. Diese Sorgfaltspflicht umfasst mehrere Aspekte, wie die Einbeziehung der Sorgfaltspflicht in die Unternehmenspolitik, die Ermittlung tatsächlicher und potenzieller negativer Auswirkungen, die Vermeidung und Abschwächung potenzieller negativer Auswirkungen und deren Behebung, die Einrichtung von Beschwerdeverfahren, einen Review-Prozess für die eingesetzten Strategien und öffentliche Kommunikationsvorgaben (Art. 4 EU-Vorschlag).

Inhaltlich bezieht sich die Sorgfaltspflicht auf verschiedenste internationale menschenrechtliche und umweltbezogene Abkommen. Die EU listet verbotene Handlungen und die Referenzabkommen in einem Anhang auf.[58] Um möglichen Verstößen vorzubeugen, sind die Unternehmen zu einer Risikoanalyse und einem Risikomanagement verpflichtet. Tatsächliche und potenzielle Verletzungen müssen vom Unternehmen frühzeitig erkannt und durch geeignete vordefinierte Abhilfemaßnahmen (z.B. Schadenersatz, vertragliche Zusicherungen, Korrekturmaßnahmen u.s.w.) minimiert bzw. eliminiert werden (Art. 8 EU-Vorschlag).

56 Krebs, David: „Menschenrechtliche und umweltbezogene Sorgfaltspflicht". *Zeitschrift für Umweltrecht* 32 (7-8), 2021, S. 394 (396); ähnlich Nietsch, Michael / Wiedmann, Michael: „Adressatenkreis und sachlicher Anwendungsbereich des neuen Lieferkettensorgfaltspflichtengesetz". *Neue Juristische Wochenschrift* 75 (1-2), 2022, S. 1 (4).

57 Cf. Stöbener de Mora / Noll, S. 1237 (1241).

58 Die EU-Kommission verweist hier sogar jeweils auf die einschlägigen Artikel der entsprechenden Übereinkommen. Deutschland hingegen stellt auf die „geschützten Rechtspositionen" ab, die den jeweiligen internationalen Verträgen entnommen werden können. Bei einigen Grundrechten verzichtete der deutsche Gesetzgeber jedoch auf die Angabe einer genauen Fundstelle, so etwa beim Verbot der Sklaverei (§ 2 Z. 5 LkSG).

Zusätzlich sind eigene unternehmensinterne Beschwerdeverfahren vorzusehen. Die Unternehmen haben sicherzustellen, dass betroffenen Personen (sowie Gewerkschaften, Interessenvertretungen und facheinschlägigen NGOs[59]) die Möglichkeit eingeräumt wird, ihre Bedenken direkt an das Unternehmen zu richten und gehört zu werden. Eine derartige Beschwerde verpflichtet gleichzeitig die Unternehmen, Abhilfemaßnahmen zu ergreifen. Angemessene Folgemaßnahmen im Anschluss an diese Unternehmensbeschwerde überlässt die EU allerdings den mitgliedstaatlichen Umsetzungsvorschriften. Durch die Wahl der Richtlinie als Rechtsakt erlaubt die EU den Mitgliedstaaten daher in diesem Bereich, eigenständige Konsequenzen festzuschreiben.[60] Diese weitergehenden Maßnahmen müssen jedoch jedenfalls dem Äquivalenz- und Effektivitätsgrundsatz entsprechen.[61]

3. *Durchsetzungsmechanismen*

Der Richtlinienvorschlag sieht ein eigenes Aufsichtsregime vor, d.h. es sind pro Mitgliedstaat eigene Aufsichtsbehörden zu benennen. Bei Verstößen gegen die Sorgfaltspflichten haben die Mitgliedstaaten überdies Sanktionen vorzusehen (Art. 20). Die EU überlässt dabei die konkrete Ausformung der Sanktionen den Mitgliedstaaten, sie legt nur fest, dass diese „wirksam, verhältnismäßig und abschreckend" sein müssen. Entgegen etwa den finanzmarktrechtlichen Rechtsakten, wo in der Regel Mindestgeldbußen angeführt sind, liegt die Höhe des Strafrahmens im Ermessen der Mitgliedstaaten. Dies kann durchaus zu nationalen Unterschieden und dem folgend zu Wettbewerbsverzerrungen führen.

Das trifft gleichfalls auf die Art der Sanktion zu. Jedenfalls sind verwaltungsrechtliche Strafen als Mindestmaß anzusehen. Einen Schritt weiter wären jedoch strafrechtliche Sanktionen denkbar. Diese könnten gegen das Unternehmen selbst (im Sinne eines Verbandsverantwortlichkeitsgesetzes[62]) oder gegen die Leitungsorgane gerichtet sein. Obwohl das LkSG ebenso nur

59 Insofern besteht hier eine weitreichende Aktivlegitimation nach Art einer Popularklage.

60 Aufgrund der Haftungsthematiken, die durch solche Rechtsverletzungen entstehen können, erscheint eine Richtlinie auch aus Subsidiaritätsgesichtspunkten erforderlich.

61 Siehe beispielhaft EuGH, Rs. 33/76, *Rewe*, ECLI:EU:C:1976:188, Rn. 5; verb. Rs. C-295/04 bis C-298/04, *Manfredi*, ECLI:EU:C:2006:461, Rn. 62.

62 Bundesgesetz über die Verantwortlichkeit von Verbänden für Straftaten (Verbandsverantwortlichkeitsgesetz – VbVG), BGBl. I Nr. 151/2005.

ein verwaltungsrechtliches Zwangsgeld und Bußgelder vorsieht (§§ 23 und 24 LkSG),[63] war die deutsche Generalbundesanwaltschaft bereits mit ähnlichen Thematiken beschäftigt. Mehrere deutsche Konzerne (darunter *Lidl* und *Hugo Boss*) wurden 2021 wegen Beihilfe zu Verbrechen gegen die Menschlichkeit in Form von Versklavung und Zwangsarbeit angezeigt. Sie sollen von der Ausbeutung von Uiguren in der chinesischen Provinz Xinjiang profitiert haben.[64] Ein ähnlicher Fall beschäftigte auch die französische Staatsanwaltschaft.[65]

Neben der strafrechtlichen Haftung liegt der Fokus – ebenso in der internationalen Debatte – aber zumeist auf der zivilrechtlichen Haftung. Das deutsche LkSG sieht dies nicht explizit vor, schließt sie jedoch auch nicht aus.[66] Der EU-Vorschlag normiert hingegen ausdrücklich die Pflicht der Mitgliedstaaten, die notwendigen zivilrechtlichen Regelungen zu schaffen.[67] Dabei ist eine zivilrechtliche Haftung transnationaler Unternehmen den Mitgliedstaaten grundsätzlich nicht fremd. Sie folgt *de lege lata* den bestehenden gesetzlichen Vorschriften in den Mitgliedstaaten, d.h. allerdings, es bestehen je nach nationaler Rechtsordnung unterschiedliche Voraussetzungen.[68] Die Zielvorgabe

63 Deutschland kennt im Gegensatz zu Österreich keine Strafbarkeit juristischer Personen, cf. Haider, S. 494 ff.

64 Cf. Zimmermann, Konstantin / Schwedt, Anne: „NGO verklagt deutsche Firmen wegen mutmaßlicher Zwangsarbeit in China". *Die Zeit* 6.9.2021, retrieved 28.4.2023, from https://www.zeit.de/gesellschaft/2021-09/menschenrechte-ngo-china-klage-unternehmen-zwangsarbeit?utm_referrer=https%3A%2F%2Fwww.google.com%2F; Informationen über den weiteren Verfahrensverlauf sind allerdings nicht zu finden.

65 Siehe Sahbatou, S. 59 (62); Petsche-Demmel / Pollak: „Made in China: Strafe wegen Menschenhandels?" 2021, mit ersten Überlegungen zur Rechtslage in Österreich. Ebenso Schäffler, Nikolai / Soyer, Richard: „Straftaten in globalen Lieferketten vorbeugen". *DiePresse* 17.1.2022, retrieved 28.4.2023, from https://www.diepresse.com/6086303/straftaten-in-globalen-lieferketten-vorbeugen.

66 Vielmehr legt es besondere Vorschriften für eine „Besondere Prozessstandschaft" in § 11 LkSG fest.

67 Ein Unterfangen, das bisher auf gesamteuropäischer Ebene gescheitert ist. Das Europäische Übereinkommen über die zivilrechtliche Haftung für Schäden durch umweltgefährdende Tätigkeiten (SEV Nr. 150), das im Rahmen des Europarats bereits 1993 verabschiedet wurde, trat mangels Ratifizierungen nie in Kraft.

68 Vor allem zur Zuständigkeitsfrage ausführlich Dutta, Anatol: „Internationale Zuständigkeit für privatrechtliche Klagen gegen transnational tätige Unternehmen wegen Verletzung von Menschenrechten und von Normen zum Schutz der natürlichen Lebensgrundlagen im Ausland". In: Reinisch, August et al. (Hrsg.): *Unternehmensverantwortung und Internationales Recht.* (Berichte der deutschen Gesellschaft für Internationales Recht 50). C.F. Müller: Heidelberg 2020, S. 39.

des EU-Richtlinienvorschlags ändert daran nichts. Kompetenzrechtlich wäre es herausfordernd, in diesem Bereich einheitliche zivilrechtliche Haftungsbestimmungen zu normieren.[69]

So sind die nationalen Normen weiter zu untersuchen. Gerade im „common law" besteht bereits jetzt eine weitgehende „duty of care" der Unternehmen. Verdeutlicht wird dies an drei bemerkenswerten Fällen aus Großbritannien. In *Vedanta* (es geht hier um den Betrieb einer Kupfermine in Sambia und eine daraus folgende Kontaminierung der Wasserreserven in diesem Gebiet) sowie *Okpabi* (betreffend die Ölförderung durch eine nigerianische Tochtergesellschaft von *Shell*) wurden Klagen im gesellschaftsrechtlichen Verbund für zulässig erklärt, ohne dass ein spezielles Kontrollausmaß der Muttergesellschaft nachzuweisen war. Der Fall *Hamida Begum/Maran* legt zudem ein weites Verständnis der Sorgfaltspflichten in der Lieferkette durch die britischen Gerichte offen. Es ging um die Vermittlung einer unsachgemäßen Entsorgung eines Schiffswracks in Bangladesch, bei der ein Arbeiter tödlich verunglückte. Alle diese Klagen wurden zugelassen, weil die Unternehmen aufgrund einer Form von Kontrolle bzw. durch die Schaffung einer Gefahrenlage eine eigene Verantwortung („duty of care") trifft.[70]

Die prozessuale Zulassung solcher Fälle vor nationalen (in diesem Fall) britischen Gerichten entscheidet jedoch bekanntermaßen noch nicht über das anzuwendende Recht.[71] Dieses ist in der Regel nach dem Ort der Rechtsgutverletzung zu bestimmen (Art. 4 Rom-II-Verordnung[72]). In den nationalen Rechtsordnungen von Bangladesch oder Pakistan etwa stellt die kurze (einjährige) Verjährungsfrist im Schadenersatzrecht die Opfer vor große Schwierigkeiten.

---

69 Cf. Oppermann, Thomas / Classen, Claus D. / Nettesheim, Martin: *Europarecht*. C.H. Beck: München 9. Auflage 2021, § 36 Rn. 1 f., zu den Grundproblemen der Privatrechtsharmonisierung.

70 Dazu Kieninger, Eva-Maria: „Englisches Deliktsrecht, internationale Unternehmensverantwortung und deutsches Sorgfaltspflichtengesetz". *Recht der Internationalen Wirtschaft* 2021, S. 331.

71 Ausführlich Rühl, Giesela: „Unternehmensverantwortung und (Internationales) Privatrecht". In: Reinisch, August et al. (Hrsg.): *Unternehmensverantwortung und Internationales Recht*. (Berichte der deutschen Gesellschaft für Internationales Recht 50). C.F. Müller: Heidelberg 2020, S. 89.

72 Verordnung (EG) Nr. 864/2007 des Europäischen Parlaments und des Rates vom 11. Juli 2007 über das auf außervertragliche Schuldverhältnisse anzuwendende Recht, ABl. 2007 L 199/40.

Aus diesem Grund wies auch das LG Dortmund die Klage der Opfer des Fabrikbrands in Karatschi gegen *Kik* ab.[73]

Das entscheidende an dem EU-Vorschlag ist nun, dass er zwingend das Recht des jeweiligen EU-Mitgliedsstaates als maßgebliches Recht anordnet. Es handelt sich daher um eine Eingriffsnorm nach Art. 16 Rom-II-Verordnung.[74] Das führt unter anderem in der Regel zu einer weitaus längeren Verjährungsfrist. Denn diese ist in den meisten europäischen Staaten im Schadenersatzrecht drei Jahre ab Kenntnis von Schaden und Schädiger.[75]

Zusätzlich statuiert die europäische Regelung eine Verschuldenshaftung sowie eine Beweislastumkehr in Bezug auf die Einhaltung der Sorgfaltspflichten und der Kausalität. Mit anderen Worten: Die Sorgfaltspflichtverletzung sowie die Kausalität werden zugunsten der Opfer vermutet.[76] Dies ist ein großer Mehrwert für die Betroffenen, denen in der Regel die Ressourcen und finanziellen Möglichkeiten fehlen.[77]

Obwohl die zivilrechtliche Haftung ein taugliches Mittel ist, kann sie nicht ausreichen, um die Einhaltung menschen- und umweltrechtlicher Standards zu garantieren. Bereits die sog. Klimaklagen haben gezeigt, dass es gerade nicht damit getan ist, die staatlichen Schutzpflichten auf den Weg des Privatrechts abzuwälzen.[78]

In diesem Zusammenhang sieht der EU-Vorschlag ein interessantes zusätzliches aufsichtsrechtliches Element der Rechtsdurchsetzung vor. Natürliche oder juristische Personen sollen nämlich die Möglichkeit erhalten, aufgrund

---

73 Cf. Thomale, Chris / Murko, Marina: „Pakistanisches Recht vor europäischen Gerichten“. *Zeitschrift für Vergleichende Rechtswissenschaft* 2021, S. 127 ff.

74 Im Gegensatz zum deutschen LkSG, dessen Regelungen nicht als Eingriffsnormen anzusehen sind, siehe dazu Dohrmann, Vanessa: „Das deutsche Lieferkettensorgfaltspflichtgesetz als Vorbild für den europäischen Gesetzgeber?“. *Corporate Compliance Zeitschrift* 14 (6), 2021, S. 265 (271); Ehmann/Berg, S. 287 (291).

75 Cf. § 1489 ABGB (Österreich) oder § 195 BGB (Deutschland).

76 Kieninger, S. 331 (338).

77 Generell zu den verschiedenen Herausforderungen solcher Verfahren für alle Beteiligten und Gerichte, siehe Domej, Tanja: „Zivilrechtliche Rechtsdurchsetzungsinstrumente“. In: Reinisch, August et al. (Hrsg.): *Unternehmensverantwortung und Internationales Recht.* (Berichte der deutschen Gesellschaft für Internationales Recht 50). C.F. Müller: Heidelberg 2020, S. 229.

78 Cf. etwa Wagner, Gerhard: *Klimahaftung vor Gericht.* C.H. Beck: München 2020, S. 114; Burtscher, Bernhard / Schindl, Dominik: „Klimaklagen: eine Zeitenwende?“. In Sild, Judith (Hrsg.): *Potentiale und Grenzen europäischer Integration.* Jan Sramek Verlag: Wien 2022, S. 217 (236).

objektiver Umstände begründete Bedenken in Bezug auf eine Rechtsverletzung an die Aufsichtsbehörde heranzutragen. Die Aufsichtsbehörde hat diese Bedenken zu prüfen und ihr Ergebnis begründet vorzutragen (Art. 19 EU-Vorschlag). Diese Entscheidung kann vor einem nationalen Gericht oder Tribunal überprüft werden. Dies ist ähnlich dem französischen Loi de vigilance, das ebenso die gerichtliche Überprüfung der Sorgfaltspläne der verpflichteten Unternehmen als zentrales Durchsetzungsmittel nennt. Initiiert werden kann ein solches Verfahren sowohl im EU-Vorschlag als auch nach französischem Recht von NGOs und interessierten Parteien.[79]

Solche „Verfahrensmöglichkeiten" sind innovativ, weil sie zum einen einen individuellen Rechtsanspruch auf ein aufsichtsbehördliches Verfahren vorsehen. Zum anderen wird eine Art Instanzenzug für Whistleblower bzw. NGOs eingeführt. Denn der EU-Vorschlag etwa legt keine besonderen Anforderungen an die Person, die Bedenken erhebt, fest. Da explizit auch juristische Personen Bedenken äußern können, kann dies von gemeinnützigen Organisationen und Interessenvertretungen genutzt werden, um auf diesem Weg eine (jedenfalls zumindest verwaltungs-)gerichtliche Überprüfung des Sachverhalts anzustoßen.

E. Zusätzliche (allgemeine) Durchsetzungsmöglichkeiten

Einleitend wurde die Verflechtung der Weltwirtschaft hervorgehoben. Dieser Befund gilt nicht nur in geografischer Hinsicht, sondern ebenso in Bezug auf die gegenseitige Bedingtheit wirtschaftlicher Einzelfaktoren und allgemeiner staatlicher Maßnahmen. Demnach sind neben klassischen rechtlichen Mechanismen weitere allgemeine Alternativen anzudenken, um der Einhaltung von Menschenrechten und Umweltstandards zusätzliche Durchschlagskraft zu verleihen. Eine weitere Variante für die Unterstützung dieses Ziels sieht z.B. das LkSG vor. Dort sind Unternehmen, die nachweislich eine Sorgfaltspflichtverletzung begangen haben, von der Vergabe öffentlicher Aufträge ausgeschlossen (§ 22 LkSG). Dies kann bedeutende ökonomische Folgen für Unternehmen haben.[80]

---

79 Cf. Beckers / Micklitz, S. 324 (327).

80 Wettbewerbsrechtliche Mechanismen könnten ebenso herangezogen werden, indem irreführende Werbungen mit Schlagwörtern wie „fairtrade" oder „Frei von Kinderarbeit" als unlautere Praktiken angesehen werden könnten, wenn solchen Slogans die Substanz fehlt. Dazu Massoud, S. 46 f.

Ähnlich könnte man überlegen, im Bereich der Außenwirtschaftsförderung *de lege ferenda* Export- und Investitionsgarantien an die Erfüllung bestimmter Sorgfaltspflichten oder weiterer Kriterien zu koppeln. Zwar ist die Vergabe von Exportkredit- und Investitionsgarantien international durch diverse Abkommen geregelt. Ein expliziter und deutlicher Hinweis auf die verpflichtende Einhaltung gewisser menschenrechtlicher Garantien fehlt jedoch in der Regel.[81]

Als weitere Instrumentarien können spezielle Gütesiegel oder Rankings und Zertifizierungen herangezogen werden. Derzeit basieren solche Zertifizierungen noch auf freiwilliger Basis. Dementsprechend ist das System der Zertifizierungsprogramme in diesem Bereich noch wenig reglementiert. Durch verschiedene privatrechtlich vergebene „Qualitätssiegel" entsteht ein „Siegel-Dschungel",[82] wobei die rechtliche Qualität und die Überwachung bei den verschiedenen Kennzeichen nicht immer garantiert werden kann. So gab es in der Vergangenheit immer wieder Missstände im Zuge solcher Zertifizierungen.[83] Zukünftig könnten verpflichtende Ratings oder Kennzeichen eingeführt werden.[84] Art. 6 der Konfliktmaterialien-Verordnung bestimmt bereits, dass Unionseinführer dieser Materialien sich einer Prüfung durch unabhängige Dritte zu unterziehen haben. Um eine entsprechende Qualität zu gewährleisten, sollte eine Haftung der Ratingunternehmen gesetzlich vorgesehen werden.[85] Aufbauend auf derartigen Kennzeichnungen oder Zertifizierungen können unter anderem nationale aufsichtsrechtliche Maßnahmen gesetzt oder der Markteintritt solcher Produkte verhindert werden.

Diese Systematik spiegelt sich in vielen Bereichen der Marktüberwachung der EU wider.[86] Es entspricht dem Vorsorgeprinzip und wird mittlerweile auf

---

81 Cf. Scheper, Christian / Feldt, Heidi: *Außenwirtschaftsförderung und Menschenrechte.* INEF Forschungsreihe Menschenrechte, Unternehmensverantwortung und Nachhaltige Entwicklung 04/2010; Massoud, S. 47 f.

82 Cf. Lötzsch, Markus / Fifka, Matthias: „Einführung einer CE-Kennzeichnung zum vorbeugenden Schutz von Menschenrechten in Wertschöpfungsketten". *Europäische Zeitschrift für Wirtschaftsrecht* 31 (5), 2020, S. 179 (185).

83 Siehe etwa die Vorwürfe gegen TÜV Rheinland (Deutschland) oder RINA (Italien), dazu die Darstellungen auf ECCHR, retrieved 28.4.2023, from https://www.ecchr.eu/fall/mehr-show-als-sicherheit-zertifikate-in-der-textilindustrie/; https://www.ecchr.eu/fall/nach-fabrikbrand-in-karatschi-verfahren-gegen-pruefdienstleister-in-italien/.

84 Lötzsch / Fifka, S. 179, weisen in ihrem Beitrag vor allem auf das vorbeugende Element solcher CE-Kennzeichnungen hin.

85 Cf. Beckers / Micklitz, S. 324 (328).

86 Grundlegend dazu Verordnung (EU) 2019/1020 des Europäischen Parlaments und des Rates vom 20. Juni 2019 über Marktüberwachung und die Konformität von

viele Produkte ausgeweitet.[87] In der Konsequenz könnte dies zu Einfuhr- bzw. Produktionsverboten oder Lieferstopps für Waren, die unter Missachtung von menschen- und umweltrechtlichen Standards produziert werden, führen. Die EU hat hierzu jüngst einen Vorschlag veröffentlicht, der Produkte, die in Zwangsarbeit hergestellt wurden, im EWR-Binnenmarkt verbietet.[88] Dieser weitgehende Vorstoß sieht unter anderem die Vernichtung solcher Produkte vor. Der Verordnungsvorschlag ist wie der Wertschöpfungsketten-Richtlinienvorschlag Teil einer EU-Strategie zur Förderung menschenwürdiger Arbeit.[89] Es sind daher noch weitere Maßnahmen der EU zu erwarten.

Einen weiteren wichtigen Baustein bilden die in den letzten Jahren stark angewachsenen Berichts- und Offenlegungspflichten der Unternehmen. Diese beziehen sich neben ökonomischen Kennzahlen immer mehr auch auf die Einhaltung menschen- und umweltrechtlicher Standards; beste Beispiele sind die sog. CSR-Richtlinie,[90] die große Unternehmen zur Abgabe einer nichtfinanziellen Erklärung über ihre Due-Diligence-Prozesse verpflichtet, sowie die Offenlegungsverordnung des Sustainable-Finance-Pakets.[91] Eine Komponente dabei

---

Produkten sowie zur Änderung der Richtlinie 2004/42/EG und der Verordnungen (EG) Nr. 765/2008 und (EU) Nr. 305/2011, ABl. 2019 L 169/1.

87 Ein Beispiel ist etwa auch der jüngst publizierte „AI Act" zur Regulierung von Systemen der Künstlichen Intelligenz, Verordnung (EU) 2024/1689 des Europäischen Parlaments und des Rates vom 13. Juni 2024 zur Festlegung harmonisierter Vorschriften für künstliche Intelligenz und zur Änderung der Verordnungen (EG) Nr. 300/2008, (EU) Nr. 167/2013, (EU) Nr. 168/2013, (EU) 2018/858, (EU) 2018/1139, (EU) 2019/2144 sowie der Richtlinien 2014/90/EU, (EU) 2016/797 und (EU) 2020/1828 (Verordnung über künstliche Intelligenz), ABl. L, 2024/1689. Siehe zum Vorsorgeprinzip EU-Kommission, Mitteilung zur Anwendung des Vorsorgeprinzips, COM(2000) 1 final, sowie die Ausführungen von Lötzsch / Fifka, S. 179 (181 f.).

88 Vorschlag für eine Verordnung des Europäischen Parlaments und des Rates über ein Verbot von in Zwangsarbeit hergestellten Produkten auf dem Unionsmarkt, COM(2022) 453 final.

89 Siehe unter anderem die Pressemitteilung der EU-Kommission vom 23.2.2022, Kommission präsentiert Strategie zur Förderung menschenwürdiger Arbeit weltweit und bereitet ein Instrument für das Verbot von Produkten aus Zwangsarbeit vor, retrieved 28.4.2023, from https://ec.europa.eu/commission/presscorner/detail/de/ip_22_1187.

90 Richtlinie 2014/95/EU des Europäischen Parlaments und des Rates vom 22. Oktober 2014 zur Änderung der Richtlinie 2013/34/EU im Hinblick auf die Angabe nichtfinanzieller und die Diversität betreffender Informationen durch bestimmte große Unternehmen und Gruppen, ABl. 2014 L 330/1.

91 Verordnung (EU) 2019/2088 des Europäischen Parlaments und des Rates vom 27. November 2019 über nachhaltigkeitsbezogene Offenlegungspflichten im Finanzdienstleistungssektor, ABl. 2019 L 317/1. In diese Richtung auch der Dodd Frank Act der USA aus dem Jahr 2010. Cf. Massoud, S. 44 ff.

ist die Möglichkeit, aufsichtsrechtliche Sanktionen oder Maßnahmen zu setzen, sollten die Unternehmen ihren Pflichten nicht nachkommen. Darüber hinaus versetzt die verstärkte Transparenz Unternehmen zusehends in einen Erklärungsnotstand. Das vor allem im Finanzmarktrecht allgegenwärtige „naming & shaming" ist mittlerweile ein durchaus probates Mittel, um die Unternehmenspolitik zu beeinflussen oder zu steuern.

F. Alternative Ansätze

Aus dem bisher Gesagten zeigt sich deutlich, dass es den einen Weg der Rechtsdurchsetzung (noch) nicht gibt – und wohl auch nie geben wird. Es besteht vielmehr ein Konvolut an unterschiedlichen Steuerungsinstrumenten auf nationaler und internationaler Ebene, ein Gemisch aus verbindlichen und unverbindlichen Elementen. Gerade deswegen sollte man nicht nur auf klassisch rechtliche Mechanismen setzen, sondern genauso alternative Instrumente und Ansätze in Betracht ziehen. Der Finanzmarkt als „Player" bietet hierbei vielversprechende Möglichkeiten. Die EU hat dessen Bedeutung in ihrer Green-Finance-Strategie früh erkannt. Sie setzt dort maßgeblich auf den Finanzmarkt als Schlüssel des nachhaltigen Transformationsprozesses.[92]

Diese Strategie ist vollkommen nachvollziehbar: Denn egal in welchem Bereich, sei es im Verkehrssektor oder in der Energiegewinnung (zwei Sektoren, die man bei der Bekämpfung des Klimawandels sehr rasch vor Augen hat), oder sei es in der Kosmetik- oder Spielzeugbranche, jede wirtschaftliche Einheit benötigt finanzielle Mittel und eine dazugehörende Infrastruktur. Der Finanzmarkt bietet daher einen idealen Ausgangspunkt für horizontale Maßnahmen, sowohl für die Bekämpfung des Klimawandels als auch für die Durchsetzung menschenrechtlicher Standards.

Entscheidende Funktionen auf dem Finanzmarkt werden durch Finanzunternehmen im weitesten Sinne, in der Regel Banken, Wertpapierfirmen, Zahlungsdienstleister oder Fonds, für Unternehmen bereitgestellt. Der EU-Vorschlag zu Sorgfaltspflichten in Wertschöpfungsketten ordnet demnach detailliert an, dass beaufsichtigte Finanzunternehmen als Unternehmen im Sinne der Richtlinie zu verstehen sind, denn sie erbringen ebenso wie andere Unternehmen Dienstleistungen; allerdings in Form etwa der Vergabe von

---

92 Siehe EU-Kommission, Mitteilung der Kommission an das Europäische Parlament, den Rat, den Europäischen Wirtschafts- und Sozialausschuss und den Ausschuss der Regionen: Strategie zur Finanzierung einer nachhaltigen Wirtschaft, COM(2021) 390 final.

Krediten, der Vermittlung von Finanzprodukten oder Versicherungsleistungen. Der Richtlinienvorschlag listet die Finanzintermediäre, die spezialgesetzlich bewilligt sind, ausdrücklich auf (Art. 3 lit. a sublit. iv EU-Vorschlag). Diese haben damit ergänzend zu ihren Sorgfaltspflichten im Zuge der Geldwäschereiprävention und Terrorismusbekämpfung[93] künftig auch Sorgfaltspflichten in Bezug auf menschen- und umweltrechtliche Standards im Rahmen ihrer Lieferkette einzuhalten.[94]

Entsprechend dem Pflichtenkanon 1) Ermittlung tatsächlicher und potentieller negativer Auswirkungen (Art. 6 *leg cit*), 2) Vermeidung potenzieller negativer Auswirkungen (Art. 7 *leg cit*) und 3) Behebung tatsächlicher negativer Auswirkungen (Art. 8 *leg cit*), haben Unternehmen ihre Wertschöpfungskette vorab zu prüfen und durch verschiedene Maßnahmen (z.B. Präventionsaktionsplan, vertragliche Zusicherung) sicherzustellen, dass durch die Geschäftsbeziehung keine negativen Auswirkungen auf die Menschenrechte und die Umwelt entstehen. Sollte es doch zu negativen Auswirkungen kommen, so sind etwa neben der Zahlung von Schadenersatz oder der Entwicklung eines Korrekturmaßnahmenplans als *ultima ratio* auch die Aussetzung oder Beendigung der Geschäftsbeziehung vorgesehen.

Für Finanzintermediäre sind vor allem zwei Sonderbestimmungen hervorzuheben. Einerseits trifft sie eine Pflicht, eine Sorgfaltsprüfung vorzunehmen, bevor sie die entsprechende Dienstleistung (wie die Vergabe eines Kredits oder eines Darlehens) erbringen. Dies korrespondiert mit dem Umstand, dass sie andererseits im Falle des tatsächlichen Bestehens von negativen Auswirkungen auf die Menschenrechte und die Umwelt nicht (final) gezwungen sind, die Geschäftsbeziehung auszusetzen oder zu beenden, sofern davon auszugehen wäre, dass dies zu einem erheblichen Schaden beim finanzierten Unternehmen

---

93 Siehe dazu mittlerweile die 5. Geldwäscherei-Richtlinie, Richtlinie (EU) 2018/843 des Europäischen Parlaments und des Rates vom 30. Mai 2018 zur Änderung der Richtlinie (EU) 2015/849 zur Verhinderung der Nutzung des Finanzsystems zum Zwecke der Geldwäsche und der Terrorismusfinanzierung und zur Änderung der Richtlinien 2009/138/EG und 2013/36/EU, ABl. 2018 L 156/43.

94 Eine Ausnahme ist für KMU vorgesehen, diese sind nicht als Teil der Wertschöpfungskette anzusehen (Art. 3 Bst. g EU-Vorschlag). Zu dieser Thematik Bettermann, Maximilian / Hoes, Volker: „Das Lieferkettensorgfaltspflichtgesetz – Besondere Pflichten für Kreditinstitute?“. *Zeitschrift für Bank- und Kapitalmarktrecht* 22 (1), 2022, S. 23, die insbesondere die Frage des Einbezugs von Kunden des Kreditinstituts in dessen Lieferkette eingehend diskutieren, jedoch abschließend zu einem negativen Ergebnis kommen.

führen würde. Sie müssen daher, bevor sie sich auf eine Kreditvergabe einlassen, besonders sorgsam prüfen. Die Auswahl der Kreditnehmer erfordert somit auch aus dieser Perspektive viel Bedacht.[95] Grund dafür dürfte sein, dass der komplette Rückzug von investierenden (Finanz-)Unternehmen und die damit verbundenen fehlenden Kapitalströme oftmals zu einer Verschlechterung der Situation in den Produktionsstandorten führt und in der Folge die negativen Auswirkungen verstärkt würden.

Zudem gibt es Überlegungen, die Standards der Lieferkettenregulierung in die EU-Taxonomie[96] einfließen zu lassen.[97] Dies wäre der konsequente nächste Schritt für die EU. Damit würden menschenrechtliche Standards für die Bestimmung der ESG-Kriterien relevant. Die Beachtung von Menschenrechten durch Unternehmen würde direkt in die Beurteilung einfließen, ob Kapitalanlagen als nachhaltig angesehen werden können. Menschenrechtlich fragwürdige Praktiken von Unternehmen könnten daher dazu führen, dass diese von speziellen Fondsprodukten ausgeschlossen werden, was sich empfindlich auf die Kapitalbeschaffung solcher Unternehmen auswirken könnte.[98] Der Begriff Sustainable Finance würde somit neben der ökologischen auch eine soziale Komponente beinhalten.

G. Ergänzende Maßnahmen

Hinzu kommen weitere Initiativen, die im breiteren Umfeld der Agenda 2030 gesetzt werden. Ein anschauliches Beispiel bietet die FAST-Initiative (Finance against modern slavery and human trafficking). Sie wurde vom Fürstentum Liechtenstein initiiert und wird mittlerweile unter anderem von Australien, Luxemburg und Norwegen sowie zahlreichen privaten Unternehmen aus diesen

---

95 Bei Vorliegen tatsächlicher oder potenzieller negativer Auswirkungen darf ein Kredit daher wohl nicht vergeben werden. Dies ist zwar nicht ausdrücklich so vermerkt, ergibt sich aber aus dem Umkehrschluss bzw. dem Ziel und Zweck der Norm.

96 Verordnung (EU) 2020/852 des Europäischen Parlaments und des Rates vom 18. Juni 2020 über die Einrichtung eines Rahmens zur Erleichterung nachhaltiger Investitionen und zur Änderung der Verordnung (EU) 2019/2088, ABl. 2020 L 198/13.

97 Platform on Sustainable Finance: *Final Report on Social Taxonomy* (February 2022), retrieved 28.4.2023, from https://finance.ec.europa.eu/system/files/2022-08/220228-sustainable-finance-platform-finance-report-social-taxonomy_en.pdf.

98 Siehe nur etwa die zahlreichen Diskussionen zum weltweit größten Vermögensverwalter Blackrock und dessen Nachhaltigkeitsstrategie, Schönauer, Inken: „Die Macht des Geldes". *FAZ* 19.10.2022, retrieved 28.4.2023, from https://www.faz.net/aktuell/finanzen/blackrock-anlagestrategie-ist-manchen-zu-green-18399125.html.

Staaten in Form einer „private public partnership“ unterstützt.[99] Ausgangspunkt bildete hierbei der Bericht einer Expertengruppe, der sog. Blueprint.[100] Der Bericht zeigt detailliert die Zusammenhänge zwischen Finanzintermediären und ihrem Potential und ihrer Hebelwirkung auf etwa das produzierende Gewerbe und Dienstleistungsunternehmen auf. Gleichzeitig schlägt er konkrete Maßnahmen und Instrumente (auch im Bereich Coaching und Analyse) vor, um insbesondere Finanzunternehmen zu unterstützen, ihre Geschäftspolitik entsprechend auszurichten, Missstände zu erkennen und angemessen zu reagieren. Übergeordnetes Ziel der FAST-Initiative ist es, durch die Lenkung der Finanzströme moderne Sklaverei und Menschenhandel zu unterbinden und den Opfern eine Wiedergutmachung sowie einen geregelten Start in ein „neues“ Leben zu ermöglichen.[101] Ähnlich dem Ansatz der EU verdeutlicht diese Initiative die Wichtigkeit, den Finanzmarkt als horizontalen Dreh- und Angelpunkt für jegliche wirtschaftliche (und soziale) Aktivität einzubeziehen und ihn als Hebel für die Einhaltung menschen- und umweltrechtlicher Standards zu nutzen.

H. Conclusio

Auf internationaler Ebene besteht eine rechtliche Lücke. Die völkerrechtlich an Menschenrechte und Umweltvorgaben gebundenen Staaten sind faktisch nicht mehr in der Lage, ihre „duty to protect“, ausreichend wahrzunehmen. Die Verursacher von Verletzungen und Missständen sind oftmals transnational agierende Unternehmen, die *de lege lata* nicht an das Völkerrecht gebunden sind, sondern durch „soft law“ nur zu einer Beachtung menschen- und umweltrechtlicher Grundsätze angehalten sind.

Im Zuge der Schutzpflicht und der internationalen Debatte nehmen Staaten auf nationaler Ebene und die EU die Unternehmen jedoch zusehends regulativ in die Pflicht. Durch spezielle Sorgfaltspflichten sollen die Unternehmen angehalten werden, ihre Wertschöpfungsketten den Standards im

99 Zur Initiative siehe Finance Against Slavery and Trafficking, retrieved 28.4.2023, from https://www.fastinitiative.org/.

100 A Blueprint for Mobilizing Finance Against Slavery and Trafficking, Final Report of the Liechtenstein Initiative's Financial Sector Commission on Modern Slavery and Human Trafficking, 2019, retrieved 28.4.2023, from https://www.fastinitiative.org/wp-content/uploads/Blueprint-DIGITAL-3.pdf.

101 Ausführlich dazu Sild, Judith: „FAST – Liechtenstein Initiative for Finance Against Slavery and Trafficking“. *Nachhaltigkeitsrecht* 2022, S. 371.

Menschenrechts- und Umweltschutzbereich anzupassen. Bei Missachtung drohen in erster Linie aufsichtsrechtliche, aber auch zivilrechtliche Konsequenzen.

Allerdings scheint dies nicht ausreichend, wie die weiterhin große Zahl an Missständen und die erschreckenden statistischen Zahlen zur Zwangsarbeit, insbesondere von Kindern, zeigt. Besonders im Bereich der Vorsorge bzw. vorbeugender Maßnahmen besteht noch ein großer Spielraum. Der Fokus sollte dementsprechend verstärkt darauf liegen, präventiv tätig zu werden, nicht nur die (zumeist) irreversiblen Menschenrechtsverletzungen nachträglich zu kompensieren.[102] Dafür bedarf es weitergehender Initiativen der Staatengemeinschaft, sei es auf legislativer Ebene, durch Konditionalitätsmechanismen oder „private public partnership"-Initiativen wie etwa der FAST. Einen wichtigen Schritt könnten CE-Kennzeichnungen oder Produktverbote, wie die EU jüngst vorgeschlagen hat, darstellen. Ergänzend muss ein weiterer Schwerpunkt auf dem Finanzsektor und der nachhaltigen Lenkung der Finanzströme gesetzt werden. Auch hier gibt es mit der Taxonomie und verschiedenen Initiativen gute Ansätze.

Letztlich hilft jedoch die beste rechtliche Basis nichts, wenn die Nachfrage gleichbleibend auf immer billigere und schnellere Produkte drängt und die Billigproduktion die Gewinnmargen weiterhin hochhält. Es bedarf daher zu allem politischen Willen und legistischen Maßnahmen aufgeschlossener Konsumenten, die durch das Kaufverhalten die Unternehmenspolitik wesentlich beeinflussen können. Hier besteht wohl ein offenkundiger Aufklärungsbedarf, zu dem unter anderem auch die Wissenschaft einen maßgeblichen Beitrag zusteuern könnte und sollte.

102 In diese Richtung Lötzsch / Fifka, S. 179.

Teil V: Berichte aus der völkerrechtlichen Praxis

Helmut Tichy

Österreichs Neutralität im Lichte der russischen Aggression gegenüber der Ukraine

I. Der aktuelle Stand des österreichischen Neutralitätsrechts

Das aktuelle Verständnis der dauernden Neutralität Österreichs wurde 1990 anlässlich der Maßnahmen des UN-Sicherheitsrats gegen den Irak nach der Besetzung Kuwaits und 1994 im Zuge des österreichischen EU-Beitritts entwickelt. Es ist das Verständnis einer aufrechten Neutralität mit zwei wesentlichen Einschränkungen: Die österreichische Neutralität kommt nicht zur Anwendung, wenn der UN-Sicherheitsrat Maßnahmen nach Kapitel VII der Satzung der Vereinten Nationen[1] anordnet oder autorisiert, und sie kommt ebenfalls nicht zur Anwendung, wenn die EU im Rahmen ihrer Gemeinsamen Außen- und Sicherheitspolitik (GASP), zu der auch die Gemeinsame Sicherheits- und Verteidigungspolitik gehört, handelt.

Die Grundlagen der österreichischen Neutralität wurden vor einiger Zeit heftig diskutiert, heute wird aber weitgehend davon ausgegangen, dass die österreichische Neutralität sowohl eine verfassungsrechtliche als auch eine völkerrechtliche Grundlage hat. Die verfassungsrechtliche Grundlage ist das Bundesverfassungsgesetz vom 26. Oktober 1955 über die Neutralität Österreichs,[2] die völkerrechtliche Grundlage der Umstand, dass dieses Verfassungsgesetz und damit der durch dieses begründete Status der dauernden Neutralität Österreichs zahlreichen Staaten notifiziert wurde und dass dieser Status mittlerweile auch den anderen, seit den ursprünglichen Notifikationen entstandenen Staaten bekannt sein muss.

Die beiden oben genannten Einschränkungen stellen punktuelle materielle Derogationen der österreichischen Neutralität dar. Die „UN-Derogation" beruht auf einem, vom seinerzeitigen Leiter des Völkerrechtsbüros im österreichischen Außenministerium, Botschafter Dr. Helmut Türk, entwickelten revidierten Verständnis der aus der Satzung der Vereinten Nationen erwachsenden Verpflichtungen. Mit der nun uneingeschränkten Akzeptanz dieser Verpflichtungen wurde von der früher vertretenen Verdross'schen These, dass

1 BGBl. Nr. 120/1956 i.d.g.F..
2 BGBl. Nr. 211/1955.

die Vereinten Nationen die österreichischen UN-Verpflichtungen im Lichte der Neutralität zu interpretieren hätten, abgewichen. 1990 geschah dies angesichts des Überfalls auf Kuwait und der – leider nur vorübergehenden – Reaktivierung des Sicherheitsrats unter dem Motto „Solidarität vor Neutralität".

Die „EU-Derogation" beruht hingegen auf dem Ergebnis der österreichischen EU-Beitrittsverhandlungen, in denen der ursprüngliche österreichische Wunsch, der EU unter einem Neutralitätsvorbehalt beizutreten, keine Zustimmung fand. Ganz im Gegenteil wurde schließlich in der Gemeinsamen Erklärung zur Gemeinsamen Außen- und Sicherheitspolitik zur Beitrittsakte 1994[3] festgehalten, dass die Union und die neuen Mitgliedstaaten übereinkommen, dass „die neuen Mitgliedstaaten ab dem Zeitpunkt ihres Beitritts bereit und fähig sein werden, sich in vollem Umfang und aktiv an der Gemeinsamen Außen- und Sicherheitspolitik, so wie sie im Vertrag über die Europäische Union definiert ist, zu beteiligen". Diese „Übereinkunft" wurde innerstaatlich zunächst durch Art. 23 f B-VG und nun durch Art. 23j B-VG[4] umgesetzt, der bestimmt, dass „Österreich [...] an der Gemeinsamen Außen-und Sicherheitspolitik der Europäischen Union" mitwirkt, was – wie bereits erwähnt – im Fall von GASP-Aktivitäten eine materielle Derogation des Neutralitätsgesetzes bedeutet. Der Umstand, dass Österreich der EU angehört und an der GASP ohne grundsätzliche Beschränkung durch die Neutralität mitwirkt, muss allen interessierten Staaten bekannt sein. Andere Staaten können sich daher, auch wenn ihnen die EU-Derogation der Neutralität nicht notifiziert wurde, bei einem GASP-konformen Handeln Österreichs nicht auf etwaige Neutralitätspflichten Österreichs berufen.

Österreich hat stets großen Wert darauf gelegt, die Auslegung seiner Neutralitätspflichten selbst vorzunehmen und dies anderen Staaten nicht zuzugestehen. Schon während des Kalten Krieges wurde von österreichischer Seite regelmäßig betont, dass Österreich keine ideologische Neutralität verfolgt und dass es sich den westlichen Vorstellungen von Demokratie und Menschenrechten verbunden fühlt. Heute wird mit etwas anderen Worten gesagt, dass Österreichs Neutralität lediglich eine „militärische" sei, was aber das Gleiche bedeutet. Österreich beharrt aber nicht nur darauf, seine Neutralität selbst

3 Schlussakte zum Vertrag über den Beitritt der Republik Österreich, der Republik Finnland und des Königreichs Schweden zur Europäischen Union, Gemeinsame Erklärung Nr. 1, ABl. C 94/241 vom 29.8.1994, S. 381, i.d.g.F..

4 Bundes-Verfassungsgesetz, BGBl. Nr. 1/1930 i.d.g.F..

auszulegen, sondern auch darauf, selbst und allein berechtigt zu sein, seinen Neutralitätsstatus zu modifizieren – was, wie gezeigt, bereits zweimal erfolgt ist – und diesen sogar einseitig zu beenden.

Die hier als EU-Derogation bezeichnete Neutralitätseinschränkung hat in den letzten Jahrzehnten in der Arbeit des Völkerrechtsbüros des österreichischen Außenministeriums immer wieder eine Rolle gespielt und es Österreich erlaubt, sich an GASP[5] – und per Größenschluss auch an anderen EU-Maßnahmen zu beteiligen, ohne dass dabei auf neutralitätsrechtliche Erwägungen Bedacht genommen werden musste. Jedenfalls war es in der Vergangenheit nicht notwendig, vom in Art. 31 Abs. 2 EU-Vertrag[6] vorgesehenen Instrument der konstruktiven Enthaltung Gebrauch zu machen, das insbesondere für neutrale Staaten geschaffen wurde und diesen ermöglichen soll, das Zustandekommen einzelner sensibler GASP-Beschlüsse im Geiste der loyalen Zusammenarbeit nicht zu verhindern, ohne jedoch selbst zur Durchführung dieser Beschlüsse verpflichtet zu sein.

II. Die Solidarität mit der Ukraine als Herausforderung für die österreichische Neutralität

Die russische Aggression gegenüber der Ukraine und der damit verbundene Völkerrechtsbruch erforderten eine starke Reaktion der EU, zu der es auch gekommen ist, insbesondere durch umfangreiche restriktive Maßnahmen. Für Österreich stellte sich aber sofort folgendes, politisch heikles Problem: Ohne ausdrücklichen GASP-Beschluss, der die EU-Mitgliedstaaten auffordert, den Transit von Kriegsmaterial zu gestatten, wäre Österreich aufgrund seiner strengen, auch auf die Neutralitätspflichten abstellenden und manchmal sogar über diese hinausgehenden Gesetze nicht in der Lage, solche Transite zu gestatten. Solidarität mit der unter Verletzung des UN-Gewaltverbots angegriffenen Ukraine wäre ohne einen solchen GASP-Beschluss nicht möglich gewesen. 1999, als Österreich Überflüge im Zusammenhang mit der Kosovokrise aufgrund seiner Gesetzeslage und mangels einschlägigen GASP-Beschlusses ablehnen musste, hatte dies zu deutlicher Kritik an Österreich geführt, weshalb schließlich eine gesetzliche Neuregelung geschaffen wurde. § 2 Abs. 1 Z. 4

5 Cf. z.B. den Beschluss (GASP) 2015/1835 des Rates vom 12. Oktober 2015 über die Rechtsstellung, den Sitz und die Funktionsweise der Europäischen Verteidigungsagentur, ABl. L 266 vom 13.10.2015, S. 55.

6 BGBl. III Nr. 85/1999 i.d.g.F..

Truppenaufenthaltsgesetz[7] erlaubt u.a. Überflüge „zur Teilnahme an sonstigen Friedensoperationen im Rahmen einer internationalen Organisation entsprechend den Grundsätzen der Satzung der Vereinten Nationen, wie etwa an Maßnahmen zur Abwendung einer humanitären Katastrophe oder zur Unterbindung schwerer und systematischer Menschenrechtsverletzungen". Diese Bestimmung ist in verschiedener Hinsicht interessant, weil Österreich mit ihr Unterstützung für das völkerrechtlich umstrittene Konzept der „humanitären Intervention" zum Ausdruck bringt, auf den russischen Angriff gegen die Ukraine war sie jedoch nicht anwendbar.

Es musste daher der Europäische Auswärtige Dienst von Österreich mit großem Nachdruck ersucht werden, eine GASP-Bestimmung auszuarbeiten, die die EU-Mitgliedstaaten auffordert, den Transit von Kriegsmaterial in die Ukraine zu gestatten. Dies war nicht ganz einfach, weil nur Österreich, aufgrund seiner spezifischen rechtlichen Situation, Interesse an einer solchen Bestimmung hatte. Auf der Grundlage von österreichischen Vorschlägen und mit diplomatischem Einsatz auf allen Ebenen konnte schließlich die Aufnahme folgender Bestimmung in den GASP-Beschluss 2022/339 vom 28. Februar 2022,[8] vier Tage nach Beginn des russischen Angriffs, erreicht werden:

> „Artikel 5
> Unterstützung durch die Mitgliedstaaten
>
> (1) Die Mitgliedstaaten erwägen, der Ukraine finanzielle und logistische Unterstützung, einschließlich der Lieferung von Schutzausrüstungen, zu leisten.
> (2) Die Mitgliedstaaten erlauben die Durchfuhr militärischer Ausrüstung, einschließlich Begleitpersonal, durch ihr Hoheitsgebiet, einschließlich ihres Luftraums."

Mit dieser Bestimmung wird es Österreich u.a. ermöglicht, den Transit von Kriegsmaterial in die Ukraine zu gestatten. Wegen der durch diesen Beschluss aktivierten EU-Derogation bestehen keine neutralitätsrechtlichen Bedenken gegen einen solchen Transit. Die Gestattung solcher Transite entspricht hinsichtlich militärischen Begleitpersonals und mitgeführten Kriegsmaterials § 2 Abs. 1 Z. 2 Truppenaufenthaltsgesetz, weil sie „zur Durchführung eines Beschlusses auf Grund des Titels V des Vertrags über die Europäische Union"

7 BGBl. I Nr. 57/2001 i.d.g.F.. Eine Parallelbestimmung findet sich in § 3 Abs. 1a Z. 4 Kriegsmaterialgesetz, ebenfalls BGBl. I Nr. 57/2001 i.d.g.F.

8 Beschluss (GASP) 2022/339 des Rates vom 28. Februar 2022 über eine Unterstützungsmaßnahme im Rahmen der Europäischen Friedensfazilität zur Unterstützung der ukrainischen Streitkräfte, ABl. L 61 vom 28.2.2022, S. 1.

erfolgt. Und hinsichtlich unbegleiteter Kriegsmaterialtransite ist die Gestattung im Einklang mit § 3 Abs. 1a Z. 2 Kriegsmaterialgesetz, weil die Durchfuhr „eine Maßnahme darstellt, um [„] 2. einen Beschluss auf Grund des Titels V des Vertrags über die Europäische Union in Verbindung mit Teil V des Vertrags über die Arbeitsweise der Europäischen Union" durchzuführen. Auch eine Bestrafung wegen „Verbotener Unterstützung von Parteien bewaffneter Konflikte" (früher „Neutralitätsgefährdung") ist gemäß § 320 Abs. 2 Z. 2 des Strafgesetzbuchs[9] ausgeschlossen, wenn „ein Beschluss auf Grund des Titels V des Vertrags über die Europäische Union" durchgeführt wird.

Neben dem erwähnten Beschluss 2022/339, der sich auf jede Art logistischer Unterstützung der ukrainischen Streitkräfte bezieht und damit – aufgrund einer von Österreich ausdrücklich mit diesem Ziel inspirierten Bestimmung – auch den Transit von sogenannten „tödlichen Waffen" ermöglicht, gibt es einen weiteren, hier zu erwähnenden GASP-Beschluss, der allerdings für Österreich aufgrund seiner bei dieser Beschlussfassung erstmals vorgenommenen konstruktiven Enthaltung nicht verbindlich und daher für die Rechtsanwendung in Österreich nicht relevant ist. Mit Beschluss 2022/338 „über eine Unterstützungsmaßnahme im Rahmen der Europäischen Friedensfazilität für die Bereitstellung militärischer Ausrüstung und Plattformen, die dazu konzipiert sind, tödliche Gewalt anzuwenden, für die ukrainischen Streitkräfte"[10] wurden Waffenlieferungen an die Ukraine in einem in der Zwischenzeit mehrfach erhöhtem Umfang vorgesehen. Trotz seiner konstruktiven Enthaltung muss Österreich aufgrund der Regelungen der Europäischen Friedensfazilität[11] allerdings Ausgleichszahlungen („einen zusätzlichen Beitrag") für andere Zwecke leisten. Die konstruktive Enthaltung Österreichs erfolgte aus neutralitätspolitischen

9 BGBl. Nr. 60/1974 i.d.g.F..

10 Beschluss (GASP) 2022/338 vom 28. Februar 2022, ABl. L 60 vom 28.2.2022, S. 1, i.d.g.F..

11 Cf. Art. 5 Abs. 3 des Beschlusses (GASP) 2021/509 des Rates vom 22. März 2021 zur Einrichtung einer Europäischen Friedensfazilität und zur Aufhebung des Beschlusses (GASP) 2015/528; ABl. L 102 vom 24.3.2021, S. 14, der lautet: „(3) Hat ein Mitgliedstaat sich bei einer Abstimmung über eine Unterstützungsmaßnahme, in deren Rahmen militärische Ausrüstung oder militärische Plattformen geliefert werden dürfen, die dazu konzipiert sind, tödliche Gewalt anzuwenden, der Stimme enthalten und eine förmliche Erklärung gemäß Art. 1 Abs. 1 Unterabs. 2 EUV abgegeben, so muss dieser Mitgliedstaat keinen Beitrag zu den Kosten dieser Unterstützungsmaßnahme leisten. In diesem Fall leistet dieser Mitgliedstaat einen zusätzlichen Beitrag zu anderen Unterstützungsmaßnahmen, die nicht die Lieferung dieser Ausrüstung oder Plattformen betreffen."

Gründen; eine Zustimmung wäre allerdings auch möglich gewesen und hätte die erwähnte EU-Derogation aktiviert.

Im Ergebnis bedeutet dies, dass Österreich Waffentransite in die Ukraine genehmigen darf, aber selbst keine Waffenlieferungen vornimmt. Waffenlieferungen aus Beständen des österreichischen Bundesheeres an die Ukraine ohne entsprechenden EU-Beschluss wären neutralitätsrechtlich bedenklich, sonstige Waffenlieferungen aus Österreich dürfen ohne entsprechenden EU-Beschluss gemäß den strengen Regelungen des Kriegsmaterialgesetzes (§ 3 Abs. 1 Z. 2: „darauf Bedacht zu nehmen, daß […] 2. die Aus- oder Durchfuhr nicht in ein Gebiet erfolgen soll, in dem ein bewaffneter Konflikt herrscht, ein solcher auszubrechen droht oder sonstige gefährliche Spannungen bestehen“) nicht erfolgen.

Durch Art. 5 des erwähnten GASP-Beschlusses 2022/339 wurde es Österreich ermöglicht, seine Solidarität mit der von Russland überfallenen Ukraine im Bereich der Waffentransite unter Beweis zu stellen.

Christophe Eick

Der Angriff auf die Ukraine im Lichte des Völkerrechts

Der am 24. Februar 2022 begonnene Angriffskrieg Russlands gegen die Ukraine ist ein fundamentaler Angriff auf die Völkerrechtsordnung. Dieser wird nicht hingenommen. Der weit überwiegende Teil der Staatengemeinschaft schließt sich zusammen, um die Geltung des Völkerrechts zu verteidigen.

Dies gilt zunächst für die Verletzung des Gewaltverbots (Art. 2 Abs. 4 der VN-Charta). So hat die VN-Generalversammlung am 2. März 2022 mit überwältigender Mehrheit die Aggression der Russischen Föderation auf das Schärfste verurteilt und verlangt, dass Russland jegliche Gewaltanwendung gegen die Ukraine unverzüglich einstellt. Hierbei ist auch bemerkenswert, dass die Aktivierung des Uniting for Peace-Gedankens in der VN-Generalversammlung eine entsprechende – von Russland vertierte – Feststellung der eklatanten Rechtswidrigkeit des Russischen Angriffskriegs durch den VN-Sicherheitsrat unter Legitimitäts- und Repräsentationsgesichtspunkten aufgrund einer überwältigenden Zustimmung von 141 Staaten (bei nur fünf Gegenstimmen) deutlich übertroffen hat.

EU, NATO und G7 haben am 24. März 2022 auf der Ebene der Staats- und Regierungschefs die – wohl großteils gezielten Angriffe russischer Streitkräfte auf die ukrainische Zivilbevölkerung und auf zivile Objekte, darunter Krankenhäuser, medizinische Einrichtungen, Schulen und Schutzunterkünfte verurteilt.

Dabei wurde – neben der Staatenverantwortlichkeit – auch die individuelle strafrechtliche Verantwortlichkeit für Kriegsverbrechen und andere Völkerstraftaten wie die zwangsweise Verbringung von Ukrainern in sog. Filtration Camps sehr bald in den Fokus genommen.

Die Überweisung der „Situation Ukraine" an den Internationalen Strafgerichtshof durch inzwischen 43 Vertragsstaaten des Römischen Statuts, darunter Deutschland, erlaubt es dem Chefankläger des IStGH, sofort Ermittlungen wegen Kriegsverbrechen, Verbrechen gegen die Menschlichkeit (und ggfls. Völkermord) einzuleiten. Noch nie hat es eine Überweisung einer Situation durch derart viele Staaten gegeben, auch wenn eine stärkere Beteiligung durch nicht-westliche Staaten, insbesondere afrikanische Staaten, sicherlich wünschenswert gewesen wäre. Besonders hervorzuheben ist unter

Repräsentationsgesichtspunkten freilich die Teilnahme Japans als erstem asiatischen Staat, der von der Unterbreitungsmöglichkeit hinsichtlich der Ukraine-Situation Gebrauch macht, sowie die Unterbreitung durch Chile am 1. April 2022. Der Generalbundesanwalt in Karlsruhe hat ein Strukturermittlungsverfahren eröffnet. Auf EU-Ebene wird Unterstützung über EUROJUST geleistet. Deutschland ist der am 25. März 2022 in New York gegründeten, Regionen übergreifenden Freundesgruppe „Accountability" beigetreten.

Auch die Verletzung von Menschenrechten durch Russland in Gebieten der Ukraine, die unter seine Kontrolle geraten sind, ist durch die internationale Staatengemeinschaft aufgegriffen worden. So hat der VN-Menschenrechtsrat am 4. März 2022 die Einrichtung einer Untersuchungskommission beschlossen. Im Rahmen der OSZE wurde zudem Anfang März 2022 (auch unter deutscher Beteiligung) eine Untersuchungsmission nach dem sog. Moskau-Mechanismus ausgelöst. Der Europäische Gerichtshof für Menschenrechte bleibt auch nach dem Ausschluss Russlands aus dem Europarat für Beschwerden zuständig, die sich auf russisches Verhalten bis zum 16. September 2022 beziehen. Dies schließt ein von der Ukraine angekündigtes Staatenbeschwerdeverfahren in Straßburg ein.

Von großer Bedeutung ist überdies das durch die Ukraine initiierte Verfahren vor dem Internationalen Gerichtshof und der große Teilerfolg, der mit dem Beschluss vom 16. März 2022 im einstweiligen Rechtsschutz und der gerichtlichen Anordnung, die am 24. Februar 2022 auf dem Staatsgebiet der Ukraine begonnenen militärischen Maßnahmen umgehend einzustellen, erreicht wurde. Am 20. Mai 2022 haben 42 Staaten (darunter wiederum Deutschland) sowie die EU eine öffentliche Stellungnahme verabschiedet, in welcher die Unterstützung der Ukraine im IGH-Verfahren ausgedrückt und Russland aufgefordert wird, den rechtsverbindlichen IGH-Beschluss vom 16. März 2022 umzusetzen. Das IGH-Verfahren ist auch insofern über den konkreten Fall hinaus von grundlegender Bedeutung, als es Maßnahmen der strategischen Desinformation und „fake news" zum Gegenstand der Aufarbeitung durch den IGH macht. Dass die Nicht-Befolgung der rechtsverbindlichen Anordnung des IGH durch Russland eine (zusätzliche) Völkerrechtsverletzung darstellt, ist unstreitig.

Die von der Staatengemeinschaft ergriffenen Maßnahmen („Sanktionen") bestehen in völkerrechtlicher Hinsicht zum einen aus Retorsionsmaßnahmen, also Maßnahmen, die per se rechtmäßig sind, weil sie nicht in Rechtspositionen eingreifen. Dazu zählen etwa Reiserestriktionen („travel bans") gegen hohe staatliche Funktionäre, wie sie von der EU verhängt worden sind. Zum anderen werden Gegenmaßnahmen im Rahmen bestehender Regime ergriffen. Hierzu zählen der Ausschluss Russlands aus dem Europarat sowie die Suspendierung der Mitgliedschaft Russlands im VN-Menschenrechtsrat. Schließlich sind Gegenmaßnahmen möglich, die zwar eine Rechtsverletzung darstellen, aber als Repressalie gerechtfertigt sind. Die hier einschlägigen Articles on State Responsibility der VN-Völkerrechtskommission bilden eine wichtige Berufungsgrundlage für Maßnahmen „nicht direkt betroffener" Staaten, insbesondere bei Verletzungen von zwingendem Völkerrecht. Hier wird darauf zu achten sein, dass – in der EU gerichtlich überprüfbare – Grenzen (Menschenrechte) nicht überschritten werden.

Völkerrechtlich ist im Übrigen weitgehend anerkannt, dass politische, finanzielle oder militärische Unterstützung in Form von Waffenlieferungen oder Logistik grundsätzlich nicht dazu führt, dass der unterstützende Drittstaat den völkerrechtlichen Status einer Konfliktpartei einnimmt. Die militärischen Unterstützungsleistungen Deutschlands und anderer Staaten an die Ukraine erfolgen im Rahmen der Befähigung der Ukraine zur Ausübung ihres völkerrechtlichen individuellen Selbstverteidigungsrechts.

Zusammenfassend kann festgehalten werden, dass der andauernde Angriff Russland gegen die Ukraine seit dem 24. Februar 2022 die Staatengemeinschaft in ihren Grundfesten erschüttert hat. Die Kumulation von Verletzungen verschiedener grundlegender Völkerrechtsnormen durch Russland, die besondere Quantität und Qualität der Verletzungen sind alarmierend. Die Versuche Russlands, sein Vorgehen gegen die Ukraine zu rechtfertigen, sind mindestens im Ergebnis faktisch und rechtlich fehlerhaft. Sie stehen gänzlich außerhalb jedes vernünftigen Rahmens faktischer Begründbarkeit und Nachweisbarkeit bzw. klar außerhalb rechtlicher Interpretationsspielräume. Die Invokation von Artikel 51 VN-Charta, etwa in Putins Rede vom 24. Februar 2022, die auch einer Notifikation des VN-Sicherheitsrats durch Russland diente, bleibt ohne rechtliche Substantiierung und fadenscheinig.

Doch die Reaktionen auf den russischen Zivilisationsbruch zeugen von einer grundsätzlich weiterhin völkerrechtsfreundlichen Weltgemeinschaft, die auf das Völkerrecht als grundlegendes Ordnungssystem sowie auf seine Institutionen zurückzugreifen bereit ist und damit die existierende normative Steuerungskraft des Völkerrechts hinsichtlich der Reaktionen auf diese Krise bekräftigt. Bemerkenswert ist hierbei, dass die Ukraine selbst alle Instrumente des Völkerrechts ergreift (IGH, EGMR) und auch nach neuen Ansätzen sucht, um dem Völkerrecht Geltung zu verschaffen.

Nachtrag

Dieser Diskussionsbeitrag gibt den Stand Anfang Juni 2022 wieder. Der von Russland angezettelte Krieg gegen die Ukraine wird seitdem mit unverminderter Brutalität fortgeführt. Auf eine Reihe wichtiger Entwicklungen sei hingewiesen:

Die VN-Generalversammlung hat in weiteren Notstandssondertagungen den russischen Angriff erneut verurteilt und zu einem Truppenrückzug aufgefordert. Sie hat ferner deutlich gemacht, dass Russland Reparationen für erlittene Schäden zu leisten habe, und die Notwendigkeit der Schaffung eines entsprechenden internationalen Mechanismus anerkannt.

Die Ukraine hat noch im Juni 2022 eine Staatenbeschwerde gegen Russland vor dem Europäischen Gerichtshof für Menschenrechte wegen des erfolgten Angriffskriegs erhoben; 23 EMRK-Vertragsparteien, darunter Deutschland, haben den Gerichtshof ersucht, dem Verfahren beitreten zu dürfen. Der Gerichtshof hat im Januar 2023 in bereits anhängigen Verfahren gegen Russland deutlich gemacht, dass es sowohl Staatenbeschwerden wie auch Individualbeschwerden gegen Russland, die sich auf Ereignisse bis zum 16. September 2022 beziehen, für zulässig erachtet.

Auch vor dem Internationalen Gerichtshof haben insgesamt 33 Staaten, darunter Deutschland, beantragt, dem Verfahren *Ukraine v. Russland* beitreten zu dürfen.

Die vom VN-Menschenrechtsrat eingesetzte Untersuchungskommission hat in ihrem Bericht vom 16. März 2023 festgestellt, dass russische Kräfte in der Ukraine eine Reihe von Verletzungen der Menschenrechte und des Humanitären Völkerrechts begangen haben, die vielfach Kriegsverbrechen darstellten.

Schließlich hat der Internationale Strafgerichtshof am 17. März 2023 auf Antrag des IStGH-Chefanklägers einen Haftbefehl gegen den russischen Präsidenten Putin und die Beauftragte für Kinderrechte im Präsidialamt Lwowa-Belowa erlassen. Sie werden beschuldigt, verantwortlich für die Deportation ukrainischer Kinder und die erzwungene Überführung von Ukrainern in die Russische Föderation zu sein. Weil der Internationale Strafgerichtshof seine Gerichtsbarkeit für das Verbrechen der Aggression im konkreten Fall nicht ausüben kann, weil Russland nicht Partei des Römischen Statuts ist, ist die Bundesregierung bereit, die Ukraine bei der Errichtung eines internationalen Sondertribunals zu unterstützen.

Judith Knieper

UNCITRAL-Arbeitsgruppe III zur Reform der Investor-Staat-Streitbeilegung (ISDS)

A. Einleitung

Seit ihrer Gründung im Jahr 1966 hat die Kommission der Vereinten Nationen für internationales Handelsrecht, nach dem Akronym der englischen Bezeichnung United Nations Commission on International Trade Law (UNCITRAL), eine Reihe bekannter Rechtstexte im Bereich des Handelsrechts entwickelt, um das internationale Handelsrecht zu modernisieren und harmonisieren, etwa in den Bereichen des internationalen Warenkaufs, der grenzüberschreitenden Insolvenzen, privat finanzierter Infrastrukturprojekte, elektronischer Unterschriften und Geschäfte, Forderungsabtretungen, Sicherungsrechte, und des internationalen Warentransports. Auch die internationale Streitbeilegung, das Thema des 45. Völkerrechtstags in Passau, ist ein wichtiger Arbeitsbereich für UNCITRAL. Der folgende Beitrag ist ein Versuch, die Genese der laufenden Verhandlungen zur Reform der Investor-Staat-Streitbeilegung (ISDS) in Arbeitsgruppe III zu beschreiben.

B. Arbeitsmethoden von UNCITRAL

Die Arbeitsmethoden von UNCITRAL sollen sicherstellen, dass die von UNCITRAL entwickelten Instrumente „universal" einsetzbar sind, in Ländern mit ganz unterschiedlichen Rechts-, Sozial- und Wirtschaftssystemen. Zu den Diskussionen in den Arbeitsgruppen, in welchen die technischen Verhandlungen zu bestimmten, von der Kommission zugewiesenen Rechtsfragen erfolgt, werden deshalb nicht nur die mittlerweile 70 UNCITRAL Mitgliedsländer, sondern alle 193 Mitgliedsländer der Vereinten Nationen eingeladen. Weiterhin erfolgt eine Einladung an alle 193 Staaten auch zur Kommission selbst, die sowohl entscheidet, welche Themen bearbeitet werden sollen, als auch von der Generalversammlung anzunehmende Übereinkommen finalisiert und Modellgesetze sowie andere Texte vertraglicher Art, oder auch Leitlinien, verabschiedet.

Um sicherzustellen, dass alle geographischen Regionen angemessen vertreten sind, setzen sich die 70 UNCITRAL-Mitgliedsstaaten entsprechend der regionalen Gruppen der Vereinten Nationen zusammen aus 16 afrikanischen, 16 asiatisch-pazifischen, 10 osteuropäischen, 12 lateinamerikanischen und karibischen und 16 westeuropäischen und anderen Staaten. Zudem nehmen Vertreter von eingeladenen Nichtregierungs- und Regierungsorganisationen teil. Es wird in den 6 offiziellen Sprachen der Vereinten Nationen parallel verhandelt.[1] In UNCITRAL-Verhandlungen wird nach einer langjährigen Praxis auf Grundlage von Konsens entschieden. Dies bedeutet, dass die UNCITRAL-Mitgliedsstaaten in der Regel so lange verhandeln, bis sie zu einem Ergebnis kommen, das alle mittragen können. Bislang wurde in der über 50-jährigen Geschichte von UNCITRAL nur zweimal abgestimmt, zudem nie über rechtliche Fragen.[2] Weiterhin werden die Verhandlungen so transparent wie möglich gestaltet. So werden beispielsweise sämtliche Berichte zu den Sitzungen der Arbeitsgruppen und Kommissionen auf der Webseite von UNCITRAL frei zugänglich veröffentlicht.[3]

C. Allgemeine Anwendbarkeit der Streitbeilegungsinstrumente (mit Ausnahme der Transparenzinstrumente)

Die UNCITRAL-Instrumente im Bereich Schiedsgerichtsbarkeit und Mediation sind allgemein formuliert und auf ein breites Spektrum von Streitigkeiten anwendbar, zum Beispiel Streitigkeiten zwischen privaten Handelsparteien, zwischenstaatliche Streitigkeiten, Streitigkeiten zwischen Investoren und Staaten, und auch auf *ad hoc*- und von Institutionen verwaltete Streitigkeiten. Dazu gehören das New Yorker Übereinkommen über die Anerkennung und Vollstreckung ausländischer Schiedssprüche,[4] die

---

1 Arabisch, Chinesisch, Englisch, Französisch, Spanisch und Russisch.

2 Beim ersten Mal ging es 1978 um die Frage des Umzugs des UNCITRAL Sekretariats von New York nach Wien, siehe dazu den Bericht der Kommission, A/CN.9/33, Rn. 89-103, beim zweiten Mal, 2017, um die Frage, wer den Vorsitz der Arbeitsgruppe III zur ISDS Reform übernehmen soll, siehe Bericht der Arbeitsgruppe III, A/CN.9/930/Rev.1, Rn. 11-15. Alle hier zitierten Berichte der Kommission und der Arbeitsgruppen, die die Diskussionen in den Arbeitsgruppen vorbereitenden Unterlagen (Positionspapiere) des Sekretariats und die Stellungsnahmen von Staaten sind auf der UNCITRAL Webseite verfügbar, https://uncitral.un.org/.

3 Die Berichte werden vom Sekretariat erstellt, aber dann von der jeweiligen Arbeitsgruppe bzw. der Kommission angenommen, so dass darauf vertraut werden kann, dass die Berichte die Diskussionen akkurat widerspiegeln.

4 Auch wenn das New Yorker Übereinkommen vor der Gründung der UNCITRAL ausgearbeitet wurde, hat die UNCITRAL den Auftrag, das New Yorker Übereinkommen zu fördern, und die das Übereinkommen begleitenden Texte stehen seit 1966 auf der Tagesordnung der UNCITRAL.

UNCITRAL-Schiedsordnung,[5] das Modellgesetz zur internationalen Handelsgerichtsbarkeit, die Mediationsregeln, das Modellgesetz über internationale Handelsmediationen und über Vereinbarungen zur internationalen Beilegung von Streitigkeiten, die durch Mediation zustande gekommen sind, sowie das Übereinkommen der Vereinten Nationen über Vereinbarungen zur internationalen Beilegung von Streitigkeiten, die durch Mediation zustande gekommen sind.[6]

Der Ansatz der allgemeinen Formulierung von Instrumenten mit breitem Anwendungsbereich wurde bei der Überarbeitung der UNCITRAL-Schiedsordnung von 2006-2010 ausdrücklich beibehalten,[7] als sich nämlich die Frage stellte, ob detailliertere Bestimmungen zur Investor-Staat-Streitbeilegung aufgenommen werden sollten. Parallel dazu wurde jedoch auf Antrag der kanadischen Regierung[8] beschlossen, dass sich die Arbeitsgruppe II unmittelbar nach der Überarbeitung der UNCITRAL-Schiedsordnung mit dem Thema Transparenz in der vertragsgestützten Investor-Staat-Schiedsgerichtsbarkeit befassen soll.[9]

2013 verabschiedete UNCITRAL Regeln zur Transparenz in Investor-Staat-Schiedsverfahren auf der Grundlage eines Staatsvertrages[10] („Transparenzregeln"), wodurch die entsprechenden Verfahren der Öffentlichkeit weitgehend zugänglich gemacht wurden. Ein Jahr später finalisierte UNCITRAL das Übereinkommen der Vereinten Nationen über die Transparenz in Investor-Staat-Schiedsverfahren auf der Grundlage von Verträgen[11] („Transparenzübereinkommen" bzw. „Mauritiusübereinkommen"), das am 10. Dezember 2014 von der Generalversammlung der Vereinten Nationen angenommen wurde. Dieses Übereinkommen dehnt die Anwendung der Transparenzregeln

5 In deutscher Übersetzung durch den Deutschen Übersetzungsdienst der Vereinten Nationen hier ersichtlich: https://www.un.org/Depts/german/internathandelsrecht/uncitral-arbitration-rules-2021-DEU-FINAL-KOMPLETT.pdf

6 Auch bekannt als Singapurer Übereinkommen über Mediation.

7 Siehe dazu die Berichte der Arbeitsgruppe II, A/CN.9/614, Rn. 18 und A/CN.9/646, Rn. 54-69.

8 Stellungnahme Kanadas, A/CN.9/662 vom 12.6.2008.

9 Siehe Kommissionsbericht 2009, A/64/17, Rn. 290.

10 Gemeinsame Übersetzung der Staaten Schweiz, Österreich und Deutschland der UNCITRAL Regeln zur Transparenz in Investor-Staat-Schiedsverfahren auf der Grundlage eines Staatsvertrages, zu finden unter: file:///C:/Users/Knieper/Downloads/uncitral-transparenzregeln-d%20(1).pdf.

11 Zwischen Deutschland, Österreich und der Schweiz abgestimmte deutsche Übersetzung zu finden auf: file:///C:/Users/Knieper/Downloads/uebereinkommend.pdf.

auf Investitionsübereinkommen aus, die vor dem Inkrafttreten der Transparenzregeln verabschiedet wurden. Bestehende Investitionsschutzabkommen werden durch das Transparenzübereinkommen entsprechend geändert, um darauf basierende Schiedsverfahren ebenfalls der Öffentlichkeit zugänglich zu machen.[12]

D. Mandat der Arbeitsgruppe III

Nachdem die Arbeit an den Transparenzregeln und dem Transparenzübereinkommen abgeschlossen waren, wurde weiterer Reformbedarf in Bezug auf Investor-Staat-Streitbeilegung artikuliert, etwa die Erarbeitung eines Ethikkodexes für Schiedsrichter[13] und Regeln zur Verhinderung von Parallelverfahren.[14] Angesichts der über 3.000 bestehenden Investitionsschutzabkommen wurde vorgeschlagen, zunächst zu eruieren, wie weitere Reformen umgesetzt werden könnten, insbesondere wurde geprüft, ob das Transparenzübereinkommen als Modell für mögliche weitere Reformen im Bereich der Investor-Staat-Streitbeilegung dienen könnte, und somit erarbeitete Reformen mit Hilfe eines Übereinkommens auf bestehende Investitionsschutzabkommen angewandt werden können. Eine vom Center for International Dispute Settlement (CIDS) durchgeführte Studie bestätigte, dass das Model des Transparenzübereinkommens auch für weitere Reformen grundsätzlich geeignet wäre.[15] Das UNCITRAL-Sekretariat hat daraufhin einen Fragebogen erarbeitet, um das Interesse der Staaten und deren Zugang zum Investor-Staat-Streitbeilegungssystem (ISDS) abzufragen.[16]

---

12 Das Sekretariat führt das Transparenzregister, das bereits eine Reihe von Fällen enthält, in denen die streitenden Parteien der Anwendung der Transparenzregeln ganz oder teilweise zugestimmt haben. Darüber hinaus werden Fälle veröffentlicht, in denen Transparenzregelungen angewendet werden, die den UNCITRAL-Transparenzregeln nahekommen. Diese Fälle werden ebenfalls veröffentlicht, um sicherzustellen, dass das UNCITRAL-Register vollständig ist und alle Fälle umfasst, auf die die Transparenzregeln entweder vollständig oder teilweise Anwendung finden. Das Transparenzregister wird mit Hilfe von Mitteln der Europäischen Union, des deutschen Bundesministeriums für wirtschaftliche Zusammenarbeit und Entwicklung (BMZ) sowie vom OPEC-Fonds für internationale Entwicklung (OFID) betrieben.

13 Siehe Vorschlag durch Algerien A/CN.9/855.

14 Kommissionsbericht, A/68/17, Rn. 129-133 und 311.

15 Siehe Positionspapier des Sekretariats A/CN.9/890 mit den Ergebnissen der Studie.

16 Siehe Stellungnahmen der Staaten abgedruckt in A/CN.9/918 mit Anhängen (Add. 1 bis Add. 10).

In der Kommissionssitzung 2017 haben die Delegierten auf der Grundlage der Ergebnisse der CIDS-Studie, den vorbereiteten Papieren des Sekretariats zu Parallelverfahren und Ethikkodex, sowie den Antworten von 40 Staaten auf den Fragebogen des Sekretariats, Arbeitsgruppe III ein „umfassendes" Mandat „zur Erarbeitung einer möglichen Reform der Investor-Staat-Streitbeilegung" erteilt.[17] Das Mandat von Arbeitsgruppe III ist in drei Phasen gegliedert: (1.) Ermittlung und Prüfung von Bedenken hinsichtlich der Investor-Staat-Streitbeilegung; (2.) Prüfung, ob eine Reform im Lichte der festgestellten Bedenken wünschenswert ist; und (3.) Ausarbeitung von entsprechenden Lösungen, die der Kommission empfohlen werden, falls die Arbeitsgruppe zu dem Schluss kommt, dass eine Reform wünschenswert ist.

E. Umsetzung des Mandats

Die erste und zweite Stufe wurden gleichzeitig von der Arbeitsgruppe behandelt und hinsichtlich aller identifizierten Problemfelder wurde der Reformbedarf bejaht:

(1.) Die fehlende Konsistenz, Kohärenz, Vorhersehbarkeit und Richtigkeit von Schiedsgerichtsentscheidungen,[18] die insbesondere zu ungerechtfertigt widersprüchlichen Auslegungen von Investitionsvertragsbestimmungen und anderen relevanten Grundsätzen des internationalen Rechts durch ISDS-Schiedsgerichte sowie Parallelverfahren führen, auch aufgrund des

17 Kommissionsbericht A/72/17, Rn. 264: „The Commission entrusted Working Group III with a broad mandate to work on the possible reform of investor-State dispute settlement. In line with the UNCITRAL process, Working Group III would, in discharging that mandate, ensure that the deliberations, while benefiting from the widest possible breadth of available expertise from all stakeholders, would be Government-led, with high-level input from all Governments, consensus-based and fully transparent. The Working Group would proceed to: (a) first, identify and consider concerns regarding investor-State dispute settlement; (b) second, consider whether reform was desirable in the light of any identified concerns; and (c) third, if the Working Group were to conclude that reform was desirable, develop any relevant solutions to be recommended to the Commission. The Commission agreed that broad discretion should be left to the Working Group in discharging its mandate, and that any solutions devised would be designed taking into account the ongoing work of relevant international organizations and with a view to allowing each State the choice of whether and to what extent it wished to adopt the relevant solution(s)."

18 Bericht der Arbeitsgruppe III, A/CN.9/964, Rn. 40, 63.

Fehlens eines Mechanismus, mit dem Entscheidungen korrigiert werden können.

(2.) Bedenken hinsichtlich der Schiedsrichter und Entscheidungsträger: insbesondere in Bezug auf eine fehlende oder scheinbar fehlende Unabhängigkeit und Unparteilichkeit,[19] Beschränkungen von Offenlegungs- und Anfechtungsmechanismen,[20] fehlende Vielfalt der Entscheidungsträger,[21] sowie deren fehlende Qualifikationen.[22]

(3.) Kosten und Dauer der Verfahren,[23] sowie die nötige Änderung der Aufteilung der Verfahrenskosten[24] und schließlich die Kostenhinterlegung.[25]

(4.) Finanzierung von Verfahren durch Dritte,[26] insbesondere die fehlende Regulierung und die unklare Definition.

Um die effektive Umsetzung sicherzustellen, wurden schließlich einige sogenannte Querschnittsthemen, wie die Erschöpfung von Rechtsmitteln, die Einschränkung des gesetzgeberischen Spielraums, die Beteiligung von Dritten an ISDS-Verfahren, die Berechnung von Schadensersatz, hervorgehoben, sowie auch das Umsetzungsinstrument selbst, also das multilaterale Instrument zur ISDS-Reform.[27]

Zu Beginn der Arbeit an der dritten Phase des Reformvorhabens wurde vereinbart, dass die Staaten dem UNCITRAL Sekretariat Reformoptionen unterbreiten, wobei die verschiedenen Reformelemente nicht der Reihe nach, sondern parallel abgearbeitet werden sollten, um am Ende ein Reformergebnis mit verschiedenen, teilweise ineinander verzahnten Elementen vorweisen zu können und auch um den unterschiedlichen Prioritäten Rechnung tragen zu können. Auf Grundlage dieser Stellungnahmen, die vom Sekretariat aufbereitet werden und den Diskussionen in der Arbeitsgruppe wird nun an verschiedenen Reformelementen gearbeitet:

Auf der institutionellen Ebene werden angedacht: (1.) ein multilaterales Beratungszentrum, das – nach dem Vorbild des Beratungszentrums für das Recht der

19 Bericht der Arbeitsgruppe III, A/CN.9/964, Rn. 83.
20 Bericht der Arbeitsgruppe III, A/CN.9/964, Rn. 90.
21 Bericht der Arbeitsgruppe III, A/CN.9/964, Rn. 98.
22 Bericht der Arbeitsgruppe III, A/CN.9/964, Rn. 108.
23 Bericht der Arbeitsgruppe III, A/CN.9/964, Rn. 123.
24 Bericht der Arbeitsgruppe III, A/CN.9/964, Rn. 127.
25 Bericht der Arbeitsgruppe III, A/CN.9/964, Rn. 133.
26 Bericht der Arbeitsgruppe III, A/CN.9/970, Rn. 25.
27 Bericht der Arbeitsgruppe III, A/CN.9/970, Rn. 26-40 und 71.

Welthandelsorganisation – Entwicklungsländer beraten und ihnen qualifiziert und kostengünstig in Streitbeilegungsverfahren beistehen sowie als Plattform für den Austausch von Informationen fungieren soll; (2.) ein eigenständiger Überprüfungs- oder Berufungsmechanismus und ein (3.) Ständiges Investitionsgericht in erster Instanz mit einer Berufungsinstanz mit Vollzeitrichtern.

In Bezug auf die Ernennung von Schiedsrichtern und Richtern wird an neuen Regeln zu Auswahl-, Ernennungs-, und Abberufungsverfahren sowie einem Verhaltenskodex gearbeitet. Es wird überlegt, wie eine stärkere Beteiligung der Vertragsparteien an Übereinkommen und Kontrollmechanismen bei der Vertragsauslegung sichergestellt werden kann, wie Streitigkeiten überhaupt vermieden und beigelegt werden können, zum Beispiel durch Mediation, wie missbräuchliche und offensichtlich erfolglose Verfahren behandelt, wie Parallelverfahren verhindert, wie insgesamt Kosten reduziert werden können, zum Beispiel durch Verfahrensbeschleunigung, Grundsätze und Leitlinien zur Hinterlegung und Verteilung von Kosten, andere vereinfachte Verfahren und Instrumente zur Kostenverwaltung und wie die Verfahrensfinanzierung von Dritten und das Schadensersatzrecht behandelt werden kann.

F. Umfassendes Reformprojekt und Ausblick

Das Reformprojekt ist, wie im Mandat ausgedrückt, „umfassend“ und herausfordernd, aber es wird von den verschiedenen Akteuren, insbesondere der Staatengemeinschaft, breit getragen, was sich an mehreren Faktoren ablesen lässt:

- an der zahlreichen und aktiven Beteiligung der Staaten in den formellen und informellen Sitzungen,[28]
- der aktiven Vorbereitung der Staaten,[29]
- an der Tatsache, dass die Generalversammlung der Vereinten Nationen für die Arbeit der Arbeitsgruppe III eine zusätzliche Sitzungswoche im Jahr und personelle Ressourcen für die Dauer von 4 Jahren zur Verfügung stellt – nach einer entsprechenden konsensuellen Entscheidung,[30]

---

28 An den formellen Sitzungen nehmen durchschnittlich mehr als 100 Staaten teil. Dies auch dank der finanziellen Unterstützung von den Regierungen Deutschlands, Frankreichs der Europäischen Union und der schweizerischen Direktion für Entwicklung und Zusammenarbeit, womit Reisekosten für Teilnehmer aus Entwicklungsländern bezahlt werden können.

29 So sind etwa bereits 28 Vorlagen erstellt worden.

30 Siehe Kommissionsbericht 2022, A/77/17, Rn. 182.

- daran, dass die Staaten sich an der Organisation von informellen Sitzungen aktiv beteiligen,[31]
- dass sich ein Akademisches Forum und eine Gruppe von Praktikern als informelle Gruppen eingerichtet haben, die konstruktive Beiträge zu den laufenden Diskussionen über eine mögliche ISDS-Reform leisten und der Arbeitsgruppe Informationen aus ihrer Forschung und Erfahrung zur Verfügung stellen.

Als erste Reformelemente sollen der Kommission im kommenden Jahr der Verhaltenskodex für Schiedsrichter und Richter, sowie Mediationsklauseln und -leitlinien vorgelegt werden. Dies mag wie ein kleiner Schritt erscheinen; angesichts der Fülle an Reformelementen, die noch weiter zu bearbeiten sind, darf dieser allerdings nicht unterschätzt werden, weil an allen Reformelementen gleichzeitig gearbeitet wird.

31 So haben etwa die Regierungen von Korea, der Dominikanischen Republik, Guinea und der Volksrepublik China in der Sonderverwaltungsregion Hongkong regionale Sitzungen zwischen den formellen Sitzungen organisiert.

Lukas Stifter

Die Modernisierung des Energiechartavertrags

1. Einleitung

Die Energiecharta-Konferenz beschloss im November 2017 die Aufnahme von Gesprächen zu einer Modernisierung des Energiecharta- Vertrags (ECV).[1] Darauf aufbauende Konsultationen innerhalb der einschlägigen ECV-Gremien resultierten in der Schaffung der ECV-Modernisierungsgruppe, ein der Energiecharta-Konferenz untergeordnetes Gremium, deren Arbeit in ein sog. Agreement in Principle im Juni 2022 mündete.[2]

Neben den handels- und transitrechtlichen Bestimmungen des ECV bilden der Investitionsschutz sowie die Investor-Staat-Streitbeilegung den Kern des Abkommens. Es ist mit über 50 Vertragsparteien das größte und in der Schiedspraxis[3] am häufigsten genutzte Investitionsschutzabkommen.

Schon aus diesen Gründen kommt der Modernisierung des ECV systematische Bedeutung im Kontext der allgemeinen Reformdebatte zum völkerrechtlichen Investitionsschutz zu. Konkret bieten die Modernisierungsbestrebungen Aufschlüsse zu den folgenden, zukunftsgerichteten Fragestellungen:

- Multilateraler Konsens zum materiellen Investitionsschutz? Multilaterale Reformbestrebungen abseits des ECV sind auf prozessuale Regeln beschränkt – dies im Sinne eines kleinsten gemeinsamen Nenners.[4] Die angestrebte Modernisierung des ECV hingegen hat einen materiell-rechtlichen Fokus. Das Agreement in Principle impliziert eine vermutlich größer als ursprünglich angenommene Konvergenz der Staaten – *in concreto* die

1 S. Energiecharta-Konferenz, Beschluss CCDEC 2017 23 (retrieved 13.3.2023, from http://dev.energychartertreaty.org/fileadmin/DocumentsMedia/CCDECS/2017/CCDEC201723.pdf).

2 Zur institutionellen Struktur der Energiecharta siehe Energy Charter Treaty Part VII, retrieved 13.3.2023, from https://www.energycharter.org/who-we-are/institutions/.

3 S. UNCTAD, World Investment Report 2022, S. 73 ff (retrieved 13.3.2023, from https://unctad.org/system/files/official-document/wir2022_en.pdf).

4 Siehe die in der UNCITRAL-Arbeitsgruppe III verhandelten Ansätze zu einer Reform der Investor-Staat-Streitbeilegung und hierzu den Beitrag von Judith Knieper in diesem Band.

politisch und ökonomisch heterogene Gruppe der ECV-Vertragsparteien – in diesem Bereich.

- Notwendige Anpassung des Investitionsschutzes an den Klimaschutz? Aufgrund seiner energiesektoralen Ausrichtung wurden Fragen zur Vereinbarkeit des ECV mit dem Pariser Klimaschutzübereinkommen[5] sowie den unterschiedlichen Dekarbonisierungs- und Energiesicherheitsstrategien der Vertragsparteien lebendig diskutiert. Insbesondere die von der Europäischen Union geforderten Anpassungen zum Anwendungsbereich des (sich von anderen Investitionsschutzabkommen nicht materiell unterscheidenden) Investitionsschutzteils im Hinblick auf fossile Brennstoffe waren Gegenstand intensiver Debatten. Es ist zu erwarten, dass dieser Diskurs abseits der ECV-Modernisierung eine Intensivierung erfahren wird.[6]

2. Die Verhandlungen in der ECV-Modernisierungsgruppe

a. Ausgangslage

Die Energiecharta-Konferenz beschloss am 6. November 2019 die Errichtung der Modernisierungsgruppe zur Durchführung der Verhandlungen zur Modernisierung des ECV. Neben prozessualen Aspekten legt das Verhandlungsmandat[7] folgendes Hauptziel fest:

> The aim of the negotiation meetings is to reach the highest possible degree of convergence among the participants on the negotiation drafts starting from the identified list of topics (CCDEC2018 18) and suggested policy options (CCDEC2019 08).[8]

---

5 S. insbesondere Art. 2 Abs. 1 lit. c des Pariser Klimaschutzübereinkommens („This Agreement, in enhancing the implementation of the Convention, including its objective, aims to strengthen the global response to the threat of climate change, in the context of sustainable development and efforts to eradicate poverty, including by: (…) (c) Making finance flows consistent with a pathway towards low greenhouse gas emissions and climate-resilient development.“).

6 S. die in der OECD stattfindende Diskussion zu „The Future of Investment Treaties – OECD“ (vgl. retrieved 13.3.2023, from https://www.oecd.org/investment/investment-policy/investment-treaties.htm). Darüber hinaus UNCTAD (2022), International Investment in Climate Change Mitigation and Adaptation, retrieved 13.3.2023, from https://unctad.org/system/files/official-document/diaeinf2022d2_en.pdf.

7 S. Beschluss der Energiecharta-Konferenz, CCDEC 2019(10) (retrieved 13.3.2023, from https://www.energychartertreaty.org/modernisation-of-the-treaty/).

8 Ibid., lit. e.

Die sog. List of Topics[9] steckte den inhaltlichen Rahmen der Verhandlungen ab, dessen Themen wie folgt kategorisiert werden können: Definitionen, Investitionsschutz, Streitbeilegung, Transit, Nachhaltige Entwicklung und soziale Verantwortung der Unternehmen, Transit, Vor-Investitionsphase, Regional Economic Integration Organisation (REIO), Obsolete Bestimmungen.

Erläuternd ist anzumerken, dass für investitionsschiedsgerichtliche Themen nur eine punktuelle Behandlung vorgesehen war. Insbesondere eine systemische Reform im Sinne des von der Europäischen Union in ihrer Vertragspraxis propagierten gerichtlichen Systems war nicht vorgesehen.

Die dem Verhandlungsmandat zugrundeliegenden, sogenannten Policy Options[10] bieten einen Einblick in das anfängliche Ambitionsniveau einzelner Vertragsparteien: Darin geäußerte Zielvorstellungen reichten von detaillierten Positionierungen zu einzelnen Reformaspekten bis hin zur Feststellung einer Vertragspartei, dass keine Notwendigkeit bestehe, die Bestimmungen des ECV zu ändern. Tiefergehenden Informationsgehalt bieten die von der Europäischen Union, ihren Mitgliedstaaten und EURATOM in die Verhandlungen eingebrachten und öffentlich zugänglichen Textvorschläge.[11]

b. Verhandlungsverlauf

Nach dem offiziellen Beginn der Verhandlungen im Juli 2020 hielt die Modernisierungsgruppe 15 Verhandlungsrunden ab, von denen vor dem Hintergrund pandemiebedingter Reisebeschränkungen 12 per Videokonferenz, zwei im Hybridmodus und eine in der Form eines rein physischen Treffens abgehalten wurden.

Am 24. Juni 2022 erzielten die Vertragsparteien eine Grundsatzeinigung, ein sogenanntes Agreement in Principle. Dieser politischen Grundsatzeinigung

9 S. Beschluss der Energiecharta-Konferenz, CCDEC 2018(18) (retrieved 13.3.2023, from https://www.energycharter.org/fileadmin/DocumentsMedia/CCDECS/2018/CCDEC201818_-_STR_Modernisation_of_the_Energy_Charter_Treaty.pdf).

10 S. Beschluss der Energiecharta-Konferenz, CCDEC2019 08, (retrieved 13.3.2023, from https://www.energycharter.org/fileadmin/DocumentsMedia/CCDECS/2019/CCDEC201908.pdf).

11 In der Anfangsphase der Verhandlungen veröffentlichte die EU einen Gesamtvorschlag (retrieved 13.3.2023, from https://trade.ec.europa.eu/doclib/docs/2020/may/tradoc_158754.pdf) sowie einen spezifischen Text zum Ausschluss fossiler Brennstoffe vom Investitionsschutz gem. Art. 1 Abs. 5 ECV (retrieved 13.3.2023, from https://energy.ec.europa.eu/system/files/2021-02/eu_submission_-_revised_definition_of_economic_activity_in_the_energy_sector_0.pdf).

folgte eine sprachjuristische Überprüfung des Textentwurfes, deren Ergebnis den Vertragsparteien gem. Art. 42 Abs. 2 ECV (mehr als) drei Monate vor der am 22. November (ursprünglich) geplanten Annahme durch die Energiecharta-Konferenz übermittelt wurde.

3. Zusammenfassung der wichtigsten Ergebnisse der Verhandlungen

Das Agreement in Principle wurde von einer Kommunikation des Energiecharta-Sekretariats begleitet, die einen Überblick zu den Ergebnissen betreffend sämtlicher Verhandlungsthemen bietet.[12] Die folgende Darstellung widmet sich den wesentlichsten, im Vortrag angesprochenen Resultaten. Artikelverweise beziehen sich auf den bestehenden ECV, weil die finale modernisierte Fassung zum gegenwärtigen Zeitpunkt nicht öffentlich verfügbar ist.

a. Anwendungsbereich des Abkommens

Die Diskussionen zum Anwendungsbereichs des ECV, insbesondere Teil III (Investitionsschutz), bezogen sich auf die Bestimmungen zur Definition der wirtschaftlichen Tätigkeit im Energiesektor (Art. 1 Abs. 5 ECV), Definition der Investition (Art. 1 Abs. 6 ECV) sowie Definition des Investors (Art. 1 Abs. 7 ECV).

Definition der wirtschaftlichen Tätigkeit im Energiesektor: Die Bestimmung des Art. 1 Abs. 5 ECV determiniert den sektoralen Charakter des ECV. Im Detail:

- Um als Investition von Teil III des ECV erfasst zu sein, muss eine getätigte Investition zunächst die (dem Grunde nach anderen Investitionsschutzabkommen entsprechenden) Kriterien des Art. 1 Abs. 6 ECV erfüllen.
- Darüber hinaus fordert Art. 1 Abs. 6 ECV einen Bezug zu einer wirtschaftlichen Tätigkeit im Energiesektor i.S.v. Art. 1 Abs. 5 ECV.[13]

---

12 Siehe Beschluss der Energiecharta-Konferenz, CCDEC 2022 10 (retrieved 13.3.2023, from https://www.energycharter.org/fileadmin/DocumentsMedia/CCDECS/2022/CCDEC202210.pdf).

13 S. Art. 1 Abs. 6 ECV („[…] 'Investment' refers to any investment associated with an Economic Activity in the Energy Sector and to investments or classes of investments designated by a Contracting Party in its Area as 'Charter efficiency projects' and so notified to the Secretariat.").

- Das Vorliegen einer solchen wirtschaftliche Tätigkeit muss sich auf Energieprodukte und -materialien i.S.v. Art. 1 Abs. 4 ECV beziehen, die in den Anhängen EM I und II angeführt sind.[14]

Ebenjene Liste an Energieprodukten und -materialien war im Lichte der eingangs erörterten Erwägungen zum Pariser Klimaschutzübereinkommen und unterschiedlicher Prioritätensetzung im Bereich der Energiewende und Energiesicherheitspolitik umstritten. Insbesondere galt dies für den Vorstoß der Europäischen Union und ihrer Mitgliedstaaten, neuen, nach Inkrafttreten des modernisierten ECV getätigten Investitionen in fossile Energieprodukte und -materialien den Investitionsschutz zu verwehren sowie jenen betreffend bereits getätigter Investitionen auslaufen zu lassen.[15]

Der aus diesen Diskussionen resultierende Kompromiss macht die unterschiedlichen Zielvorstellungen der Vertragsparteien deutlich und zugleich einer differenzierten Behandlung zugänglich. Er stützt sich auf drei Säulen:

Säule 1: Aktualisierte Liste von Energiestoffen und -produkten

Unter Berücksichtigung technologischer Entwicklungen wurden einige Energiestoffe und -erzeugnisse eingeführt und von den Investitionsschutzbestimmungen erfasst, wie z.B.: Wasserstoff, Ammoniak, Biomasse, Biogas sowie synthetische Brennstoffe.

Säule 2: Flexibilität

Ein neuartiger Flexibilitätsmechanismus ermöglicht die differenzierte Behandlung fossiler Energieprodukte und -materialien. Vertragsparteien wird die Möglichkeit gegeben, den Investitionsschutz für fossile Brennstoffe in ihrem Hoheitsgebiet unter Berücksichtigung ihrer individuellen Energiesicherheits- und Klimaziele auszuschließen. Dieser Mechanismus bedient sich des bereits existierenden Anhangs NI, der gem. Art. 1 Abs. 5 ECV bestimmte Energiematerialien und -produkte ausnimmt.

Besonders wichtig ist hier, dass allfällige Ausschlüsse weiterer Vertragsparteien in der Zukunft nicht den Erfordernissen des Art. 42 ECV für Vertragsänderungen, sondern jenen des Art. 36 ECV für Modifikationen von Anhängen unterliegen. Weitere Anpassungen des Investitionsschutzes

---

14 S. Art. 1 Abs. 4 ECV („'Energy Materials and Products', based on the Harmonised System of the World Customs Organization and the Combined Nomenclature of the European Communities, means the items included in Annexes EM I or EM II.").

15 S. den Vorschlag zu Art. 1 Abs. 5 ECV, Fn. 9.

fossiler Brennstoffe können somit auf Grundlage eines Beschlusses der Energiecharta-Konferenz vorgenommen werden.

Die EU und das Vereinigte Königreich haben sich dafür entschieden, Investitionen im Zusammenhang mit fossilen Brennstoffen vom Investitionsschutz im Rahmen des ECV auszunehmen. Ab dem 15. August 2023 getätigte Investitionen unterliegen somit nicht mehr dem Schutz des ECV. Bis zum 15. August 2023 getätigte Investitionen sind für weitere zehn Jahre geschützt.

Die von der EU und dem Vereinigten Königreich geplanten Ausnahmen berühren grundsätzlich nicht den Investitionsschutz betreffend ihre Investorinnen und Investoren im Hoheitsgebiet anderer Vertragsparteien, es sei denn, diese optieren für eine reziproke Anwendung der Ausschlüsse (konditionale Reziprozität).

Säule 3: Überprüfungsmechanismus

Ein periodischer Mechanismus sieht vor, fünf Jahre nach Inkrafttreten des modernisierten ECT und danach in Abständen von fünf Jahren oder zu einem von der Energiecharta-Konferenz festgelegten früheren Zeitpunkt die Liste der Energiematerialien und -produkte sowie die Anwendung des Flexibilitätsmechanismus auf Änderungsbedarf zu überprüfen. Dadurch sollen technologische und politische Entwicklungen effizient implementiert werden – ohne die Notwendigkeit eines (potentiell mehrjährigen) Prozesses zur Vertragsänderung.

Definition des Begriffes „Investition": Der modernisierte Art. 1 Abs. 6 ECV sieht vor, dass eine Investition im Einklang mit den geltenden Rechtsvorschriften der aufnehmenden Vertragspartei getätigt oder erworben werden muss. Zudem wird eine indikative Liste an zu erfüllenden Merkmalen im Sinne der sogenannten, im Zusammenhang mit der Schiedsrechtsprechung zu Art. 25 Abs. 1 ICSID-Konvention entwickelten Salini-Kriterien[16] vorgegeben, wie z.B. der Einsatz von Kapital, die Erwartung von Gewinnen oder Erträgen, eine bestimmte Dauer oder die Übernahme von Risiken.

Die neue Definition schließt zudem Gerichts- und Verwaltungsentscheidungen sowie Schiedssprüche aus und schränkt die Erfassung von Geld- und Kreditforderungen ein, die sich ausschließlich aus Handelsgeschäften über den Verkauf von Waren und Dienstleistungen ergeben. Bestimmte öffentliche Schuldtitel

---

16 *Salini Costruttori S.p.A. and Italstrade S.p.A. v. Kingdom of Morocco* [I], ICSID Case No. ARB/00/4.

sind – aufbauend auf den Vorschlag der Europäischen Union und ihrer Mitgliedstaaten[17] – von den Streitbeilegungsbestimmungen ausgenommen.

Definition des Begriffes „Investor“: Die neue Bestimmung schließt natürliche Personen aus, die zum Zeitpunkt der Tätigung einer Investition die Staatsangehörigkeit des Gaststaates besitzen oder ihren ständigen Wohnsitz in diesem haben. Darüber hinaus ist nun erforderlich, das Erfordernis einer wesentlichen Geschäftstätigkeit im Heimatstaat zu erfüllen. Die Beurteilung des Vorliegens einer solchen wird durch eine indikative Liste mit zu berücksichtigenden Umständen (wie z.B. physische Präsenz, Beschäftigung von Personal, Erzielung von Umsatz oder Zahlung von Steuern im Gebiet der aufnehmenden Vertragspartei) vorbestimmt.

b. Investitionsschutz

Die Diskussionen zu den Schutzstandards brachten folgende Resultate:

- **Klärung des Begriffes „beständiger Schutz und Sicherheit**“: Es wird klargestellt, dass diese Bestimmung bloß die physische Sicherheit von Investoren und Investitionen und nicht die „rechtliche Sicherheit“ betrifft.
- **Transfers:** Es wird eine Ausnahmeregelung für schwerwiegende Zahlungsbilanzschwierigkeiten der betroffenen Vertragspartei eingeführt. Diese Regelung wird begleitet von einer spezifischen Bestimmung für Schutzmaßnahmen im Falle schwerwiegender Schwierigkeiten beim Funktionieren der Wirtschafts- und Währungsunion der Europäischen Union oder der Währungs- und Wechselkurspolitik anderer Vertragsparteien.
- **Definition des Begriffes „faire und gerechte Behandlung“**: Der ob seiner vermeintlichen Breite in der Kritik stehende Schutzstandard „Fair and Equitable Treatment“ gem. Art. 10 ECV wird neu strukturiert. Ähnlich der EU-Vertragspraxis wird die Pflicht der fairen und gerechten Behandlung um eine Liste ergänzt, in der bestimmte Maßnahmen oder Reihen von Maßnahmen aufgeführt sind, die eine Verletzung dieses Schutzstandards darstellen. Explizit genannt ist auch der (Vertrauens-)Schutz legitimer Erwartungen von Investoren ergänzt von einer Beschreibung der Umstände, die legitime Erwartungen begründen, sowie der Bedingungen, unter denen berechtigte Erwartungen berücksichtigt werden können.

---

17 Siehe Art. 26 Abs. 9 Vorschlag der EU (retrieved 13.3.2023, from https://trade.ec.europa.eu/doclib/docs/2020/may/tradoc_158754.pdf).

- **Schirmklausel (umbrella clause)**: Der Schutz von privatrechtlichen Verpflichtungen der Vertragsparteien gegenüber Investoren wird insofern eingeschränkt, als nur eine Verletzung spezifischer schriftlicher Verpflichtungen durch die Ausübung staatlicher Gewalt abgedeckt ist.
- **Definition der indirekten Enteignung:** Die neue Bestimmung führt eine Definition der „indirekten Enteignung“ sowie eine Liste von Faktoren ein, die bei der Feststellung des Vorliegens einer indirekten Enteignung im Einzelfall zu berücksichtigen sind (z.B. wirtschaftliche Auswirkungen und Charakter der Maßnahme). Es wird klargestellt, dass nichtdiskriminierende Maßnahmen, die zum Schutz legitimer politischer Ziele wie der öffentlichen Gesundheit, der Sicherheit und der Umwelt (auch im Hinblick auf den Klimaschutz und die Anpassung an den Klimawandel) ergriffen werden, grundsätzlich keine indirekte Enteignung darstellen.
- **Verweigerung von Vorteilen (Denial of Benefits)**: Um die Wirksamkeit der Bestimmung zu gewährleisten, sieht der Vertrag einen Zeitrahmen für die Berufung auf die Vorteilsverweigerungsklausel vor, einschließlich der Möglichkeit, sie nach Einleitung eines Schiedsverfahrens geltend zu machen. Die Ausübung dieser Bestimmung durch die beklagte Vertragspartei ist nicht an eine vorherige förmliche Notifizierung gebunden. Die neue Bestimmung verdeutlicht die Situationen, in denen der Schutz einer Investition verweigert werden kann, insbesondere zur Wahrung des Weltfriedens und der internationalen Sicherheit, einschließlich des Schutzes der Menschenrechte.
- **Meistbegünstigungsklausel**: Die Meistbegünstigungsbestimmung des modernisierten ECV schließt Bestimmungen zur Streitbeilegung aus anderen Abkommen aus. Diese Klarstellung ist im Lichte der bisherigen Schiedspraxis, in der sich eine Kontroverse hinsichtlich der Frage, inwiefern MFN-Klauseln den „Import“ günstigerer Streitbeilegungsbestimmung aus anderen Abkommen ermöglichen, interessant.[18] Weiters wird klargestellt,

18 So wurde diese Import-Möglichkeit im Verfahren *Maffezini* v. *Spanien* und in weiteren, dieser Linie folgenden Schiedssprüchen grundsätzlich bejaht. Siehe *Emilio Agustín Maffezini v. The Kingdom of Spain*, ICSID Case No. ARB/97/7; *Gas Natural SDG SA v. Argentina*, Decision on preliminary questions on jurisdiction, ICSID Case No ARB/03/10; *Siemens AG v. Argentina*, Decision on jurisdiction, ICSID Case No ARB/02/8; *Técnicas Medioambientales Tecmed SA v. Mexico*, Award, ICSID Case No ARB(AF)/00/2; *Camuzzi International SA v. Argentina*, Decision on objections to jurisdiction, ICSID Case No ARB/03/2; *Suez and ors v. Argentina*, Award, ICSID Case No ARB/03/19.

dass die materiellen Bestimmungen in anderen internationalen Abkommen für sich genommen keine „Behandlung" darstellen, die nach dieser Bestimmung zu gewähren ist.[19]

- **Staatliches Regulierungsrecht**: Im Einklang mit rezenter Staatenpraxis[20] sind eine Reihe an Änderungen vorgesehen, die das ‚right to regulate' bekräftigen. In Teil III des ECV (Investitionsschutz) ist in diesem Sinne ein neuer, eigenständiger Artikel betreffend staatliche Regulierung im öffentlichen Interesse vorgesehen. Als in diesem Sinne zulässige Ziele werden demonstrativ der Schutz der Umwelt, einschließlich des Klimaschutzes und der Anpassung an den Klimawandel, der Schutz der öffentlichen Gesundheit, der Sicherheit oder der öffentlichen Moral genannt.
  Die Ausnahmebestimmungen (derzeit Art. 24 ECV) werden einer neuen, dem WTO Recht folgenden Struktur[21] unterworfen: In einem Artikel zu allgemeinen Ausnahmen werden die bestehenden Tatbestände insbesondere um umweltspezifische Aspekte ergänzt und auf eine größere Anzahl an Bestimmungen aus Teil III, inklusive Art. 10 ECV zur fairen und gerechten Behandlung, anwendbar gemacht. Ein neuer Artikel zu Sicherheitsausnahmen bekräftigt vor allem das Recht, Maßnahmen zur Erhaltung des Weltfriedens und der internationalen Sicherheit zu ergreifen.

c. Streitbeilegung

Entsprechend der inhaltlichen Ausrichtung des Mandates der Modernisierungsgruppe waren Regeln betreffend die Streitbeilegung nur in einem begrenzten Ausmaß Gegenstand der Verhandlungen. Dies mit folgendem Ergebnis:

---

19 Ähnlich Art. 8.7 Abs. 4 Comprehensive Economic and Trade Agreement – CETA („Zur Klarstellung: Der Ausdruck ‚Behandlung' im Sinne der Absatzätze 1 und 2 umfasst keine in anderen internationalen Investitionsabkommen und anderen Handelsabkommen vorgesehenen Verfahren zur Beilegung von Investitionsstreitigkeiten zwischen Investoren und Staaten. Materiellrechtliche Verpflichtungen aus anderen internationalen Investitionsabkommen und anderen Handelsabkommen stellen für sich allein genommen keine „Behandlung" dar und können daher keinen Verstoß gegen diesen Artikel begründen, sofern eine Vertragspartei keine Maßnahmen aufgrund dieser Verpflichtungen eingeführt oder aufrechterhalten hat.").

20 Siehe etwa Art. 8.9 CETA oder Art. 9.16 Comprehensive and Progressive Agreement for Trans-Pacific Partnership (CPTPP).

21 Vgl. Art. XX und XXI General Agreement on Tariffs and Trade.

- **Transparenz:** Die vorgesehene Anwendung der UNCITRAL-Regeln über Transparenz in Investor-Staat-Schiedsverfahren auf der Grundlage von Verträgen[22] adressiert die einschlägige Kritik und schafft ein hohes Transparenzniveau für Investor-Staat Schiedsverfahren gem. Art. 26 Abs. 3 ECV. Für Streitigkeiten zwischen den Vertragsparteien gem. Art. 27 ECV wird gewährleistet, dass Verfahrensunterlagen und Anhörungen grundsätzlich öffentlich zugänglich sein sollen.
- **Verhinderung unberechtigter Klagen**: Um die Effizienz von Schiedsverfahren zu gewährleisten und die Kosten von Rechtsstreitigkeiten zu senken, werden die folgenden Mechanismen zum Hintanhalten gewisser Schiedsklagen eingeführt:
  - Bestimmung zur beschleunigten Abweisung von Klagen *a limine litis*, die in der Sache oder in Bezug auf die Zuständigkeit offensichtlich unbegründet („manifestly without legal merit") sind, basierend auf ICSID Arbitration Rule 41.
  - Bestimmung zur meritorischen Abweisung von Klagen, die rechtsgrundlos sind („unfounded as a matter of law"), durch Vorabentscheidung.
  - Spezifische Bestimmung für die Abweisung von Klagen, die infolge einer Umstrukturierung von Investitionen allein zu dem Zweck erhoben werden, eine Klage auf Grundlage des ECV einzubringen.
- **Kostensicherheit:** Der beklagten Vertragspartei wird ausdrücklich die Möglichkeit eingeräumt, von der klagenden Streitpartei in bestimmten Fällen eine Kostensicherheitsleistung zu beantragen. Dies ist z.B. möglich, wenn die Gefahr besteht, dass eine ablehnende Kostenentscheidung nicht befolgt wird.
- **Prozessfinanzierung durch Dritte:** Die neue Bestimmung verpflichtet beide Streitparteien, Informationen über die Finanzierung ihrer Prozesskosten durch einen Dritten offenzulegen, nicht jedoch die Finanzierungsvereinbarung selbst.
- **Schadensberechnung**: Unter diesem Titel legt eine neue Bestimmung fest, dass ein Schiedsspruch im Falle einer Enteignung Schadensersatz in Geld oder Rückerstattung vorsehen kann. Allgemein ist Schadenersatz in Geld auf den vom Investor erlittenen Verlust beschränkt und darf keinen Strafschadenersatz beinhalten.

22 Siehe UNCITRAL Rules on Transparency in Treaty-based Investor-State Arbitration, retrieved 13.3.2023, from https://uncitral.un.org/en/texts/arbitration/contractualtexts/transparency.

Einer neuen Kostentragungsbestimmung entsprechend sind die Verfahrenskosten und andere angemessene Kosten in der Regel von der unterlegenen Streitpartei zu tragen.

d. Nachhaltige Entwicklung und soziale Verantwortung der Unternehmen

Unter anderem bekräftigen in einer Reihe von Bestimmungen die Vertragsparteien ihre jeweiligen Rechte und Pflichten im Rahmen multilateraler Umwelt- und Arbeitsübereinkommen, wie dem UNFCCC, dem Pariser Übereinkommen und den grundlegenden Übereinkommen der International Labour Organization.

Ein spezieller Schlichtungsmechanismus wird für Streitigkeiten zwischen den Vertragsparteien über die Auslegung und Anwendung der neuen Bestimmungen zur nachhaltigen Entwicklung gelten.

e. Anwendbarkeit innerhalb der Europäische Union

Die Modernisierungsverhandlung wurden zur allgemeinen Klärung der Frage genutzt, inwiefern der ECV Anwendung zwischen Vertragsparteien findet, die in ihren gegenseitigen Beziehungen Mitglieder einer Organisation für regionale wirtschaftliche Integration (Regional Economic Integration Organisation, kurz REIO) sind, die selbst auch Vertragspartei ist.

Praktisch relevant ist diese Frage lediglich für die EU und ihre Mitgliedstaaten. Einerseits ist die Europäische Union als einzige REIO Vertragspartei des ECV, andererseits sind über 60 % aller ECV-Schiedsverfahren „intra-EU" (d.h.: Verfahren eingeleitet von Investoren eines Mitgliedstaates der Europäischen Union gegen einen anderen Mitgliedsstaat).[23] Aus einer unionsverfassungsrechtlichen Perspektive ist auf die Judikatur des EuGH hinzuweisen, die völkerrechtliche Bestimmungen zur Investor-Staat Schiedsstreitbeilegung im Intra-EU-Kontext als nicht mit den Verträgen vereinbar qualifiziert hat.[24]

Vor diesem Hintergrund wird im Modernisierungsentwurf klargestellt, dass die Art. 7 (Transit), 26 (Beilegung von Investitionsstreitigkeiten), 27 (Streitigkeiten zwischen Vertragsparteien) und 29 (Handel mit Nicht-WTO-Mitgliedern)

---

23 Für Statistiken zur Streitbeilegung auf Grundlage des ECV siehe Energy Charter Statistics, retrieved 13.3.2023, from https://www.energychartertreaty.org/cases/statistics/.

24 Siehe EuGH, Urteil v. 6.3.2018, Rs. C-284/16 (*Slowakische Republik / Achmea B.V.*); EuGH, Urteil v. 2.9. 2021, Rs. C-741/19 (*Republik Moldau / Komstroy LLC*).

nicht innerhalb der Europäischen Union (und für allfällige vergleichbare Fälle im Falle eines Beitritts einer weiteren REIO zum ECV) gelten.

4. Ausblick

Hinsichtlich des Inkrafttretens des Agreements in Principle setzt Art. 42 Abs. 2 ECV zunächst einen Beschluss der Energiecharta-Konferenz zur Annahme der Vertragsänderungen auf der Grundlage von Art. 34 Abs. 3 lit. l und m ECV voraus. Die Beschlussquoren erfordern Einstimmigkeit unter allen anwesenden und abstimmenden Vertragsparteien (in der ECV-Praxis: Konsensus) gem. Art. 36 Abs. 1 ECV sowie die Unterstützung des Beschlusses durch eine einfache Mehrheit aller Vertragsparteien gem. Art. 36 Abs. 6 ECV. Für das Inkrafttreten verlangt Art. 42 Abs. 4 ECV die Hinterlegung der Ratifikationsurkunden von Dreiviertel aller Vertragsparteien beim Depositär. Eine vorläufige Anwendbarkeit des modernisierten Abkommens wäre vorgesehen.

Die für 22. November 2022 in Aussicht genommene Beschlussfassung der Energiecharta-Konferenz blieb aufgrund von Uneinigkeit zum Modernisierungsvorschlag innerhalb der Europäischen Union aus: Die für die Festlegung der Position der Europäischen Union und der EURATOM erforderlichen Ratsbeschlüsse gem. Art. 218 Abs. 9 AEUV bzw. Art. 101 Euratom-Vertrag (qualifizierte Mehrheit) scheiterten am Widerstand Deutschlands, Frankreichs, der Niederlande und Spaniens. Diese und weitere Mitgliedsstaaten der Europäischen Union (Dänemark, Luxemburg, Polen, Portugal und Slowenien) haben ihren Austritt aus dem ECV angekündigt.

Ohne die Teilnahme der Europäischen Union ist die Energiecharta-Konferenz gem. Art. 26 Abs. 6 und 7 ECV nicht beschlussfähig. Eine Abstimmung durch die Energiecharta-Konferenz wurde zunächst auf April 2023 und in weiterer Folge – der EU-interne Diskurs dauert an – auf unbestimmte Zeit verschoben.

Mittlerweile liegt ein neuer Vorschlag der Europäischen Kommission vom 6. Juli 2023 zum koordinierten Rücktritt der EU, der EURATOM und der Mitgliedstaaten vom ECV vor.[25] Eine Positionierung zur Modernisierung des ECV ist darin nicht mehr vorgesehen.

25 Siehe Europäische Kommission, Coordinated EU withdrawal from the Energy Charter Treaty, retrieved 31.7.2023, from https://energy.ec.europa.eu/publications/coordinated-eu-withdrawal-energy-charter-treaty_en.

Seitens der Kommission wird betont, dass die Modernisierungsverhandlungen erfolgreich durchgeführt wurden.[26] Gleichzeitig wird konstatiert, dass der in Kraft stehende ECV nicht mit der EU-Klimapolitik sowie dem Pariser Übereinkommen kompatibel sei.[27]

Eben jenes Abkommen wird jedoch – so der Rat der Empfehlung der Kommission zum Austritt folgt – auf Grundlage der Fortgeltungsklausel des Art. 47 Abs. 3 ECV bis zu seinem Außerkrafttreten getätigte Investitionen weitere 20 Jahre schützen sowie angesichts der Blockade der Modernisierung unter Nicht-EU-Vertragsparteien weiter gelten. Der „alte ECV" bleibt somit voraussichtlich Haftungsmaßstab für die im Kontext der Energiewende vorzunehmenden Regulierungen von Investitionen in fossile Energie.

---

26 Ibid. („Despite fulfilling all the requirements of the negotiating mandate given by the Council, Member States did not find the necessary majority to ratify the modernised Treaty, as proposed by the European Commission in October 2022.").

27 So etwa der für den Green Deal zuständige Executive Vice President Frans Timmermans, ibid. („The outdated Energy Charter Treaty is not aligned with our EU Climate Law and our commitments under the Paris Agreement.").

Völkerrecht, Europarecht und Internationales Wirtschaftsrecht

Herausgegeben von Peter Hilpold und August Reinisch

Band 1 Florian Razesberger: The International Criminal Court. The Principle of Complementarity. 2006.

Band 2 Christian Wimpissinger: Steuerliche Verlustverrechnung nach EG-Recht. 2006.

Band 3 Christina Knahr: Participation of Non-State Actors in the Dispute Settlement System of the WTO: Benefit or Burden? 2007.

Band 4 Daniela Kröll: Toward Multilateral Competition Law? After Cancún: Reevaluating the Case for Additional International Competition Rules Under Special Consideration of the WTO Agreement. 2007.

Band 5 Georg Nolte / Peter Hilpold (Hrsg.): Auslandsinvestitionen – Entwicklung großer Kodifikationen – Fragmentierung des Völkerrechts – Status des Kosovo. Beiträge zum 31. Österreichischen Völkerrechtstag 2006 in München. 2008.

Band 6 Irmgard Marboe: Die Berechnung von Entschädigung und Schadenersatz in der internationalen Rechtsprechung. 2009.

Band 7 Peter Neumann: United Nations Procurement Regime. Description and Evaluation of the Legal Framework in the Light of International Standards and of Findings of an Inquiry into Procurement for the Iraq Oil-for-Food Programme. 2008.

Band 8 Kirsten Schmalenbach / Wolfgang Benedek (Hrsg.): Von Terrorismus-bekämpfung bis Klimaschutz. Beiträge zum 32. Österreichischen Völker-rechtstag 2007 in Altaussee. 2008.

Band 9 Stephan Wittich / August Reinisch / Andrea Gattini (Hrsg.): Kosovo – Staatsschulden – Notstand – EU-Reformvertrag – Humanitätsrecht. Bei-träge zum 33. Österreichischen Völkerrechtstag 2008 in Conegliano. 2009.

Band 10 Peter Hilpold (Hrsg.): Das Selbstbestimmungsrecht der Völker. Vom umstrittenen Prinzip zum vieldeutigen Recht? 2009.

Band 11 Peter Hilpold / Christoph Perathoner (Hrsg.): Immigration und Integration. Völkerrechtliche und europarechtliche Antworten auf eine zentrale Heraus-forderung der Zeit. 2010.

Band 12 Claudia Alfons: Recognition and Enforcement of Annulled Foreign Arbitral Awards. An Analysis of the Legal Framework and its Interpretation in Case Law and Literature. 2010.

Band 13 Peter Hilpold / Walter Steinmair / Christoph Perathoner (Hrsg.): Rechtsvergleichung an der Sprachgrenze. 2011.

Band 14 Werner Schroeder / Jelka Mayr-Singer (Hrsg.): Völkerstrafrecht, Rechtsschutz und Rule of Law. Das Individuum als Herausforderung für das Völkerrecht. Beiträge zum 34. Österreichischen Völkerrechtstag 2009 in Tramin/Südtirol. 2011.

Band 15 Werner Petritz: Vor dem Aus? Der Vertrag über die Nichtweiterverbreitung von Kernwaffen. Funktion und Relevanz anhand zweier Beispiele. 2012.

Band 16 Kirsten Schmalenbach (Hrsg.): Aktuelle Herausforderungen des Völkerrechts. Beiträge zum 36. Österreichischen Völkerrechtstag 2011. Unter Mitarbeit von Lando Kirchmair. 2012.

Band 17 Ruth Steger: Staatenimmunität und Kriegsverbrechen. Das IGH-Urteil im Verfahren Deutschland gegen Italien vom 03.02.2012. 2013.

Band 18 Christoph Vedder (Hrsg.): Völkerrecht 2012. Richterliche Praxis und politische Realität. Beiträge zum 37. Österreichischen Völkerrechtstag 2012. Unter Mitarbeit von Manuel Indlekofer. 2013.

Band 19 Wolfgang Benedek / Hans-Peter Folz / Hubert Isak / Matthias C. Kettemann / Renate Kicker (Hrsg.): Bestand und Wandel des Völkerrechts. Beiträge zum 38. Österreichischen Völkerrechtstag 2013 in Stadtschlaining. 2014.

Band 20 Andrea Bockley / Ursula Kriebaum / August Reinisch (Hrsg.): Nichtstaatliche Akteure und Interventionsverbot. Beiträge zum 39. Österreichischen Völkerrechtstag 2014 in Klosterneuburg. 2015.

Band 21 Caroline U. Amann: The EU Education Policy in the Post-Lisbon Era. A Comprehensive Approach. 2015.

Band 22 Karl Edlinger: Die völkerrechtliche Klassifizierung bewaffneter Konflikte. Konflikttypen, Abgrenzungen sowie Rechtsfolgen und deren Auswirkungen auf die Planung und Durchführung militärischer Operationen. 2016.

Band 23 Elisabeth Parteli: Pressefreiheit und Persönlichkeitsschutz. Ein Leitfaden für die journalistische Praxis. Das Spannungsverhältnis zwischen der Freiheit der Äußerung und dem Schutz der Persönlichkeitsrechte unter besonderer Berücksichtigung der Abgrenzung von Tatsachenbehauptung und Werturteil der Rechtsprechung des Europäischen Gerichtshofs für Menschenrechte zu Artikel 10 EMRK. 2017.

Band 24 Anna Fischer: Sezession im Völkerrecht – Faktisches Phänomen oder reale Utopie. Die Geschichte eines Prinzips im Lichte eines unglücklichen Präzedenzfalls. 2017.

Band 25 Ruth Steger: Aut dedere aut iudicare. Inhalt und aktuelle Entwicklungen rund um die völkerrechtliche Verpflichtung zur Strafverfolgung oder Auslieferung. 2017.

Band 26 Dominik Brunner: Der „DARIO" - Artikelentwurf über die Verantwortlichkeit Internationaler Organisationen. 2018.

Band 27 Mona Mairitsch: UNESCO-Welterbe auf nationaler Ebene: Verpflichtungen und Herausforderungen. Am Beispiel Österreichs. 2019.

Band 28 August Reinisch / Astrid Reisinger Coracini (Hrsg.): Zurück zu den Quellen des Völkerrechts. Beiträge zum 44. Österreichischen Völkerrechtstag 2019 in Rust am Neusiedlersee. 2021.

Band 29 Kyfork Aghobjian: The Rights of Armenian Minorities in Lebanon and Turkey under National and International Law. 2022.

Band 30 Hans-Georg Dederer / Christoph Herrmann / Markus P. Beham / Patrick Abel: Völkerrechtliche Perspektiven auf die internationale Streitbeilegung. Beiträge zum 45. Österreichischen Völkerrechtstag 2022 in Passau. 2024.

www.peterlang.com